KB267014

자본과세론

KCSI 한국학술정보㈜

자본과세론

오 윤 지음

- 국제자본거래를 중심으로 -

KCSI 한국학술정보㈜

세계경제는 오랜 기간 붐을 만끽하면서 버블을 키워 왔다. 2007년 미국의 서브프라임 모기지 사태로 그 버블이 꺼지면서 고비를 맞고 있다. 우리나라도 예외는 아니어서 그간 우리 주식시장을 지배하던 외국계 자본이 줄기차게 주식을 매도하여 주가는 반 토막이 되고 원화가치까지 폭락하였다. 금융자산가치의 급격한 변화에 의하여 실물경제가 요동치는 현상이 나타나고 있다. 그러한 변화는 그간 반영되지 못하던 실물자산 가치가 금융자산 가치에 일시에 반영되는 과정에서 나타나게 된다. 기대의 변화가 결정적인 영향을 미친다. 기대는 심리에 의해 좌우된다. 안주할 데 없는 군중의 심리는 요동치게 되어 있다. 조세의 관점에서 보면 자산가치의 변화는 자본이득 또는 자본손실로 나타나게 된다. 마치 먼 바다에서 올라온 태풍과도 같이 난폭한 거대자본은 시장을 온통 흔들면서 군중의 심리를 자극한다. 그리고 늘 자본이득을 챙긴다. 자본이득은 일과성의 소득이다. 자본이 심화된 선진국들 사이에는 외국자본이 국내에서 벌어들인 일과성의 자본이득은 과세하지 않는 원칙을 수립해놓고 있다. 국내에서 입은 자본손실을 세금 계산상 고려해주지 않는 것과 같은 사고에 입각해 있다. 그런데 거대자본은 투자은행 또는 자산운용업자가 관리하며 거의 예외 없이 여러 국가를 경유하여 자본의 외양을 변화시켜 가면서 투자를 한다. 투자수익과 위험의 최적 조합을 찾는 전략을 구사한다. 이 과정에서 조세는 결정적인 변수가 된다. 수익 측면에서는 순수익을 결정하고 위험측면에서는 조세 위험이 영향을 준다.

필자는 오늘날 자본과세제도가 국제자본의 투자행태에 미치는 영향은 무엇이고 그러한 현상이 왜 나타났으며 그것이 과연 바람직한 것인지에 대해 관심을 가지고 연구해 왔다. 이 연구를 위해서는 자본시장을 이해하고 자본시장의 참여자들에게 의미가 있는 조세는 무엇인지에 대해 이해할 수 있는 기본적인 틀을 정립하여야 하였다. 그 연구의 결과물을 이 책에 담았다. 다음 국제자본의 투자행태와 그것에 대응하는 각국 정부의 조세제도를 분석한 후 앞으로 진행될 현상을 예측하고 제도개혁의 방향을 제시한 것은 필자의 다른 책인 『조세전략과 대응』에 담았다. 국제자본에 대한 조세제도는 이미 여러 학자와 전문가들의 탐구심을 자극해 왔는데 필자는 그들의 연구 성과를 습득해 가면서 앞으로의 자본시장에서는 원천지주의과세 및 이원적 소득세제를 확대하는 것이 바람직하다는 소견을 갖게 되었다. 원천지주의과세는 소득이 발생한 나라 즉 원천지국가가 자국에서 발생한 소득에 대해서만 과세하고 자국 거주자가 다른 나라에서 벌어들인 소득에 대해서는 과세하지 말자는 것이다. 원천지국가의 과세권을 강화하자는 얘기는 아니다. 이원적 소득세제는 소득은 인적 자본을 밑천으로 한 노동소득과 물적 자본을 밑천으로 한 자본소득으로 구분할 수 있는데 노동소득은 누진세율로 과세하고 자본소득은 단일세율로 과세하자는 것이다. 이 두 가지의 아이디어에 대해 형평성을 강조하는 관점에서의 비판은 불을 보듯 명확하게 짐작할 수 있다. 전자에 대해서는 외국 나가서 번 소득을 과세하지 않으면 국내에서 번 소득만 과세되기 때문에 문제이며, 후자에 대해서는 인적 소득만 누진세율로 과세되면 그것만 차별적으로 중과되기 때문에 문제라는 것이다. 필자가 왜 그러한 반론에 불구하고 소견을 펴게 되었는가를 궁금해 한다면 이 책과 『조세전략과 대응』을 읽어 보기를 권한다.

필자가 탈고한 후 6개월이 지나서야 이 책이 빛을 보게 된 데에는 이 책이 전문서적이어서 넓은 독자기반을 갖기 어려울 것이라는 기대와 아울러 우리나라 출판업계가 겪고 있는 불황 때문이다. 이 책은 한국학술정보(주)의 도움이 없었으면 출간할 수 없었을 것이다. 채종준 사장님에게 진심으로 감사드린다. 그리고 이 책의 완성을 위해 꾸준히 도움을 준 삼성증권의 문성훈 연구위원, 서울시립대학교 지방세연구소의 허원 연구원, 한국조세연구원의 정경화 연구원, 법무법인 율촌의 이정화 세무사 그리고 한양대학교의 임동원 군에게 감사드린다. 자식들 키우느라 애 많이 쓰면서도 나에게는 한결같은 아내에게 고마운 마음을 담고 싶다.

2008년 12월
행당동 한양대에서
오 윤

| 목 차 |

제1장 서 론 • 15

제1절 자본과 조세 ·· 16

제2절 연구 대상과 방법 ·· 19

　제1항 연구 대상 ··· 19

　제2항 집필방법 ··· 20

제2장 자본시장 • 23

제1절 자본시장의 개념 ·· 25

　제1항 자본이란? ··· 25

　제2항 자본시장의 구조 ·· 28

제2절 국제자본시장의 이해 ·· 30

　제1항 국제자본 ··· 30

　제2항 국제자본시장의 분해 ··· 31

제3절 국제자본거래에 대한 규율 ···································· 57

　제1항 국내규율 ··· 57

　제2항 국제규율 ··· 59

제4절 국제자본의 이동 형태 ·· 63

　제1항 외국인직접투자 ·· 64

　제2항 국제포트폴리오투자 ··· 69

제3장 과세의 기본원칙 · 71

제1절 조세입법의 원칙 ··· 73

제1항 조세법률주의 ··· 73

제2항 조세공평주의 ··· 75

제2절 과세대상의 선택 ··· 75

제1항 화폐보유에 대한 세금 ··· 77

제2항 실물경제에 대한 세금 ··· 78

제3항 개방화와 전통적 과세제도의 위기 ·· 80

제4장 소득과세 · 85

제1절 소득과세의 구조 ··· 86

제1항 소득의 개념 ··· 87

제2항 소득과세의 의의 ··· 88

제3항 자본소득과세 ··· 90

제2절 국제자본소득과세의 구조 ·· 118

제1항 거주자의 자본소득에 대한 과세 ·· 118

제2항 비거주자의 자본소득에 대한 과세 ·· 131

제3절 외국인직접투자 ·· 152

　제1항 greenfield 투자에 대한 과세 ·················· 152

　제2항 투자자본 운영에 대한 과세 ···················· 163

　제3항 외국인직접투자 조세지원 ························· 174

제4절 포트폴리오투자 ·· 204

　제1항 투자펀드 ·· 205

　제2항 투자펀드과세 ·· 207

제5절 인수합병 ·· 222

　제1항 경제적 동일체 이론 ··································· 223

　제2항 국내인수합병 ·· 230

　제3항 국제인수합병 ·· 244

제5장 간접세 • 255

제1절 국제금융거래에 대한 부가가치세 ··················· 256

　제1항 금융거래 ·· 256

　제2항 국제금융거래 ·· 262

제2절 국제금융거래에 대한 교육세 ························· 272

　제1항 과세 논리 ·· 273

　제2항 수익의 개념 ··· 274

제3절 국제증권거래에 대한 증권거래세 ·· 276

제1항 과세 논리 ··· 277

제2항 구체적 과세 요건 ··· 278

제6장 부의 무상이전에 대한 과세 • 281

제1절 과세 이론 ·· 282

제1항 무상이전과세의 성격 ··· 282

제2항 증여과세와 소득과세의 관계 ·································· 287

제2절 우리나라의 과세체계 ·· 289

제1항 개요 ··· 289

제2항 국제적인 무상이전에 대한 과세 ······························ 291

부 록 • 293

색 인 • 343

| 사례 목차 |

사례 | 엔화스왑예금사건 ·· 148

사례 | 파생상품거래 사례 ··· 151

사례 | 외국인직접투자의 모의 사례 ······················· 203

사례 | 하나은행 역합병사건 ···································· 253

사례 | 금지금 사건 ·· 268

사례 | 원화이자율스왑거래 사례 ···························· 276

| 표 목차 |

전세계 자본시장 규모 ························· 32
지역별 자본화의 정도 ························· 34
OECD 주요국의 국민계정 지표 ·············· 35
금융자산 저량(stock) 현황 ··················· 36
금융자산 저량(stock) 현황(주식제외) ········· 37
대출 청구권 현황 ··························· 38
채권발행 현황 ····························· 39
장외파생거래 규모 현황 ····················· 40
펀드 순 자산 규모 추이 ····················· 41
국가별 펀드 순 자산 규모 ··················· 41
자본의 이동 형태별 추이 ··················· 42
자본 순수출국 및 순수입국 동향 ············· 43
국가별 유입 및 유출 동향 ··················· 44
국가별 순 유입 동향 ······················· 45
외국인직접투자의 증가 추이 ················· 47
외국인직접투자자금의 이동 ················· 48
국제인수합병동향 ························· 49
국내총생산 대비 외국인직접투자 잔액 비율 ···· 50
포트폴리오투자 동향 ······················· 51

국제 외환시장 거래 규모 추이 ································· 53

연간주식예탁증서 거래규모 추이 ····················· 54

분배국민소득 추이 ··· 102

국부 추이 ·· 102

피용자보수 과세 현황 ····································· 103

영업잉여 과세 현황 ··· 104

자본이득에 대한 과세 현황 ····························· 106

이자 배당 원천징수 현황 ·································· 108

주식 자본이득 추이 ··· 109

외국인직접투자 잠재력 · 실적 ························· 178

외국인직접투자의 잠재력과 실적 분석 ············· 178

대내진출방식별 동향 ······································· 188

외국법인 · 외국인투자법인 업태별 동향 ············ 189

외국인 종합소득 신고 동향 ····························· 189

대외진출방식별 동향 ······································· 190

자회사 방식 대외투자 업태별 동향 ·················· 190

자본시장통합법상 집합투자기구의 법적 형태 ······ 206

국제투자펀드의 유형 ······································· 216

기업결합 수단별 추이 ····································· 231

업종별 기업결합 추이 ····································· 231

제1장

서 론

제1절 자본과 조세

> 자본에 대한 조세는 자본주의 시장경제의 조세제도 중 가장 근간이 되는 조세이다. 이는 각국의 정부와 자본가들이 국제적인 규범이 허용하는 범위 안에서 서로의 이익을 극대화하기 위한 도전과 응전의 장이라고 할 수 있다. 합리적인 정책결정체제가 작동하는 국가의 정부라면 자국의 투자처로서의 매력을 극대화하기 위해 재정이 감내할 만한 수준에서 세율을 낮추고자 할 것이다. 자본가들은 조세비용의 최소화를 추구하고 있다. 우리나라의 자본과세제도는 외견상 자본소득에 대해 비교적 관대한 세제를 유지해 오고 있다. 그러나 국내 산업자본에 대해서만큼은 상대적으로 높은 수준의 세금을 부담시키고 있다. 한편, 변화하는 국제금융질서는 더 이상 외국자본을 조세특례를 부여해야 할 대상으로 보기 어렵게 하고 있는데도 불구하고 우리는 여전히 외국자본에 대해 다양한 특례를 부여하고 있다. 이와 같은 현실은 우리로 하여금 자본과 노동 그리고 국내자본과 국제자본에 대한 과세에 차등을 두어야 하는가에 대해 근본적인 질문을 갖게 한다.

시장경제체제하에서 국가가 과세 대상으로 삼는 것은 다양하다. 과세 대상들은 시장에서 이루어지는 경제적 사실로서 늘 교환의 흔적을 남긴다. 국가는 교환 거래 각각에 과세하거나 일정 기간 경제적 지위의 수준이나 그 수준의 증가에 대해 과세하게 된다. 자본주의 시장경제에서 경제활동은 자본과 노동을 요소로 하여 이루어진다. 자본과 노동은 시장에서 거래가 이루어지고 누군가가 자산을 취득하게 함으로써 그에게 소득을 발생시킨다. 자본과 노동을 제공한 자는 대가를 지급받는다. 생산요소의 제공에 뒤따르는 소득, 영위된 거래 및 보유하는 자산은 모두 과세 대상이 될 수 있는데 그중 생산요소에 대한 과세가 조세제도의 근간을 이룬다. 자본은 축적되는 속성을 가지고 있는데 그 축적되는 과정이 보호되는 한 그것의 노동에 대한 상대적 중요성은 지속 증가하게 되어 있다. 노동도 개인의 일생을 볼 때 숙련도가 높아지며, 사회적으로 노동조합의 결성으로 그 세력이 증가하기도 하지만 본질적으로 개인의 수명이 다하면 종식된다. 따라서 자본시장경제에서 조세제도의 가장 근간이 되는 조세는 자본에 대한 조세라 할 것이다.

오늘날 자본주의시장경제체제를 채택하고 있는 국가는 그 정도와 태양에 있어 차이가 있지만 모두 개방경제체제를 유지하고 있다. 자본의 이동에 대한 규제가 없어지게 되면 자본은 자기에게 가장 유리한 곳을 찾아 이동하게 되어 있다. 자본은 다양한 형태로 존재할 수 있기 때문에 조세부담상 가장 유리한 형태를 고르게 된다. 각국의 자본에 대한 과세는 국제적인 자본의 흐름에 직접적으로 영향을 미치고 있다. 일국 경제의 성장과 안정에 결정적인 역할을 하는 자본이 가장 높은 세후수익률을 찾아 움직인다는 사실은 각국이 경제정책을 추진하는 데 있어 자본에 대한 과세를 가장 중요한 정책 수단으로 보게 만든다. 합리적인 정책결정 메커니즘이 작동하는 국가의 정부라면 자국의 투자처로서의 매력을 극대화하기 위해 재정이 감내할 만한 수준에서 세율을 낮추고자 하게 된다. 한편, 개방경제체제를 유지하고 있는 현대 국가들은 자본수출중립성* 또는 자본수입중립성*의 명제에 따라 그 내용상 차이가 있기는 하지만 국내외 자본에 대해 동등하게 과세하는 것을 목표로 하고 있다. 물론 자본은 수익성뿐 아니라 위험에 따라 서로 갈 길을 달리하며 자본을 조달하고 운용하는 여러 주체들의 주관적 선호에 영향을 받기 때문에 각국 정부는 시장을 안정시키는 등 제반 여건을 개선하는 데에도 노력을 기울이고 있다. 국제자본은 절세를 추구할 뿐 아니라 다소 논쟁을 유발하는 위험이 있더라도 수익률을 높일 수 있는 기회가 있다면 그것을 활용함으로써 이득을 보고자 하는 경향을 갖고 있다. 이러한 경향은 특히 전문적인 지식과 경험을 갖춘 대리인들에 의해 촉진된다. 이에 따라 조세제도 이외에 뚜렷한 경제정책 수단을 갖지 못한 현대국가정부는 국제자본에 대한 과세상 세율 및 과세 대상을 어떻게 설정할 것인가 하는 기본적인 문제에서뿐 아니라 국내세법 및 조세조약*을 어떻게 적용할 것인가 하는 데에 이르기까지 많은 고민거리를 갖게 된다.

우리나라는 소위 포장마차이론으로 회자되던 대로 외국에서 자본을 빌려 와 경제를 성장시키는 전략을 추구하여 왔다. 빠른 시간에 자본을 축적하는 것을 최우선 과제로 추구한 정부는 외국자본에 대해서는 조세특례를 주고 국내자본에 대해서는 낮은 세율로 원천 징수하는 방법으로 민간자본의 축적을 지원하였다. 그리고 개인의 유가증권양도차익에 대한 과세를 일부 배제하는 방법으로 국내자본시장의 형성을 촉진하여 왔다. 더불어 개인의 파생상품소득에 대해서도 소득세를 과세하지 않고 있다. 이런 점에서 볼 때 외견상 우리나라는 자본소득에 대해 비교적 관대한 세제를 유지하여 오고 있는 것으로 보인다. 그러나 조금 더 자세히 보면 이러한 태도가 모든 종류의 자본에 일관되게 유지되었던 것은 아니다. 우리나라 법인은 비교적 높은 세부담을 해 왔다. 비록 세율은 낮지만 국가 전체 세수 중 차지하는 비중은 상대적으로 높은 편이다. 산업자본이 금융자본에 비해 높은 세부담을 해 온 것으로 볼 수 있다. 노동과 비교할 때에도 산업자본은 매우 높은 수준의 세부담을 해 오고 있다.

1990년대 이후 외국자본은 우리 경제가 성장하면서 자본시장 규모가 커지자 과거와 다른 양상으로 국내자산에 관심을 갖게 되었다. 이미 60~70년대 이후 국제금융시장에서 맹위를 떨쳐 오던 국제자본—그것의 국적을 따지는 것은 거의 무의미하지만—이 이제 우리 자본시장에서도 대규모 펀드의 형태로 투기적 투자패턴을 보이는 일이 비일비재하게 되었다. 이러한 현상은 국내에서 축적된 자본에 있어서도 동일하게 나타날 것으로 예상할 수 있다. 이제는 국내외를 불문하고 모든 투자가 우리가 늘 우리와 다른 것으로 생각하던 외국자본과 다를 바 없는 투자패턴을 갖게 되었다.[1) 이와 같은 상황의 변화는 더 이상 외국자본을 빈약한 국내자본을 보완하기

---

1) 한국자산운용협회의 자료에 의하면 주식형 펀드 월간 설정액 중 해외주식에 투자하는 펀드가 차지하는 비중이 2007년 1월 14.2%에서 2007년 12월에는 42.9%로 급증한 바 있다.

위한 수단으로서 조세특례를 부여해야 할 대상으로 보기 어렵게 하고 있다. 국내 또는 국외의 자본구분 그리고 경영참여를 목적으로 하는 자본과 단순투자목적의 자본의 구분이 점차 사라져 가고 있는 것이다. 한편, 자본은 대형화하고 있으며 그것은 펀드화와 증권화를 기초로 하고 있다. 산업자본이 여전히 국제자본 흐름의 대종을 이루고 있음을 부인할 수는 없으나 인구의 고령화 및 자본축적의 고도화는 펀드로 대변되는 금융자본이 더욱 세력을 얻게 될 것임을 예고하고 있다.

우리나라의 자본에 대한 과세제도는 과거 자본의 흐름에 대한 제약이 많고 외국의 자본에 대한 의존도가 높았던 시절의 모습을 대체로 유지하고 있다. 이에 우리는 현행의 제도가 변화한 환경 속에서도 여전히 우리에게 적합한 것인가 하는 데에 근본적인 의문을 갖게 된다. 자본과 노동 그리고 국내자본과 국제자본에 대한 과세에 차등을 두어야 하는가 하는 의문의 중심에 있다.

제2절 연구 대상과 방법

제1항 연구 대상

급변하는 자본시장은 우리로 하여금 자본과세제도가 경제에 어떤 영향을 미치고 있는 것인지 근본적으로 재검토할 것을 요청하고 있다. 예를 들면, 자본소득이라면 국적, 목적 및 형태를 구분하지 않고 동일하게 과세하여야 하는가 아니면 여전히 우리 경제에 꼭 들어맞는 자본에 대해 선별적인 혜택을 주는 체제를 유지해야 하는가에 대한 의문을 갖게 만들고 있다. 본서에서 필자는 우리나라의 자본과세제도의 바람직한 발전방향을 강구하기 위해 국제자본 및 그에 대한 과세의 실태를 분석하고자 한다. 과세의 관점에서 본 국제자본의 행태 및 그에 대한 주권국가의 대응을 골고루 분석함으로써 정책적인 입론을 돕고자 한다. 분석은 주로 금융자본을 대상으로 하고 산업자본에 대해서는 인수합병 등 기업의 대차대조표상 자본의 부에 영향을 주는 거래에 대한 분석에 한정하고자 한다. 산업자본에 대한 과세는 법인과세를 의미하게 되는데 그 전반에 대해 논한다면 본서가 포괄해야 할 주제가 너무 광범위하게 확대될 것이기 때문이다.

국제자본거래와 관련하여 중요하게 다루어지는 조세로는 소득세(법인세), 부가가치세, 상속세·증여세 및 증권거래세 등 다수이며, 나라마다 설정해 놓은 조세도 상이하지만, 본서의 논의는 국제자본에 대한 과세상 가장 중심이 되는 조세라고 할 수 있는 소득세(법인세)를 위주로 진행한다. 본서의 논의를 진행할 때 특별한 언급이 없으면 '거주자'는 '내국법인'을 포함하고 '비거주자'는 '외국법인'을 포함하는 것을 원칙으로 한다.

제2항 집필방법

본서를 집필하기 시작할 때 필자는 법학적인 분석방법에 주로 의존하고자 하였다. 조세법의 적용 대상이 되는 사안에 대한 이해를 보다 충실하게 하도록 제2장에서는 국제자본시장의 구조를 소개하였다.

국제자본은 주권국가 관할권을 넘나들면서 각국의 규율과 조세제도를 이용하고 이에 대해 각국의 정부는 입법과 법해석을 통해 대응하고 있다. 이 과정에서 세법을 해석하는 데 있어 입법목적을 고려하지 않을 수 없는 사정 그리고 세법을 적용하는 데 있어 경제적 실질을 규명하는 과정에 관한 치열한 논리의 대결을 이해할 필요가 있다. 정책적 목적과 경제적 실질은 다소 거시적이지만 경제와 시장 전체에 대한 이해가 갖추어질 때 더욱 완전해지는 것이다.

본서는 필자가 조세에 관한 분야에서 공무원, 변호사 및 교수로서 재직해 오는 동안 의문을 갖고 연구해 온 개념과 원칙을 정리한 결과물이다.

본서는 필자의 다른 저서 「조세전략과 대응(국제자본거래를 중심으로)」

과 상호 보완적인 관계를 가지고 있다. 본서에서 필자는 국제자본시장의 구조를 분석하고 그 안에서 우리나라 현행 세법상 국제자본에 대한 과세 제도와 그 논리를 설명하고자 하였다. 한편 「조세전략과 대응(국제자본거래를 중심으로)」은 이러한 제도적 틀 안에서 형성된 개별 거래에 대한 분석을 하고자 하였다. 분석의 대상은 법적인 분쟁을 통해 정보가 노출된 사례에 한정되고 있다. 아울러 필자는 그러한 사례를 통해 살펴본 과세당국의 대응전략에 대해서도 분석을 하고 과세제도가 나아가야 할 방향을 모색하였다. 두 저서 모두에서 필자는 우리 세제나 그것의 배경이 되는 이론의 이해를 도모하기 위해 외국의 사례를 적지 않게 인용하였다.

본서는 독자들로 하여금 본문에서 다루지 못한 문제에 대해 스스로 연구해 볼 수 있도록 부록에 [탐구]를 두고 있다. 아울러 주요 개념에 대해서는 본문에서 해당용어를 *로 표시하고 부록에서 [용어설명]을 하였다.

제2장

자본시장

> 국제자본이 얻는 소득은 이자소득, 배당소득, 자본이득 및 사업소득 등으로 다양하다. 오늘날 국제자본은 자본이득을 가장 중요한 소득형태로 인식하고 투자전략을 구사하고 있다.

오늘날 국제자본은 투자수익의 극대화를 위해 국경 간 제한 없이 이동하고 있다. 투자의 대상 측면에서 볼 때 가치를 가지고 있는 거의 모든 자산이 증권화되어 자산 간 투자수익률과 위험이 상호 비교될 수 있도록 시장화가 진행되고 있다. 한편 투자의 주체 측면에서 보면 자본은 기관화·펀드화되고 투자에 관한 의사결정이 중앙 통제되고 있다. 국제자본시장에서는 모든 자산이 상호 경쟁하는 대체재로서 개별 자산의 거래가격과 규모가—대체효과와 소득효과에 의해 결정되는—유기적인 관련성을 가지고 있다. 이러한 시장흐름의 변화 속에서 국제자본은 금, 곡물 및 원유와 같은 실물자산과 주식 및 채권과 같은 투자증권 중 구미에 맞는 자산을 골라 단기자본이득을 올리는 것을 가장 중요한 투자전략으로 삼고 있다. 시장이 자본이득 중 투기적 소득을 노리는 자들로 넘치고 있는 것이다.

한편, 신흥시장을 중심으로 한 가속적인 경제성장은 해가 다르게 세계경제규모를 확대시키고 있으며 이에 따라 시장의 유동성도 증가하고 있다. 증가하는 유동성은 자연스럽게 자산시장에서 수요의 증가로 이어지고 있다. 최근에는 상대적으로 공급의 희소성이 두드러지게 된 실물자산에 더욱 많은 수요가 몰리고 있다. 실물은 그 가치가 그것으로부터 기대할 수 있는 미래현금흐름의 현재가치라는 속성 때문에 얼마든지 주식 또는 채권과 같은 증권으로 전환되어 거래될 수 있다. 그리고 금과 같은 실물은 화폐의 등가물로서의 기능을 하면서 동시에 축적될 수 있다는 측면에서 자본의 성격을 고스란히 가지고 있다. 실물 중 일부 곡물이나 원유와 같은 자연자원은 장기적으로 보아 축적될 수 없는 것이기 때문에 자본의 정의에 부합하기 어려운 특성을 가지고 있다. 본서는 국제자본을 분석함에 있어 이와 같은 투자의 증권화 경향을 감안하여 주식과 채권을 주요 분석 대상으로 하고자 한다. 이는 논의를 더욱 간명하게 할 것이다.

제1절 자본시장의 개념

제1항 자본이란?

> 자본은 '화폐', '돈' 또는 그것의 등가물로 존재하며, 노동 및 토지와 함께 생산요소로서 생산에 기여한다. 자본은 노동을 고용하고 노동은 자본의 거래에 종사한다. 자본은 사인(私人), 공적 주체에 귀속하면서 인적 자산과 물적 자산을 구매하고 그것을 운용함으로써 소득을 창출하고 스스로를 확대한다. 자본은 그것의 보유주체와 동기에 따라 산업자본과 금융자본으로 나눌 수 있지만 그러한 구분은 인위적이고 불완전한 것이다.

자본의 개념과 그 속성에 대해서는 역사적으로 수많은 학자들이 논하고 있지만 필자는 그것을 단순하게 '돈'으로 정의하고자 한다. 시장경제에서 돈으로 대변되는 자본은 자산을 구매함으로써 경제활동을 영위한다. 자본주의 시장경제에서 자본은 사인(私人), 공적 주체에 귀속하면서 인적 자산과 물적 자산을 구매하고 그것을 운용함으로써 소득을 창출하고 스스로를 확대한다. 자본이 창출하는 소득은 이자, 배당, 자본이득 및 사업소득이다(부동산과 관련된 것은 편의상 제외한다.). 이자, 배당 및 자본이득은 물적 자산의 취득에 의해 창출하는 것이며 사업소득은 대개 인적 자산과 물적 자산을 동시에 취득함으로써 창출한다.

자본은 노동 및 토지와 함께 생산요소로서 생산에 기여한다. 자본은 시장에서 거래되지 않고 내적으로 축적되어 생산요소가 되기도 하지만 대개는 거래되는 속성을 가진다. 이는 자본을 가진 자보다 그것을 빌리는 자가 보다 높은 생산성을 가지는 경우가 많기 때문이다. 모든 자본은 노동 등 다른 생산요소들과 결합하여 최대한의 수익률을 올리고자 하는 점에서 공통적인 생리를 가지고 있다. 여기서 노동은 늘 자본의 대리인의 역할을 하게 되어 있다. 예를 들어, 산업자본에서의 이사회의 구성원들 그리고 금융자본에서의 자산관리회사 모두 노동의 제공을 핵심으로 한다. 노동을 요소로 하는 그들은 숙명적으로 대리인 문제를 안고 있다. 그럼에도 불구하고 자본은 노동을 고용하고 노동은 자본의 거래에 종사한다.

1. 산업자본과 금융자본

자본은 그것의 보유주체와 동기에 따라 산업자본과 금융자본으로 나눌 수 있다. 산업자본은 생산활동을 영위하는 기업이 보유하고 있는 자본을 의미한다. 통상 산업자본은 마이크로소프트나 도요타와 같이 일정 사업을 영위하는 주체에 귀속되어 있다. 금융자본은 자신이 직접 일정 사업을 영위할 의사 또는 능력을 갖추지 못해 단순한 투자수익을 기대하는 투자자에 귀속된 자본을 말한다. 금융자본은 투자자의 자금을 모은 것이기 때문에 투자자본이라고 할 수 있을 것이다. 금융자본은 투자 자체를 목적으로 하며 그 보유자는 대개 자신이 산업활동에 직접 간여하지 않는다.

자본의 보유주체와 목적을 토대로 한 자본의 구분은 인위적이고 불완전한 것이다. 금융회사들은 금융업을 영위하는 측면에서 보면 산업자본의 주체가 될 수 있지만 고객으로부터 위탁받은 자금을 운용하는 데 있어서는 사실상 금융자본의 주체가 될 것이다. 한편 원래 산업자본의 주체이지만 금융자본을 운용할 수도 있다. 예를 들어, 전기전자제품의 제조업으로 시작한 General Electrics[2]가 사실상 금융자본이 아니냐는 말도 여기서 나오는 것이다. 또한, 산업자본은 자신의 여유자금을 자신의 산업활동에 단순히 투자하기도 하지만 인수·합병을 통해 사업영역을 확장하면서 금융자본과 다를 바 없는 목적을 추구하기도 한다.

2. 자본거래와 대차거래

자본이 거래되는 방식을 회계학적 용어를 빌려 설명한다면 자본거래와 대차거래로 분류할 수 있을 것이다. 자본을 공급하는 자와 공급받는 자 간의 법적 관계로는 출자관계 또는 채무관계가 형성된다. 자본을 제공할 때 자본거래로는 출자자의 지위를 취득하거나 대차거래를 통해 채권자로서의 지위를 취득하게 되는 것이다. 물론 자본을 거래하지 않고 자신이 스스로 생산재원으로 활용할 수도 있다. 파생거래에서 당사자의 지위처럼 돈은 제공하지 않고 단순히 약속만 하는 수도 있다. 파생거래는 실질적인 돈의 이동에 병행하든가 또는 그 전후에 설정되는 거래이기 때문에 자본거래와 대차거래에 준하는 것으로 볼 수 있다.

---

2) 세계 최대의 기업그룹인 GE는 전기제품회사인 동시에 거대 금융회사 그룹이다. 1980년 이전까지는 가전·발전 등 제조사들이 성장을 이끌었지만 1981년 잭 웰치(Welch) 회장 취임 이후부터 사실상 금융이 GE를 먹여 살리고 있다. 금융자산이 GE 전체 자산의 절반 정도를 차지한다. 이 같은 GE의 지배구조는 독특하다. 지주회사인 GE 아래 제조업 부문 자회사와 금융 부문 자회사로 양분되어 있다. 제조업에는 소재부품·에너지·방송·소비자 공업용품·의료장비 서비스·물류장비 서비스 등이 자회사로 편입돼 있다. 금융 부문에는 GE가 100% 출자한 금융 중간지주회사인 GE캐피탈서비스(GECS)가 있고 그 아래 기업금융·소비자금융 등 GE의 여러 금융 손자(孫子) 회사들이 자리하고 있다(2008.4.2. 조선일보 보도).

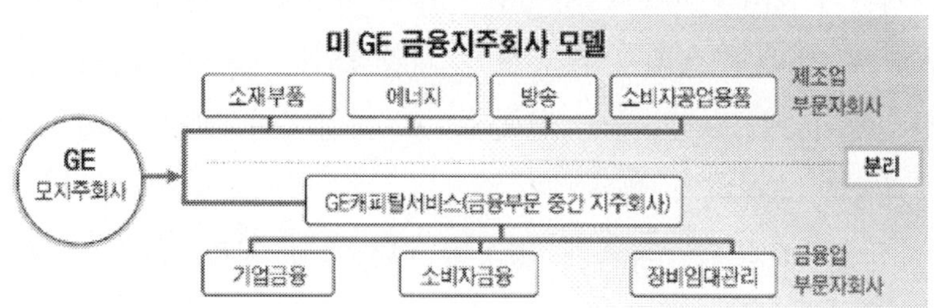

제2항 자본시장의 구조

자본이 거래되는 시장은 중간에 금융회사가 어떻게 개입하는가에 따라 직접금융시장과 간접금융시장으로 구분할 수 있다. 정부는 자본시장에서 거래가 공정하게 이루어지도록 일정한 규율을 한다. 이러한 규율을 받지 않는 비제도권 시장도 상당한 규모로 존재한다.

자본시장에서는 자본을 공급하는 자와 공급받는 자 간에 직접적인 거래가 일어날 수도 있지만 중간에 매개자가 개입할 수도 있다. 중간 매개자가 독립된 채권채무관계의 당사자가 될 때에는 은행 내지 여신기능을 수행하게 된다. 이때 형성되는 시장은 간접금융시장이 된다. 최종적인 자본의 공급자와 수요자 간 직접적인 자본의 수수가 이루어질 수 있다. 이때 형성되는 시장을 직접금융시장이라고 한다. 두 가지 시장에서 모두 자본의 공급자의 권리가 증권화되어 거래될 수 있지만 이는 주로 직접금융시장에서 이루어진다. 주식 또는 채권과 같은 증권의 발행법인의 발행업무를 대행하여 주는 증권회사를 주간사라고 하는데 주간사는 통상 자본의 공급과 관련된 채권채무관계의 직접적인 당사자가 되지는 않는다.

자본시장에는 자본을 공급하고자 하는 자와 공급받고자 하는 자 그리고 그 거래를 돕고자 하는 자들이 참여하게 된다. 자본시장에 참여한 거래당사자들 상호간 경제적 지위는 동일하지 않으며 그러한 지위의 격차는 시장 내 거래가 공정하게 이루어지지 못하게 하는 요소로 작용할 수 있다. 정부는 자본시장에서의 거래가 공정하게 이루어짐으로써 투자자가 보호되도록 일정한 규율을 하게 된다. 이와 더불어 정부는 자본시장에서 신용에 입각한 거래가 이루어지도록 규율함으로써 시장의 안정을 도모한다. 자본시장은 상호 신용을 토대로 유동성이 재창조되는 속성을 지니고 있어 한 곳의 신용에 문제가 발생하면 연쇄적으로 파급되어 경제 전체 기능이 마비되는 결과를 초래하기 때문이다.

자본시장에서 정부는 자국에 형성된 시장에서 지킬 룰을 설정하고 그

률의 준수를 보장하는 방법으로 규율한다. 이러한 관점에서 자본시장을 분류한다면 자본시장은 은행시장, 자본시장 및 보험시장으로 구분된다. 은행시장은 '은행법'이 규율하고, 자본시장은 이제는 '자본시장 및 금융투자업에 관한 법률'이 규율하게 되었으며, 보험업은 '보험업법'이 규율한다. 자본시장 및 금융투자업에 관한 법률이 비록 직접 정의하지는 않았지만 '자본시장'의 개념은 채권, 주식 및 수익증권 등과 같은 금융투자상품을 거래하는 시장을 가리킨다고 볼 수 있다. 국제통화기금과 같은 국제금융기구에서는 은행을 통한 간접금융시장도 자본시장에 포함시킨다.

자본이 이와 같이 정부의 규율을 받는 제도권시장에서만 거래되는 것은 아니다. 비제도권에서는 일반 민사법이 규율하며 사법부가 그것을 집행하지만 정부가 거래에 직접 간섭하지는 않는 것이다. 비제도권에서 이루어지는 거래의 양태는 다양하다. 당사자 간 단순한 채권채무관계 또는 조합관계를 통해 거래가 이루어질 수 있다. 어음증서와 같은 채무증서는 정부의 규율을 받지 않고 거래될 수 있다. 주식을 상장하지 않는 경우에는 회사법상 규율만 받는다. 본서에서 자본시장은 자본을 거래하는 시장이라면 어떤 것이든 포괄하는 것으로 하고자 한다.

[탐구] 2-1

제2절 국제자본시장의 이해[3]

제1항 국제자본

국제자본이라 함은 자본의 형성지와 진출지가 서로 다른 관할권에 소재하는 경우 그러한 자본을 의미한다. 이때 자본의 형성지와 진출지의 구분은 불완전한 것이다.

자본의 국제적 이동에 대한 제약이 거의 사라진 오늘날 모든 자본은 국제자본이 될 가능성을 공유하고 있다. 여기서 '국제자본'은 통상 여러 나라에 걸쳐 이동하는 자본을 말한다. 외국자본은 국제자본과 유사하지만 동일한 개념은 아니다. 외국자본은 자본을 수입한 국가의 입장에서 외국에서 들어온 자본을 국내자본과 비교할 때 지칭하는 말이다. 반면 국제자본은 자본의 형성지와 진출지가 서로 다른 시장 내지 관할권에 소재하는 자본을 의미한다. 실제 자본은 여러 관할권을 옮겨 다니면서 이합집산하기 때문에 어느 하나의 개체로 독립된 자본으로 분리해 내기는 곤란하다. 특정한 자본의 형성지와 진출지를 구분한다는 것은 무의미하다고 볼 수도 있다. 정확히 국내외를 기준으로 자본의 형성지와 진출지를 구분하기 어렵다는 점을 본다면 어떤 자본을 꼬집어 국제자본이라고 지칭하기 곤란할 것이기도 하다. 굳이 국제자본을 정의하자면 다수의 관할권을 넘나드는 돈의 뭉치라는 정도로 정의할 수 있을 것이다.

---

3) Doron Herman, Taxing Portfolio Income in Global Financial Markets, International Bureau of Fiscal Documentation, 2002, pp.30－58.

제2항 국제자본시장의 분해

1. 국가별 자본화의 정도

국제통화기금에 의하면 2006년 말 현재 전 세계 자본시장 규모의 GDP대비율은 395% 수준으로서 매년 3.2% 정도 증가하고 있다. 영국의 성장세가 두드러지며 우리나라는 309% 정도로서 전 세계 평균에 미치지 못하고 있다. 우리나라와 주요국의 예를 보면 자본화의 진행이 국민계층 간 실질적 형평의 증진에 역행하는 방향으로 작용하지는 않는다.

(1) 자본시장의 규모 – 저량(stock)

자본은 그 소유주체와 동기에 따라 금융자본 또는 산업자본으로 명확하게 구분하기 어렵듯이 그 국적에 따라 어느 나라의 자본으로 선을 긋기도 어렵다. 예를 들어, 우리의 국민연금기금이나 싱가포르의 TEMASEK[4]이나 GIC[5]와 같이 공적 자본은 분명히 그 국적을 가지고 있는 것이지만 민간 자본은 그렇지 않다. 따라서 단순히 '시장의 규모'를 토대로 그 나라 자본의 규모를 간접적으로 추산할 수 있을 뿐이다. 이는 그 나라가 어느 정도 자본을 축적하고 있는가를 알 수 있는 간접적인 척도가 된다.

국제통화기금(International Monetary Fund, IMF)은 2001년부터 매년 국제적 자본이동을 조사하여 「세계금융안정성보고서(Global Financial Stability Report)」를 발간하고 있다. 아래 표는 2007년 10월 IMF가 공표한 자료로서 간접투자펀드시장을 제외한 주식시장(시가총액), 채권시장(발행 잔액) 및 은행대출시장(자산총액)의 규모를 제시하고 있다. 간접투자펀드는 투자대상으로서 주식과 채권을 모체로 하는 것이니만큼 전체적인 자본의 규모를 측정하는 데 산입한다면 중복 계산이 될 것이다. 아래 표에 의한다면

---

4) 싱가포르 정부의 재정상 여유자금을 운용하는 기관이다.
5) 싱가포르의 보유외환상 여유분을 운용하는 기관이다.

세계자본의 규모는 2006년 말 현재 190.4조 USD에 이른다. 이는 2001년 150.1조 USD, 2003년 130.3조 USD에 비하면 큰 폭 증가한 것이다.

〈전 세계 자본시장 규모(국제통화기금 자료, 2006)〉

(단위 10억 USD, %)

	GDP (A)	지급준비금 (B)	주식시장 (C)	채권시장 (D)	은행대출시장 (E)	C+D+E (F)	F/A
전 세계	48,204.4	5,091.5	50,826.6	68,734.4	70,860.5	190,421.5	395.0
유럽연합	13,644.4	252.7	13,068.8	23,202.7	36,642.0	72,913.5	534.4
유로화 지역	10,588.9	157.5	8,419.1	18,768.3	25,837.6	53,268.8	503.1
북아메리카	14,470.0	89.8	21,269.7	28,071.6	12,122.6	61,463.9	424.8
캐나다	1,275.3	35.0	1,700.7	1,335.8	1,917.9	4,954.5	388.5
미국	13,194.7	54.9	19,569.0	26,735.8	10,204.7	56,509.4	428.3
일본	4,366.2	879.7	4,795.8	8,719.3	6,415.4	19,930.5	456.5
유럽연합국가							
오스트리아	323.8	7.0	192.8	522.6	419.7	1,135.0	350.5
벨기에	394.5	8.8	335.1	828.6	1,837.2	3,000.9	760.7
덴마크	276.4	29.7	239.5	580.1	795.2	1,614.7	584.2
핀란드	209.8	6.5	309.5	224.5	243.8	777.7	370.8
프랑스	2,252.0	42.7	2,312.8	3,495.3	7,637.3	13,345.5	597.1
독일	2,899.4	41.7	1,637.6	4,850.9	4,413.0	10,901.4	376.0
그리스	308.7	0.6	208.3	461.8	351.7	1,021.7	330.9
아일랜드	219.4	0.7	163.3	420.0	1,246.3	1,829.6	634.0
이탈리아	1,852.6	25.7	1,026.5	3,491.0	3,627.4	8,144.5	439.6
룩셈부르크	41.5	0.2	79.5	96.5	706.2	884.2	2,130.4
네덜란드	666.6	10.8	725.1	1,700.3	3,097.6	5,523.0	828.6
포르투갈	194.9	2.1	105.8	362.2	203.9	671.9	344.7
스페인	1,225.8	10.8	1,322.9	2,314.6	2,295.4	5,933.0	484.0
스웨덴	384.4	24.8	615.9	556.7	552.6	1,725.4	448.9
영국	2,394.7	40.7	3,794.3	3,297.7	9,212.6	16,304.6	680.9
신흥시장	14,078.5	1,932.0	11,692.4	6,056.4	11,271.3	29,020.1	206.1
아시아	6,259.5	1,248.9	6,857.0	3,517.5	7,487.1	17,861.6	285.4
라틴아메리카	2,941.8	195.5	1,454.2	1,556.8	1,433.7	4,444.6	151.1
중동	1,326.1	149.5	657.4	98.9	873.7	1,630.1	122.9
아프리카	920.2	91.5	850.9	140.9	500.4	1,492.2	162.2
유럽	2,631.0	246.6	1,872.8	742.3	976.5	3,591.6	136.5

(2) 자본화와 소득분배

1) 자본화(capitalization)의 진행 정도

　앞의 표의 마지막 칼럼은 각국의 GDP 대비 자본시장의 규모 즉 자본화[6]의 정도를 나타내고 있다. 전 세계적으로 보면 자본시장의 GDP 대비 율은 2006년 말 현재 395% 수준이다. 이는 2003년 말 현재의 359%에 비해 약 10% 증가한 수준이다. 매년 약 3.2% 정도 증가한 셈이다. 자본화는 미국,[7] 유로지역[8] 및 영국[9]에서 더욱 빠른 속도로 진행되고 있다. 절대적인 수준과 진척 속도에 있어 특히 자본주의의 역사가 오래되고 금융산업이 발달한 영국이 괄목할 만하다. 우리나라는 2004년 현재 약 309% 수준으로 나타난다. 서구자본주의 국가들이 전 세계 자본과 GDP의 대부분을 차지하고 있으며 자본화가 심화되어 있는 것에 비하면 우리나라는 아직 자본화가 더딘 경제라고 진단할 수 있을 것이다.

---

6) 여기서 자본화에 관한 수치는 토지 및 건물과 같은 부동산의 가액은 제외한 것이기 때문에 불완전한 것이기는 하다. 토지를 개발한다면 그 가치가 증가하게 된다. 따라서 토지를 단순히 부존자원으로 치부할 수는 없으며 자본의 규모를 산정하는 데 반드시 그 가치를 포함하여야 할 것이다. 토지의 회소성은 토지에 대한 수요의 크기에 따라 상대적으로 변화하며 토지의 수요는 그 나라 경제의 발전 내지 자본화에 연계되어 있음을 감안한다면 토지 가격은 자본의 규모를 측정할 때 고려하여야 할 것이다. 다만, 토지는 주식의 형태로 보유하고 있을 수 있는데 토지가격을 구분 없이 모두 자본규모의 산정에 반영한다면 자본이 과대 산정될 것이다. 국제통화기금 및 국제결제은행은 부동산가액의 규모를 산정하지 않고 있으며 이에 따라 본서도 부동산에 대해서는 추이분석을 하지 않고 있다. 부동산에 대한 분석을 하지 않고 있다는 측면에서 본서에서 말하는 '자본화'의 진행 정도의 의미는 한계를 가지고 있다.
7) 371%(2003)→428%(2006)
8) 427%(2003)→503%(2006), 유로통화를 사용하는 지역이다.
9) 532%(2003)→681%(2006)

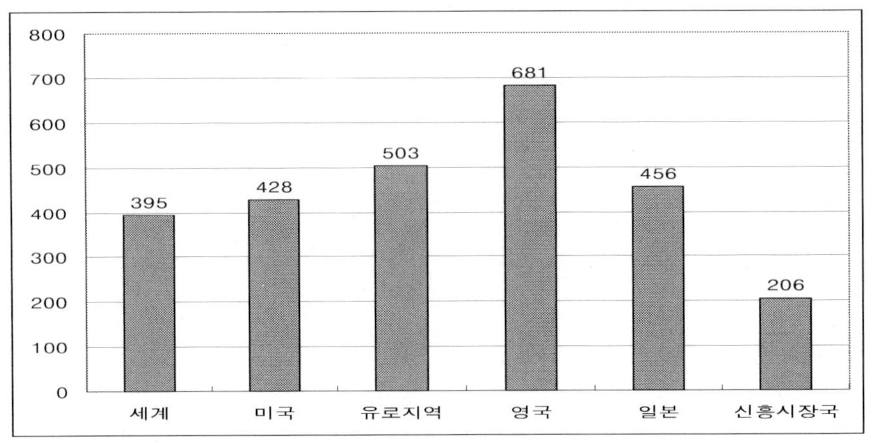

2) 소득분배 구조

자본화의 정도와 소득의 분배구조는 직접적인 연관을 가지고 있지 않는 것으로 보인다. 위 표와 아래 표를 조합하면 국가 간 비교할 때에는 소득의 분배구조가 자본화의 진행 정도와는 직접적인 관련성을 가지지 않는 것으로 보인다. 자본화가 가장 많이 진행된 영국의 경우 2003년 전체 GDP 중 피용자보수가 57.4%를 차지하는 반면 우리나라는 44.2%에 불과하다. 역사적으로 보면 영국은 자본화가 진행되면서 피용자보수의 비중이 다소 낮아지고 있다. 우리나라의 경우 역시 자본화가 진행되고 있지만 피용자보수의 비중은 상당 폭 증가하고 있다. 이는 자본화의 진행 자체가 국민계층 간 실질적 형평에 역행하는 방향으로 작용하지는 않을 것이라는 가설에 설득력을 부여한다.

<OECD 주요국의 국민계정1) 지표>10)

국가	연도	경제규모			분배구조(%)				
		GDP (억 달러)	GNI (억 달러)	1인당 GNI (달러)	피용자보수 2)	기업 및 재산소득	고정자본 소모	순 생산세	국외 순 수취 경상이전
한국	1970	81	82	254	33.8	48.4	7.5	9.2	1.1
	2003	6,052	6,061	12,646	44.2	29.9	13.8	12.7	-0.5
미국	1970	10,385	10,376	5,059	59.9	22.0	10.3	8.4	-0.6
	2003	110,040	110,336	37,905	57.4	24.1	12.3	6.9	-0.6
일본	1970	2,044	2,040	1,967	42.8	37.7	13.6	5.9	0.0
	2002	39,725	40,378	31,685	53.0	19.9	19.7	7.5	-0.1
영국	1970	1,236	1,248	2,243	59.1	18.9	9.6	12.6	-0.2
	2003	17,949	18,306	30,831	55.1	21.9	10.9	12.8	-0.7
독일	1970	2,037	2,050	2,638	52.5	27.0	10.7	10.1	-0.4
	2003	24,020	23,862	28,917	54.2	20.8	15.2	10.9	-1.2
캐나다	1970	849	836	3,920	55.9	19.6	11.8	12.9	-0.1
	2003	8,565	8,401	26,562	52.1	21.8	14.0	12.1	0.0

1) 경제규모, 분배구조는 모두 당해 년 가격(At current prices) 기준
2) 한국, 미국 이외의 국가는 국외 순 수취 피용자보수 제외

2. 전 세계 자본시장의 구성 추이

국제자본시장에서 증권화와 펀드화가 빠른 속도로 진행되고 있다. 증권화를 토대로 한 파생상품거래의 증가는 가히 폭발적이다. 파생상품거래의 증가는 위험회피동기의 증가를 의미하는 한편 그만큼 위험을 추구하는 투기거래의 증가를 의미하기도 한다. 투기거래는 자본이득을 추구하는 거래이다. 따라서 증권화는 자본의 자본이득 추구성향을 심화시키는 요인이 되고 있다. 한편 국제자본시장의 또 다른 추세는 펀드화이다. 2007년 현재 세계 채권과 주식 중 약 22%가 펀드방식으로 보유되고 있다. 우리나라는 15% 수준으로 아직 펀드화가 전 세계 평균 수준에 미치지 못하고 있다. 펀드화의 추세는 투자자본의 대형화를 의미한다. 대형화된 자본이 단기 자본이득을 추구하는 곳이 국제자본시장이다.

---

10) 한국은행, OECD 국가의 국민계정 주요지표, 2004.

(1) 2001년 이후의 추이 – 국제통화기금 자료

「세계금융안정성보고서(Global Financial Stability Report)」상 통계를 추세 분석하면 아래와 같다.

〈금융자산 저량(stock) 현황〉

(10억 USD)

	2001(A)	2002	2003	2004	2005	2006(B)	(B/A)
주식시가총액	28,875	22,077	31,202	37,168	41,966	58,826	203.7%
채권발행 잔액	41,792	43,357	51,304	57,842	59,690	68,734	164.5%
은행자산	79,401	85,002	47,834	57,315	63,473	70,860	89.2%
총계	150,069	150,437	130,341	152,327	165,130	190,421	126.9%

자본시장 구성의 추이를 보면 금융 증권화의 속도는 괄목할 만하다. 전반적인 추세는 은행을 중심으로 한 예금과 대출거래에서 증권화된 자본거래 쪽으로 금융거래가 이전하고 있음을 분명하게 보여 주고 있다. 은행의 경우 순 자산이 오히려 줄어들었지만, 그것이 바로 은행을 통한 간접금융 활동이 위축되었음을 의미하는 것은 아니다. 아래의 국제결제은행 자료를 보면 비슷한 기간 동안 은행 총대출 잔액은 약 3배 증가한 것으로 조사되었다.

(2) 장기적 추이 – 국제결제은행 자료

국제결제은행(Bank for International Settlements, BIS)의 자료는 장기적 추세를 보여 주고 있다. 아래 표에서는 각 부문별로 조사 대상 국가가 서로 다르다. 국제적으로 일관성 있는 통계를 작성하는 데에는 역사적인 요소도 개입하기 때문이다. 동 자료는 아쉽게도 주식시장에 관한 일관성 있는 통계를 제시하지 못하고 있는 한계가 있다. 그럼에도 불구하고 증권화가 빠른 속도로 진행되고 있음을 알려 주는 데 부족함이 없다. 한편 증권화를 토대로 한 파생상품거래의 증가추세는 가히 폭발적이라고 할 만하다.[11] 파생상품거래의 증가는 위험회피동기의 증가를 의미하는 한편 그만큼 위험을 추구하는 투기거래의 증가를 의미하기도 한다. 투기거래는 자본이득을 추구하는 거래이다. 펀드의 순 자산은 비슷한 기간의 주식시가총액의 증가 정도로 약 2배 증가하는 데 그치고 있다. 기업의 채권 잔액 규모가 약 3배 이상 증가한 것에 비하면 더디게 증가하고 있는 것이다.

<금융자산 저량(stock) 현황(주식 제외)>

(10억 USD)

	1980	1985	1990	1995	2000(A)	2005	2007.6(B)	(B/A)
은행 총대출 잔액	1,638	3,206	7,694	9,495	12,281	23,911	33,706	298.8%
채권발행 잔액	–	–	1,645	2,847	6,490	14,610	21,887	337.2%
장외파생거래 잔액	–	–	–	–	95,200	297,670	516,407	542.4%
펀드 순 자산	–	–	–	–	11,800	17,800	25,800	218.6%

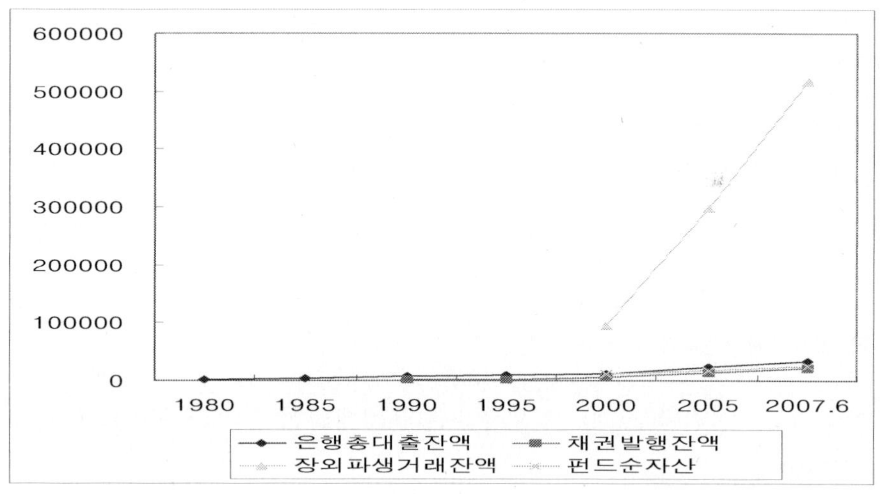

11) Bank for International Settlements, BIS Quarterly Review, December 2007.

1) 은행대출 잔액 추이

아래 표는 국제결제은행에 보고하는 40개 국가에 소재하는 상업은행들의 대차대조표상 대출 청구권 잔액 합계의 시계열자료이다.

〈대출 청구권 현황(잔액)〉

(10억 USD)

	1980	1985	1990	1995	2000	2005	2007.6
총대출 청구권	1,638	3,206	7,694	9,495	12,281	23,911	33,706
은행에 대한 청구권	1,117	2,217	5,500	6,496	8,041	14,886	20,998
비은행에 대한 청구권	521	989	2,194	2,999	4,240	9,025	12,708

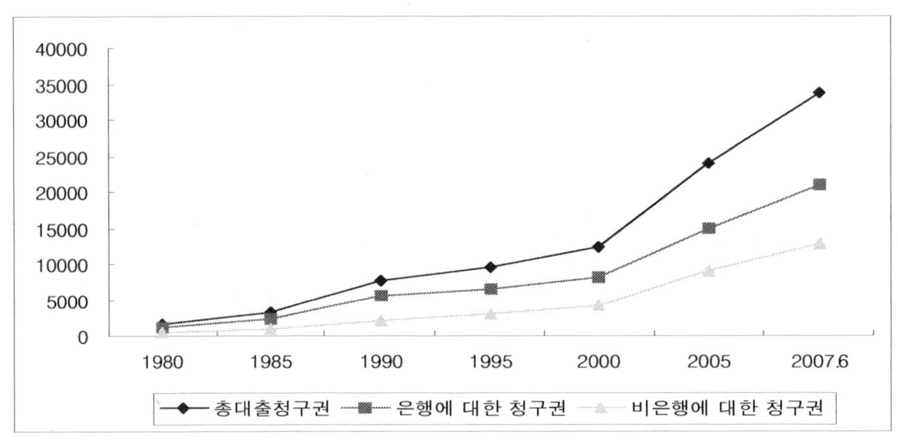

2) 채권발행 잔액 추이

아래 표는 선진국(23개), 역외금융센터(10개), 개도국(28개) 및 국제기구의 채권발행 잔액 규모의 추이이다.

〈채권발행 현황(잔액)〉

(10억 USD)

	1990	1995	2000	2005	2007. 9
전 세계	1,645	2,847	6,490	14,610	21,887
선진국	1,252	2,052	5,035	12,508	18,805
역외금융센터	102	178	524	839	1,514
개도국	101	316	551	718	918
국제기구	190	301	380	544	649

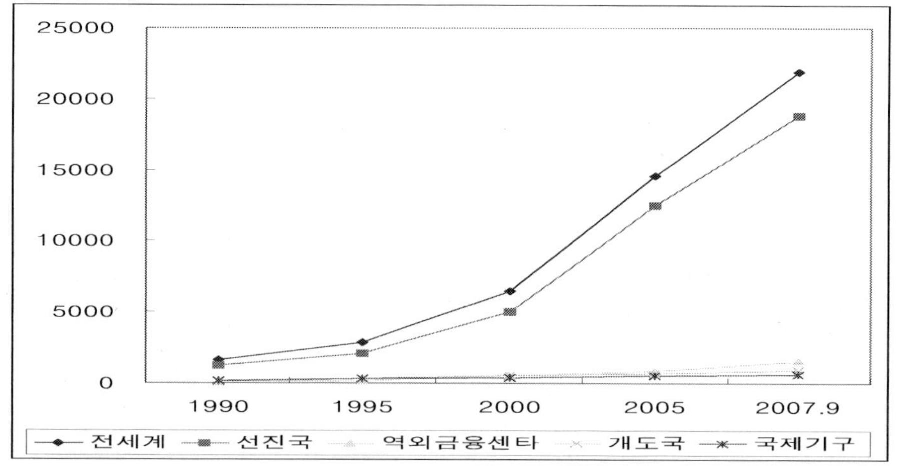

3) 장외파생거래 잔액 규모 추이

아래 표는 G10국가의 장외파생거래 잔액 규모의 추이이다. 전체 장외파생거래 중 이자율스왑*이 절반을 상회하는 비중을 차지하고 있다.

〈장외파생거래 규모 현황(잔액)〉

(10억 USD)

	1998	1999	2000	2001	2002	2003	2004	2005	2006	2007.6
총계약	80,309	88,202	95,200	111,178	141,665	197,167	257,894	297,670	414,290	516,407
외국환거래	18,011	14,344	15,666	16,748	18,448	24,475	29,289	31,364	40,239	48,620
이자율스왑	36,262	43,936	48,768	58,897	79,120	111,209	150,631	169,106	229,241	271,853
주식연계계약	1,488	1,809	1,891	1,881	2,309	3,787	4,385	5,793	7,488	9,202
상품계약	408	548	662	598	923	1,406	1,443	5,434	7,115	7,567
크레딧디폴트계약*	–	–	–	–	–	–	6,396	13,908	28,650	42,580
기타	10,387	11,408	12,313	14,384	18,328	25,508	25,879	29,199	39,682	61,501

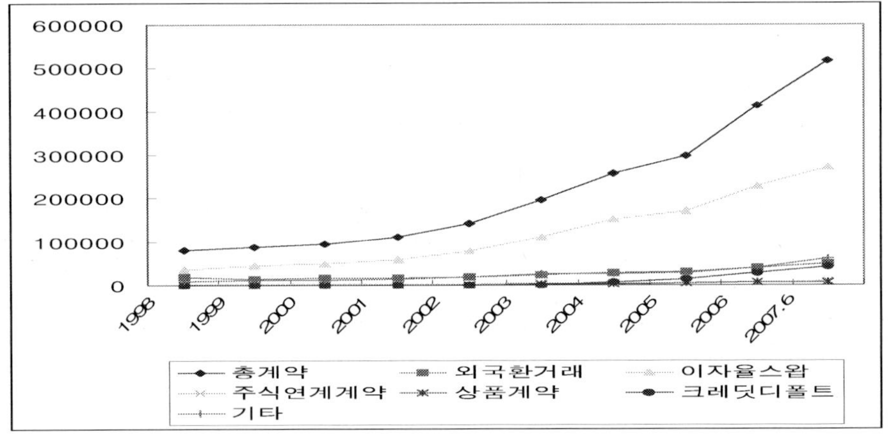

4) 펀드시장의 추이

2008년 2월 한국자산운용협회는 국제결제은행의 자료를 인용하여 2007년 3/4분기 현재 세계펀드산업의 순 자산은 25.8조 USD에 이른다고 하면서 더욱 구체적인 시장 현황을 아래와 같이 소개하고 있다.

〈펀드 순 자산 규모 추이(잔액)〉

(단위: 10억 USD)

	2000	2001	2002	2003	2004	2005	2006	2007.9
펀드 순 자산	11,800	11,300	16,200	–	16,200	17,800	21,700	25,800

　2007년 현재 세계펀드 순 자산 상위 10개국은 아래와 같다. 한국은 15위 수준이다.

〈국가별 펀드 순 자산 규모(잔액)〉

(단위: 10억 USD)

순위	1	2	3	4	5	6	7	8	9	10	15
국가	미국	룩셈부르크	프랑스	호주	영국	아일랜드	홍콩	캐나다	일본	브라질	한국
순 자산	11,919	2,609	1,994	1,224	951	920	721	706	700	575	330

　위 표에 의하면 세계펀드산업의 순 자산은 25.8조 USD에 이른다. 국제통화기금이 산정한 전체 자본시장 규모(은행대출, 채권 및 주식잔액) 190조 USD 중 13.5%가 간접투자방식으로 보유되고 있음을 알 수 있다. 은행대출의 경우 간접투자의 대상이 되는 경우는 드물기 때문에 채권과 주식잔액만 비교한다면 두 부문의 합계액이 119.5조 USD에 이르므로 약 22%가 간접투자의 방식으로 보유되고 있다고 볼 수 있다. 우리나라의 경우 2007년 9월 현재 펀드 순 자산 규모는 약 270조 원(판매액기준)에 이르는데 상장유가증권의 규모[12]는 1,794조 원에 이르므로 약 15%가 간접투자의 방식으로 보유되고 있는 것으로 추산된다. 아직 투자의 펀드화가 미진한 것으로 보이는 부분이다. 실제 투자펀드는 채권이나 증권이 아닌 실물자산(예, 금 또는 상품 등)에도 투자하고 있으므로 투자의 펀드화 비율은 좀 더 낮게 보아야 할 것이다.

---

12) 주식 9,740,210억 원 및 채권 8,198,699억 원(재정경제부, 재정금융통계, 2007.12).

3. 자본의 국제적 이동 양상

　　2006년 현재 미국과 영국은 자본의 최대 순수입국이며 중국과 일본이 자본의 최대 순수출국이다. 미국은 포트폴리오투자자금을 받아들여 외국인직접투자자금으로 수출하고 있으며, 영국, 중국 및 일본은 주로 포트폴리오자금으로 수출하고 있다. 외국인직접투자가 큰 폭으로 증가하고 있는데 이는 주로 선진국 간 국제인수합병의 증가에 기인한다. 한편 2006년 현재 선진국의 국내총생산 대비 외국인직접투자 잔액의 비율은 24.2% 수준이다. 우리는 8%로 매우 낮은 수준이다.

(1) 전 세계 자본의 흐름

1) 외국인직접투자 v. 포트폴리오투자*13)(추세)

1996년 이후 국제통화기금의 자료에 의하면 국제적인 자본의 이동에 있어 포트폴리오투자 형태의 이동이 외국인직접투자 형태의 이동보다 약 2배 정도 많았다. 증가의 추세에 있어서는 두 형태의 이동이 비슷한 양태를 가지고 빠른 속도로 증가하고 있다.

〈자본의 이동 형태별 추이〉

(10억 USD)

	유입				유출			
	1996	2000	2005	2006	1996	2000	2005	2006
외국인직접투자	262.5	1079.7	782.0	934.3	− 183.6	− 893.7	− 608.2	− 1004.4
포트폴리오투자	642.3	1101.0	2167.2	2658.5	− 429.2	− 799.6	− 1461.1	− 1874.0

2) 자본의 수입국과 수출국

국제통화기금의 보고에 의하면 미국과 영국은 2006년 현재 세계 최대의 자본순수입국인 반면 중국과 일본이 세계 최대의 자본순수출국이다.

---

13) 금융시장에서는 재무적 투자라고도 한다.

〈자본 순수출국 및 순수입국 동향(2006)〉 (%)

자본순수출국		자본순수입국	
총계	100	총계	100
중국	**17.3**	미국	**59.6**
일본	11.8	스페인	7.8
독일	10.1	영국	6.5
사우디아라비아	6.6	이태리	3.3
러시아	6.6	호주	3.0
스위스	4.5	터키	2.3
네덜란드	4.0	그리스	2.2
노르웨이	3.8		
쿠웨이트	2.9		
싱가포르	2.5		
아랍에미리트 연합	2.5		
알제리	2.0		
스웨덴	1.9		
기타 국가	23.4	기타 국가	15.2

3) 국가별 유출입 내역

① 유출입

국제통화기금의 보고에 의하면 미국으로의 자본의 이동은 주로 포트폴리오투자가 주를 이루고 있다. 영국, 중국 및 일본의 대외투자도 포트폴리오투자가 주를 이룬다. 중국에의 투자는 외국인직접투자가 주를 이룬다. 이와 같은 현상은 최근 10년간의 변화에서 두드러진다.

<국가별 유입 및 유출 동향>

(10억 USD)

		유 입				유 출			
		1996	2000	2005	2006	1996q	2000	2005	2006
미국	직접투자	86.5	321.3	109	180.6	−91.9	−159.2	7.7	−235.4
	포트폴리오	332.8	436.6	832	1,017.4	−149.3	−127.9	−203.4	−426.1
	기타	131.8	289	263.2	661.6	−178.9	−273.1	−245.2	−396.1
	유보자산					6.7	−0.3	14.1	2.4
	총투자	551.1	1,046.9	1,204.2	1,859.6	−413.4	−560.5	−426.9	−1,055.2
일본	직접투자	0.2	8.2	3.2	−6.8	−23.4	−31.5	−45.4	−50.2
	포트폴리오	66.8	47.4	183.1	198.6	−100.6	−83.4	−196.4	−71
	기타	31.1	−10.2	45.9	−89.1	5.2	−4.1	−106.6	−86.2
	유보자산					−35.1	−49	−22.3	−32
	총투자	98.1	45.4	232.3	102.6	−154	−168	−370.8	−239.4
영국	직접투자	27.4	122.2	195.6	139.7	−36.7	−246.3	−91.7	−128.7
	포트폴리오	68	255.6	240.3	288.8	−93.4	−97.2	−291.5	−368.1
	기타	251.8	414.6	936.2	817.7	−214.7	−426.8	−931.6	−702.8
	유보자산					0.7	−5.3	−1.7	1.3
	총투자	347.2	792.4	1,372.1	1,246.3	−344.1	−775.6	−1,316.5	−1,198.3
유로	직접투자		416.3	113	198.5		−413.7	−372	−396.1
지역	포트폴리오		268.1	697.7	941.8		−385.3	−512	−594.3
	기타		340.3	816.2	963.8		−165.8	−715.6	−945.9
	유보자산						16.2	22.9	−5.2
	총투자		1,024.7	1,626.9	2,104.1		−948.7	−1,576.7	−1,941.4
신흥	직접투자	148.4	211.7	361.2	422.3	−31.6	−43	−106.8	−194
시장	포트폴리오	174.7	93.3	214.1	211.9	−85.9	−105.8	−257.8	−414.5
	기타	95.4	−8.8	146.3	358.9	−93	−127.7	−241.2	−368.8
	유보자산					−103.5	−132	−592.4	−746.6
	총투자	418.5	296.1	721.7	993.2	−313.9	−408.5	−1,198.2	−1,723.8

② 순유입

국제통화기금의 보고에 의하면 미국은 전 세계로부터 경영권과 관계없는 포트폴리오투자자금을 받아들여 대외적으로 경영권과 관계있는 외국인 직접투자자금으로 활용하고 있음을 알 수 있다. 즉 자국의 산업자본이 외국의 금융자본을 받아들여 외국으로는 다시 산업자본으로 투자하고 있는 것으로 분석될 수 있다.14) 이러한 현상의 출현에는 조세제도가 일조하고 있다. 미국은 내국세입법((Internal Revenue Code, IRC)*상 일정 요건을 충족하는 금융기관 예금과 국공채 및 회사채의 이자를 비거주자가 수취할 경우에는 면세하도록 되어 있다. 이는 외국자본이 미국 내 진출에 있어 대차거래방식을 선호하게 만드는 요인이 되고 있다. 대외적으로는 미국의 자본이 진출지국의 외국인직접투자에 대한 조세혜택을 가장 많이 향유하고 있다. 한편 영국은 전 세계로부터 외국인직접투자자금을 받아들여 대외적으로 주로 포트폴리오투자자금으로 활용하고 있다. 중국은 이미 자본의 최대 순수출국이 되어 있는데 이는 중국이 자본수출국으로서 이자 및 배당에 대한 원천지국의 과세권을 제한하려는 방향으로 조세조약정책을 전환할 가능성을 시사한다.

〈국가별 순 유입 동향〉

(10억 USD)

		1996	2000	2005	2006
미국	직접투자	− 5.4	162.1	116.7	− 54.8
	포트폴리오	183.5	308.7	628.6	591.3
	기타	− 47.1	15.9	18	265.5
	유보자산	6.7	− 0.3	14.1	2.4
	총투자	137.7	486.4	777.3	804.4
일본	직접투자	− 23.2	− 23.3	− 42.2	− 57
	포트폴리오	− 33.8	− 36	− 13.3	127.6
	기타	36.3	− 14.3	− 60.7	− 175.3

---

14) 이는 외국자본이 보유하는 미국 내 자산의 구성과 미국자본이 보유하는 외국자산의 구성에 관한 것이다. 미국에 대한 외국자본의 직접투자액보다 미국자본의 외국에 대한 직접투자의 금액이 더 많다. 최근에는 미국자본이 국외에 보유하는 자산 중 포트폴리오 자산의 비중이 더욱 증가하고 있다. 2006년 말 미국의 해외직접투자는 전체 해외투자의 약 4분의 1로서 2조 8천9백억 달러에 이른다. 포트폴리오투자는 9조 3천4백억 달러이다. 외국자본의 미국에 대한 직접투자의 규모는 2조 1천억 달러에 이른다. 포트폴리오투자자금은 10조 2천억 달러이다(Joint Committee on Taxation, Economic and U.S. Income Tax Issues Raised by Sovereign Wealth Fund Investment in the United States, 2008.6.17, pp.14 − 17).

		1996	2000	2005	2006
일본	유보자산	− 35.1	− 49	− 22.3	− 32
	총투자	− 55.9	− 122.6	− 138.5	− 136.8
영국	직접투자	− 9.3	− 124.1	103.9	11
	포트폴리오	− 25.4	158.4	− 51.2	− 79.3
	기타	37.1	− 12.2	4.6	114.9
	유보자산	0.7	− 5.3	− 1.7	1.3
	총투자	3.1	16.8	55.6	48
유로지역	직접투자		2.6	− 259	− 197.6
	포트폴리오		− 117.2	185.7	347.5
	기타		174.5	100.6	17.9
	유보자산		16.2	22.9	− 5.2
	총투자		76	50.2	162.7
신흥시장	직접투자	116.8	168.7	254.4	228.3
	포트폴리오	88.8	− 12.5	− 43.7	− 202.6
	기타	2.4	− 136.5	− 94.9	− 9.9
	유보자산	− 103.5	− 132	− 592.4	− 746.6
	총투자	104.6	− 112.4	− 476.5	− 730.6

(2) 외국인직접투자

1) 전반적인 추이

유엔무역개발회의(UNCTAD)는 매년 외국인직접투자 동향에 대해 조사하고 그 결과를 「세계투자보고서(World Investment Report)」로 공표하고 있다. 그 보고에 의하면 전 세계적으로 1995년 이래 외국인직접투자의 규모가 급증하고 있다. 2006년 현재 잠시 규모가 줄어들고 있다. 외국인직접투자의 증가를 부문별로 살펴보면 greenfield* 투자보다는 인수·합병의 증가의 양태로 나타나고 있다.

〈외국인직접투자의 증가 추이〉

(백만 USD)

연　도	1970	1975	1980	1985	1990	1995	2000	2006
총투자	13,418	27,315	55,262	57,959	201,594	342,592	1,411,366	1,305,852
인수합병					150,576	186,593	1,143,816	880,457

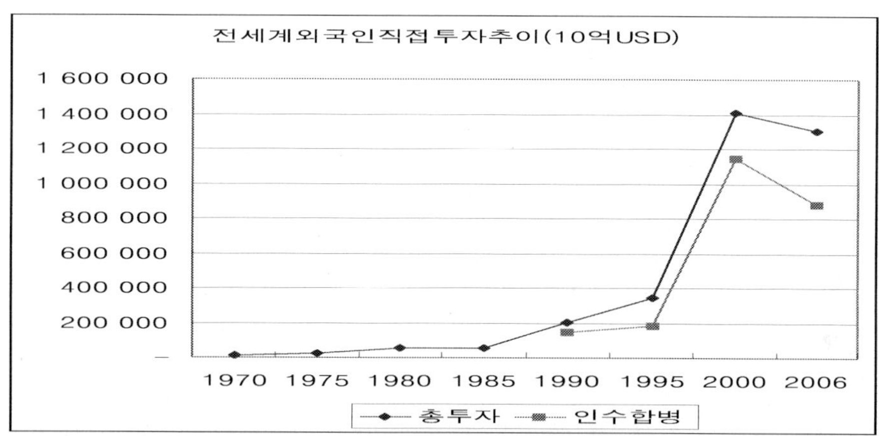

2) 이동의 방향

　2007년 보고서에 의하면 2006년에 이루어진 외국인직접투자는 전년보다 38% 증가하여 약 1조 3천억 USD에 이르고 있다. 아래 표는 외국인직접투자자금이 선진국으로부터 순 유출되어(165조 USD) 개발도상국으로 이동하고 있음을 보여 준다. 외국인직접투자자금의 순 유출이 가장 많은 나라는 미국과 일본이며 순 유입이 가장 많은 나라는 중국이다. 그러나 이는 외국인직접투자에 국한된 것이며 전술한 바와 같이 세계자본의 흐름은 포트폴리오투자가 좌우하고 있으며 미국은 세계최대의 자본순수입국임을 상기하여야 할 것이다.

〈외국인직접투자자금의 이동(2006)〉

(단위 백만 USD)

지역	유입	(%)	유출	(%)	순유입
전 세계	1,305,852	100.0	1,215,789	100	90,063
선진국	857,499	65.7	1,022,711	84.1	-165 212
유럽	566,389	43.4	668,698	55	-102 309
영국	139,543	10.7	79,457	6.5	60,086
북아메리카	244,435	18.7	261,857	21.5	-17,422
미국	175,394	13.4	216,614	17.8	-41,220
일본	-6,506	-0.5	50,266	0.4	-56,772
개도국	379,070	29.0	174,389	14.3	204,681
중국	69,468	5.3	16,130	1.3	53,338
홍콩	42,892	3.3	43,459	3.6	-567
한국	4,950	0.4	7,129	0.6	-2,179
싱가포르	24,207	1.9	8,626	0.7	15,581

유엔무역개발회의가 선진국으로 분류한 국가(선진국)의 외국인직접투자에는 선진국과 선진국 간 자본의 교류가 많다. 2006년 선진국의 대외 외국인직접투자 중 약 84% 정도가 다른 선진국에 대한 투자에 쓰이고 나머지는 개발도상국에 대한 투자에 활용되는 것으로 보인다. 개발도상국에 대한 투자에 있어서는 대중국투자가 매우 큰 비중을 차지하고 있다(전체 개도국에 대한 외국인직접투자 중 18.3%). 다만 앞에서 언급한 바와 같이 포트폴리오투자까지 감안한다면 중국은 세계 최대의 순 자본수출국이다.

3) 투자의 방법

1987년부터 20년간의 통계에 의하면 국제적 인수합병활동은 주로 선진국 사이에서 이루어져 오고 있다. 인수자본의 92%가 선진국에서 나오고 그것의 약 95%가 선진국의 기업을 인수하는 데 활용되었다. 나머지 약 5%가 개발도상국의 기업을 인수하는 데 쓰인 것이다. 개발도상국 중 괄목할 변화를 보이고 있는 나라는 중국이다. 중국은 그간 주로 인수당하는 기업들의 국가이다가 최근에는 부쩍 인수하는 기업들의 국가로 전환해 가고 있다. 우리나라에서는 우리 기업에 대한 외국자본의 인수활동이 활발한 편이었지만 최근에는 매우 부진한 것으로 보인다. 우리 기업의 대외적인 인수활동도 미미한 수준이다.

<국제인수합병동향>

(단위 백만 USD)

지역	인수회사의 국가				피인수회사의 국가			
	2006		1987~2006		2006		1987~2006	
		점유		점유		점유		점유
전 세계	880,457	100.0	7,249,328	100	880,457	82.7	7,249,328	100.0
선진국	752,482	85.5	6,670,985	92.0	727,955	82.7	6,329,226	87.3
유럽	483,637	54.9	4,324,252	59.6	451,288	51.3	3,259,151	45.0
영국	91,717	10.4	1,458,476	20.1	150,527	17.1	1,167,706	16.1
북아메리카	208,302	23.7	1843,559	25.4	242,680	27.6	2,397,103	33.1
미국	171,288	19.5	1,502,326	20.7	172,174	19.6	2,024,260	27.9
일본	14,479	1.6	161,313	2.2	2,599	0.3	90,209	1.2
개도국	122,941	14.0	543,221	7.5	127,372	14.5	825,695	11.4
중국	14,904	1.7	29,447	0.4	6,724	0.8	41,196	0.6
홍콩	7,817	0.9	72,165	1.0	12,811	1.5	80,582	1.1
한국	923	0.1	12,244	0.2	2,772	0.3	50,550	0.7
싱가포르	14,216	1.6	80,440	1.1	7,303	0.8	31,340	0.4

4) 경제에서 차지하는 비중

유엔무역개발회의의 통계에 의하면 2006년 선진국의 국내총생산 대비 외국인직접투자 잔액 비율은 24.2% 수준이다. 개발도상국은 이 비율이 26.7%에 이르러 신진국의 경우보다 높지만 자본교류의 절대액은 비교가 되지 않는다. 선진국 중 대내 외국인직접투자액이 괄목할 만한 곳은 영국이다. 약 47.8% 수준으로 미국의 13.5%에 비해 매우 높은 수준이라고 할 것이다. 일본의 경우 외국자본의 국내투자가 매우 미미한 수준이다. 전체 GDP대비율로는 2.5%에 불과하다.

개발도상국의 경우 국내총생산의 규모가 작아 비율은 높지만 자본교류액은 상대적으로 적다. 국가 간 자본교류에 관한 다른 통계에 의하면 최근에는 남 - 남 자본교류15)가 증가하는 현상이 감지되기는 한다. 우리나라는

외국인직접투자의 규모가 상대적으로 빈약한 수준에 머무르고 있음을 알
수 있다.

<국내총생산 대비 외국인직접투자 잔액 비율(2006)>

지역	(%)
전 세계	24.8
선진국	24.2
유럽	38.0
영국	47.8
북아메리카	15.0
미국	13.5
일본	2.5
개도국	26.7
중국	11.1
홍콩	405.7
한국	8.0
싱가포르	159.0

(3) 포트폴리오투자자금

국제통화기금의 보고에 의하면 포트폴리오투자자금은 미국과 일본 및
유로지역으로 투자되고 있다. 영국과 신흥시장은 포트폴리오투자자금의 순
유출지역이 되고 있다. 영국은 비록 포트폴리오투자자금의 순 유출지역이
기는 하지만 유입과 유출의 규모가 지난 10년간 각각 4.25배 및 4.15배
증가하여 영국자본시장의 규모가 빠른 속도로 증가하고 있음을 알 수 있다.

---

15) 개발도상국 간의 자본거래(south to south capital transaction)를 의미한다.

<포트폴리오투자 동향>

(10억 USD)

	유입				유출				순 유입			
	1996	2000	2005	2006	1996	2000	2005	2006	1996	2000	2005	2006
미국	332.8	436.6	832	1,017.4	−149.3	−127.9	−203.4	−426.1	183.5	308.7	628.6	591.3
일본	66.8	47.4	183.1	198.6	−100.6	−83.4	−196.4	−71	−33.8	−36	−13.3	127.6
영국	68	255.6	240.3	288.8	−93.4	−97.2	−291.5	−368.1	−25.4	158.4	−51.2	−79.3
유로지역		268.1	697.7	941.8		−385.3	−512	−594.3		−117.2	185.7	347.5
신흥시장	174.7	93.3	214.1	211.9	−85.9	−105.8	−257.8	−414.5	88.8	−12.5	−43.7	−202.6

(4) 글로벌트레이딩의 확산

외환이 24시간 거래되듯이 주식이나 채권과 같은 증권도 24시간 거래된다. 하나의 증권이 지구 곳곳에 상장되거나 거래될 수 있기 때문이다. 증권사나 자산운용사들은 보유자산 중 여러 시장에서 거래될 수 있는 것들을 24시간 관리하여야 하는 부담을 갖게 되었는데 이는 이들에게 기회가 되기도 한다. 이와 같은 24시간 관리체제를 글로벌트레이딩이라고 한다. 한 금융기업그룹이 관리하는 전 세계 금융자산의 글로벌 트레이딩에 대해 각 지역에 소재하는 계열회사 내지 점포 간의 책임분담기법으로는 통합거래방법, 상품별책임관리제 및 회사별독립채산제 등의 메커니즘이 활용되고 있다.[16]

4. 외환시장의 성장

외환시장은 세계 여러 나라에서 열리고 있기 때문에 사실상 24시간 열려 있는 셈이다. 외환시장 내 거래규모는 2004년 이후 급증하는 양상을 보이고 있다.

---

16) OECD, 「The Taxation of Global Trading of Financial Instruments」, 1998.

국제자본이 어느 나라의 자본시장에 진입하기 위해서는 그 나라의 화폐로 환전하여야 한다. 이러한 환전을 위해 형성된 시장이 외환시장이다. 자본으로 어떤 나라에 진출하기 위한 자가 있는 반면 그와 반대로 그자의 거주지국에 진출하고자 하는 자도 있기 때문에 외환시장은 형성된다. 외환시장은 주권국가라면 모두 개설할 수 있을 것이지만 고객들이 주로 찾는 시장은 있게 마련이다. 국제자본이 주로 찾는 외환시장은 국제금융의 중심지인 뉴욕, 런던 및 동경 등에 개설된 시장이다. 우리나라에도 외환시장이 개설되어 있다. 미국달러화를 원화로 환전하기 위해서는 어느 시장이든 이용할 수 있으며, 외환시장은 24시간 열려 있는 셈이다. 국제자본이 특정국의 화폐로 형태를 전환하는 것은 그 나라의 자본시장에서 주식이나 채권과 같은 투자 대상물을 취득하기 위한 경우가 대부분이지만 국제자본은 어느 나라의 화폐 자체에 투자할 수도 있다. 이 때 그 화폐는 투자 대상으로서 그 나라의 화폐를 거래하는 시장은 일종의 자본시장이 될 것이다. Keynes는 화폐에 대한 보유동기에 따라 거래적 수요, 예비적 수요 및 투기적 수요라는 개념을 제시하였다. 투기적 수요는 다른 자본자산과 대체적인 관점에서 보유하고자 하는 것이므로 화폐는 그런 관점에서 투자의 대상이 된다. 외환도 동일한 관점에서 투자의 대상이 된다. 한편 외국의 주식이나 채권을 매입하여 보유할 경우 국제자본은 해당 주식이나 채권과 동시에 그 나라의 화폐에 투자한 것으로 볼 수 있다. 어차피 투자금을 회수할 때에는 그 나라의 시장에서 주식이나 채권을 매도하고 그 나라의 화폐도 팔아야 하기 때문이다. 아래는 국제결제은행의 2007년 12월 통계로서 2001년 잠시 주춤하던 거래규모가 2004년 이후에 급증하는 양상을 보이고 있다.[17]

---

17) BIS, 2007 Triennial Central Bank Survey of Foreign Exchange and Derivatives Market Activity, 2007.12.

〈국제 외환시장 거래 규모 추이〉

(2007년 4월 일평균, 단위 10억 USD)

	1992	1995	1998	2001	2004	2007
현물거래	394	494	568	387	621	1,005
선물환	58	97	128	131	208	362
외환스왑	324	546	734	656	944	1,714
통계조정	43	53	61	26	107	128
전체	820	1,190	1,490	1,200	1,880	3,210
(2007년 4월 환율을 적용한 전체)	880	1,150	1,650	1,420	1,950	3,210

5. 자본시장의 국제화

> 자본시장은 국내자본시장의 외연의 확대, 역외금융시장 및 역외금융센터의 증가 등의 방법으로 국제화가 급진전되고 있다. 이는 조세피난처 및 조세피난기제 등의 조세경쟁을 유발하는 한편 그러한 조세경쟁에 의해 더욱 촉진되는 상승현상을 겪고 있다.

(1) 자본시장 외연의 확대

국제자본은 진출지 국가의 자본시장에서 그 국가의 통화로 형태를 전환하여 투자를 하게 된다. 외국자본에 문호를 개방한 국내자본시장은 그 자체가 국제자본시장이 된다. 어느 정도 개방하였는가에 따라 국제화의 정도가 달라질 뿐이다. 우리나라 주식시장과 채권시장 및 파생상품시장 등 자본시장에서 외국자본을 차별하는 규율이 거의 없으며[18] 실제 외국자본이 국내자본시장에서 매우 큰 손의 역할을 하고 있으므로 우리나라의 자본시장은 국제자본시장이라고 할 수 있을 것이다. 국내시장을 국제화하는 방법으로는 국내증권거래소에서 외국주식을 거래하도록 하는 방법, 외국주식 또는 주식예탁증서*(Depositary Receipt, DR)를 국내에 상장하는 방법 및

---

[18] 증권거래법상 공공적 법인에 대해서는 외국인투자자 1인 한도는 법인의 정관에서 명시하고, 전체 한도는 발행 주식 총수의 40%를 넘지 않도록 하고 있다.

인터넷증권회사가 인터넷으로 여러 나라의 주식에 투자할 수 있게 하는 방법 등이 있다. 외국의 증권이 국내자본시장에서 거래된다면 국내자본은 외국의 증권에 투자하기 위해 환전을 할 필요가 없게 된다.[19]

2008년 2월 현재 한국에 상장된 외국사는 3노드디지탈, 화풍방직 및 코웰이홀딩스 등 3곳이지만 조만간 적지 않은 외국기업주식이 국내 증권시장에 상장될 전망이다. 우리나라 기업들도 뉴욕, 런던, 싱가포르 및 룩셈부르크에 (동시) 상장하든가 주식예탁증서를 발행하기도 한다. 아래는 뉴욕은행이 2006년 전 세계 주식예탁증서에 관해 조사한 통계이다.[20] 2006년 상반기의 주식예탁증서 규모는 미국시장에 상장된 것은 7,860억 USD, 유럽시장에 상장된 것은 2,350억 USD, 그리고 상장되지 않은 주식예탁증서 등은 1,300 USD에 이른다. 2006년 상반기 중 시장별 상장회사 수는 룩셈부르크가 23개, 런던이 9개, NYSE가 6개, NASDAQ이 3개, 기타가 4개이다.

〈연간 주식예탁증서 거래규모 추이〉

(10억 USD)

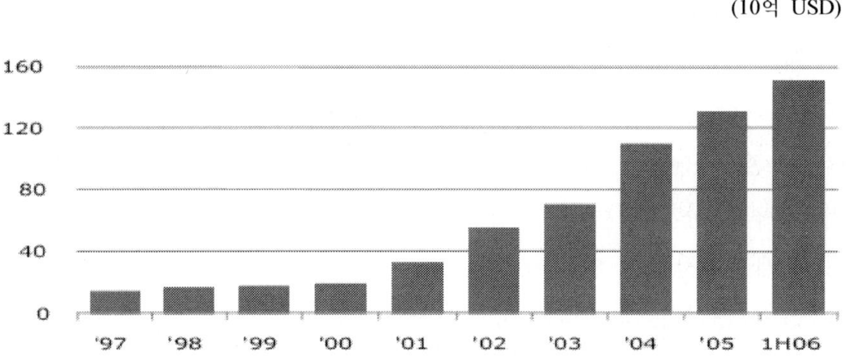

---

19) 국제금융시장에서 외환거래액 규모 증가추세가 2001년을 전후로 잠시 주춤하였다. 이는 유로화 도입, 전자금융에 의한 중개확대, 은행산업 재편 등 금융환경의 변화에 기인한 것으로 분석된다〈**성용모**, 「**국제금융시장**」, 탐진, 2004, p.147〉.
20) Bank of New York, The Depositary Receipts Markets(Mid-year Update), 2006.
(http://www.adrbny.com/files/MS20753.pdf)

(2) 역외금융시장(offshore financial market)

전통적인 자본시장에서 국제자본은 어느 나라에 개설된 자본시장에 진입하기 위해 그 나라의 화폐로 환전한다. 국제자본이 그 나라의 화폐로 환전하게 되지만 실제 그 나라 자본시장에 진입하지 않고 투자하는 곳이 역외시장이다. 가장 대표적인 예로 영국 런던의 미국달러화 표시채권시장을 들 수 있다. 런던은 역외채권시장으로서는 가장 거래규모가 크다.[21] 역외시장에서 거래되는 증권(예, 런던시장에서 거래되는 미국채권)의 유통은 시장이 개설된 국가(영국)의 법에 따르게 된다. 역외금융시장(offshore financial market)은 투자자가 취득하는 권리에 따라 역외예금시장(eurocurrency market), 역외채권시장(eurobond market) 및 역외주식시장(euroequity market)으로 구분된다. 외환시장에서는 필연적으로 여러 통화가 거래되므로 거래 대상물이 규율되는 지역과 시장이 개설되는 지역이 같은지 여부에 따라 역내외환시장 및 역외외환시장으로 구분하는 것은 무의미하다.

역외금융시장은 역외예금시장에서 시작하여 역외채권시장으로 발달하였다. 역외주식시장은 통화표시국—역내시장—에서 부분적으로라도 주식을 공모하여야 하는 부담 때문에 발달하지 못하였다.[22] 역내시장에서의 규율(세금을 포함하여)을 회피할 수 있는 점 및 익명성이 상대적으로 높게 보장될 수 있는 점 그리고 그에 따라 결과적으로 역내시장에 비해 높은 수익률을 제공할 수 있는 점 때문에 역외시장은 급속도로 발전하였다. 역외시장의 발달은 민간금융자본의 증식을 가속화하는 한편, 국가 과세기반이 축소되는 부작용을 초래한다. 이에 따라 국가정부로서는 역외시장의 확대에 따른 부작용이 자국의 시장에 나타나지 않도록 방어막을 설치하고자

---

21) 2006년 말 영국에서 발행한 채권의 잔액은 2조 5천억 USD에 이르지만(BIS Quarterly Review December 2007), 영국의 파운드 표시 발행채권 잔액은 1조 4천5백억 원에 그친다(IMF. Global Financial Stability Report, 2007.10).
22) 역외에서 주식은행이 부진한 데 반하여 동시상장 및 DR발행 등의 방법으로 국제화가 진행되고 있다.

하는 동기를 갖게 된다. 역외시장을 개설한 국가(영국)는 외환과 자본규제를 통해 자국시장과 역외시장을 격리시키게 된다. 그러나 역외시장에서 거래되는 상품의 통화표시국(미국)은 달리 이를 제어할 방법을 찾기 어렵다. 실제 미국은 상품의 통화표시국으로서 우회적 방법으로 대응하였다. 유로채시장이 투자자에게 주는 혜택을 국내시장에서도 주는 방식으로 자신의 자본시장을 지키고자 하였다. 오히려 자신도 혜택을 주는 맞불작전을 사용한 것이다. 미국은 통화표시국으로서 자국 금융기관에 대한 일정 예치금이나 일정 채권의 이자소득에 대해서는 원천징수를 배제하는 방법으로 이에 대응하였다. 역외시장의 형성을 막을 수 없다면 아예 자국의 역내시장에서 자국의 자본수입자들이 역외시장에서 형성된 수준의 낮은 이자율로 자본을 조달할 수 있도록 함으로써 국내금융산업도 활로를 찾도록 하자는 이유에서였다. 이런 과정을 거치면서 외국금융자본의 유치를 위한 경쟁은 미국과 EU 국가들 간에 이자소득에 대한 면세경쟁으로 비화되었다.

[탐구] 2-2

제3절 국제자본거래에 대한 규율[23)]

제1항 국내규율

자유시장경제에서 발생하는 시장의 실패*는 국가정부의 규율에 의해 치유할 수 있다. 그러나 시장이 개방된 오늘날 한 나라 안의 규율을 회피할 수 있는 기회와 수단은 점증하고 있다. 국제의 회피를 방지하기 위한 국제적인 공조의 필요성은 날로 증가하고 있다.

어떠한 국제자본이든 외형상 특정한 관할권에 진입하기 위해서는 해당 관할권이 허용하는 형태와 요건을 갖추어야 할 것이다. 진입하는 국가의 민사법과 더불어 각종 금융규제법의 규율을 받아야 한다. 정부는 국내자본시장에서 개별 투자자를 보호하고 금융질서를 유지하기 위해 시장에서 일정한 규율을 하게 된다. 시장경제체제에서는 간혹 과다한 규제나 시장개입으로 정부의 실패*가 있게 되지만 일반적으로 정부규제는 시장의 실패를 예방하거나 보완하는 긍정적 효과를 갖게 된다. 경제적으로 보아 규제는 진입규제, 총량규제, 가격규제 및 세금(또는 부담금)과 같은 다양한 형태를 지니게 된다. 우리나라를 예로 들면 국제자본에 대해서는 외국인투자촉진법, 외국환거래법 및 각종 금융 관련 규제법에서 규율하고 있다. 외국인투자촉진법은 외국에서 진입하는 자본 중 일정한 요건을 충족하는 것을 외국인직접투자라고 규정하고 있다. 외국환거래법은 외국환거래와 관련하여 자본거래의 개념을 설정하고 개별 거래에 대해 신고 등의 절차를 의무화하고 있다. 이때 자본거래를 예금 · 신탁거래, 금전대차 · 채무보증, 대외지급수단 · 채권매매, 증권거래, 파생금융거래, 부동산거래, 외국기업국내지사 설치 및 기타 자본거래로 구분하고 있다. 동법에서는 외국인투자촉진법상 외국인직접투자를 '증권거래'의 하나로 본다. 동법상 비거주자가 거주자로

---

23) Doron Herman, supra, pp.363 – 404.

부터 증권을 취득하는 경우에는 외국환거래법에 의해 신고를 하도록 되어 있지만 '외국인직접투자'의 경우에는 외국인투자촉진법에 의한 신고로 갈음한다. 외국환거래법은 대외적으로 외국환을 사용하는 데에 대해서는 '해외직접투자'의 개념을 설정하고 있다. 이는 거주자가 외국법령에 의해 설립된 법인이 발행한 증권을 취득하거나 당해 법인에 대한 금전의 대여 등을 통해 당해 법인과 지속적인 경제관계를 수립하기 위하여 행하는 거래 또는 행위를 의미한다.

규제는 개별 경제주체가 그것을 회피하고자 하는 동기를 자극하게 되는 것은 분명하다. 시장인이라면 동일한 경제적 효과를 거두면서 규제를 가장 덜 받는 거래구조를 설계하려 할 것이기 때문이다. 이른바 규제를 회피하기 위한 재정(arbitrage)*24)이 개별 경제주체들의 행위를 지배하게 되는 것이다. 폐쇄경제체제라면 규제를 회피하기 위한 재정활동의 범주는 그리 넓지 않다. 활동의 지리적 범주가 한정되어 있기 때문이다. 그러나 시장이 개방된 오늘날 일국 정부의 관할권 내에 한정된 규제는 우회하기 매우 용이하다. 개별 경제주체는 여러 관할권에 걸쳐 금융활동을 영위할 수 있는 한편 각국 정부는 자기 관할권 내에서만 규제권을 행사할 수 있기 때문이다.

규제의 우회와 회피가 만연하게 되면 투자자의 보호나 시장의 안정이라는 규제 본래의 목적을 달성하기 어렵게 된다. 각국 정부는 이와 같은 현상에 대응하기 위해 국제적으로 규율을 제도화할 필요가 있다는 인식을 갖게 되었으며 이는 다자간 협약을 통해 구체화되고 있다. 특히 1970년대 이후 각국이 경쟁적으로 금융규제를 완화하면서 나타난 시장의 실패가 전세계적인 금융위기로 확산될 가능성이 점차 현실화되면서 국제적인 공조의 필요성은 더욱 강조되게 되었다.25) 이는 조세 분야에서 마치 유해조세 경쟁을 다자간 협력을 통해 견제해 보고자 하는 것과 다를 바 없는 이유에 의한 것이다.

---

24) 재무학적으로는 차익거래라고 한다.
25) 2008년 2월 이 책을 집필할 당시만 하여도 금융위기가 현재화 하지 않았지만 출간하는 시점인 2008년 11월에는 이미 전세계적 금융위기가 경제를 짓누르고 있다.

제2항 국제규율

　세계화가 진전되면서 금융활동의 자유는 증가하고 있다. 시장의 실패는 국내시장뿐 아니라 국제시장에서도 나타나게 된다. 국내 시장의 실패는 국가정부의 공권력에 의해 치유할 수 있는 반면 국제 시장의 실패는 세계국가의 부재 때문에 각국이 상호 주권을 양허하는 방식으로 협력함으로써 치유하게 된다. 그러나 양자 내지 다자간 협약방식의 규율은 근본적 한계를 지니고 있다.

1. 외환시장

　국제자본은 외환시장을 거쳐 진출하기 때문에 외환시장에 대한 규율은 국제자본에 대한 규율 중 가장 기본적인 것이 된다. 개별 외환시장은 설치된 곳의 국내법적 규율을 받지만 국제적인 협력과 공조에 의해 형성된 가이드라인이 통용되고 있다. 외환은 통화로서 투기적 보유의 대상이 되기도 하는 한편 그것이 갖는 유동성 때문에 국제단기금융시장(international money market)과 상호 밀접하게 관련되어 있다. 그중 특히 표시통화국 이외의 지역에서 단기금융상품들이 거래되는 역외예금시장(Eurocurrency market)은 외환시장과 불가분의 관계를 가진다.[26]

　국제통화제도는 금본위제도, 브레튼 우즈 체제를 거쳐 현재에는 변동환율제도가 유지되고 있다. 이에 따라 SDR[27]이 점차 금이나 달러를 대신하여 대외지급준비자산으로서의 역할을 하게 되었다. 이후 세계적인 규제완화와 투기적 거품현상으로 외환시장이 불안해지자 G7국가 간 목표환율제도의 도입안도 협의되었지만 결실을 보지 못하였다.[28] 외환은 투기적 투자의 대상이 되어 있는 것이다. 다른 한편으로 외환시장에서 위험회피를 위

---

26) 김인준·이영섭, 『국제금융론』, 율곡출판사, 2007, p.42.
27) 특별인출권(special drawing right)의 약자로서 2001년 이후 1SDR＝0.577USD＋0.426유로＋21.0엔＋0.0984파운드이다.
28) 강병호·김석동, 『금융시장론』, 박영사, 2008, pp.454－455.

한 파생거래가 증가하고 있다.

2. 은행업

현재 국제적으로 적용되는 은행업규율로서 대표적인 것은 소위 국제결제은행기준(BIS[29] 기준, 위험가중자기자본비율기준)이다. 동 기준의 개발과 운영은 스위스 바젤에 사무국을 둔 바젤은행감독위원회에서 관장한다. 1980년대 주요 선진국들은 상업은행의 건전경영이 국제금융시장 안정에 가장 기초가 되는 것이며 이를 달성하기 위해서는 은행자본의 적정성을 가늠하는 국제적 표준을 만들어야 한다는 공감대를 형성하였다. 동 기준의 도입을 위한 작업은 바젤은행감독위원회의 설립으로 시작하였다. 이는 1975년 G10국가들[30]의 중앙은행총재회의 결과 설치되었으며 1974년 처음 위원회 설치를 제안한 영국은행 이사 쿠크(Peter Cooke)의 이름을 따 쿠크위원회라고 불렸으나, 1999년 현재의 이름인 바젤은행감독위원회(Basel Committee on Banking Supervision, BCBS)로 이름이 바뀌었다. 처음 G10 국가와 스위스, 룩셈부르크, 스페인 등 13개 나라의 중앙은행 대표로 위원회가 구성되었다. BIS규제 또는 바젤 I 이라고도 부르던 이 제도는 1988년 7월 합의되었으며 1992년부터 바젤회원국들 사이에서 적용되고 있다. 한국은 1992년 이를 도입한 뒤 1997년 말 의무화하였다. 1999년 6월에는 바젤은행감독위원회가 신BIS자기자본규제제도(신BIS협약) 초안을 발표하고 2004년 6월 확정하였다. 이는 최소자기자본 규제만으로는 은행의 건전성·안정성을 확보하는 데 불충분하다고 판단한 데 기인하는 것이다. 신BIS협약, 소위 바젤 II 는 최소자기자본 규제(Pillar 1) 외에 감독기능 강화(Pillar 2), 시장규율 강화(Pillar 3)를 추가한 3개 축(3 Pillars)으로 구성된다. 최소자기자본 규제(Pillar 1)에서는 위험가중자산 산정 시 현행의 신용·시장리스크에 더하여 부적절한 내부통제, 시스템 오류 등에 의해 발생할 수 있는

---

29) Bank for International Settlement.
30) 미국, 영국, 캐나다, 벨기에, 프랑스, 독일, 이탈리아, 일본, 네덜란드, 스웨덴.

운영리스크를 추가로 반영하였다. 또한 신용리스크를 차주의 신용도에 따라 차등화하도록 하였다. 예를 들면, 회사채의 경우 발행기업의 신용등급에 따라 위험가중치가 다르게 적용되도록 하였다. 감독기능 강화(Pillar 2)에서는 은행의 자본적정성과 리스크관리체계를 감독당국이 점검·평가하여 필요시 적절한 감독조치를 취할 수 있도록 하였다. 시장규율 강화(Pillar 3)에서는 은행의 리스크 수준과 자본적정성에 관한 정보를 시장에 공시하도록 하여 시장의 감시기능을 강화하였다. 한국은 2007년 말에 바젤Ⅱ를 도입하였다.

위험가중자기자본비율은 은행으로 하여금 엄격한 신용을 토대로 대출하도록 함으로써 은행경영이 부실화되는 것을 방지하는 효과가 있다. 그러나 이는 은행영업의 확대를 제한하는 성격 때문에 증권을 통한 직접금융의 팽창을 초래하고 있다. 아울러 은행이 위험을 전가하는 파생거래를 즐겨 찾도록 함으로써 위험분산파생거래시장의 규모를 확대시키고 있다.

3. 증권업

은행경영의 건전성을 확보하기 위한 국제적 기구가 바젤위원회라면 증권거래의 안정성을 확보하기 위한 국제적 기구는 국제증권감독기구(International Organization of Securities Commissions, IOSCO)이다. 이는 1975년 각국의 증권감독기구 간 협의를 위한 국제기구로 설립되었으며, 현재 정회원(101개국, 102개 기관), 준회원(5개국, 9개 기관), 관계회원(29개국, 60개 기관) 등 전체 171개 기관이 가입되어 있다.

IOSCO는 효율적인 증권시장규제방안을 마련하고, 국제증권거래에 관한 감독기준을 설정하는 것을 주된 목적으로 한다. IOSCO는 가입기관이 위원회의 결정을 반드시 수용하여야 하는 것은 아니다. 한편, 증권업규율은 회계기준규율과 함께 발전해 오고 있다. 참고로[31] 현행 국제회계기준 제정기

---

31) 이영한, "국제회계기준 도입이 세법 적용에 미치는 영향에 관한 연구", 한국세법학회 정기학술대회발표

관인 IASB(International Accounting Standards Board)의 전신인 국제회계기준 위원회(International Accounting Standards Committee, IASC)는 1973년에 9개국[32]의 민간회계조직이 이사로 참여하면서 런던에서 설립되었다.[33] 1995년 IASC는 IOSCO와 핵심회계기준(Core Standards)을 제정하는 사업을 합의하였으며, IOSCO는 IASC가 1999년까지 성공적으로 핵심회계기준을 완성할 경우 국가 간 증권 상장(Cross-border Offerings)에 사용하기로 합의하였다.[34] 2001년부터 IASC를 대체한 IASB(International Accounting Standards Board)는 유럽대륙, G4+1 등의 국가별 회계기준제정기관과의 긴밀한 협의하에 국제회계기준(International Financial Reporting Standards, IFRS)의 범세계적 회계기준화를 가속화하고 있다.[35]

4. 보험업

국제적인 보험업규율기관으로 국제보험감독자협의회(International Association of Insurance Supervisors, IAIS)가 있다. 이는 각국의 보험감독기구의 협의체이다. IAIS는 표준보험감독기준의 제정 및 정보교환을 위한 협력에 관한 협의를 주된 임무로 한다. 현재 정회원 130여 개국 180여 개 기관 및 옵저버 100여 개 기관으로 구성되어 있다.

[탐구] 2-3

집, 2007.5 참조.
32) 호주, 캐나다, 독일, 일본, 멕시코, 네덜란드, 프랑스, 영국, 미국.
33) IASC의 이사는 각국의 민간 회계사협회가 파견한 위원으로 구성되었기 때문에 IASC는 순수한 민간 전문회계인 사이의 자발적인 모임이라고 할 수 있다.
34) IOSCO는 각국의 증권감독기관으로 구성된 협의체이며, IOSCO는 국가별 증권시장이 IASC에 의한 국제상장기업의 재무제표를 국가별 회계기준과의 차이조정 없이 그대로 받아들일 것을 권장하고 있다.
35) G4+1: 호주(뉴질랜드), 캐나다, 영국, 미국, IASC.

제4절 국제자본의 이동 형태[36]

국제자본은 외국인직접투자 또는 포트폴리오투자의 형태로 이동하는데 실제 시장에서는 후자가 주를 이룬다. 오늘날 국제자본은 투자수익극대화를 추구하며 이를 위해 자본이득 형태의 소득을 선호한다. 그런 의미에서 국제자본에 의한 투자는 본질적으로 포트폴리오투자와 다를 바 없다.

국제자본은 자기에게 가장 유리한 투자구조를 설계하면서 국경을 넘나들고 있다. 국제자본이동 형태를 분류하는 데에는 여러 기준이 있을 수 있다. 대상에 따라서는 주식, 채권, 선물 등으로 구분하여 거래의 법적 성격에 따라서는 자본거래 및 대차거래로 구분하며, 투자목적에 따라서도 직접투자, 포트폴리오투자로 구분할 수 있다. 통상 투자수익을 얻는 동기나 방법을 볼 때 사업활동의 경영에 참여하는 것을 목적으로 하는 투자를 외국인직접투자(foreign direct investment)라고 하며, 그렇지 않고 단순히 투자소득을 올리기 위한 목적에 의한 투자를 포트폴리오투자(portfolio investment)라고 한다. 참고로 OECD의 자본자유화규약(Code of Liberalization of Capital Movement)은 국제자본거래자유화 대상—실제는 모든 국제자본거래—을 직접투자 및 여타 15개 유형의 거래로 분류하고 있는데 거기서 직접투자 이외의 것들이 포트폴리오투자가 될 것이다.[37]

---

36) Alex Easson, 『Taxation of Foreign Direct Investment』, Kluwer Law International, pp.83-113.
37) 동 규약은 list A와 list B를 설정하고 있는데 이하 list A에 속하는 것들을 소개하면 다음과 같다. 직접투자(directive investment), 직접투자의 회수(liquidation of direct investment), 부동산투자(operations in real estate), 자본시장증권투자(operations in securities on capital markets), 단기자금시장투자(operations on money markets), 배서 가능한 증서 및 비증서화된 청구권거래(Other operations in negotiable instruments and non-securitised claims), 집합투자증권거래(Operations in collective investment securities), 국제상거래용역거래신용제공(Credits directly linked with international commercial transactions or with the rendering of international services), 상업자금제공(Financial credits and loans), 보증(Sureties), 담보제공(guarantees and financial back-up facilities), 예금자산운용(Operation of deposit accounts), 외환거래(Operations in foreign exchange), 생명보험(Life assurance), 개인적 자본이동(Personal capital movements) 및 지급수단의 이전(Physical movement of capital assets)으로 구분하고 있다.

국제기구의 규범과 각국의 국내법규는 대개 국제적인 자본의 이동을 외국인직접투자와 포트폴리오투자로 구분하고 있다. 통상 산업자본은 외국인직접투자의 형태로 외국에 진출하고 금융자본은 포트폴리오투자의 형태로 진출해 오고 있다. 그러나 관점을 달리하면 오늘날 국제자본에 의한 투자는 본질적으로 포트폴리오투자라고 하여도 과언은 아닐 것이다. 국제적으로 이동하는 자본은 그것이 산업자본이든 금융자본이든 투자수익의 획득을 목적으로 하기 때문이다. 직접투자가 과거처럼 자신의 고유 산업의 확장을 꾀하는 산업자본의 전유물이 아닌 것은 주지의 사실이다. 예를 들어, 국제적인 인수합병은 단순한 산업의 전후방효과나 국외생산 또는 판매기지의 확보를 위한 것에 국한하지 않고 전체적인 투자수익의 극대화를 목표로 하고 있는 것이다. 주목할 점은 투자수익의 극대화를 위해 거두고자 하는 소득의 형태는 주로 자본이득이라는 사실이다. 자본이득은 투자 대상의 미래잠재가치를 현가화한 것으로 지나간 기간에 대한 소득인 이자나 배당에 대해 훨씬 큰 보상을 안겨 줄 수 있기 때문이다. 지나간 기간은 유한한 것인 반면 미래는 무한한 것이다.

제1항 외국인직접투자

외국인직접투자는 주로 산업자본에 의해 이루어진다. 금융자본도 실제 진출지국에서 산업활동을 하기 위해 기업을 설립하는 등의 방법으로 투자를 할 수 있을 것이다.

1. 투자의 분류

OECD는 국가 간 통계작성의 일관성을 유지하기 위해 외국인직접투자의 개념을 정의하면서 한 나라의 직접투자가가 다른 나라의 직접투자기업에 지속적인 이해관계를 가질 것을 목적으로 하는 투자로 규정하고 있다. 여기서 '지속적인 이해관계(a lasting interest)'라 함은 당해 직접투자가와 외국 직접투자 대상 기업 간에 장기적인 관계가 존재하며 직접투자가가 해당 기업의 경영에 상당한 정도의 영향을 미치고 있는 관계를 의미한 다.[38] 동 정의에 의하면 직접투자의 범주에는 지분투자, 재투자된 이익잉 여금 및 기업 간 부채가 포함된다. 지분투자에는 지점에 대한 자금공여도 포함한다. OECD는 외국인직접투자기업을 외국투자가가 보통주나 의결권 있는 주식의 10% 이상을 보유한 법인 또는 비법인기업으로 정의한다. 2001년 IMF가 OECD와 공동으로 조사한 결과에 의하면 당시 OECD 28 개 회원국 중 이익잉여금의 재투자를 외국인직접투자로 인정하고 있는 국 가는 24개국, 간접소유를 외국인직접투자로 인정하고 있는 국가는 17개국, 비의결권주를 외국인직접투자로 인정하고 있는 국가는 28개국이었다. 단기 차관의 경우 우리나라를 제외한 모든 OECD회원국이 외국인직접투자로 인 정하고 있다.[39] 한편 캐나다의 조세법학자인 Alex Easson[40]에 의하면 외 국인직접투자는 투자의 방법에 따라 greenfield 투자, 인수·합병 및 공동 사업 등으로 구분된다. greenfield 투자는 진출지국의 입장에서 보아 자본 출자나 사업영위에 있어 기존의 사업과 관계가 없는 신규투자를 말한다. Easson은 사회간접자본시설에 대한 투자를 예로 들고 있다. 인수·합병에 있어 인수는 경영참여를 가능하게 할 정도의 지분을 인수하는 것을 말한 다. 우리나라를 포함한 대부분의 국가에서 외국기업과의 합병은 상법상 불 가능하다. 17대 국회에 상정되었던 개정 상법안에 의하면 삼각합병*이 제 도화되는데 이는 국내기업이 외국기업과 사실상 합병하는 것을 가능하게 한다. 외국법인이 국내에 진출하면서 자회사를 설립한 후 국내 대상회사 (target company)와 합병할 수 있는 것이다.[41] 단순한 계약 형태의 공동사

---

38) OECD, 「OECD Benchmark Definition of Foreign Direct Investment」, 1996.
39) 윤상직·오윤·오용식, 『외국인직접투자제도해설』, 세경사, 2005, p.55.
40) Alex Easson, 『Taxation of Foreign Direct Investment(An Introduction)』, Kluwer Law International, 1999 참조.
41) 이에는 흡수 또는 신설합병 모두 가능할 것이다. 흡수합병 시 위 자회사가 존속할 경우에는 역삼각합

업은 국가마다 차이가 있지만 과세상 단순한 계약, 도관체 또는 고정사업
장*으로 취급될 수 있다.

2. 실정법상 개념

우리나라 실정법상 외국인의 대내투자와 내국인의 대외투자는 각각 다
른 법률에서 규율되고 있다. 대내투자는 외국인투자촉진법에서 규율하고
대외투자에 대해서는 외국환거래법에서 규율하고 있다. 전자는 외국인의
국내투자를 촉진하기 위한 목적으로 하고 있으며 후자는 국내자본의 외국
진출을 통제하는 것을 목적으로 하고 있다. 각 법률은 투자를 고유한 목적
에 따라 정의하고 있으므로 각 개념이 갖는 뜻이 OECD의 개념정의에 완
전히 부합하는 것은 아니지만 대체로 근사하다고 볼 수 있다.

(1) 대내투자 – 외국인직접투자

외국인투자촉진법상 외국인의 대내투자 중 투자금액이 5천만 원 이상으
로서 다음의 하나에 해당하는 것을 외국인직접투자라고 규정하고 있다.

- 외국인이 대한민국기업의 의결권 있는 지분의 100분의 10 이상을 소유하는 것
- 외국인이 대한민국기업의 지분을 소유하면서 당해 기업과 다음 하나에 해당하는
  계약을 체결하는 것
  - 임원의 파견 또는 임원을 선임할 수 있는 계약
  - 1년 이상의 기간 동안 원자재 또는 제품을 납품하거나 구매하는 계약
  - 기술의 제공·도입 또는 공동연구개발계약

외국인투자촉진법상 외국인투자는 자금의 유입 외에 '자산의 취득과 처

병이라고 한다. 복수 기업이 지분을 공유하는 하나의 법인을 설립하거나 공동사업계약(joint venture
agreement)을 체결할 수도 있다.

분' 및 지분 보유기간 중 '노무의 능동적 제공'을 핵심적인 요소로 하고 있다고 볼 수 있다. 우리나라에서는 OECD의 기준에 따라 펀드를 통해 들어온 자금이든 직접 들어온 자금이든 국내에서 위 기준을 충족하는 투자를 할 경우에는 외국인직접투자로 본다. 외국인직접투자로 분류되고 그 외에 일정 요건이 충족될 경우 조세특례를 받게 된다.

(2) 대외투자

외국환거래법은 내국인의 대외투자 중 '해외직접투자'를 국가 간의 장기 자본 이동의 한 형태로서 장래의 수익을 목적으로 국내의 자본, 기술 및 인력 등의 생산요소를 해외에 이전하는 것을 의미하는 것으로 보고 상세한 규정을 두고 있다.[42] 이는 외국인의 국내직접투자를 '외국인직접투자[43]'로 규정하고 있는 외국인투자촉진법의 내용을 반대 방향의 투자에 대입하는 방식으로 규정한 것이다.

3. 투자기구의 형태와 조세중립성

외국인직접투자는 투자기구의 형태에 따라 지점, 자회사, 도관체 및 혼성체로 구분한다. 지점 및 자회사의 구분은 널리 알려진 것이다. 적지 않은 나라가 자국에 진출한 외국기업이 지점의 형태를 취하든 자회사의 형태를 취하든 동일한 과세상 취급을 받도록 하는 방향으로 제도를 변경해 가고 있다. 이는 조세제도의 중립성을 제고하기 위함이다. 다른 시각에서 보면 기업들은 외국에 진출할 때 지배구조를 조정하는 방법으로 절세 내지 조세회피를 하는 경향이 있다. 이러한 조세회피는 형태에 따라 조세취급이 다르기 때문에 가능한 것이기도 한데 이를 원천적으로 봉쇄하기 위

---

42) 외국환거래법 제3조 제1항 제16호, 동 령 제7조 제1항 및 제2항.
43) 외국인투자촉진법 제2조 제1항 제4호 가목.

해서는 형태에 따른 과세상 차이를 없애는 것이 필요하다.

지점과 자회사 간의 과세상 차이를 없애는 제도적 방법에는 지점을 자회사와 같이 과세하는 방안과 자회사를 지점과 같이 과세하는 방안이 있다. 지점을 자회사와 같이 과세하기 위한 방안은 거주지주의*를 확대하는 방법이다. 이를 위해 지점에 대해서도 전 세계 소득을 과세하는 제도를 도입한 나라가 있는가 하면 지점에 지점세*를 부과하는 제도를 도입하는 나라도 있다. 우리나라 세법상으로는 지점의 경우 원칙적으로 국내원천소득에 대해서만 과세되지만 지점과 실질적으로 관련이 있는 유가증권은 비록 그것의 원천이 국외에 있더라도 과세된다. 달리 우리나라에서 지점을 마치 자회사와 같이 과세하는 제도로는 다음과 같은 것들이 있다. 우선 국내사업장 즉 외국법인의 국내 고정사업장의 소득금액을 계산할 때 이전가격세제*를 적용한다. 국제조세조정에관한법률 제5조는 국외특수관계자와의 국제거래가 이전가격과세제도의 적용 대상이라고 규정하고 있는데 동법 제2조는 국외특수관계자의 범주에 국내사업장도 포함시키고 있다. 결과적으로 국내자회사와 국내사업장 간 거래에 대해서 이전가격과세제도가 적용될 수 있는가의 논란을 불러일으키고 있다. 우리나라에 진출한 외국의 산업자본은 통상 초기 단계에서는 지점의 형태를 유지하다가 시장진입에 자신감이 붙으면 자회사로 전환하게 된다. 이 경우 지점의 자회사 전환에는 기존 사업의 포괄적 출자를 전제로 하게 되는데 그 경우 법인세의 부과문제가 발생한다. 일정 요건을 충족하면 부가가치세는 면제된다(부가가치세법 제6조 제6항 제2호). 한편 지점에 대해서도 과소자본세제*를 적용한다. 우리나라와의 조세조약에 의해 상호주의적으로 과세할 수 있도록 협의한 나라와의 관계에서는 지점세가 과세된다. 이렇게 본다면 우리나라는 사실상 지점을 하나의 단일의 과세실체로 보는 입장에 근접하고 있는 것이다.

자회사를 지점과 같이 과세하는 방안은 과세상 원천지주의를 도입하는 방법이다. 완전한 형태의 원천지주의는 홍콩과 싱가포르에 도입되어 있으며, 부분적인 형태의 원천지주의는 적지 않은 유럽 국가에 경영참여소득면제(participation exemption)의 방법으로 도입되어 있다.

제2항 국제포트폴리오투자

　현행 법규상 개념은 아니지만 외국인직접투자에 대칭되는 말로서 '국제 포트폴리오투자'의 개념이 사용된다. 이는 단기적인 시세차익을 목적으로 한 주식투자나 경영활동에 참여하지 않는 채권 투자 등을 의미한다.[44] 자산의 취득과 처분을 통해 수동적으로 소득을 얻는 것[45]을 목적으로 하는 투자를 말하는 것이다.

1. 투자의 방법

　앞항에서 '경영참여'를 목적으로 한 투자를 '직접투자'로 정의한 외국인투자촉진법과 외국환거래법을 소개하였다. 여기서 '직접투자'는 포트폴리오투자에 대칭되는 개념이며 간접투자자산운용업법상 '간접투자'에 대칭되는 것은 아니다. 간접투자자산운용업법상 '간접투자'는 투자 대상 자산에 자신이 직접 투자하는 것이 아니라 다른 실체, 즉 간접투자기구를 통해 취득하는 것을 의미한다. 간접투자기구는 여러 명이 돈을 모아 하나의 돈주머니가 되는 집합투자기구*를 의미한다. 간접투자는 해당 기구의 개수, 소재지, 법적 형태, 공모 여부, 규제 여부 등 기준에 따라 다양한 모습을 가질 수 있다. 간접투자자산운용업법을 대체하는 자본시장 및 금융투자업에 관한 법률은 2009년 2월 시행된다. 동법에 의하면 '간접투자'의 개념은 '집

---

44) 윤상직·오윤·오용식, 『외국인직접투자제도해설』, 세경사, 2005.2, p.45.

45) 미국세법은 수동적 소득의 개념을 자주 활용하고 있다. 비거주자의 소득을 수동적인 성격의 FDAP소득과 사업활동과 관련된 ECI소득으로 구분하는 것이 그 대표적인 예이다. FDAP소득은 fixed determinable annual and periodic income으로서 이자, 배당 및 사용료와 같은 것을 말한다. 반면 ECI소득은 effectively connected with US trade and business로서 미국 내에서의 사업활동과 실질적으로 관련이 있는 소득을 말한다. 전자에 대해서는 원칙적으로 원천징수로서 납세의무가 종결되지만 후자에 대해서는 신고 납부하여야 한다. 이 구분에 따르면 사업소득을 얻는 투자가 외국인직접투자이고 이자나 배당과 같은 수동소득을 얻는 투자가 포트폴리오투자가 된다. 법인이 사업소득을 얻게 되면 법인세가 부과되고 투자자에게는 배당소득에 대한 세금이 부과된다. 이 경우 배당소득은 외형상 수동소득이지만 투자자가 법인의 경영에 적극적으로 참여하였기 때문에 사업활동을 한 것과 같이 보아 외국인직접투자로 볼 수 있는 것이다.

합투자'로 대체된다. 본서상 사용되는 '간접투자'의 개념은 이후 '집합투자'로 수정되어야 한다.

2. 실정법상 개념

강학상 포트폴리오투자의 개념은 외국환거래법상 '자본거래'의 개념에 근사한 것이다. 외국환거래법은 비거주자의 국내자산취득을 일반적으로 '자본거래'로 개념화하고 이에 대해 '신고' 등 절차를 규정하고 있다. 증권시장에서 증권을 직접취득(증권거래법상 증권투자)하는 경우에는 신고를 하지 않아도 된다. 간접투자자산운용업법상 '간접투자'에 따른 수익증권을 취득하는 경우에도 신고하지 않아도 된다.46) 현행 간접투자자산운용업법은 '간접투자'를 투자자로부터 자금을 모아서 투자증권, 장내파생상품(또는 장외파생상품), 부동산, 실물자산 등에 운용하고 그 결과를 투자자에게 귀속시키는 것을 말한다고 규정47)하고 있는데 이 기준에 의하여 외국인의 국내 포트폴리오투자를 직접투자와 간접투자로 분류할 수 있을 것이다.

[탐구] 2 - 4

---

46) 외국인투자촉진법상 '외국인직접투자'에 대해서도 외국환거래법상 신고가 면제되어 있다.
47) 간접투자자산운용업법 제2조 제1호.

제3장

과세의 기본원칙

> 한 나라의 세법상 과세 대상의 선택과 세율체계의 구성은 각 나라가 처한 시대적 상황과 사회적 필요에 의해 결정된다. 많은 국가가 소득과세상 효율과 형평을 균형 있게 달성하기 위해 거주지주의와 누진세율에 입각한 과세제도를 채택하고 있다. 오늘날 개방된 화폐시장경제 체제 내 많은 국가들이 거주지주의와 누진세율이 과연 효율과 형평을 달성하는 데 효과적인 수단인지에 대한 의문을 제기하고 보완하기 위해 제도개선에 나서고 있다.

제1절 조세입법의 원칙

헌법 제59조 제1항은 조세의 종목과 세율은 법으로 정하여야 한다고 규정하고 있다. 이를 조세법률주의원칙이라고 부른다. 그 구체적인 의미에 대해서는 이론이 있을 수 있지만 이는 조세의 부과는 국민적 합의에 바탕을 두어야 한다는 근대국가의 조세이념이 구현된 원칙이다. 헌법은 조세에 대해 이러한 일반적 원칙 이외에 보다 구체적인 규정을 두지 않고 있다. 이에 따라 정부가 조세입법을 할 때에는 명문상 규정은 없지만 경제사회의 일반적인 합리성의 요청에 부응하기 위해 몇 가지 중요한 가이드라인을 운용하고 있다. 효율성(중립성), 형평성, 단순성 및 집행가능성 등이 그러한 것들이다. 이러한 가이드라인은 사실 헌법이 추구하는 가치들과 부합하는 것들이다. 경제적 효율성은 중립성을 통해 달성할 수 있는 것으로서 국리민복을 추구하는 우리 헌법의 이상과 일치하는 것이다. 형평성은 사회적 약자의 보호를 추구하는 헌법의 이상에 부합하는 것이다. 단순성 및 집행가능성은 무릇 모든 입법이 갖추어야 할 기본적인 요건이라 할 것이다.

제1항 조세법률주의

조세법은 법률의 하나로서 헌법상 입법부에 주어진 권한의 범위 안에서 헌법상의 가치를 달성하고 그것을 지키기 위한 범위 내에서 제정되어야 한다. 우리 헌법은 조세의 종목과 세율은 법률로 정한다고 규정하고 있기 때문에 정부는 법률에 근거 없이 국민에게 조세를 부과할 수 없다. 헌법상 조세의 종목과 세율을 법률로 정하도록 하고 있는 원칙을 조세법률주의라고 한다. 이러한 조세법률주의에서 파생되는 원칙으로는 과세요건법정주의, 과세요건명확주의, 조세법령불소급의 원칙, 엄격해석의 원칙 및 합법성의 원칙을 들 수 있다. 앞의 세 가지는 입법에 관한 원칙이고 뒤의 두 가지는 법의 해석과 적용에 관한 원칙이다.

1. 과세요건법정주의

과세요건 법정주의는 조세법률주의의 하위 원칙 중의 하나로서 말 그대로 과세요건은 법률로 정하여야 한다는 원칙이다. 여기서 과세요건은 납세의무자, 과세물건, 과세표준 및 세율과 같이 납세의무의 구체적 내용을 결정하는 중요한 요소들을 말한다. 법률로 규정해야 할 사항은 이러한 과세요건뿐 아니라 성립한 납세의무를 확정하고 이행하도록 하는 조세의 부과·징수절차도 포함하게 된다.

실제 과세요건에 관한 세부사항은 일일이 국회가 마련하는 법률로 규정할 수 없는 것이기 때문에 행정부에 그 구체적 사항에 관해 규정하도록 위임을 하게 되며 그 과정에서 실질적으로 국민의 권리와 의무에 영향을 주는 법규적 사항이 국회의 구체적 위임 없이 행정부에 의해 자의적으로 규정되지 않도록 하여야 한다는 요청이 나타나게 된다. 즉 세법상 위임입법이 불가피하더라도 개별적, 구체적 위임만 허용되고 포괄적, 백지 위임은 허용되지 않는다. 실제 어느 법령이 포괄위임에 해당하여 무효인지를 가리는 것은 용이한 일이 아니다.

2. 과세요건명확주의

과세의 요건과 조세의 부과·징수절차를 규정한 법률 또는 그 위임에 따른 명령·규칙의 규정은 일의적이고 명확하여야 하며 불확정개념이나 개괄조항을 함부로 사용하여서는 안 된다는 원칙이다. 실제 세법규정은 수많은 불확정개념이나 개괄조항이 혼재되어 있다. 이는 세법이 세상의 모든 경제거래나 사실을 적용 대상으로 하고 있으며 그것들은 주지하다시피 시간 및 장소마다 다른 양태로 나타나고 있으므로 납세의무에 구체적으로 영향을 주는 모든 사항을 법률로 규정한다는 것은 불가능하기 때문이다.

3. 조세법령불소급의 원칙

세법은 국민의 재산권을 침해하는 법규이기 때문에 소급입법으로 국민 개개인에 귀속하는 재산권을 침해하여서는 안 된다는 원칙이다. 조세법률주의에 따라 법률에 의해 조세를 부과할 수 있지만 그러한 법률은 소급입법이어서는 안 된다는 것이다. 과세요건이 되는 사실이 진행되고 있는 과정에서 개정된 법률이 적용되는 경우를 부진정소급과세라고 한다. 이와 같은 부진정소급은 양도소득세와 같이 일회의 행위를 과세요건으로 하는 경우보다는 소득세나 법인세와 같이 기간소득에 대해 과세하는 세목에 대해 많이 논하고 있다. 우리나라 법원은 부진정소급입법은 허용하고 있다.

제2항 조세공평주의

세법은 다른 분야의 법률과 다를 바 없이 헌법이 추구하고자 하는 가치에 부합하게 제정되어야 하고 헌법이 설정하고 있는 입법의 한계를 준수하여야 한다. 예를 들어 국민의 재산권 보장은 평등과 조화를 이루면서 추구되어야 한다. 여기서 평등은 형식적 평등이 아니라 각인의 능력에 부합하는 방법으로 과세가 이루어지도록 하여야 한다는 점에서 실질적 평등이라고 할 수 있다. 이 외에도 헌법이 추구하는 가치로서 경제의 건전한 발전 및 환경의 보전 등 다양한 것들이 있는데 세법이 그러한 제 가치를 어느 정도 직접적으로 추구하여야 하는지는 분명하지는 않다. 특히 세법과 관련하여 자주 거론되는 것은 '실질적 평등'의 개념인데 이를 추구하는 것을 '조세공평주의'라고 한다.

조세공평주의는 헌법 제11조 제1항에 근거규정을 두고 있다. 헌법재판소 결정을 보면, "헌법 제11조 제1항은 모든 국민은 법 앞에 평등하고 누구든지 합리적 이유 없이는 생활의 모든 영역에 있어서 차별을 받지 아니한다는 평등의 원칙을 선언하고 있다. 이와 같은 평등의 원칙이 세법영역에서 구현된 것이 조세공평주의로서 조세의 부과와 징수에 있어서 합리적인 이유 없이 특정의 납세의무자를 불리하게 차별하거나 우대하는 것은 헌법상 허용되지 아니한다."48)고 판시하여 헌법 제11조 제1항이 조세공평주의의 근거규정임을 밝히고 있다.

제2절 과세 대상의 선택

오늘날 각국의 조세제도를 보면 무엇에 대해서 과세할 것인가의 문제에

---

48) 헌재 2000.2.24, 98헌바94등(판례집 12-1, 227쪽), 헌재 2005.10.27, 2004헌가21(공보 109, 1103
　　~1104쪽).

대해 각 나라가 서로 다른 해법을 내놓고 있다. 실제 같은 나라에 있어서도 시대적인 여건에 따라 다른 조세제도가 운영되고 있다. 긴 인류역사에 비하면 오늘날과 같은 형태의 조세제도의 역사는 매우 일천한 것이다. 권력에 의한 재산의 징발의 한 형태로서 조세제도가 법적으로 발달하게 된 데에는 소유권이 보장되는 근대국가에서의 일이다. 소유권의 개념이 정립되지 않던 시절에는 조세의 개념도 애매한 것이었다. 사회주의 체제가 유지되고 있으며 사적 소유권이 제한된 북한에 있어서는 일반적으로 시행되는 조세제도가 존재하지 않고 있는 것이다.

과세 대상의 선택은 당시 나라 사회의 필요에 따른다는 사실은 미국의 조세제도의 발달사에서 쉽게 알 수 있다. 미국을 예로 들면, 미국은 독립 이래 19세기까지는 주로 개별소비세와 관세에 재정을 의존하여 왔다. 당시의 산업 및 행정여건으로는 간접세 방식의 과세가 가장 합리적이었기 때문이다. 직접세라 할 수 있는 소득세는 1862년[49] 남북전쟁 당시 링컨행정부에 의해 최초로 도입되었다. 당시 소득세는 인별로 6백 불을 초과하고 1만 불에 미달하는 금액에 대해서는 3%, 1만 불 초과분에 대해서는 5%의 세금을 부과하는 것이었다. 전쟁 수행을 위한 재정조달이 목적이었으므로 전후인 1872년에 폐지되었다. 1894년 관세율 인하에 따른 세수감소를 보충하기 위해 개인 및 법인에 대한 소득세가 다시 도입되었다.[50] 이때 소득세는 상속이나 증여도 소득으로 보는 체계를 갖고 있었다. 당시 소득세는 인별로 4천 불을 초과하는 금액에 2%의 세금을 부과하는 것이었다. 1898년 연방의회는 미국스페인전쟁 재원조달을 위해 상속세와 증여세를 혼합한 조세를 도입하였다. 이는 상속재산의 규모에 따라 누진적인 세율이 적용되는 것이었다. 이후 역시 전쟁 종료로 1902년 폐지되었다.[51] 1909년에는 Tariff Act에 의해 법인개별세(corporate excise tax)가 부과되었다. 연방의회는 1916년 상속세를 도입하고, 1924년에는 증여세를 도입하였다. 그런

---

49) 당시 상속세도 부과되었다가 1870년 종전으로 폐지되었다.

50) Hugh J. Ault, 「*Comparative Income Taxation*」, Kluwer Law International, 1997, p.131.

51) John K. McNulty and Garyson M.P. McCouch, 『*Federal Estate and Gift Taxation*』, Thomson West, 2003, p.3.

데 증여세는 1926년 폐지되었다가 1932년 재도입되었다.

제1항 화폐보유에 대한 세금

시장경제에서 '화폐' 또는 '돈'으로 대변되는 자본은 단 한 번의 투자결정만으로도 증식하게 되어 있다. 장롱 속의 현금으로 남아 있지 않는다면 시장에서 자금을 제공하고 그 제공에 대한 기회비용을 지급받을 수 있기 때문이다. 자본가에게 자본의 기회비용은 장롱 속의 현금이 가져오는 편익이 아니고 다른 어느 누군가가 그 자본을 활용하여 벌어들일 수 있는 소득 중 그에게 나누어 주고자 하는 것으로서 제시되는 것들 중 차선으로 매력적인 것이다.

화폐를 통한 금융활동이 경제발전에 기여하는 바는 익히 알려져 있다. 그러한 금융활동이 이루어지는 한 자본은 증식한다. 오늘날 자본의 증가는 투기적 화폐수요의 증가로 이어지게 되어 있다. Keynes의 분류를 빌리자면 화폐수요는 거래적 수요, 예비적 수요 및 투기적 수요로 구분할 수 있으며 거래적 수요와 예비적 수요는 궁극적으로 소비를 위한 것인데 오늘날 소비를 위해서는 화폐를 대체하는 수단들(예, 신용카드 및 전자화폐 등)이 증가하고 있어 전통적인 화폐자산이 상대적으로 더 투기적 수요에 몰리고 있는 것이다. 즉 화폐가 다른 자산과의 교환을 위해 존재하는 측면이 부각되고 있는 것이다. 이를 조금 다른 관점에서 보면 화폐는 세상의 다른 유무형 자산과 다를 바 없는 투자의 대상으로 존재하고 있다고 할 수 있다. 무릇 자본이 투자—즉 자산의 취득—를 통해 자본이득을 추구하듯이 자본이 어느 나라의 화폐의 형태로 존재하고 있는 것은 그 화폐를 통해 자본이득을 얻고자 하기 때문이다. 세상의 화폐 중 많은 부분이 투기적 이득을 올리기 위해 보유되고 있는 것이다.

자본이득을 추구하는 자본가의 입장에서 볼 때 화폐는 다른 자산과 동일하게 자본이득을 제공한다. 그런데 화폐는 정부가 발행한다. 정부는 화페를 시장에 공급하면서 시뇨리지*를 누린다. 시장에 공급하는 화폐의 증가는 물가의 상승을 뒷받침하는데 그것은 화폐가치의 하락을 의미한다. 민간이 투기적 이득을 올리기 위해 화폐를 보유하는 반대편에 있는 정부는 화폐가치가 하락하는 만큼 민간으로부터 '안 보이는 세금'을 징수하는 셈이다.

제2항 실물경제에 대한 세금

자본주의 시장경제제도에서 정부가 설정한 과세 대상은 국민소득의 생성과 그 분배에 따라 이해해 볼 수 있다. 단순한 폐쇄경제를 상정하여 설명하자면 각 생산단계에서 부가가치가 창출되며 그것은 시장에서 소비와 투자로 지출되는 것의 합이 된다. 소비와 투자는 지출로서 인적 자산 내지 물적 자산의 가치를 유지 또는 발전시킨다는 점에서 동일하다. 지출의 효용이 지속되는 기간에 차이가 있을 뿐이다. 소비는 인적 자산의 능력을 유지 내지 발전시킨다. 투자는 기업의 생산능력을 제고시킨다. 다시 분배된 국민소득은 소비나 저축으로 처분된다. 소비와 저축의 합은 소비와 투자의 합과 균형을 이루게 된다. 저축은 자본을 형성하게 된다. 저축된 자본은 화폐의 형태로 있든가, 인적 자산을 사든가 또는 물적 자산을 구입하게 된다. 어떤 자산의 형태로 존재하는가에 따라 국민총생산에서 분배받을 것이 정해진다.

자본은 화폐시장 경제에서 화폐 내지 화폐등가물로 평가된다. 자본은 인적 자산과 물적 자산을 보유할 수 있게 한다. 인적 자산은 사람으로서 노동력을 창출한다. 물적 자산은 재산적 가치가 있는 모든 자산이다. 그중 자본이득을 창출할 수 있는 자산을 자본자산이라고 한다. 자본자산이 낳는 자본이득은 국민총생산 또는 분배소득에 반영되지 않는 것이다. 자본자산의 가치는 미래현금흐름을 현가화한 것이니 자본자산 중 일부는 향후 현금을 창출하는 과정에서 국민소득을 증가시키는 데 기여할 것이며 그에 따라 분배를 받게 될 것이다. 그러나 자본자산 중에는 국민소득의 창출에 전혀 기여함이 없어―시장화되지 않는다는 전제하에―순수하게 자본이득을 창출하는 것들이 있다. 갤러리에 한번도 걸리지 않고 호사가들의 손을 전전하는 서화가 그 한 예라 할 것이다. 인적 자산은 자본이득을 창출하지 않는다. 스타선수들이 구단을 옮겨 갈 때 전 소속 구단에 자본이득을 가져오기는 한다. 이는 스타선수 자체라기보다는 스타선수와의 계약의 자산가치가 상승한 것으로서 인적 자산의 자본이득이라고 보기는 어렵다.

국가는 인적 자산과 물적 자산의 보유 그 자체 또는 활용 결과 분배받은 소득에 대해 과세하게 된다. 인적 자산 그 자체에 대해 과세하는 경우 그것은 인두세가 된다. 물적 자산에 대해 과세하게 되면 부동산보유세 또는 자동차세 등이 그 예이다. 인적 자산과 물적 자산을 소유할 수 있는 잠재력에 대해 과세한다면 그것은 부유세가 될 것이다. 인적 자산과 물적 자산의 활용결과에 대한 세금은 생산국민소득과 분배국민소득의 형성과정에 대해 붙게 된다. 생산국민소득은 각 생산단계의 부가가치의 합인데 그에 대해서는 부가가치세를 부과하게 된다. 우리나라 및 EU 국가들은 소비형 부가가치세제도를 도입하였는데 투자지출에 대해서는 과세하지 않고 소비지출에 대해서만 과세한다. 일반 소비세로서 부가가치세와 다른 제도를 도입한 국가도 있기는 하지만 논의의 효율성을 위해 언급은 생략한다. 시장에서 재화나 용역을 판매한 총이윤은 각각의 생산요소 즉 각 자산의 기여도에 따라 배분된다.[52] 여기서 자본은 주식이나 채권과 같은 자산의 형태로 생산에 기여하고 배당이나 이자를 받아 가게 된다. 자본이 그러한 자본자산으로 전환되지 않고 장롱 속의 현금으로 남아 있을 수 있다. 이 경우 생산에 기여한 바는 없으므로 분배에 참여할 수는 없을 것이다. 그러나 현금도 자본이득은 창출할 수 있다. 그 나라의 화폐가치가 상승하면 전 세계

---

52) 이들 분배국민소득의 합이 부가가치와 동일한 금액이 될 것이므로 각 사업자의 부가가치세를 자기가 분배한 소득을 합하여 계산하고 그에 세율을 적용하는 방법이 있을 수 있다. 이러한 방법을 가산법이라고 하며 이러한 부가가치세제를 소득형부가가치세제라고 한다. EU 국가들은 전단계매입세액공제방법을 활용하는 소비형부가가치세제도를 도입하고 있다. 전단계매입세액공제방법은 세금계산서의 교부를 의무화하고 있다. 이에 대칭되는 것으로서 전단계거래금액공제방법이 있는데 이는 사업자의 장부에서 [(매출액)-(매입액)]의 금액을 계산하여 그에 세율을 곱하는 방법이다.

적으로 보아 자신이 자본이득을 얻게 되는 것이다. 여기서는 폐쇄경제를 상정하고 있으므로 논의의 실익은 없다.

시장경제가 작동할 수 있게 하는 가장 근본적인 원천을 이루는 것은 자본과 노동과 같은 생산요소이다. 이런 점에서 생산요소에 대한 과세가 조세제도의 근간을 이룬다. 토지와 같은 자본자산은 자본에 예속되어 있으며 기술은 자본자산화되어 있든가 인적 자산에 전속되어 있다. 결국 생산요소는 자본과 노동으로 양분할 수 있다. 자본은 축적되며 사회가 보호하는 한 지속 팽창하게 되어 있다. 노동도 개인의 일생을 볼 때 숙련도가 높아지며, 사회적으로 노동조합의 결성으로 그 세력이 증가하기도 하지만 본질적으로 개인의 수명이 다하면 종식된다. 반면 생산요소로서의 자본은 지속 축적되는 것이다. 자본시장경제에서 자본은 보호되며 자체의 증식능력에 의해 생산요소들 중 비중은 지속 증가하게 되어 있다. 이런 점에서 자본시장경제에서 자본은 화폐보유에 대해 보이지 않는 세금을 물고 있으며, 실물경제에서도 모든 세금 부담의 원천이 된다고 할 것이다.

제3항 개방화와 전통적 과세제도의 위기

1. 화폐보유에 대한 세금과 국부펀드의 등장

20세기 중반까지 금이 국제적 구매력을 대변하다가 국제통화기금 체제가 출범하면서 미국 달러화가 세계의 기축통화로서 역할을 하여 왔다. 세계경제 GDP의 약 30%를 차지하는 미국은 이자율정책을 적절히 구사함으로써 자국의 통화가치가 안정적으로 유지되도록 운영해 오고 있지만 미국은 세계에 기축통화를 공급하면서 마치 예전 금본위체제하에서 금을 공급하는 것과 같은 역할을 하고 있다. 금본위체제에서 금은 사서 공급하여야 했는데 이제 미국은 돈을 공장에서 그냥 찍어 내면서 공급하고 있다. 브레튼 우즈체제의 붕괴 이후 그리고 최근 들어서 부쩍 달러화의 역할이 축소되면서 이러한 미국의 지위는 크게 위축되고 있다.[53] 이제 세계는 미국, 유럽 및 아시아의 삼극체제로 전환하고 있으므로 그간 미국달러화가 갖는 기축통화로서의 역할은 사라지고 있다고 볼 수도 있겠다.[54]

경제학자들이 적정한 것으로 생각하는 물가상승률 수준이 있다. 적정한 수준의 물가상승이 경제의 활력을 준다고 하면서 그 수준을 대개 2 내지 3%로 설정하고 있다.[55] 미국은 세계 경제의 30%를 차지하면서도 국제수지는 지속적으로 큰 폭 적자를 시현하고 있는데 그 상대방에 있는 국가 즉 미국을 상대로 국제수지의 흑자를 내는 국가들은 미국달러화를 축적하면서 매년 축적한 미국달러화의 2 내지 3%를 미국에 안 보이는 세금으로 내고 있는 것이다. 상대국들은 비록 미국 달러화의 지위가 예전과 같지 못하지만 국제지급능력을 유지하기 위해 미국달러화의 보유를 늘리고 있다. 우리나라의 경우도 예외는 아닌데 대량 보유하는 미국달러화를 '안 보이는 세금'을 물면서 그대로 한국은행의 금고에 쌓아 둘 것인가 아니면 투자자 산화할 것인가의 문제에 봉착하게 된다.

이는 미국달러화를 보유하는 국가들이 대형 자본화하여 국제자본시장에서 투자주체로 등장하게 하는 요인이 되고 있다. 한국의 KIC 및 싱가포르의 GIC가 그러한 예에 해당한다. 국부펀드[56]의 국제적인 투자는 국제자본

---

53) 2차 대전 이후 새로이 구축된 브레튼 우즈(Bretton Woods) 체제는 금본위의 정신을 이어받은 고정환율제였다. 미국은 1온스당 35달러로 고정된 금평가(gold parity)를 유지하고 각국은 자국 통화의 대미 달러화 환율을 설정한 후 이의 상하 1% 범위 안에서 환율을 유지하도록 하였다. 1973년 미국의 금태환정지조치로 브레튼우즈 체제가 붕괴되자 세계 각국은 자국의 사정에 맞는 환율제도를 채택하게 되었다〈한국은행, 『우리나라의 통화정책』, 2005.12, p.42〉.

54) 김인준·이영섭, 『국제금융론』, 율곡출판사, 2007, p.504. SDR이 국제지급준비수단이 되어 있는 오늘날 SDR의 가치가 미국달러, 유로, 일본엔 및 영국파운드에 연동되어 있는 점이 이를 반영한다.

55) 한국은행, 『우리나라의 통화정책』, 2005.12, p.58.

56) 미국 의회에서 조사한 바에 의하면 주요 국부펀드들은 아래와 같다. 자산의 규모순으로 정리하면 아래와 같다. 금액은 십억 달러 기준이다. Abu Dhabi Investment Authority $650~$700, Norway Government Pension Fund Global $382, Saudi Arabia Public Investment Fund $289~$380, Singapore Government Investment Corporation $100~$330, Kuwait Reserve Fund for Future Generations/General Reserve Fund $225, China Investment Corporation $200, Russia Reserve Fund/National Wealth Fund $162, Singapore Temasek Holdings $108, Australian Future Fund $57, Libyan Investment Corporation $50, Algeria Reserve Fund/Revenue Regulation Fund $43, Qatar State Reserve Fund/Stabilization Fund $30~$50, Alaska Permanent Fund $37(Joint Committee on Taxation, Economic and U.S. Income Tax Issues Raised by Sovereign Wealth Fund Investment in the United States, 2008.6.17, p.26 참조).

에 대한 과세가 국가 간 민간자본에 대한 과세권의 배분이라는 차원의 문제를 넘어서서 직접적인 국익 간 충돌의 장으로 전환하게 하는 요인이 되고 있다. 상대방 국가 국부펀드의 국내투자에 따른 소득에 대해 국내에서의 과세를 양보할 경우 자국의 국부의 이전이라는 모습으로 비춰지게 되어 있으며 이러한 인식은 국제자본에 대한 과세가 거주지주의보다는 원천지주의로 갈 것이라는 전망을 낳게 한다.[57]

2. 실물경제에 대한 세금

오늘날 조세제도는 소득과세제도와 부가가치세제도가 그 근간을 이루고 있다. 개방경제를 상정한다면 부가가치세보다는 소득과세의 운영에 있어 더욱 많은 문제가 발생하며 그만큼 정책적 과제가 나타나게 된다. 그간 국내에서만 보호받던 자본을 이제는 국제적으로도 보호하는 국제규율이 자리를 잡아 가고 있다. 폐쇄경제하에서 정부는 소득과세상 형평과 효율을 절충하기 위해 누진세율체계를 채택하여 왔다. 그리고 거주자에 대해서 국내외원천소득 모두 과세하는 데 큰 지장을 겪지 않았다. 그러나 개방된 경제체제하에서는 높은 누진세율체계는 자국의 인적 자산, 즉 납세자들이 거주지를 외국으로 옮기도록 유인하고 있다. 물적 자산 또는 자본도 외국으로 나가 그곳에 체재하며 다시 다른 투자처를 찾도록 하고 있다. 심지어는 외국에 나갔다가 외국 거주자나 외국자본의 탈을 쓰고 다시 돌아오기도 한다. 이러한 여건의 변화는 과연 누진세율체계가 실효성이 있는지, 그리고 자국거주자에 대해서는 국외원천소득까지 과세하는 거주지주의가 타당

---

57) 미국은 전통적으로 외국정부와 공공기관의 미국 내 소득에 대해 면세하여 왔다. 최근에는 그 범주가 수동소득으로 한정되었다. 미국과 유사한 국내세법 원칙을 수립하고 있는 국가는 일본, 호주, 캐나다 및 영국 정도이다. 한편 외국정부와 공공기관은 조세조약의 적용 대상이 되는 거주자에 해당하는 것으로 본다. 이에 따라 외국의 국부펀드는 그것의 법적 형태에 다소 차이가 있지만 외국정부 혹은 공공기관으로서 미국 및 일본 등의 몇몇 국가에서는 수동소득에 대해 면세되고 있다(Joint Committee on Taxation, Economic and U.S. Income Tax Issues Raised by Sovereign Wealth Fund Investment in the United States, 2008.6.17.).

한지에 대해 근본적인 의문을 갖게 된다. 이는 국제자본에 대한 과세상 거주지주의는 실효성을 크게 상실해 가고 있으므로 소득의 원천지에서 우선 과세하도록 하여야 한다는 주장에 설득력을 불어넣고 있다. 원천지주의 과세체계하에서는 소득이 누구에게 귀속하든 기계적으로 일정한 세율로 과세하는 방법을 채택하게 되어 있다.

[탐구] 3 - 2

제4장

소득과세

국제자본에 부과되는 주요 조세로는 소득세, 간접세 및 무상이전과세가 있다. 이 세 가지 조세들은 각각 고유한 과세원리를 가지고 있지만 상호 공통점도 적지 않게 있다. 본 장에서는 소득과세의 일반적 구조 및 국제자본의 소득종류별 과세에 대해 먼저 논하고, 투자목적에 따라 달리 구분될 외국인직접투자 및 포트폴리오투자의 특수한 과세 문제를 논하고자 한다. 또한 외국인직접투자, 포트폴리오투자에 모두 해당하는 것으로서 국제인수합병에 대해서는 최근 그 중요성이 증대되고 있는 점을 감안하여 별도의 절을 할애한다. 다음 장과 그다음 장에서 간접세 및 무상이전과세의 순으로 논한다.

제1절 소득과세의 구조

1980년대 이래 주요국의 세제는 과세기반을 확대하고 세율을 낮추는 방향으로 진화하여 왔다. 그리고 부가가치세에 대한 의존도를 높이고 있다. 소득세는 직접세로 분류되고 부가가치세는 간접세로 분류되지만 소득세도 간접세처럼 운영될 수 있다. 각국은 소득세에 대해서도 원천징수를 통한 간접세적인 과세방식이 갖는 장점에 많은 관심을 보이고 있다.

제1항 소득의 개념

소득은 누군가에게 귀속하는 경제적 이익이라는 성격을 가지고 있다. 세법이 규정하는 과세소득의 개념은 시대에 따라, 나라에 따라 그 개념이 기능하는 여건의 변화와 더불어 변형하는 살아 있는 무상의 개념이라고 볼 수 있다.[58] 그런 무상성에도 불구하고 소득은 인에 귀속한 이상 그가 지배, 관리 또는 처분할 수 있는 것이며 그에 따라 그중 일부를 정부에 세금으로 낼 수 있는 담세력을 나타내게 된다. 세법이 이러한 담세력에 착안하여 개인에게 귀속하는 경제적 이익이라면 모두 소득으로 보아 과세한다면,[59] 그것이 어떤 계기에 의해 귀속하게 되었는지를 불문하게 된다. 물건을 팔거나 근로를 제공하는 것 이외에도 길 가다가 보물 상자를 발견하였다거나 누군가에게 잘 보여 증여를 받았을 수도 있다. 아주 예외적인 경우를 빼놓고는 통상 경제적 이익을 얻기 위해서는 상응하는 비용을 지출하거나 수고를 하여야만 한다. 다만, 그 다과에 차이가 있을 뿐이다. 실제 세법이 소득을 단순하게 경제적 이익으로 정의한다면 모든 경제적 이익은 '소득'으로 하여 과세될 수 있을 것이다. 각 소득의 특성에 따라 비용이나 공제를 인정하는 데 있어서 또는 납세의무를 확정하는 데 있어 방법론상 차이가 있을 뿐이다. 증여를 받아 재산가치가 증가한 경우는 공제할 비용이 없거나 거의 없이 소득이 발생한 경우라고 볼 수 있는 것이다.

일국의 과세 대상이 되는 소득의 개념을 세법상 어떻게 설정하는가 하는 입법론적인 관점에서 고찰할 때 소득원천설*과 순자산증가설*의 대립을 발견할 수 있다. 소득원천설은 소득은 일정한 원천에서 용출되어 나오

---

58) 이태로, "과세소득의 개념에 관한 연구", 서울대학교 박사학위논문, 1976, p.119.
59) 실제 미국에서 1894년 관세율 인하에 따른 세수감소를 보충하기 위하여 도입된 소득세제에서는 상속이나 증여에 의하여 취득한 경제적 이익을 소득의 하나로 보고 있었다. 동 세제는 다른 이유로 위헌으로 판정되어 폐지되었다. 이후 세제에서는 상속이나 증여에 의한 경제적 이익을 명시적으로 소득으로 포함하는 입법은 없다. 현행 세법은 상속이나 증여에 의한 경제적 이익을 소득의 개념에서 배제하지는 않고 과세소득 계산상 배제하는 규정을 두고 있다(내국세입법 § 102). 이는 주공채나 지방공채로부터의 이자에 대해 과세하지 않는 것과 동일한 방식으로 규정되어 있다(내국세입법 § 103). 채무면제이익은 소득으로 보며 일정한 경우를 제외하고는 과세된다(내국세입법 § 108).

는 샘물과 같아서 샘에서 나오는 것을 보고 과세하자는 이론이다. 좋은 샘이 마르지 않는 것처럼 소득도 계속적 반복적인 것을 주된 대상으로 과세한다. 그리고 샘을 법으로 지정하여 그것에서 나오는 것을 과세하는 것이므로 누구에게 귀속하는가는 크게 중요하지 않다. 샘물을 용출하는 샘에 원천 징수하도록 하는 방식을 주로 택한다. 반면 순자산증가설은 우선 특정인을 상정하고 특정 시점의 그의 경제적 지위를 평가할 수 있다는 전제 위에 제도를 설계한다. 그리고 그의 경제적 지위의 변화가 있으면 그 변화분을 과세 대상 소득으로 한다. 원천이 무엇이었는지 계속적인 것인지 대가를 주고받은 것인지는 고려의 대상이 아니다. 어느 나라의 제도도 두 가지 이론 중 완전하게 하나에만 의존하고 있지는 않다. 나라마다 어느 쪽에 더 무게를 두는가에 차이가 있을 뿐이다.

제2항 소득과세의 의의

조세는 여러 가지 기준에 의하여 분류가 가능하지만 일반적으로 소득에 대한 조세와 거래에 대한 조세로 분류할 수 있을 것이다. 이는 재정학에 있어 직접세와 간접세로 분류하는 것과 같은 것이다. 직접세는 납세의무자의 조세부담을 타인에게 전가하기 곤란한 조세로서 소득에 대한 과세와 상속 또는 증여에 대한 과세가 그 대표적인 예이다. 여기서 소득은 일정 경제적 활동에 대한 대가로서 받는 경제적 이득을 의미하는 반면 상속이나 증여는 경제적 대가가 없이 받는 경제적 이득을 의미한다.

각국의 세제는 1980년대 이래로 과세기반은 확대하고 세율은 낮추는 방향으로 발전하여 왔다. 경제가 시장화되고 거래내역에 대한 정보를 객관적으로 확인할 수 있는 방법과 기술이 발전함에 따라 과세기반을 확대할 수 있는 여건이 조성되어 왔다. 그리고 경제가 개방화함으로써 인적 물적 자원의 국제적 교류에 대한 벽이 허물어지게 되자 일정 국가 관할 내 세율을 높게 유지하는 것만으로는 과세기반의 일실을 막을 수 없다는 인식이 확산되면서 세율을 낮추는 방향으로 발전하여 온 것이다. 한편 국민의 조세부담률은 지속 증가(2000년대에는 현상 유지 수준)하여 왔다. 세율이 낮아졌지만 세수가 증가한 것은 과세기반의 확대에 기인한 것이라고 이해할 수 있는 부분이다.

직접세보다는 간접세에 대한 의존도가 증가하는 것도 오늘날 하나의 추세이다. 직접세는 한 개인에게 귀속하는 소득을 해당 개인이 집계하여 신고하는 것에 의존하는 방식으로 조세를 징수하지만(물론 많은 세수가 원천징수의 방법으로 징수됨을 부인하는 것은 아니다), 간접세는 재화나 용역의 공급자가 거래 징수하는 방법을 사용하기 때문에 이동이 많은 경제체제 내에서 세수를 확보하기 용이하기 때문이기도 하다. 회전율이 높은 음식점에 가면 돈부터 받고 음식을 주는 것과 같은 이치이기도 할 것이다. 납세의무를 진 자와 그것의 경제적 부담을 지는 자가 동일한 경우 해당 조세를 직접세라고 하고 다른 경우에는 간접세라고 하면서 직접세에는 전가가 없으며 간접세는 전가가 있다고 한다. 엄밀히 본다면 직접세라고 하더라도 세금부담은 거래상대방에게 일정 부분 전가되어 귀착될 수 있지만 크게 보아 그렇다는 말이다.

직접세 중 대표적인 것이 소득세이고 간접세 중 대표적인 것이 부가가치세이다. 소득세에서는 조세의 귀착자가 신고 납부하는 것을 원칙으로 하며 부가가치세에서는 조세의 귀착자를 대신하여 재화나 용역을 공급한 자가 신고 납부한다. 소득세는 소득에 대한 세금인데 소득은 재화나 용역을 제공한 것에 대한 대가에 연원하는 것이다. 소득세에서는 재화나 용역을 공급한 자가 납세의무자가 되어 신고 납부하되 조세부담이 자신에게 귀착되는 것이다. 한편 부가가치세에서 재화나 용역을 공급한 자가 납세의무자가 되어 신고 납부하는 것은 소득세에서와 동일하지만 조세부담은 자신의 거래 상대방에게 귀착된다.

오늘날 소득세 중 많은 부분이 원천징수의 방식으로 징수된다. 원천징수의무자는 재화나 용역을 공급받은 자가 된다. 공급받은 자가 그 대가를 지급하면서 세금을 징수할 의무를 부담하게 되는 것이다. 그것도 일종의 납세의무인데 납세의무를 부담하는 자의 거래 상대방에게 조세부담이 귀착한다는 의미에서 원천징수방식으로 징수되는 소득세는 일종의 간접세라고할 수 있을 것이다. 재화나 용역의 거래에는 그것의 공급과 반대 방향의현금 또는 현금등가물의 공급이 뒤따른다. 재화나 용역을 공급하는 자의입장에서는 현금 또는 현금등가물을 공급하는 것에 대한 세금을 부담한다는 의미에서 부가가치세는 현금 또는 현금등가물[60]의 공급에 대한 세금이다. 그 경우 부가가치세는 직접세가 된다. 이와 같이 어떠한 조세이든 무엇에 대해 부과하는 것인지 그리고 납세의무를 누구에게 부과하는지에 따라 직접세라고 볼 수도 있고 간접세라고도 볼 수 있다.

제3항 자본소득과세

　자본소득에 대한 과세를 위해 포괄적 소득세론, 생애지출세론 및 최적과세론과 같은 다양한 이론이 제시되어 왔다. 각 이론마다 장단점이 있으며 어느 한 이론이 절대적으로 타당하다고 말할 수는 없다. 자본이득 과세에 관해서는 찬반의 논의 모두가 나름대로 설득력이 있다. 오늘날과 같은 개방경제체제하에서는 자본이득에 대한 과세가 가장 중요한 문제가 되어있다.

1. 이론

(1) 자본소득의 개념

자본소득(capital income)은 생산요소로서 자본의 제공이나 보유에 따른소득을 의미한다. 노동의 제공에 대한 대가인 노동소득(labor income)에

---

60) 이하 '현금'으로 통일한다. 현금도 거래 대상이 될 수 있음은 외환시장의 예를 보면 알 수 있다. 현금 거래차익도 소득세 과세 대상으로 설정할 수 있다. 그것을 부가가치세의 과세 대상으로 하는 입법례는 없다.

대칭되는 개념이다. 소득을 그 원천인 생산요소에 따라 구분한다면 노동의 제공에 대한 임금, 자본의 제공에 대한 이자 및 배당, 토지의 제공에 대한 임대료로 구분할 수 있다. 사업소득은 개별 재고자산의 제공에 대한 소득인 일종의 자본이득을 모태로 한 것이며 그것을 얻기 위한 생산요소는 노동과 자본이다. 대부분의 국가에서 자본이득은—자본소득의 하나로서—소득세 과세 대상에 포함되어 있다. 그리고 이자, 배당 및 자본이득을 창출하는 자산인 자본자산을 기초자산으로 하는 파생상품소득도 자본소득으로서 소득세 과세 대상에 포함시킬 수 있을 것이다. 임대료 및 토지양도차익은 넓게 보아 자본축적의 한 형태인 토지에 연원하는 소득으로서 자본소득으로 볼 수 있겠지만 본서에서는 논의의 편의를 위해 자본소득의 개념에서 배제하고자 한다.

(2) 자본소득과세의 이론

자본소득에 대한 과세에 있어 소득에 대한 조세제도의 구성요소(소득금액, 세율, 과세시기, 소득유형)를 설계하는 입장에 따라 포괄적 소득세론, 생애지출세론, 최적과세론의 3가지 이론이 있다. 이들 이론은 주로 자본소득을 과세함에 있어 이를 여타의 소득과 구분할 것인가, 구분한다면 과세방식에 어떤 차이를 둘 것인가에 대해 서로 다른 입장을 가지고 있다.

법인에 대해서는 자본소득에 대한 별도의 과세론이 형성되어 있지 않으므로 여기서는 개인의 자본소득에 대한 과세론 중심으로 논한다. 이것은 우리나라를 포함하여 대부분의 국가에서 법인은 영구적으로 존속하는 것으로 보고 개인에 있어서와 같이 생애 또는 지출의 개념을 인정할 수 없도록 법제화되어 있으며, 법인에 귀속하는 소득은 유형을 불문하고, 종국적으로 주주에게 분배되어 동일한 경제적 효익을 준다는 점에서 포괄주의 소득개념, 즉 순자산증가설의 입장에서 과세하기 때문이다.

1) 자본소득의 특수성

① 과세 대상으로 보아야 하는지

자본소득과세에 관해서는 포괄적 소득세론, 생애지출세론 및 최적과세론의 3가지 이론이 있다. 우선 포괄적 소득세론은 자본소득과 여타 소득의 이질성을 전혀 인정하지 않는다. 즉, 소득을 구분하지 않는다. 자본소득의 특수성을 인정하지 않으므로 자본소득을 다른 소득과 합산하여 과세한다. 개인의 담세력을 '연간소비기회'라고 파악한다. 이에 따라 소득금액의 계산에 있어 순 소득금액방식을 사용하며, 세액 계산에 있어 누진세율체계를 적용한다. 새로운 세제의 아이디어로서 단일세율제도나 현금흐름세도 포괄적 소득세론에 입각하고 있지만 단일세율에 의한 과세를 한다는 점에서 현행 각국이 채택하고 있는 포괄주의 소득개념이나 소득원천설에 입각한 소득세제와는 구분된다.

생애지출세론에 의하면, 개인의 담세력은 생애전체의 경제력 즉 '생애소비 기회'에 의하여 결정된다고 하는 입장이다. 이에 따라 특정 시기의 자본소득은 과거의 저축, 즉 소비기회를 포기한 것의 대가로 생기는 2차적인 것이기 때문에 비과세되어야 한다는 입장을 취한다. 자본소득 여타의 소득과 구분되며 이에 대해서는 비과세하는 것을 원칙으로 한다. 생애지출세론에 입각한 경우에도 투자를 위해서는 소비를 희생해야 하는 측면이 있기는 하나 투자에 따른 위험을 감수하고 이에 대하여 대가, 즉 위험 프리미엄(risk premium)61)을 받는 측면이 있으므로 위험 프리미엄은 과세하여야 한다는 주장이 일부 있다. 이러한 주장은 위험 프리미엄을 분리해 내는 방법을 제시한다. 자본소득은 화폐의 시간가치 부분과 위험 프리미엄 부분으로 나누어 볼 수 있다는 것이다. 현재 포기한 소비금액을 이에 상응하는 미래 소비금액으로 환산하기 위해서 현재 포기한 소비금액에 시장이자율(예, 미국재무부단기채62) 수익률)을 적용하여 복리 계산한다. 이는 화폐에

---

61) 위험 프리미엄은 전혀 신용위험이 없다고 할 수 있는 채권(예, 미국재무부단기채)의 수익률을 상회하는 수익률을 말한다.

는 시간가치가 있음을 전제로 하면서 예를 들어 미국재무부단기채 수익률로 복리 계산한 화폐의 시간가치에 대해서는 과세하지 말자는 견해이다. 이 이론에 의하면 당기 저축분이 증식되어 미래 어떤 시점에서 소비의 재원으로 활용될 경우 그때 위험 프리미엄 해당분만 과세된다.

최적과세론은 소득의 이질성을 중시하는 이론으로서 자본소득과 노동소득(earned income)63) 간의 차이를 인정하고 자본소득 내에서 각 소득 간의 차이도 인정하는 입장이다. 자본소득은 다른 소득과 구분되며 과세방식 및 세율의 적용에 있어 차등을 둔다. 최적과세론은 자본소득에 대해 과세하되 생애지출세론적인 입장에서 저율 과세하여야 한다는 입장이다. 이원적 소득세론은 최적과세론의 한 형태이다. 이에 의하면 노동소득과 자본소득 간의 차이만 인정하고 자본소득 내 각 소득 간 차이는 인정하지 않는다.

② 과세 대상의 계산은 어떻게 하는지

자본소득을 과세하는 방식은 크게 두 가지로 구분된다. 순소득 과세방식과 총수익 과세방식이 그것이다. 순소득 과세방식은 총수익에서 그에 대응하는 비용을 차감하여 순 소득금액을 계산하고 이에 세율을 적용하는 방식이다. 대개의 경우 포괄적 소득개념을 도입한 국가에서 종합과세의 방식의 일환으로 이 방법을 도입하고 있다.

총수익 과세방식은 각 금융소득 유형별로 총수익에 일정 세율을 적용하여 과세하는 방식이다. 이 경우에 단일의 세율을 적용하는 것이 대부분이며, 자본소득별로 차등을 두는 경우가 가끔 있다. 우리나라에서와 같이 소득원천설에 입각한 세제에서 분리과세방식으로 운영되는 경우가 많다.

2) 자본이득의 특수성

자본소득의 한 형태로서 자본이득(capital gains)이 있다. 통상 자본이득

은 자본자산의 처분이익으로 설명된다. 우리나라 세법상 자본자산의 개념이 사용되지 않지만 소유권의 이전으로 이득을 얻을 수 있는 모든 경제적 가치를 지니는 자산 정도의 의미를 가질 것이다. 자본자산에는 동산 및 부동산이 포함될 것이다. 무체물 내지 무체재산권도 자본자산의 범주에 들 것이다. 다양한 자산 중 본서는 주식, 채권 및 파생상품(거래상 지위)을 주된 대상으로 하여 논의를 진행하고 있으므로 그것들을 중심으로 자본이득에 대해 기술한다. 자본이득은 각국의 세제상 특별한 취급을 받아 왔다. 미국에서 자본이득은 소득과세제도가 시행된 후 한참 있다가 소득의 범주에 들게 되었으며 세율도 상이하다. 영국은 현재도 소득세법과 별도의 자본이득세법을 유지하고 있다. 이는 자본이득은 그 소득의 원천이 있는 것인지 그리고 소득원천지를 규정하고 그것을 쉽게 적용할 수 있는지에 관해 명확하게 결론을 내리기 어려운 특성 때문이다.

① 과세 대상으로 보아야 하는지

● 소득원천설적인 관점

자본자산의 처분자가 얻는 자본이득(capital gains)은 누군가에게 생산요소를 제공하여 얻는 것은 아니며 생산요소를 일정 기간 보유한 결과 얻게 되는 것이므로 소득을 생산 결과의 성취물[64]로 본다면 소득의 범주에 들기 어려운 성질을 가지고 있다. 자본이득은 과거 누군가에게 무엇을 제공한 것에 대한 대가라기보다는 자기 스스로가 무슨 자산을 보유함으로써 얻게 되는 해당 자산의 미래초과수익력을 토대로 하여 발생하는 것이다. 해당 자산에 연원한 미래 수익은 누군가에게 귀속하여 소득으로 과세될 것이기 때문에 이전 소유자의 초과수익력이라 하여 미리 과세한다면 국가로서는 동일한 원천에 이중으로 과세하는 격이 된다.

---

64) 우리는 실물경제의 순환에 대한 과세를 논하면서 분배국민소득으로서 이자, 배당 및 임금 등이 소득과세제도상 소득이 됨을 살펴보았다.

● 포괄적 소득개념의 입장

자본이득도 그것을 얻는 자의 입장에서는 경제력의 증가를 의미한다. 포괄적 소득세론의 핵심개념인 Haig‒Simons의 포괄적 소득개념[65]은 인별 및 기간별로 소득을 포괄적으로 파악하고 그에 과세하자는 것이다. 그에 따른다면 자본자산의 보유자의 경제력의 증가가 곧 소득을 의미하게 되므로 자본이득도 그에 상응하게 과세하여야 한다는 논리가 성립된다. 소득을 굳이 생산의 결과 분배물에 한정하고자 하는 것은 형식논리에 불과하다는 지적도 가능하다. 소득세의 부과대상인 소득을 개인이 사회로부터 얻게 되는 경제적 이득으로 더욱 폭넓게 정의한다면 얼마든지 대상에 포섭할 수 있을 것이다. 정부가 자본이득 과세를 통해 미래의 수익에 대해 이중으로 과세한다는 지적에 대해서는 당해 재화를 취득하는 자에게 정부가 취득원가를 공제할 수 있도록 함으로써 이중과세가 되지 않도록 배려하고 있다는 반론이 가능하다.

② 어느 나라에서 과세하여야 하는지

● 원천지의 판별 자체가 어려운 경우

거주지주의에 의하면 비거주자가 거둔 자본이득이라 하더라도 국내에 원천을 둔 것이라면 국내에서 과세하게 된다. 그리고 원천지주의에 의할 경우 거주자든 비거주자든 국내에 원천을 둔 소득만 과세하게 된다. 원천지는 과세상 매우 중요한 개념이 되는데 특히 자본이득과 관련해서는 그것의 원천지를 가리는 일이 간단하지 않다.

부동산과 같은 물건은 정착하고 있는 지역이 있기 때문에 원천지의 구분에 대해 이론의 여지가 없지만 동산의 경우 어디를 원천지로 하여야 하는가 하는 데 누구나 동의할 수 있는 자연법적인 기준이 존재한다고 보기

---

65) 미국의 조세법학자들인 Robert Haig(1921)와 Henry C. Simons(1938)는 소득을 포괄적으로 파악하여야 한다고 하면서 소득의 측정은 일정 기간의 자산의 순 증분에 동 기간 동안의 소비지출의 합계액으로 계산할 수 있다고 하였다.

어렵다. 경제적으로 주요한 과세 대상이 되는 동산에는 유체물로서 상품, 기계장치 및 유가증권과 무체물로서 무체재산권이 있다. 우선 상품의 경우 그것의 원천지를 별도로 구분할 필요는 없다. 상품의 양도로 인한 소득은 사업소득이 되며 일반적으로 과세하고자 하는 나라에 고정사업장이 없으면 상품양도로 인한 소득은 그 나라에서 과세되지 않는 원칙이 통용되고 있기 때문이다. 사업자가 사용하고 있는 기계장치는 비사업자들의 서화 골동품과 같이 일시소득을 가져오는 일반적인 동산이라고 할 수 있겠다. 한미조세조약66)과 같은 예외적인 규범을 제외하고는 일일이 조세규범에서 원천지를 구분하고 있지는 않고 있다. 한미조세조약은 유형 동산의 원천지에 대해 거래가 이루어지는 곳을 원천지로 하는 규정을 두고 있다. 유형 동산의 과세를 위해 국내세법이 원천지주의를 채택하든가 조세조약상 원천지국에 과세권을 부여하는 방식을 택하고 있다면 과세권을 가지게 된 국가가 '거래가 이루어진 곳'이 자기 관할권 안에 있음을 용이하게 파악할 수 있어야 할 것인데 그것은 가능한 일인가? 이제는 미국의 모델조세조약67)도 1970년대 체결된 한미조세조약과 같이 원천지를 구분하는 기준을 규정하고 있지 않다. 결국 각국의 국내세법에 의해 원천지가 정해지도록 되어 있다. 미국 국내세법은 동산의 자본이득은 매도자의 거주지국에 원천지를 둔다는 규정68)을 두고 있다. 우리나라의 경우 소득세법과 법인세법은 유형 동산의 자본이득의 원천지에 대해 분명한 규정을 두고 있지 않지만

---

66) 제6조 【소득의 원천】 [1979.10.20.]
    (1) 배당: 배당지급법인의 소재지
    (2) 이자: (원칙) 지급자의 소재지, (예외) 고정사업장이 부담하는 경우 고정사업장의 소재지
    (3) 사용료: 사용료 지급의 원인이 되는 재산 또는 권리의 소재지
    (4) 부동산임대소득: 부동산소재지
    (5) 유형재산(동산) 임대소득: 재산소재지
    (6) 인적 용역: 용역수행지
    (7) 무형 또는 유형의 개인재산(동산을 포함함)의 매매소득: 매각지
    (8) 고정사업장 귀속소득은 고정사업장소재지국
    (9) 기타의 경우 각 체약국의 국내세법에 의한다.
67) 미국은 자국의 조세조약 체결을 위한 협상과정에서 활용하기 위해 모델조세조약을 마련해 놓고 있다. 이는 이미 체결된 조세조약의 해석에도 가이드라인으로서의 역할을 한다.
68) 미국내국세입법 § 861(a)(6)

국내에 소재하는 자산의 양도소득이 국내원천소득이 된다는 입장으로 이해된다.[69] 자산별로 어느 곳이 자산이 소재하는 곳인지에 대한 구체적인 규정은 두지 않고 있다.

● 자산의 소재지가 분명한 경우라도 거주지국과세가 더 용이

자본이득은 거주지국에서 과세하지 않을 수 없는 측면이 있다. 예를 들면, 자산의 소재지는 A국인데 양도자 갑은 B국에 거주하고 양수자 을은 C국에 거주하는 경우 갑과 을 간의 매매를 A국의 과세당국이 인지하여 과세할 수 있는 가능성은 매우 낮다. 만약 해당 자산이 A국에 소재하는 공부상 명의이전을 기록하도록 하고 있다면 얘기는 조금 달라진다. 부동산의 경우 소유권 이전에 관한 법제가 나라마다 달리 설정되어 있지만 대개의 경우 공부상 명의이전을 소유권 이전의 필요적 요건 또는 그에 부수하는 절차적 요건으로 보고 있다. 이러한 경우라면 A국은 부동산양도차익에 대해 과세할 수 있는 고리를 갖고 있게 된다. 유가증권은 어떠한가? 기명유가증권의 경우 발행법인의 소재지국인 A국은 발행법인으로 하여금 갑으로부터 세금을 징수하도록 강제할 수도 있다. 부동산은 소유권이 공부에 공시되는 반면 기명유가증권은 발행법인의 문서에 기록되는 것에 불과하기 때문에 양도차익과세를 강제할 수 있는 정도가 약하게 되어 단순히 증권거래세와 같은 간접세를 부과하기도 한다. 무기명유가증권이나 일반적인 동산의 경우에는 어떠한가? 동산의 이전은 점유의 이전으로 그 효력이 발생하게 되는데 타인으로 하여금 점유하게 하고 소유권을 이전하는 방법도 있으므로 자산의 소재지인 A국의 과세당국이 자산의 이전사실을 알 수 있는 가능성은 매우 떨어지게 된다. 이러한 사정 때문에 국가 간 조세조약에서는 동산의 양도차익은 거주지국에서 과세하도록 하고 있다. 한편 국내세법상으로는 원천지국가로서 과세하는 제도가 나라마다 다르게 설정되어 있다. 예를 들어, 우리나라처럼 비거주자에 대해서는 동산의 소재지국가에

---

69) 소득세법 제119조 제13호 차목.

서 과세하도록 하는 나라가 있는가 하면 미국처럼 비거주자에 대해 양도자의 거주지국가에서 과세하도록 하는 나라도 있다. 거주지국가로서 과세할 때에도 제도가 나라마다 달리 설정되어 있다. 우리나라처럼 국외에서 양도되면 바로 과세하도록 하는 나라가 있는가 하면 영국처럼 그 나라로 송금하여 들어올 때에 과세하도록 하는 나라도 있다.

③ 원자재시장의 경우

오늘날 국제원자재시장에는 원자재를 사고파는 일을 업으로 하는 유통업자 이외에 투기적인 자본이 참여하고 있다. 투기적 자본은 헤지펀드*의 형태로 많이 참여하게 되며70), 단순히 원자재를 현물 또는 선물로 사고파는 과정에서 자본이득만을 챙기게 된다. 이들이 얻는 자본이득의 원천지는 어디인가 하는 문제를 살펴보자. 원유를 예로 들면, 뉴욕상품거래소(NYMEX), 런던의 국제석유거래소(IPE) 및 두바이상품거래소(DME)에서 거래되고 있다.

헤지펀드가 미국 뉴욕상품거래소에서 원유를 사고팔아 이득을 본 경우 해당 소득의 원천지는 어디인가? 이론적으로 보면 미국과 조세조약을 체결하고 있지 않은 국가의 펀드라면—미국 국내세법상 동산의 자본이득은 매도자의 거주지국에 원천지를 둔다는 규정에 따라—그 펀드의 소재지국가에서 과세될 것이다. 원천지에 관한 규정이 거주지를 원천지로 본다는 규정을 둔 셈이다. 조세조약을 체결한 국가의 펀드라면 조세조약에 따라—대부분의 경우 거주지국가에 과세권을 배분하고 있으므로—그 펀드의 소재지국가에서 과세될 것이다. 따라서 원유의 거래 자본이득은 산유지국, 거래지국 및 소비지국 어디에서도 과세당하지 않고 오로지 거주지국에서만 과세되므로 만약 헤지펀드가 무세국(無稅國)에 소재하게 된다면 지구상

---

70) 원자재 가격의 상승을 기대하는 투자세력에는 비단 해외의 헤지펀드만 있는 것은 아니다. 우리나라의 경우에도 국내에서 설정된 펀드의 상당수가 해외자원펀드에 투자하고 있다. 글로벌 자본시장의 구조를 보면 대규모화된 자본이 원자재투자에 따른 자본이득을 노리고 조성되도록 구조화되어 있다. 어느 나라의 자본이건 그러한 투자에 나서는 상황에서 원자재시장은 투기적 투자에 의해 시장이 불안정해지고 실물경제의 안정적 운영이 방해받게 된다.

어디에서도 과세되지 않고 투기적 이득을 올릴 수 있게 된다. 이러한 구조 하에서 조세부담 없이 이득을 올리게 되는 헤지펀드는 더욱 기승을 부리게 된다. 이론적으로 투기적 소득에 대해 100%의 세율로 과세될 경우에는 헤지펀드의 원유시장 개입은 없어지게 될 것이지만 현실 세계에서 그와 같은 제도의 도입 가능성은 거의 없다고 보아야 할 것이다.

투기적 펀드에 대한 과세는 오히려 자본의 원래 거주지국 쪽에서 조세피난처에 소재하는 자본에 대한 규제장치—예를 들면 조세피난처세제—를 도입함으로써 규제하게 된다. 그러나 그것을 통한 규제에는 한계가 있으며 현실적으로 투기적 자본의 시장교란 그리고 시장 폭등에 의한 경제 불안을 제어하는 효과를 기대할 수는 없다.

2. 조세부담구조

(1) 우리나라[71]

> 그간 우리나라에서 노동소득은 높은 명목세율에도 불구하고 상대적으로 적은 세부담을 하여 왔다. 자본소득중 이자와 배당에 대한 단일세율에 의한 과세는 효율의 가치에 부합하는 것이면서도 적지 않은 정도의 실질적인 세부담을 부과하여 왔다는 점에서 경제성장에 상당히 기여했다. 자본소득 중 자본이득은 높은 명목세율에도 불구하고 실질적인 세부담 측면에서는 상대적으로 매우 관대하게 과세되어 왔다. 상장유가증권양도차익에 대한 과세가 배제되어 온 것과 부의 무상이전과세에 있어 장부가액상향조정(stepped up basis)*제도가 세법의 그러한 태도를 설명하고 있다.

앞에서 자본에 대한 과세는 노동을 통해 벌어들인 소득에 대한 중첩적

---

71) 이 부분은 필자가 오윤 · 박훈 · 최원석, "금융 · 자본소득세제 중장기개편방안", 세무와회계저널, 2006 에서 발표한 부분을 수정 보완한 것이다. 본서에서는 2008년 현재 국민소득자료로 보완하는 작업은 진행하지 않는다. 통계청은 2007년 말 1997년 이후 2006년까지 매년 국부의 변화에 대한 통계를 공표하였으며 향후 매년 경신하기로 하였다고 한다. 본서에서는 통계청이 발표한 1997년 이후 2005년 까지 토지, 주택 및 상업용 건물가액을 수정하여 분석을 다시 하였다.

인 과세이므로 과세하지 않아야 한다는 생애지출세론 그리고 낮은 수준의 단일 세율로 과세하는 것이 타당하다는 이원적 소득세론을 소개하였다. 이러한 주장은 누구나 동일한 여건 하에서 공정하게 부를 축적해온 국가—즉, 청부(淸富)의 개념이 자리 잡고 있는 국가72)—에서는 더욱 설득력을 가질 것이다. 실제 어느 시대 어느 국가에서 누구나 만족할 만한 공정한 기준에 의해서 부와 소득이 분배되었을까? 결국 상대적인 인식의 차이에 불과하지만 우리나라를 둘러보면 이 점에서 노동소득에 대한 과세와 비교해 자본소득에 대한 과세를 완화해 주기 어려운 여건에 있다고 볼 수밖에 없을 것 같다. 우리나라에서 자본 축적은 매우 짧은 시간에 급속한 속도로 이루어져 왔다. 이 과정에서 정부는 자본소득이나 자본의 이전에 대해 적지 않은 혜택을 주어 왔다. 주로 정책적인 고려 때문에 제도적으로 주어진 혜택인 것이다. 과세기술이 발달하지 않아 포착률이 높지 않았던 측면도 있다. 더불어 사회의 견제기능이 효과적이지 못하였다. 자본에 대한 세금이 거의 없이 증식하는 시절이 적지 않게 흘러 왔다. 이러한 여건하에서 과연 자본에 대해서만 낮은 명목 세율을 적용한다고 하면 사회적 공감을 얻을 수 있을까? 제도를 개혁함에 있어서 과거를 완전히 묻어 버리고 미래만 볼 수는 없지만 미래지향적인 제도개혁의 필요성도 절실하다 할 것이다. 이를 위해서는 우리의 현실에 대한 객관적 진단에 입각한 전략적 판단이 필요하다. 이는 우리 세제상 자본과 노동에 대해 세부담이 과연 어떻게 배분되고 있는지에 대한 객관적 분석에서 출발하여야 한다.

1) 소득과세73)

① 과세 대상의 구조

소득과세는 국민이 창출한 부가가치와 부의 순 증가분74)에 대해 이루어

---

72) 세상에 그런 나라가 있는가 하는 데 대한 논쟁을 유발하고자 하는 것은 아니며 어디까지나 상대적인 관점에서의 기술이다.

73) 이하 제시하는 표에서 추세분석의 대상기간을 97년 이후로 설정한 것은 우선 통계적으로 일관성 있는 자료입수가 가능한 기간이 한정되어 있기 때문이고, 97년에 우리 경제가 급격한 변화를 겪게 되어 그

진다.[75] 한국은행의 국민소득 집계에 잡히지 않는 지하경제 규모가 대체로 국민소득의 10% 내지 30% 수준[76]으로 추산된다. 하지만 국민소득을 구성하는 각 부분에 대한 소득과세가 어떻게 이루어지고 있는지에 대해 검토해 보는 것은 우리의 소득과세 현황을 진단하는 데 있어 의미 있는 일이다. 본 항에서는 이와 더불어 부의 변동추이를 파악하고 그의 순 증분에 대한 과세가 어떻게 이루어지고 있는지에 대해서도 분석한다. 그리고 이를 국민소득에 대한 과세와 비교한다.

- 국민소득의 추이[77]

(생산국민소득) = (분배국민소득)의 등식에서 우변에 해당하는 국민순가처분소득은 피용자보수, 영업잉여, 간접세 및 보조금 등으로 구성되는데, 그중 피용자보수와 영업잉여가 주된 구성요소가 된다. 순가처분소득에는 기본적으로 자본이득은 포함되지 않는다. 피용자보수는 근로에 따른 소득, 영업잉여는 생산 즉 부가가치를 창출하는 과정에서 발생하는 잉여로서 기업이 지불하는 비용 중 피용자보수를 제외한 이자, 임대료 등과 잔여이윤인 배당을 포함하는 개념이다. 아래 표에서는 국민소득계정상 영업잉여에서 과세 대상이 되는 민간부문만의 영업잉여를 분리하여 표기하였다. 우리나라의 경상국민순가처분소득은 1997년 423조 원에서 2004년에는 672조 원으로 59%가량 증가하였다. 과세 대상이라 할 수 있는 피용자보수와 영업잉여(민간보수)의 합계치도 59%가량 증가하였다.

이전과 이후는 이질적인 측면이 있기 때문이다. 이러한 점을 감안할 때 1997년 이전과 이후를 비교하는 것도 의미가 있는 일이겠지만, 세제가 그간 경제변화에 중립적이었는지를 파악하는 데 있어서는 가급적 이상치를 제거하고 분석하는 것이 바람직한 측면도 있을 것이다.

74) 부의 순 증가분이 부가가치로도 인식될 수는 있다.

75) 이하 분석에서는 국내총생산(GDP)을 대상으로 분석한다. 즉 국내 생산한 부가가치와 그것의 분배를 대상으로 한다. 국민총소득(GNI)을 대상으로 하지 않음에 따라 국외 순 수취요소소득의 부분은 제외된다. 2005년의 경우 국내총생산은 806.6조 원이었는데 국외 순 수취요소소득은 −0.7조 원 수준에 불과하였다.

76) 현금수요함수접근법에 의한 추산이다〈배민근, "우리나라 지하경제 줄고 있다", LG주간경제, 2005.12.28〉. 전태영과 변용환(2005)의 연구에 따르면 약 28.5%로 추산된다. 최근 유일호 교수의 「탈세와 세무행정」2006, 한국조세연구원에 의하면 1996년에 약 12%로 추산된 바 있다.

77) 이하 통계는 한국은행의 국민소득통계에 따른다.

〈분배국민소득 추이(조 원)〉

	1997(A)	2004(B)	(B − A)/A	97~04
피용자보수	226.6	342.1	51%	2,146.4
영업잉여(민간부문)	131.6	228.4	74%	1,383.9
기타	64.9	102.1	57%	659.2
순가처분소득	423.1	672.6	59%	4,189.5

● 부의 증가

통계청은 매년 국부통계를 발표한다. 국부통계는 유형 자산을 중심으로 작성하고 있어 국부의 완전한 모습을 보여 주는 데에는 한계가 있다. 과세 대상으로서의 자산은 토지, 주택, 상업용 건물, 주식(상장, KOSDAQ), 금융저축 등이 고려 대상이 될 것이다. 각 자산군별로 우리나라에 소재하는 자산의 가치를 정확히 파악하는 것은 매우 어려운 일이기는 하지만, 실제 가치에 근접할 것으로 추정되는 대용변수를 활용하여 총가치의 변화 추세를 파악하는 것은 의미 있는 일이다. 이러한 관점에서 파악한 위 6개 부문의 총자산가치는 1997년 말 2,600조 원에서 2005년 말에는 5,201조 원으로 2배 증가한 것으로 추산된다.

〈국부 추이(조 원)〉

	대용변수	자료출처	1997(A)	2004	2005(B)	(B − A)/A
토지	−	통계청	1,463	2,334	27,53	88.1%
주택	−	통계청	332	595	636	91.5%
상업용 건물	−	통계청	315	551	588	86.6%
상장주식	재정금융통계 수치	재경부	70	412	655	835.7%
KOSDAQ	(상동)	(상동)	7	31	70	900%
금융저축	(상동)	(상동)	798	1,640	1,609	101.6%
계			2,600	4,559	5,201	100%

② 대상별 소득과세 현황

● 피용자보수

피용자보수로서 지급받는 것으로 과세당국에 신고한 금액과 국민소득계정상 피용자보수를 비교하면 1997년 69% 신고되던 것이 2004년에는 78% 신고되고 있다. 이는 근로소득자들의 세원노출률[78])이 많이 향상되고 있으며, 제도적으로도 사용자로부터 지급받는 급부 중 과세에서 제외되는 것의 비중이 줄어들고 있음을 의미한다.

한편 피용자보수는 거의 대부분 원천징수를 통해 과세되므로 국민소득계정상 피용자보수를 원천징수세액과 비교하면 근로를 원천으로 하는 소득이 어느 정도 과세되고 있는지를 알 수 있게 된다. 피용자보수 중 소득세로 지출되는 금액의 비중은 1997년 2.5%에서 2004년에는 3.1%[79])로 소폭 증가하였다. 전체 근로소득자들의 실효세율은 매우 낮은 수준임을 알 수 있다. 이는 기본적으로 연간 소득금액이 일반적인 공제액 수준인 15백만 원에 미치지 못하는 저임금노동자들이 많은 현실을 반영한 것이기도 하다.

〈피용자보수 과세 현황(조 원)〉

	1997(A)	2004(B)	(B-A)/A	97~04
갑근원천징수	5.5	10.29	87.1%	57.49
갑근지급신고액	148.0	249.00	68.2%	1,471.00
퇴직원천징수	0.15	0.34	126.6%	2.29
퇴직지급신고액	8.57	16.33	90.5%	128.38
피용자보수과세노출률	69%	78%		75%
피용자보수실효세율	2.5%	3.1%		2.8%

---

78) 필자가 임의로 설정한 개념으로 국민소득통계로 잡히는 소득에서 세법에 의하여 과세소득으로 분류되고 실제 신고된 지급액(근로수입금액)의 비중을 의미한다.
79) 이러한 수치는 2006년 조세연구원의 김현숙 연구위원이 발표한 바와 근사한 것이다. 김 연구위원은 근로자 가구의 추정소득 대비 실효세율은 3.673% 수준으로 나타난 것으로 보고하고 있다(2006.2. 경제학공동학술대회). 정부가 발표한 근로소득의 실효세율은 12% 수준인데, 이는 (부담세액)/(신고소득)의 기준으로 산정한 수치이다.

• 영업잉여

영업잉여는 개인형태의 사업이든 법인형태의 사업이든 해당 사업체에서 창출한 부가가치에서 피용자보수를 차감한 것을 의미한다. 따라서 영업잉여는 개인의 종합소득세신고나 법인의 법인세신고에서 결정소득금액보다는 더 큰 개념이다. 국민소득계정상 영업잉여가 개인사업자와 법인사업체의 소득으로 얼마나 반영되고 있는지를 알기 위해서는 다소 조정이 필요하다. 영업잉여는 비용으로 지출될 금액이 포함되어 있는 수치이지만 인건비는 차감한 후의 개념이다. 따라서 신고서상 결정소득금액에 인건비를 제외한 영업비용 및 영업 외 비용을 가산하여 영업잉여와 비교해야 한다. 그런데 비용들 중 다른 사업체에 지급된 것들은 전체 영업잉여 계산에 포함되므로 비사업개인에게 지급하는 비용만 가산해야 한다. 이것으로는 비사업개인에게 지급하는 이자가 거의 대부분이므로 이를 전체 결정소득금액에 가산한다. 영업잉여는 자본이득을 포함하지 않는 개념이다. 그런데 법인실현자본이득이 법인소득금액에 포함되어 있으므로 이를 법인결정소득금액에서 차감하여 비교한다. 그리고 이와 같이 조정된 법인결정소득금액에 대응하는 세액의 징수실적을 영업잉여와 비교하는 방법으로 영업잉여과세 현황에 대해 추산한다.

〈영업잉여 과세 현황(조 원)〉

	1997(A)	2004(B)	(B − A)/A	97∼04
종합소득세징수액	5.0	8.3	65.6%	44.7
종합소득세결정금액	26.3	48.4	84.0%	276.8
법인세징수액	9.4	24.7	161.8%	133.9
법인소득결정금액	33.3	124.4	273.4%	611.5
영업잉여과세노출률	64%	72%		74%
영업잉여실효세율	12.8%	14.3%		23.2%
개인사업실효세율	12.2%	12.4%		11.9%
법인사업실효세율	24.4%	21.3%		23.2%

영업잉여의 과세노출률[80]은 1997년의 64%에서 2004년에는 72%로 향상

되었다. 8년 평균 74%로 피용자보수의 75%와 거의 같다. 이 수치만을 보면 근로소득자나 사업자나 자신에게 귀속하는 소득을 결과적으로 거의 같은 수준으로 과세에 노출시키게 된다고 이해할 수도 있을 것이다. 그러나 경제의 실상을 이해하기 위해서는 지하경제의 존재를 고려해야 할 것이다. 우리의 지하경제의 규모를 어림잡아 국민소득의 20% 수준이 된다고 한다. 이는 대부분 영업잉여로 집계되어야 할 것이라는 점을 감안한다면 실제 영업잉여의 과세노출률은 50% 전후[81]로 낮아질 것이다.

한편 실효세율 측면에서는 개인사업은 11.9%,[82] 법인사업은 배당소득세액까지 가산할 경우 23.2%가 되어 근로소득에 비해 매우 높은 수준에 이르고 있음을 알 수 있다. 개인사업자의 경우에도 2004년 과세미달자의 비율이 47.5%로 추산되는 점을 감안하면, 실제 세금을 납부하는 사업자만의 부담수준은 11.9%보다는 어느 정도 높을 것이다.

- 자본이득[83]

자산의 가치순증분은 국민소득통계에 반영되지 않지만 Haig – Simons의 개념에 의할 때[84] 소득으로서의 성격을 가지고 있으므로 그에 대한 과세가 어떻게 이루어지고 있는가를 알아보는 것은 우리 세제를 이해하는 데 있어 매우 중요하다. 이를 위해서는 가치순증분과 그에 대응하는 조세를 정확히 규정하는 것이 필요하다. 이러한 작업에는 자산의 귀속주체는 개인(사업자, 비사업자), 법인 및 정부비영리부문으로 다양하다는 것, 가치순증분에는 미실현되어 원천적으로 과세 대상으로 노출되지 않는 것이 있다는 점 등을 고려할 필요가 있다. 본 항에서는 정부비영리부문의 귀속분은 97

---

80) 과세노출률은 국민소득으로 집계된 것 중 세법상 과세소득으로 분류되고 실제 신고된 소득금액을 말한다.
81) 이러한 수치는 역시 조세연구원의 김현숙 연구위원이 발표한 바와 근사한 것이다. 김 연구위원은 자영업자가 국세청에 신고하는 소득은 추정소득의 54.2%에 불과한 것으로 보고하고 있다. 또한 최근 국세청이 자영업자에 대한 표본조사의 결과 소득탈루율이 57% 수준으로 나타난 것으로 발표한 것과도 비교할 수 있다.
82) 정부는 (부담세액)/(신고소득)을 기준으로 16% 정도로 추산하지만, 여기서는 '신고소득' 대신 '(신고소득)/(과세노출률)'을 대입하여 추산한 수치이다.
83) 아래 자본이득과 조세에 대한 논의는 2004년 귀속분까지로 한정한다.
84) 우리 세제를 당장 Haig – Smons식의 개념으로 구성하여야 한다는 취지는 아니다.

년 국부통계[85]에서의 비율을 적용하여 차감해 내는 방법을 사용하였다. 그리고 법인귀속자본이득[86]을 차감하고 최종적으로 개인에게 귀착될 자본이득을 개인의 양도소득세 과세실적과 비교한다. 자산의 종류에 따라 실현에 소요되는 기간이 다양하다. 주식은 1년에도 몇 번 회전되는 반면, 주택과 같은 경우에는 평균보유기간이 10여 년 정도 된다. 미실현 이득까지 포함한 전체적인 자본이득을 대상으로 하여 논의를 진행한다. 미실현 이득을 포함하는 것에 따른 논리적 흠결은 자본이득 누적액과 누적과세액을 비교함으로써 어느 정도 해소될 것이다.[87] 마지막으로 전체 자산가치의 증가분 중 국민소득에서 저축으로 처분된 금액은 차감하였다.

〈자본이득에 대한 과세 현황(조 원)〉

	1998	2004	98~04
조정 후 순 자본이득	-131.0	330.0	1,043.0
양도소득세부과세액	2.4	4.4	20.4
추정부담세율[88]	15%	15%	15%
신고이득	16.0	29.3	136.0
노출실현율			13%
실효세율			2%

종국적으로 개인의 자본이득으로 과세되어야 할 자본이득(위 표에서 '조정 후 순 자본이득') 중 약 13% 정도만 실현되고 과세된 것으로 파악된다. 적지 않은 자산이 아직 실현되지 않고 있을 것이지만 전술한 바와 같이 최근 총가치가 크게 증가하고 있는 주식은 실현율이 매우 높을 것임을

---

85) 국부통계는 유형 자산을 대상으로 한 것이기 때문에 유가증권이나 금융자산에 이를 확대하여 적용하는 것은 무리가 있지만 다른 자료를 찾기 곤란하여 동 자료를 이용하였다.
86) 법인세로 과세될 것이기 때문에 차감하는 것이 타당하다.
87) 언젠가는 실현될 것으로 볼 수 있을 것이기 때문이다. 그러나 실현이 세대를 거쳐 미루어지거나 아예 영구히 과세에서 배제되는 경우도 적지 않을 것으로 판단된다. 상속세의 경우 stepped up basis의 문제가 그것이다.
88) 90년대 곽태원 등의 자료에 의한 수치이며 부동산의 양도소득에 대한 것이므로 현재도 전체적인 양도차익에 대한 실효세율로 확대하여 보는 것이 유의한지에 대해서는 재검토가 필요하다. 다만, 실제 실효세율이 15%와 다소 차이가 있다 하더라도 노출실현율이 매우 낮다는 사실을 바꾸지는 못할 것이다.

고려한다면 과세되지 않는 부분이 매우 많음을 알 수 있다. 자본이득 중 실현되지 않거나 과세되지 않고 있는 부분 중 상당 부분이 부의 무상이전으로 영구히 과세되지 않는다. 요컨대 자본이득은 피용자보수나 영업잉여에 비해 과세노출률이 너무 낮다고 판단된다.

과세노출률이 낮아 실효세율도 높을 수 없으며 이는 약 2%에 그친다. 이는 근로소득 수준과 비슷한 것인데, 근로소득의 실효세율이 낮은 것은 저임금근로자가 많기 때문인 데에 반하여 자본이득은 과세노출률이 낮은 데 기인하는 것으로 보인다. 1세대1주택비과세, 소액주주상장주식 양도차익비과세와 같이 비과세되는 것이 많고, 부의 무상이전에 대해 소득과세가 없는 것이 주된 이유라고 보인다.

2) 자본소득과세

자본소득을 창출하는 자산으로부터 기대할 수 있는 소득은 이자, 배당 및 자본이득이다. 필자는 본서에서 부동산은 자본자산의 범주에서 제외한다고 밝혔다. 이자와 배당은 국민소득 중 영업잉여의 일부분으로 산입된다. 우선 이자와 배당에 있어서는 사업체에 최종 귀속하는 것은 종소신고나 법인세신고 시 결정소득금액에 포함될 것이며, 개인에게 최종 귀속하는 것은 거의 대부분 원천징수지급액에 산입된다. 이자와 배당지급액 중 종합소득으로 합산되어 신고되는 비율은 2004년의 경우 22.4%에 이르는 것으로 나타났다. 한편 배당은 법인단계에서 법인세가 이미 과세되고 남은 것 중 일부이므로 경제적 이중과세 문제가 있는데, 이러한 점은 앞의 분석에서 법인사업실효세율이 개인사업에 비해 상대적으로 높게 나타나도록 하는 이유 중의 하나이다. 자본이득은 주식 및 채권과 같은 증서화된 금융자산의 처분이익이 주를 이룬다. 계약에 의한 지위로서 파생거래 지위(position)의 청산에 따른 손익도 자본손익이라 할 것이다.

먼저 아래 표에서는 개인의 이자와 배당에 대한 원천징수 및 종합소득세신고 현황을 살펴본다.

〈이자 배당 원천징수 현황(조 원)〉

	1997(A)	2004(B)	97~04
이자원천징수	3.52	1.60	27.58
지급신고액	30.93	15.67	244.11
실효세율	11.4%	10.2%	11.3%
배당원천징수	0.23	0.62	3.85
지급신고액	1.71	6.69	33.76
실효세율	13.7%	9.3%	11.4%
종합소득세신고금융소득	5.58	4.95	
종합소득세신고추가납부세액	0.45	0.42	
전체개인금융소득실효세율	12.9%	11.8%	11.9%

　이자와 배당은 일부 사금융의 경우를 제외하고는 과세노출률이 높을 것 같지만 비과세 및 감면으로 실제 그렇게 높지는 않은 것으로 보인다. 그간 원천징수세율이 14% 내지 15%였음에도 불구하고 원천징수실효세율이 11%를 약간 상회하는 것으로 나타난다는 것은 비과세나 감면되는 부분이 많다는 것을 의미한다. 결과적으로 과세노출률은 75% 내지 80% 수준에 그치는 것으로 추산된다. 이는 피용자보수의 과세노출률과 비슷한 수준이다.

　한편 종합소득세[89]신고를 감안한 실효세율은 12% 수준이다. 이는 근로소득이나 사업소득과 비교할 경우 중간 정도 되는 수준이라 할 수 있다. 개인의 사업소득 실효세율과는 거의 일치하는 수준이다. 이론적으로 모든 이자와 배당소득을 합산하도록 한다면 근로소득자가 얻는 이자와 배당소득은 실효세율인 3%(피용자 보수의 실효세율은 2.8%) 수준으로 과세되기 시작할 것이며, 개인사업소득자가 얻는 것은 12%(개인사업의 실효세율은 11.9%)의 수준으로 과세되기 시작할 것이다. 물론 비교과세제도*를 적용하지 않는 경우를 상정한 것이다.

　다음 유가증권양도차익에 대한 과세를 검토하여 보면 아래 표와 같다. 거래소상장주식 및 KOSDAQ상장주식의 98년부터 2004년까지 7년의 기간

---

89) 위 표에서 합산 과세되는 이자 및 배당에 대해서는 종합소득세실효세율(정부가 발표한 바 있음)이 적용될 것으로 보았다.

동안 순 가치증가액은 각각 342조 원 및 24조 원이다. 그리고 2005년 한 해만 약 282조 원의 가치증가가 있었다.

<주식 자본이득 추이(조 원)>

	1997	1998	2004	2005	98~04
상장주식	70	137	412	655	
KOSDAQ	7	7.8	31	70	
상장주식(증가)		67	57	243	342
KOSDAQ(증가)		0.8	−6	39	24

국세청이 공개하는 자료에는 개인의 양도소득세 중 주식양도차익에 대한 것을 구분하지 않고 있다. 따라서 위 순 자산가치의 증가액 중 얼마나 과세되고 있는지 국세청 자료만으로는 파악할 수 없다. 다만 주식양도차익에 대해 비과세되는 개인 소액주주가 가지고 있는 비중은 약 13%[90) 내외로 추산되고 있다. 주식뿐 아니라 채권시장도 매우 빠른 속도로 성장하고 있다. 97년 180조 원이던 채권잔고가 2004년 말에는 524조 원 수준으로 증가하였다. 이에 따라 개인의 채권양도차익도 적지 않은 규모로 발생하고 있을 것으로 추정되지만 이 역시 과세 대상에서 제외되고 있다.

유가증권자본이득 중 소액주주 귀속 주식양도차익, 개인 귀속채권양도차익은 전체 자본이득 중 그리 많지 않을 것이다. 외국인의 경우 대부분 조세조약이 적용되므로 지분비율이 높지 않은 이상 우리나라에 과세권이 없을 것이다. 개인 대주주의 소유비율을 정확하게 파악할 수는 없지만, 개인 대주주와 소액주주에 귀속하는 유가증권의 과세노출률은 매우 낮은 수준임은 분명하다. 이는 전체적으로 금융자산소득의 과세노출률을 낮추는 역할을 하고 있다.

---

90) 2005년 3월 한국증권선물거래소가 조사한 '2004 주식분포상황조사'에 의하면, 시가총액 기준으로 개인이 20.8% 보유하고 있다(외국인 40.1%, 일반법인 18.0%, 기관투자자 17.0%, 정부 4.2%). 개인의 보유분포를 보면 주식 수 기준으로 소액주주가 66%를 차지하고 있다. 이를 그대로 적용하면 소액주주는 전체의 13.79%를 가진 것으로 추산된다. 하지만 대주주가 가진 주식의 시가가 높을 것으로 판단되며, 이를 감안할 경우 소액주주의 보유비중은 13.79% 이하일 것으로 추산된다. 여기서는 13% 수준으로 보기로 한다.

다음 파생상품시장을 보면 최근 수년간 그 규모가 엄청난 속도로 커 가고 있다. 예를 들어, 파생상품거래 중 대표적인 거래 중의 하나인 KOSPI 선물거래 중 개인거래는 97년 70조 원에서 2004년에는 2,884조 원으로 급성장하였다.[91] 개인의 파생상품거래는 과세되지 않고 있다. 비단 복합적인 파생거래가 아니라 하더라도 파생거래에 있어서는 일정 자금을 대여하고 이에 대한 대가를 받는 요소가 개입되어 있는 경우가 많은데 이에 대해 과세가 전혀 이루어지지 않고 있다.

(2) 주요국

> 주요 국가의 조세부담 구조의 추이를 보면 법인세율이 인하되고 부가가치세에 대한 의존율이 높아지고 있음을 알 수 있다. 법인세와 소득세에서 형평보다는 효율을 강조하는 방향으로 세제개혁이 진행 중에 있는 것이다. 국제적으로는 과세관할권을 재조정하고자 하는 움직임이 보이고 있지만 그 진전속도는 느리다. 유해조세경쟁을 규제하기 위한 공동의 노력이 어느 정도 결실을 맺고 있으나 조세피난처의 폐해는 여전하다.

각국의 국제자본과세 현황을 비교하여 보는 것은 우리나라에 바람직한 자본과세제도를 정립하는 데 매우 도움이 될 것이다. 이에 유용한 자료를 제공하고 있는 것은 국제통화기금의 자료이다. 국제통화기금이 2007년 12월 발간한 자료에 의하면 주요국의 조세제도에 다음과 같은 동향이 관측된다.[92] 먼저 제도적 변화에 대해 언급한 것을 보면 다음과 같으며 그것을 요약한다면 형평에서 효율로의 중심이동으로 말할 수 있을 것이다.

- 법인세율이 지속적으로 인하되면서 부가가치세에 대한 의존비율이 높아지고 있다.

---

91) 개인의 파생상품거래가 과열현상을 나타내고 있으며, 특히 옵션거래로 인한 손실이 매우 크다는 점은 금감원 등 관계기관에 의해 자주 언급되고 있다. 그러한 손실은 고스란히 시장의 다른 참여자의 이득으로 돌아가고 있다. 즉 일반법인, 금융사 및 외국인이 그러한 이득의 주체이다.

92) John Norregaard and Tehmina S. Khan, Tax Policy: Recent Trends and Coming Challenges(IMF Working Paper, WP/07/274), International Monetary Fund, December 2007, pp.15－31.

● 근본적인 세제개혁의 시도가 법인세와 소득세에서 시도되고 있다. 법인세에 있어서는 경제적 이중과세를 완화하기 위한 제도가 새롭게 시도되고 있다. 특히 에스토니아는 법인세를 폐지하였다. 소득세 분야에서는 이원적 소득세제 및 단일세율제도가 시도되고 있다.

● EU 차원에서 각국의 법인과세제도를 통합하기 위해 EU기업공동연결납세법인세과세표준(Common Consolidated Corporate tax Base, CCCTB)의 도입이 논의 중이다.[93] 현재 국외특수관계기업에 지급하는 법인 간 배당, 이자 및 사용료에 대해서는 원천지국이 과세하지 않는 제도가 시행되고 있다.

다음 납세자의 행태에 대한 분석 중 주요한 점으로는 기업의 투자에 대한 결정에 있어 조세가 영향을 미치지만 그것의 영향은 결정적이지 않다는 것을 다시 한번 확인해주고 있다. 조세효과를 감안하는 데에는 명목법인세율뿐 아니라 과세범주(과세 대상 소득 및 조세감면 등)도 중요할 것이다.

[참고] 외국의 금융소득과세제도 동향

다음은 미국, 일본, 프랑스, 영국, 독일 및 북구 3국(스웨덴, 노르웨이, 핀란드)의 개인에 대한 금융소득과세제도를 간략히 소개한다.

1) 미국

이자소득과 배당소득은 모두 종합 과세한다. 국세청은 납세자번호

---

93) 2007.5.2.(수), EU 집행위원회는 2008년 입안을 목표로 추진 중인 '공동연결납세법인세과세표준 (Common Consolidated Corporate Tax Base, CCCTB)'에 관한 보고서를 발표하였다. 여러 회원국에서 영업활동을 하는 다국적 기업들은 회원국 간의 서로 다른 기업 세제로 인하여 많은 어려움을 겪고 있으므로 EU 집행위는 기업들이 어떤 회원국에서 영업활동을 하더라도 과세표준을 계산하는 데 있어서 동일한 방법을 사용할 수 있도록 하는 CCCTB의 2008년 입안을 목표로 추진하고 있다. CCCTB는 여러 회원국에서 영업활동을 하는 데서 발생하는 이전가격(transfer price), 손실 상쇄(loss offsetting), 구조조정, 이중과세 등과 관련된 어려움을 해소하고, 기업들의 납세 관련 행정비용을 절감하는 데 크게 기여할 것으로 기대된다. CCCTB가 도입되더라도 회원국들은 자율적으로 세율을 결정하기 때문에 조세주권은 지속적으로 보유하게 된다. EU 집행위가 발표한 금번 보고서는 2006년 4월, 2006년 12월에 이은 세 번째 보고서로서 그동안의 진전사항을 정리하고, 향후 작업은 다음 사항을 명확히 하는 데 중점을 두어야 한다고 강조하고 있다.
 -CCCTB 도입 시에 포함되어야 하는 금융 부문의 범위 정도
 -회원국 간 협조, 새로운 행정시스템의 도입 등 CCCTB 시행을 위한 행정적인 틀 마련 등

(taxpayer identifying number)를 이용, 이자소득과 배당소득에 관한 과세자료를 수집한다. 이자를 지급하는 모든 사업자는 국세청에 정보신고서(information return)를 제출하도록 되어 있다. 거주자의 이자소득과 배당소득에 대한 원천징수는 원칙적으로 없다. 다만, 금융기관에 납세자번호를 신고하지 않은 개인의 경우에는 30%의 보완원천세(back - up withholding tax)를 징수한다. 보완원천세는 사실상 완납적 분리과세로 운영되지만, 금융기관은 납세자번호를 신고하지 않은 고객을 취급하지 않는 등 납세자번호의 국세청 통보가 관례화되어 있다. 비거주자의 이자소득은 상당 부분 면세하고 있으나 과세 대상인 이자소득과 배당소득에 대해서는 30%의 세율로 원천 징수하고 있다. 개인의 배당소득에 대한 이중과세조정제도가 없다.

자본이득도 다른 유형의 소득과 같이 종합 과세되나 적용세율은 소득세 기본세율보다 같거나 낮은 수준에서 다양하게 설정되어 있다. 개인소득에 있어 포괄주의 과세제도를 채택하고 있는 파생상품거래에서 발생한 손익은 자본이득으로 간주하여 과세한다. 선물, 옵션 등의 손익은 60%를 장기손익으로 40%를 단기손익으로 처리한다. 단기손익은 일반소득과 합산하여 일반적인 소득세율을 적용하지만 장기손익은 낮은 비례세율을 적용한다.

2) 일본

일본은 2003년 금융소득과세제도가 크게 변경되었다. 아래 2003년 이전 제도와 이후의 제도를 소개한다.

① 2003년 이전

일본의 금융자산소득에 대한 과세원리는 금융소득종류별로 종합과세 또는 분리과세 등으로 다기화되어 있었다. 과세방법에 있어서도 원천징수 또는 신고과세로 일관성이 없다. 이러한 점은 같은 종류의 금융소득 안에서도 차이가 있다. 우선, 이자소득은 20%의 원천분리 과세된다. 무이표채권(zero coupon bond)[94]은 종합과세 대상이다. 배당은 완납적 분리과세 선택

대상과 종합과세 대상으로 분류된다. 종합과세 대상은 1종목 1회 배당액 기준 25만 엔 이상이며 기타의 경우 완납적 분리과세를 선택할 수 있다. 배당에 대해서는 아래의 세율이 적용되었다. 지급받은 배당의 10%를 세액에서 공제하는 세액공제를 인정한다. 과세소득이 1,000만 엔을 초과하는 경우 5%를 공제한다.

1종목당 1회 배당 금액 소득세
　5만 엔 이하 다음 중 선택
　　• 종합과세(20% 원천징수)
　　• 분리과세(20% 원천징수)
　5만 엔~25만 엔 다음 중 선택
　　• 종합과세(20% 원천징수)
　　• 분리과세(35% 원천징수)
　25만 엔 이상 종합과세(20% 원천징수)

주식 등에 대한 자본이득과세는 원천분리과세와 신고분리과세 중 납세자가 유리한 방식을 선택하도록 되어 있다. 원천분리과세는 각각의 거래마다 양도가액의 일정비율(일반적인 경우 양도대금의 5.25%)을 양도차익으로 간주하고 이 간주익금에 대하여 20%(주민세 6% 제외)의 원천징수세율을 적용한다. 신고분리과세는 주식 등의 연간 자본이득 모두를 통산하여 순 자본이득을 다른 소득과 구분하여 소득세 20%를 적용한다. 주식 등의 순 자본손실은 타 소득에서 공제하거나 다음 연도로 이월할 수 없다.

② 2003년 이후

2003.1.1. 원천분리과세가 폐지되었다. 상장주식 등의 양도차익에 대해서는 2003.1.1.~2007.12.31.에는 10%(소득세 7%, 주민세 3%) 신고분리과세

---

94) 우리의 할인채와 같은 개념이다.

가 허용되고,[95] 2009년 4월 이후에는 20%(소득세 15%, 주민세 5%) 신고분리과세가 허용되었다.[96] 그리고 신고분리과세하에서도 상장주식에 관한 소득계산에 있어서는 특정계좌마다 소득금액을 계산하는 특례를 인정하여 특정계좌로 증권회사에 의해 원천징수를 선택하도록 하여 신고를 하지 않아도 되게 하였다. 1년 초과보유상장주식에 대해서는 2002년까지 100만엔의 특별공제가 인정된다.[97] 2003년 1월 1일 이후에는 상장주식 등을 양도함에 따라 생겨난 손실 가운데 그해에 공제할 수 없는 금액에 대해서는 익년 이후 3년에 걸쳐 주식 등에 관한 양도소득금액 가운데 이월 공제된다.[98] 선물·옵션 등의 파생상품거래는 종합과세 대상이다. 1989년 4월부터 파생상품소득에 대해 과세되었는데, 선물·옵션거래차익은 신고분리 과세하면서 손실통산을 허용하지 않게 되었다. 상장주식에 대해서는 신고분리과세와 원천분리과세 중 택일하도록 되어 있으며, 매각손은 자본이득에서 공제 가능하나 이월은 불가능하다. 현물과 파생상품 양자 간의 양도이익(손실)은 통산이 불가능하다.

3) 프랑스

프랑스는 금융자산의 종류에 따라 과세방식과 세율이 다른 제도를 채택하고 있다. 이자소득은 15%(사회보장부담 10% 제외) 원천징수 분리과세 또는 종합과세를 선택할 수 있다. 개인이 받는 배당은 다른 소득과 합산하여 종합 과세(10.5~54%, 사회보장부담 10% 제외)된다. 단, 연간 1인당 8,000프랑(부부합산신고 시 16,000프랑)까지는 비과세하며, 이를 초과하는 부분이 소득세 과세 대상이다. 배당에 대한 이중과세조정을 위해 imputation 방식을 채택하여 거의 대부분 조정되고 있다.

주식의 자본이득에 대해서는 신고분리과세의 형태로 소득세를 과세하고

---

95) 일본 조세특별조치법 제37조의11 제2항.
96) 일본 조세특별조치법 제37조의10 제1항.
97) 일본 구조세특별조치법 37조의10 제6항.
98) 일본 조세특별조치법 제37조의2 제1항.

있으며 종합과세의 누진세율이 적용되지 않고 있다. 세율은 사회보장세 10%를 합하여 26%이다. 소액투자가 보호를 위하여 연간 양도금액 5만 프랑 이하의 경우 그로 인한 자본이득은 과세하지 않는다. 자본손실은 자본이득과 통산할 수 있으며, 초과분은 5년 이월공제가 허용된다.

여기서 자본이득에는 선물이나 옵션거래를 통한 자본이득도 포함된다. 따라서 파생거래에 따른 자본이득은 종합과세의 대상이 되지 않는다. 선물 옵션거래에 의한 자본이득에 대해서도 분리과세가 되고 있어 현물손익과 통산이 허용되지 않는다. 비거주자가 가득한 자본이득은 비과세된다.

4) 영국

이자소득과 배당소득은 원천징수 후 다른 소득과 종합 과세된다. 배당소득은 형식적으로 다른 소득과 종합 과세되지만 세율이 여타 소득보다 낮게 적용된다. 가장 낮은 종합소득세율인 23%를 적용받는 경우에는 10%이며, 기타의 경우 32.5%가 적용된다. 배당에 대해서는 imputation 방식으로 이중과세가 조정된다.

개인의 자본이득은 다른 소득과 합산하여 일반적인 소득세가 과세된다. 과거에는 소득원천설의 입장에서 주식양도차익을 과세 대상에서 제외하여 왔으나, 1962년 자본이득세(capital gains tax)가 도입되면서 주식 등의 단기양도차익에 대해 과세하기 시작했다. 1965년부터는 장기자본이득 역시 과세 대상이 되었으며, 1971년부터는 장·단기 자본이득에 대해 동일하게 30%의 세율로 분리 과세하였다. 1988년 종합과세로 전환하는 대폭적인 개혁이 진행되어 자본이득도 다른 급여소득과 합산하여 누진세율이 적용되게 되었다. 이에 따라 개인의 유가증권 자본이득은 다른 소득과 합산하여 과세소득별 누진세율이 적용된다. 소액의 자본이득(연간 7,200파운드)은 비과세된다. 자본손실의 경우 자본이득과 통산할 수 있으며 초과분은 무기한 이월공제가 허용된다. 장단기 구분 없이 종합 과세되지만 인플레이션 조정을 위해 보유기간에 따라 공제액이 단계적으로 증가하는 제도를 가지고 있었다. 2008년 4월부터는 그간 누진적이던 자본이득세율(10%, 20%, 40%)을 18%의 세율로 단일화하였다. 이와 동시에 장기보유공제제도도 폐지하였다.

선물·옵션에 의한 자본이득도 포함한다. 장내파생금융상품 중 선물 및 옵션으로부터 보장되는 수익은 일반소득으로 보아 소득세법의 적용을 받고 파생상품거래 차익은 자본이득세법의 적용을 받는다.

5) 독일

① 2008년 이전

이자소득, 배당소득은 원칙적으로 종합 과세된다. 우선 25% 원천징수 후 종합 과세된다. 배당소득은 imputation 방식에 의한 이중과세조정제도는 폐지되었다. 대신 지급받은 배당금액의 1/2를 비과세하기로 하였다.

개인이 유가증권 등의 양도로 인하여 취득하는 자본이득에 대해서는 원칙적으로 과세하지 않는다. 다만, 투기적 소득, 대규모 거래 및 영업용 자산으로서의 양도 등에 해당하는 경우에는 종합 과세한다. 여기서 투기적 소득이라 함은 6개월 미만의 단기보유의 경우인데 기타 소득으로 분류하여 과세한다. 투기매매에 따른 손실은 당해 연도 투기매매이익에 대한 공제는 가능하지만 다른 소득의 공제는 불가능하고, 공제되지 않은 부분은 익년도로 이월이 허용되지 않는다. 최근 5년간 한 시점에 있어서 자본을 10% 이상 보유하고 있는 개인이 일정 수량 이상 양도한 경우에는 일정 수준 이상의 대규모 거래로 인식하고 있다. 양도손실은 양도이익과 통산하며, 다음 연도로 이월할 수 있다.

② 2008년 이후

2008년부터 개인 자본이득에 대해서도 25%로 과세하는 것으로 변경하였고, 법인세율을 26.38%에서 15.83%로 인하하였다. 모든 형태의 금융소득(이자, 배당, 자본이득)은 25%(surcharge 포함 시 26.38%)로 통일하여

개인 및 다른 비사업자에게도 동일하게 적용하며, 개인소득과세에 있어서
단기자본차익과 장기자본차익에 대해 동일하게 취급하였다. 배당에 대한
이중과세조정장치인 1/2 비과세 제도도 폐지하였다.[99]

6) 북구 3국

스웨덴, 노르웨이 및 핀란드 등 북구 3국은 90년대 초 이원적 소득세제
(Dual Income Taxation)를 채택하였다. 이전에는 이자, 배당 등 자산소득
을 근로소득과 합산 종합 과세하였으나, 제도의 도입으로 근로소득과 자산
소득을 구분하여, 상이한 과세원칙을 적용하게 되었다. 즉, 현재는 근로소
득은 누진 과세하며, 자산소득은 저율 및 정률의 분리과세를 하고 있다.
여기서 자산소득에는 이자, 배당 및 자본이득이 포함된다. 유가증권 자본
손실의 경우 유가증권 자본이득과 통산할 수 있으며, 초과분은 70%까지
이월공제가 가능하다. 특히, 비상장주식의 경우 자본손실의 70%만 인정한
다. 각국의 적용세율을 보면 다음과 같다.

구 분		근로소득세율(%)	자산소득세율(%)
스웨덴	1991 개혁 전	36~72	36~72
	개혁 후	31~51	30
핀란드	1993 개혁 전	25~57	25~57
	개혁 후	25~57	25
노르웨이	1992 개혁 전	26.5~50	26.5~40.5
	개혁 후	28~41.7	28

[탐구] 4-1

---

99) Antti Laukkanen, 「Taxation of Investment derivatives, IBFD」, 2007, p.151.

제2절 국제자본소득과세의 구조

국제자본의 투자 방법은 다양하다. 국제자본에 대한 소득과세를 목적으로 한다면 투자의 주체 및 투자결과 얻는 소득의 종류에 따라 투자방식을 다양하게 구분할 수 있다. 우리나라는 개인에게는 소득세를 부과하고 법인에게는 법인세를 부과하기 때문에 투자의 주체에 따라 개인인지 법인인지 구분하는 것은 의미 있는 일이다. 그러나 외국자본이 다른 나라에 진출할 때 개인으로서 진출하든 법인으로서 진출하든 진출지국가의 세법은 동일한 원칙에 의하여 과세하는 것이 일반적이다. 거주하고 있지 않다는 점에서 동일하기 때문에 과세권을 확보하는 방법에 차이를 두지 않는 것이다. 어떤 투자이든 소득을 남기게 될 것이기 때문에 국제자본에 대한 과세 문제는 소득을 어떻게 분류·계산하고 누구에게 귀속시킬 것인가로 귀결된다.

제1항 거주자의 자본소득에 대한 과세

거주자의 소득에 대해서는 대부분의 국가가 자본수출중립성의 원칙에 따라 전 세계 소득에 대해 과세하는 제도를 가지고 있다. 이러한 원칙은 자본소득에 대해서도 적용된다. 본서에서 필자는 자본소득을 이자, 배당 및 자본이득으로 설정한다. 우리 세법상 법인소득과세상 소득종류별 구분이 큰 의미가 없다. 배당의 경우에는 수령배당공제를 할 수 있다는 정도이다. 개인에게 있어서도 이자와 배당의 구분이 필요한 경우는 많지 않다. 배당의 경우 배당세액공제가 가능한 배당소득이 일부 있을 뿐이다. 그러나 어떤 소득이 자본이득인지의 판단은 매우 중요하다. 자본이득은 제한적으로 열거된 소득만 과세하고 세율체계도 다르기 때문이다. 거주자의 국내원천자본소득에 대해서는 위와 같은 구분에 따라 각기 과세되고 있다면 국외원천자본소득의 구분과 과세방법은 어떠한가? 거주자의 국외원천소득 중 자본소득에 대해 특별한 제도를 두고 있는지 그 제도를 둔 이유는 무엇인지 살펴볼 필요가 있다.

2008년 정부의 세법개정안은 단기거주외국인에 대해서 과세범위를 축소하는 규정을 도입하고 있다(소득세법 제1항 및 제3항). 과거 10년 이내 국내 거주기간이 5년 이하인 외국인 거주자의 국외원천소득은 국내에서 지급되거나 국내로 송금된 부분에 한해서만 과세하도록 하는 내용이다. 이는 우수 외국인력의 국내 근무를 지원하기 위함이라고 한다.

1. 이자소득

거주지국은 거주자의 국외원천이자소득이 국내원천이자소득과 동일한 수준의 세부담을 하도록 만들기 위해 노력한다. 이를 위해 국가 간 정보교환을 하고 납세자의 신고를 의무화하게 된다. 현실적으로 해당 납세자가 실제 송금받을 때에야 과세하게 된다.

국내원천이자소득은 국내지급자가 원천 징수하며 그에 따라 납세의무가 종결되도록 할 수 있다. 국외원천이자소득은 국외지급자가 원천 징수하며 그러한 사실이 거주지국의 과세당국에 통보되지 않는 경우가 대부분이다. 거주지국은 국외원천이자소득이 국내원천이자소득과 동일한 수준의 세부담을 하고 있는지에 대해 조사할 필요성이 있다. 이를 위해 국가 간 정보교환을 하고 납세자의 신고를 의무화하게 된다. 입법론적으로는 세부담을 국내원천이자소득과 같게 할 것인지 또는 근로소득과 같게 할 것인지 등의 정책적인 판단을 하여야 한다. 과세하는 시점을 이자소득이 발생할 때로 할 것인지 아니면 국내로 송금될 때로 할 것인지도 결정하여야 한다. 실무상으로는 세법상 소득의 발생 시점에 과세한다는 규정에도 불구하고 실제 송금받을 때에나 과세되기도 한다. 국내세법상 국외원천이자소득은 다음과 같이 과세된다.

(1) 거주자

1) 국외원천소득의 범주

일반적으로 이자소득의 원천지는 이자소득 지급자의 거주지이다. 우리나라의 소득세법과 조세조약도 동일한 원칙에 따라 원천지를 구분하고 있다. 거주자는 원천지를 불문하고 이자소득에 대한 소득세 납세의무가 있다. 우리 소득세법 제16조에서는 거주자가 수령하는 외국법인이 발행한 채권이나 증권의 이자와 할인액을 과세 대상 이자소득으로 열거하고 있다. 외국법인이 발행한 채권 또는 증권의 이자와 할인액은 당해 지급지 국가의 관점에서 보면 비거주자인 우리나라 거주자가 당해 외국에 원천을 둔 이자소득이다. 소득세법은 외국법인이 발행한 채권이나 증권의 이자와 할인액 이외에도 국외에서 받는 예금의 이자와 신탁의 이익을 소득세 과세 대상 이자소득으로 열거하고 있으며 국외원천징수소득에 해당한다. 이에 대해 당해 외국도 과세하려 할 것이다.

2) 국외에서 지급받은 것

국외원천 이자소득 중 국외에서 지급받은 것은 소득세법 제127조의 규정에 의하여 '원천 징수되지 아니한' 이자소득으로서 당연종합과세 대상이나 국내에서 지급받는 것은 원천 징수되는 이자소득으로서 조건부종합과세 대상이다. 그러나 두 가지의 경우 모두 다 4천만 원 이하분은 14%의 원천징수세율을 적용받으며, 4천만 원 초과분은 비교과세 과정을 거쳐 산출세액을 결정하게 되는 공통점을 가지고 있다. 외국법인이 발행한 채권 또는 증권의 이자와 할인액으로서 국외에서 지급받은 것에 대해서는 국내에서 원천 징수하지 않으며 종합과세 대상이 된다. 다만, 외국법인이 발행한 채권 또는 증권에서 발생하는 이자소득금액을 거주자에게 지급하는 경우 국내에서 그 지급을 대리하거나 위임 또는 위탁받은 자는 이를 원천징수의무자로 본다.[100] 거주자가 외국법인이 발행한 외화증권에 투자하여 이자 또는 배당을 받는 경우101) 당해 외화소득에 대한 총수입금액의 수입시기는 소득세법시행령 제45조 및 제46조 각 호의 규정상 일반적인 이자와 배당소득의 인식시기원칙에 따른다.102) 이에 대해 외국 정부가 과세할 경우 그에 대한 납부세액은 원천징수 시 외국납부세액으로서 세액 공제되며 종합과세 시 외국납부세액으로서 세액공제 또는 필요경비공제된다.(선택사항)

3) 국내에서 지급받은 것

국외원천소득으로서 국내에서 지급되는 것은 국내에서 원천 징수된다. 외국법인의 국내지점 또는 국내영업소에서 발행한 채권이나 증권의 이자와 할인액으로서 국내에서 지급받은 것은 국내에서 원천 징수한다. 국내에서 지급받는 국외원천이자소득은 조건부종합과세 대상이므로 종합과세기준금액(4천만 원) 이하의 금융소득(이자소득과 배당소득은)은 분리 과세되는 규정의 적용을 받는다. 기준금액 미만의 국외원천금융소득은 결과적으로 국내에서 14%의 세부담을 하고 국외에서 14% 이상의 세부담분이 있을 때에는 외국납부세액공제를 받지 못하게 된다. 종합 과세되는 기준금액 이상분에 대해서는 당연 종합 과세되는 국외에서 지급받은 금융소득에 대한 규정이 적용된다. 외국납부세액의 공제 한도는 국별 한도가 적용되며, 외국납부세액공제 대신 필요경비공제를 선택할 수도 있다.

(2) 내국법인

내국법인은 전 세계 소득에 대해 동일하게 과세 받는다. 국외원천소득에 대한 과세로 발생하는 이중과세에 대해서는 외국납부세액공제의 방법으로 조정된다. 외국납부세액공제를 받기 위해서는 외국정부에 실제 세액을 납부하였든

---

100) 소득세법 제127조 제6항.
101) 외화소득의 지급절차는 외국발행회사⇒외국보관기관⇒증권예탁원⇒증권회사⇒투자자 순으로 이루어진다.
102) 소득46011-805, 1996.3.13.

가 납부할 상황이 되어야 하지만, 국외원천소득 중 당해 원천지 국가에서 감면받은 소득에 대해서는 납부세액이 없어 공제를 받기 곤란할 것이다. 법인세법은 이러한 경우에도 외국 정부에서 감면받는 세액을 납부한 것으로 의제하여 내국법인에 외국납부세액으로 공제를 허용하고 있다. 이를 간주외국납부세액공제라 한다. 기업의 해외진출을 지원하기 위해 도입된 제도로서 개인납세자에 대한 과세제도에서는 발견할 수 없는 것이다.

2. 배당소득

> 배당소득에 대해서는 경제적 이중과세의 배제가 주로 문제 된다. 경제적 이중과세의 배제를 위한 장치로서는 소득공제 또는 세액공제의 방법이 사용된다. 나라에 따라서는 일정한 비율 이상 되는 지분으로부터의 배당소득 및 주식양도차익에 대해서는 아예 과세소득에서 배제하는 소득면제제도—경영참여소득면제(participation exemption)*—를 두기도 한다. 국내원천배당소득에 대해 경제적 이중과세를 해 준다고 하여 반드시 국외원천배당소득에 대해서도 경제적 이중과세를 배제해 주어야 하는 것은 아니다.

거주자의 국외원천배당소득에 대한 과세는 이자소득과세와 달리 다소 복잡한 양상을 띠고 있다. 우선, 원래 배당소득에 대한 과세는 법인에 대한 과세 후 남는 소득에 대해 다시 과세하는 것이므로 경제적 이중과세의 특성을 지니고 있다. 이러한 경제적 이중과세는 법인이 실재하는 실체로서 법적·경제사회적 혜택과 부담의 주체가 되기 때문에 문제 될 것이 없다는 시각과 개인사업 과세와의 과세중립성을 고려한다면 이중과세를 해소하여야 한다는 시각이 대립되어 왔다. 어느 나라건 다소 차이는 있지만 법인과세에 따른 경제적 이중과세를 배제하는 제도를 도입하고 있다. 주주가 개인 또는 법인인지, 법인이라면 어떤 형태를 가지고 있는지 그리고 지분율이 어느 정도인지에 따라 각양각색의 제도를 지니고 있다.

국외원천배당소득에 대해서도 경제적 이중과세를 배제해 주어야 하는지는 전혀 새로운 문제이다. 이는 복수의 과세관할권에 걸쳐 경제적 이중과세가 일어나고 있는데 주주의 거주지국에서 자발적으로 자국의 과세권을 양보하여야 할 것인가 하는 관점에서 보아야 하기 때문이다. 물론 경우에 따라서는 자회사의 소재지국 즉 배당소득의 원천지국가에서 미리 세금부담을 줄이는 경우도 있기는 하지만 대부분의 경우 주주의 거주지국가에서 경제적 이중과세를 해소하는 장치를 가지고 있는지가 관심의 대상이 된다. 자본의 수출지국으로서는 자국자본이 국외에 진출하여 자회사를 설립하고 벌어들인 소득의 범주에 실제 지급받은 배당에 그 자회사가 납부한 세액까지 포함하여 관련 세액을 모두 공제하여 줄 것인가는 논리적으로 풀 문제라기보다는 정책적으로 결정할 사항이다.

경제적 이중과세의 배제를 위한 장치로서는 소득공제 또는 세액공제의 방법이 사용된다. 나라에 따라서는 일정한 비율 이상 되는 지분으로부터의 배당소득 및 주식양도차익에 대해서는 아예 과세소득에서 배제하는 소득면제제도—경영참여소득면제(participation exemption)—를 두기도 한다. 경영참여소득면제제도를 도입한 국가는 경제적 이중과세를 배제하기 위한 장치를 강구할 필요가 없게 된다. 국외의 자회사에 대해 동 제도를 적용하는 국가는 대부분 내국법인의 국외사업활동소득에 대한 과세를 면제하는 제도를 가지고 있다. 국외의 사업활동에 대해서는 그것을 과세하면서 외국납부세액을 공제하는 대신 아예 과세소득에서 배제하는 방법이다. 그런 나라들에서는 국외에 자회사의 형태로 진출하든 고정사업장의 형태로 진출하든 국외소득은 면제되는 효과를 부여하게 된다. 국외사업활동소득과세에 대해서는 통상 고정사업장의 소재지국에서 이전가격과세방법으로 소득금액을 산정하게 되는데 본점소재지국 과세당국은 고정사업장 소재지국가 원천소득금액이 얼마인지에 대해 그 나라 정부와 협상을 하게 될 가능성이 남게 된다. 배당소득이나 사업소득에 대한 경영참여소득면제제도는 모든 종류의 소득에 대해 동일한 국제적 이중과세의 방법을 사용하여야 할 필요는 없음을 일깨워 준다. 우리나라의 경우에도 이러한 예를 발견할 수 있다. 비록 국내세법상의 제도는 아니지만 북한과의 이중과세방지합의서에 의하면 이자, 배당 및 사용료에 대해서는 외국납부세액공제방식을 적용하며 기타의 소득 즉 사업소득 등에 대해서는 국외소득면제방식(exemption)을 적용하도록 되어 있다.

국내세법상 국외원천배당소득은 다음과 같이 과세된다.

(1) 거주자

일반적으로 배당소득의 원천지는 배당소득 지급자(payor)의 거주지국가이다. 이는 이자소득에 있어서와 같다. 우리나라의 소득세법과 조세조약도 동일한 원칙에 따라 원천지를 구분하고 있다. 거주자는 원천지를 불문하고 배당소득에 대한 소득세 납세의무가 있다. 이에 따라 국외원천 배당소득에 대해서도 소득세 납부의무를 지게 된다. 우리 소득세법 제17조에서는 외국법인으로부터 받는 이익이나 잉여금의 배당 또는 분배금과 외국의 법률에 의한 건설이자의 배당 및 이와 유사한 성질의 배당을 배당소득의 하나로 열거하고 있다. 국외에서 받는 배당소득으로서 소득세법 제127조의 규정에 의하여 원천 징수[103]되지 아니한 것은 당연종합과세 대상으로서 원천지국에서 과세되고 종합소득과세표준에 합산되며 외국납부세액공제를 받는다. 국외원천배당소득 중 국내에서 지급받는 것은 조건부종합과세 대상이다. 외국에서 납부한 배당에 대한 소득세에 대해서는 외국납부세액공제의 방법으로 이중과세를 조정하고 있다. 당해 배당에 상응하는 이윤에 귀속하는 법인세로서 외국에 납부한 부분에 대해서는 개인의 소득세 계산 시 배당세액공제가 허용되지 않는다.[104] 즉 경제적 이중과세를 배제하여 주지 않는다.

---

103) 소득세법 제14조 제4항 제4호.
104) 배당수령자가 법인일 경우 간접외국세액공제가 허용된다.

(2) 내국법인

　　내국법인이 외국법인으로부터 지급받는 배당소득에 대해서는 직접외국납부세액공제와 간접외국납부세액공제가 가능하다. 간접외국납부세액공제는 경제적 이중과세를 배제하기 위한 방법이다. 간접외국납부세액은 외국에서 납부한 세액에 대해 우리나라 법인세율을 곱한 금액의 한도 내에서만 공제가 가능하므로 부분적으로밖에 공제가 허용되지 않는 것으로 보아야 한다. 간접외국납부세액공제는 법인세법과 조세특례제한법에서 규정하고 있다. 법인세법은 조세조약에서 간접외국납부세액공제에 대한 규정을 두고 있을 경우 그것을 집행하기 위한 규정을 두고 있다. 조세특례제한법은 조세조약과 관계없이 내국법인이 일정 비율을 초과하는 지분[105]을 가지고 있는 외국자회사로부터의 배당에 대해 간접외국납부세액공제를 허용하는 규정을 두고 있다. 법인세법에 의하면 내국법인이 외국의 자회사로부터 배당소득을 지급받는 경우에는 당해 외국자회사[106]의 소득에 부과된 외국법인세액 중 당해 수입배당금액에 대응하는 금액을 조세조약이 정하는 범위 안에서 세액공제 또는 손금 산입할 수 있다.[107] 이를 간접외국납부세액공제라 한다. 이는 개인이 수령하는 배당에 대해서는 허용되지 않는다. 또한, 개인이 외국법인으로 받는 배당소득에 대해서는 배당세액공제가 허용되지도 않는다. 한편 직접 당해 배당소득에 대해 외국정부에 납부한 세액은 외국납부세액으로 공제가 가능하다. 이에 따라 개인이 법인을 통해 외국법인의 주식을 취득하는 경우 얻는 배당소득에 대해서는 간접외국세액공제, 외국납부세액공제의 방법으로 당해 외국법인의 이윤을 세금 부담 없이 분배받은 내국법인으로부터 수령배당공제의 방법으로 이중과세를 조정한 후 지급받을 수 있다. 한편, 개인이 직접 외국법인에 투자하여 얻은 배당소득은 외국납부세액만 인정되고 배당세액공제 또는 간접외국납부세액공제가

---

105) 2008년부터는 의결권 있는 주식이어야 한다(법인세법 제57조 제5항).
106) 지분비율 20% 이상인 자회사에 한한다.
107) 법인세법 제57조 제4항.

허용되지 않기 때문에 앞의 방법보다 불리한 결과를 초래한다. 다만, 현행 법상 간접외국세액공제는 조세조약이 정하는 범위 안에서 허용되는 것으로 간접외국납부세액공제에 대해 규정하고 있는 조세조약은 영국, 미국, 덴마크, 브라질 등의 14개 국가와의 조세조약에 불과하다. 간접외국납부세액공제액은 다음과 같이 계산한 간접외국납부법인세액을 산출세액으로부터 공제한다.

간접외국법인세액 =(외국자회사의 당해 사업 연도의 법인세액)·(모회사의 수입배당금액)/(외국자회사의 당해 사업 연도의 세후소득)

조세특례제한법에서는 조세조약상 관련 규정이 없는 경우에도 간접외국납부세액공제를 허용하고 있다. 다만 해외자회사의 외국납부세액의 50%만 공제할 수 있도록 하고 있다. 한도액을 계산할 때에도 해외자회사 외국납부세액의 50%만 imputation[108]을 한다는 말이다.

2008년부터는 법인세법이 개정되어 다음과 같이 외국손회사[109]로부터의 외국납부세액에 대해서도 국내의 모회사가 간접외국납부세액공제를 받을 수 있게 되었다. 국내 모회사의 자회사인 국외의 지주회사가 설립지국가의 법에 의해 사실상 납부하는 세금이 없을 경우 실제 손회사가 납부한 세액에 대해 간접외국납부세액공제를 받을 길이 없는 점을 개선한 것이다.[110]

---

108) 배당을 지급받는 법인은 배당을 지급하는 법인이 가득한 소득을 직접 번 것은 아니지만 마치 그런 것과 같이 보아(impute) 과세표준을 계산하지만 배당을 지급하는 법인이 부담한 세액을 공제하여 주는 방법, 즉 마치 배당을 지급하는 법인이 존재하지 않은 것처럼 의제하는 방법을 말한다.
109) 외국자회사가 외국손회사 주식의 20% 이상을 소유하여야 하며 국내의 모회사가 외국자회사를 통해 외국손회사 주식의 20% 이상을 간접 소유하여야 한다.
110) 법인세법시행령 제94조 제8항.

3. 자본이득

자본이득과 관련해서는 집행가능성이 문제 된다. 거주지국가는 거주자가 보유하는 국외자산의 양도차익이 발생하는지에 대해 알기 어려운 입장에 처하기 때문이다. 집행상의 문제 때문에 각국은 아예 과세하지 않는 방법, 납세자로 하여금 매도자금을 국내에 송금할 때 과세하는 방법, 그리고 거주자의 개념을 축소하는 방법 등을 사용하고 있다.

거주자의 국외원천자본이득을 과세상 어떻게 취급할 것인가? 이론상으로는 국내의 자본이득이든 국외의 자본이득이든 거주자가 투자하여 거둔 자본이득에 대해서는 동일하게 과세하는 것이 타당하다. 소득원천설과 순자산 증가설은 자본이득과세에 대해 상이한 논리를 펴고 있지만 양설 모두 국내자본이득과 국외자본이득을 구분하여 과세할 필요성에 대해서는 언급하지 않고 있다.

국외원천자본이득에 대한 과세에 있어서는 집행상의 문제에 대한 특별한 언급이 필요하다. 이자나 배당소득과 달리 일회성 소득이며 일반 개인들이 소득의 귀속자인 경우가 적지 않다. 매수자가 원천지국(발행법인의 소재지국)이나 매도자의 거주지국도 아닌 제3국의 거주자인 경우 매도자의 거주지국의 입장에서 과세권을 행사하기는 매우 어렵게 된다. 달리 정보교환에 의해 다른 나라의 협력을 받지 않는다면 납세자의 자발적 신고에 의존하거나 매도자금이 국내로 송금될 때 자금출처조사를 하여야 하는데[111] 국외로부터의 자금의 유입에 대해 관대한 국가에서는 자금유입시점에서 과세를 검토하기보다는 유입한 자금으로 국내에서 새로운 자산을 취득할 때에나 가서야 출처를 문제 삼는다. 결과적으로 국외자산의 양도차익에 대해서는 거주지국가에서 제대로 과세하기 매우 어려운 것이다. 이러한 집행상의 문제 때문에 각국이 취하는 입장은 대체로 소극적이다. 아예 과세하지 않는 방법(1998년 이전 우리나라의 소득세법), 납세자로 하여금 매도자

---

[111] 금융정보분석원의 혐의거래제도에 의한다.

금을 국내에 송금할 때 과세하는 방법(영국), 그리고 거주자의 개념을 축소하는 방법 등을 찾아볼 수 있다(우리나라의 현행 소득세법[112]). 소득세법은 거주자의 국외원천 양도소득에 과세할 때 거주자의 개념을 매도 시점으로부터 국내에 5년 이상 주소 또는 거소를 둔 자로 한정하고 있다.

(1) 유가증권양도소득

현행 세법상 국외원천 유가증권양도소득에 대한 과세제도는 다음과 같다. 거주자가 외국법인이 발행한 주식 또는 내국법인이 발행한 주식으로서 국외에 상장된 것(이하 '국외상장주식 등')을 양도할 경우에는 그 양도차익에 대하여 소득세를 납부해야 한다. 외국법인이 발행한 주식으로서 부동산과 동일하게 취급하는 특정 주식을 국외에서 양도할 때 얻는 양도차익에 대해서도 과세한다. 이에 대해서는 상장 여부를 불문한다.

국외 상장주식 등의 양도소득금액 산정 시 양도가액은 실지거래가액에 의한다. 다만, 실지거래가액을 확인할 수 없는 경우에는 양도자산이 소재하는 국가의 양도 당시의 현황을 반영한 시가로 한다. 여기서 시가는 당해 자산의 양도에 대한 과세와 관련하여 이루어진 외국정부의 평가가액 또는 국외자산의 양도일 또는 취득일 전후 6월 이내에 평가된 감정평가기관의 감정가액으로 한다. 이러한 시가도 구할 수 없는 때에는 상속세및증여세법의 규정에 의한 유가증권의 평가방법을 준용하여 평가한다. 양도차익의 외화환산은 수령 또는 지출일 현재의 외국환거래법에 의한 기준환율 또는 재정환율에 의하여 계산한다.

국외 상장주식 등의 양도에 대해서 적용되는 세율은 국내 비상장주식의 양도에 대한 세율과 같은 20%를 적용한다. '특정주식'에 해당하는 국외주식에 대해서는 국내의 '특정주식'처럼 종합소득세율을 적용한다. 최종 부담세액을 계산함에 있어 외국납부세액을 공제한다. 여기서 외국납부세액의

---

112) 소득세법 제118조의 2.

공제에는 다음과 같은 한도가 설정되어 있다. 당해 연도 중 양도소득산출세액 중 국외자산양도소득금액이 당해 연도의 양도소득금액에서 차지하는 비율을 곱하여 산출한 금액을 한도로 하는 것이다. 우리나라의 외국납부세액공제제도는 총괄한도제를 운영하고 있으며, 국별한도제는 납세자가 선택할 수 있도록 되어 있다. 이러한 원칙에 대한 특례로서 양도소득에 대한 외국납부세액은 기타의 소득에 대한 세액에서 공제되지 못하도록 하고 있는 것이다. 이에 따라 국외자산의 양도에 대한 외국납부세액은 총괄 한도와 양도소득 한도가 동시에 적용된다. 주식 등 국외자산의 양도에 있어서도 신고의 절차는 국내자산의 양도에 있어서처럼 예정신고와 확정신고를 하여야 한다.

(2) 환차익

세법상 환차익은 과세 대상이 되는가? 소득에 대한 세금은 어느 나라의 화폐단위로 계산하여 소득이 발생하면 과세되는 것이기 때문에 다른 나라의 화폐를 보유하고 있다가 자기 나라의 화폐로 바꿀 때 이득이 생기면 과세하는 것이 타당하다. 이는 다른 나라의 화폐 대신 금을 보유하고 있다가 금값이 오르면 그만큼 소득이 발생한 것으로 보게 되며 그 경우 소득에 대한 세금을 매기는 것이 타당하다는 논리와 동일한 것이다. 그러나 그러한 논리는 세법상 포괄적 소득개념을 도입한 경우에는 여과 없이 수용될 수 있지만 소득원천설적인 입장을 가지고 있는 경우에는 과세 대상 소득으로 열거되지 않는 한 타당하지 않게 된다. 예를 들어, 우리 소득세법은 소득원천설에 입각하여 규정되어 있는데 동법상 환차익은 과세 대상이 아니며,[113] 법인세법은 포괄적 소득개념에 입각하여 규정되어 있으므로 과세 대상이 된다.

---

[113] 사업자가 아닌 개인의 환차익은 현행 소득세법상 과세 대상이 아니며, 국내에서 과세되지 아니하는 동 환차익이 국외에서 발생한 경우에도 거주자의 과세 대상 소득에 포함되지 않는 것임(서면인터넷방문상담1팀-1160, 2007.8.21.).

통상 유가증권양도소득의 원천지는 발행법인의 소재지로 한다. 그렇다면 외환 자본이득의 원천지는 어디인가? 당해 외국환의 발행자인 중앙은행의 소재지국가일까? 우리나라 소득세법상으로는 그것을 구분할 실익이 없다. 법인세법상으로는 외국에서 환차익으로 과세받으면 국외원천소득으로 보는 것이 타당할 것이다.

국내투자자가 국내 증권사를 통해 일본기업이 발행한 1년 만기 채권을 구매하고 만기 후 엔화상환원리금의 선물환매도계약을 일본은행과 체결하여 차익을 거둔 경우를 상정해 보자. 당해 채권의 액면이율은 0.1%에 불과하지만 선물환차익은 3%에 이른다면 해당 차익은 국외원천 환차익이라고 할 것이다.[114] 우리나라 소득세법상 환차익은 과세 대상이 아니므로 일본에서 과세된다 하더라도 국내에서 외국납부세액공제를 받지 못하게 될 것이다. 이러한 거래구조에서 갑이 국내증권사를 통해 일본기업의 채권을 구입하지 않고 국내은행에 엔화를 단순하게 예치하면서 해당 은행과 선물환매도계약을 체결한 경우를 상정해 보자. 소득세법상 일반 환차익에 대해서는 과세하지 않는데 그러한 차익이 금융기관을 상대방으로 한 차익거래를 통해 발생하는 경우 환차익이 마치 예금이자와 다를 바 없지 않는가 하는 의문이 제기될 수 있다.

(3) 파생상품소득

거주자의 파생상품소득은 국내외원천을 불문하고 과세되지 않지만, 내국법인의 파생상품소득은 과세된다. 거주자의 경우 파생거래에 의한 소득이 소득세법상 과세 대상 소득으로 분류되는가가 매우 중요한 과세의 관건이 된다.

---

114) 우리나라 세법상 외환차익의 원천지에 관한 규정은 없다. 미국 내국세입법상으로는 매도자의 거주지가 원천지로 규정되어 있다. 현실적으로는 일본 국내세법의 규정에 의해 일본 국내원천소득이라고 하여 세금이 원천 징수된다면 우리나라 세법상 외국납부세액공제를 해 주게 된다.

제2항 비거주자의 자본소득에 대한 과세

국내세법과 조세조약의 내용이 국가마다 달라 동일한 증권으로부터의 소득이 이자, 배당 및 유가증권양도차익으로 과세될 수 있는 가능성을 열어 놓고 있다. 그리고 각국의 조세규범 상 이자, 배당 및 유가증권양도차익에 대해 거주지국 및 원천지국으로서의 과세권한이 미치는 범주가 달리 설정되어 있다. 이러한 제도상 차이점은 국제자본에 조세설계의 여지를 넓히는 결과를 초래한다.

일반적으로 국내세법상 비거주자의 국내원천소득은 거주자의 국내원천소 득에 대해 과세하는 것과 다를 바 없다. 절차상 과세방식이 다소 다르게 설정되기는 한다. 실체적으로 비거주자의 국내원천소득을 과세하지 않는 것은 조세특례 부여와 같은 예외적인 경우를 제외하고는 국가 간 협약에 의한 것이다. 국가 간 협약은 조세조약과 같은 양자 간 협약 및 EU 규범 과 같은 다자간 규범으로 나누어 볼 수 있을 것이다.

1. 조세조약정책

각국의 조세조약 정책에 의해 비거주자의 자본소득에 대한 과세제도가 결정된다. 조세조약 을 어느 나라와 체결할 것인지, OECD모델조세조약과 UN모델조세조약 중 어느 것에 더 의존 할 것인지 등이 조세조약에 반영되어 있다. 미체결국 자본에 대해서는 어떤 정책을 추진할 것인지에 대한 정책은 국내세법에 반영되어 있다.

(1) 조세조약체결 대상국가 선정

조세조약을 어느 나라와 체결할 것인지는 해당 국가의 대외정책에 달려 있다. 이론적으로는 세계 어느 국가와의 관계에서라도 국제적 이중과세가 발생하지 않도록 하는 것이 바람직할 것이기 때문에 가급적 많은 국가와 조세조약을 체결하는 것이 타당하다. 그러나 현실은 적지 않은 국제경제협력 역사를 가지고 있는 국가들 사이에서도 실제 체결한 조세조약의 숫자에는 편차가 있다.

미국은 조세조약 체결상대국을 선정할 때 매우 선별적으로 하고 있다. 이는 미국이 국내법으로 조약을 배제할 수 있는 제도를 유지하고 있기 때문에 협상의 상대방국가에서 미국과의 조약체결에서 요구하는 사항이 많게 되는 점, 그리고 미국이 상대방국가에 대해 많은 요구를 하게 되어 있다는 점과 같은 현실적인 사항 등이 작용한 결과로 보인다. 이는 결과적으로 미국에 투자하는 자본은 조세조약을 남용하는 사례가 적지 않게 나타나며 그것은 다시 미국으로 하여금 조세조약을 개정하면서 조세조약혜택제한조항을 도입하도록 하는 요인이 되어 왔다. 중국은 교역을 하는 거의 모든 국가와 조세조약을 체결하고 있는 점이 대비가 된다.

(2) 대상국가의 분류

조세조약 체결을 위한 협상의 과정을 살펴보면 과세권 배분에 관한 정책방향을 수립하면서 상대방국가가 우리나라와 어떤 관계에 있는가에 따라 다른 내용의 협상안을 내놓게 되는 것을 알게 된다. 특히 해당 국가와의 교역 내지 투자관계상 우리나라가 자본의 수입국의 지위에 있는지 수출국의 지위에 있는지에 따라 자본소득과세권의 양허의 수준을 달리 설정하고자 하게 된다. 그간 우리나라는 대체로 우리나라가 자본을 수입하는 국가와의 관계에서는 UN모델조세조약을 적용하고 우리나라가 자본을 수출하는 국가와의 관계에서는 OECD모델조세조약을 적용하여 왔다. 그러나 UN모델조세조약은 역사적으로 OECD모델조세조약 이후에 그것을 참조하여 작성되고 있기 때문에 둘 중 어느 한 모델에 따른다고 하는 것이 과세권 배분에 관한 몇 가지 조항을 제외하고는 특별한 의미를 갖는 것은 아니다. 더욱이 우리가 OECD에 가입한 이후에는 거의 모든 협상이 OECD

모델조세조약에 근거하여 이루어지고 있다. 이는 현실적으로 이제 새로운 조세조약을 체결하여야 하는 국가들은 우리보다 상대적으로 경제력이 떨어지는 국가들로서 우리가 자본수출국적인 지위를 갖는 국가이기 때문이기도 하다. OECD모델조세조약은 우리나라에 있어서 뿐 아니라 세계 경제 전반에 걸쳐서도 매우 큰 영향력을 갖는다고 보아야 할 것이다. 실제 OECD 가입국의 자본시장이 세계 전체 자본시장에서 차지하는 비중이 절대적인 점을 감안한다면 OECD모델조세조약은 국가 간 자본소득에 대한 과세권 배분에 관해서도 전 세계적인 공통 원칙으로서 기능하고 있다고 볼 수 있다. OECD는 OECD모델조세조약의 영향력을 확대하기 위해 최근에는 경제력이 있는 주요 비가입국의 의견도 OECD모델조세조약주석서에 기재하고 있으며 이는 비가입국도 OECD모델조세조약을 참조하여 조세조약 체결협상을 하도록 하는 효과가 있다. 예로서 중국의 의견은 OECD모델조세조약주석서 각 조항 후미에 기록되어 있다.

(3) 미체결국에 대한 정책

조세조약을 체결하지 않은 국가의 자본에 대한 과세정책은 각국의 국내세법에 반영되어 있다. 실제 조세조약을 체결하지 않은 국가로부터 의미 있는 규모의 자본이 유입되는 경우는 흔하지 않다고 보아야 할 것이다. 현실적으로 문제 되는 것은 저세율국이나 조세피난처라고 하여 조세조약을 체결하지 않은 국가로부터 자금이 유입되는 경우가 될 것이다.

우리나라를 예로 들면 국내세법상 외국에서 유입한 자본에 대한 과세상 이자와 배당에 대해서는 25%의 세율로 원천 징수하도록 하고 있다. 통상 조세조약을 체결한 국가의 자본에 대해서는 조세조약에 따라 10% 내지 15%의 세율로 원천 징수하는 데 그치므로 상당한 조세부담의 차이가 있게 된다. 조세조약을 체결하지 않은 국가의 자본에 대해 높은 세율로 과세하는 것에 대해서는 상대방국가도 우리 자본에 대해 그렇게 과세할 것이기 때문에 일방적으로 우리나라만 저율 과세할 수 없다는 호혜적인 측면에서의 이유를 들 수 있겠다. 거주자의 이자와 배당에 대해서는 14%의 세율로 원천 징수하고 예외적으로 1인당 연간 합계액이 4천만 원을 넘는 이자와 배당소득에 대해서는 종합 과세하는 제도가 법상 차별적이어서 문제가 되는 것은 아닌지, 경제적으로 외국자본에 대해 중과하는 것이 우리나라 경제에 보탬이 되는지 하는 의문을 제기해 볼 수 있다. 채권시장의 발전을 위해 외국인이 국내채권시장에서 취득한 국공채의 이자에 대해 국내 원천징수세율과 동일한 14%의 세율을 적용하고는 있다.

2. 소득별 과세제도

(1) 이자소득

각국의 사례를 보면 이자소득은 거주지국에 과세권한이 부여되어 있는 경우가 많다. 비거주자의 국내원천 이자소득을 과세해야 할 당위성이 여러 가지 측면에서 존재함에도 불구하고 각국은 역외시장을 통해 자국 과세망을 피해 자국에 투자하는 자금이 증가하게 됨에 따라 자국자본시장의 발달을 위해 국내세법으로 면세하는 제도를 도입해 오고 있다.

국가 입장에서 비거주자의 국내원천이자소득을 과세하여야 할 필요성은 여러 가지 점에서 찾아볼 수 있다. 우선 국내자본과 외국자본을 동일하게 취급하여야 국내토착자본이 성장할 수 있을 것이다. 그리고 국내에서 자금을 차입한 자는 지급이자를 비용으로 공제하면서 소득금액을 줄이는 결과 국고를 축내게 되는 만큼 국내에서 이자를 벌어 나가는 외국자본에 대해서 과세하여야 조세가 중립적으로 작동하게 될 것이다. 외국자본에 대해 과세하지 않는다면 국고로 외국자본에 보조금을 주는 결과가 될 것이기 때문이다.

반면 외국자본에 대해 우대하여야 할 필요성도 나름대로 존재한다. 외국자본이 국내자본보다 우량한 조건으로 자금을 공급한다면 그것을 사용하는 국내기업은 보다 좋은 여건에서 성장할 수 있게 될 것이다. 그런데 외국자본이 국내에서 세금을 부담하지 않는다고 그 이유만으로 바로 국내기업에 자금을 저리로 제공할 수 있는 것은 아니다. 자본의 거주지국가에서 세금을 매겨 버린다면 국내에서 세금을 부담하지 않는 혜택이 고스란히 상대방국가의 국고로 사라지게 되는 결과가 될 것이기 때문이다. 어떤 외국자본이 국외에서도 과세되지 않는다면 국내기업에 저리의 자금을 공급할 수 있는 것이다.

외국자본이 포트폴리오투자 차원에서 국내에서 자금을 대여하거나 예치하였지만 국내의 차입자가 다시 국외로 대여해 주는 구조라면 정부가 그 이자 마진에 대해서만 과세하여도 나라 경제에 보탬이 된다. 그와 같이 포트폴리오 자금을 중계하는 역할은 금융기관이 하게 되며 그에 따른 금융산업의 발전은 국가경제에 기여하게 된다. 그런 관점에서 볼 때 비거주자의 국내원천소득에 대해 과세하지 않는 것이 장기적으로 나라 경제에 더 유익한 결과를 가져올 수 있다.

이와 관련하여 주목할 만한 것은 역외예금시장과 역외채권시장으로 대표되는 역외시장의 발달사이다. 역외시장은 역내시장에서의 규율(세금을 포함하여)을 회피할 수 있는 점 및 익명성이 상대적으로 높게 보장될 수 있어 역내시장에 비해 높은 수익률을 제공할 수 있는 점 때문에 자본의 제공자에게 유인을 제공할 수 있다. 자금의 수요자 입장에서도 비교적 낮은 비용으로 자금을 공급받을 수 있기 때문에 역외시장은 급속도로 발달하였다. 또한 역외시장을 개설한 국가는 외환과 자본규제를 통해 자국시장과 역외시장을 격리시킬 수 있다. 역외시장에서 거래되는 상품의 통화표시국은 달리 이를 제어할 방법을 찾기 어렵다. 역외시장의 선두주자인 영국은 주로 달러표시 채권을 위한 역외시장을 개설하였다. 미국은 통화표시국으로서 자국 금융기관에 대한 일정 예치금에 대해 이자소득에 대한 원천징수를 배제하는 방법으로 이에 대응하게 되었다. 이러한 현상은 1980년대 이후 주요 선진국에서 이자에 대한 원천징수제도를 폐지하거나 아주 낮은 세율을 적용함으로써 비거주자의 이자소득에 대한 원천징수 부담을 경감시켜 주는 제도를 경쟁적으로 도입하는 방향으로 발전하였다. 1984년 프랑스, 독일, 영국, 일본 등이 그리고 1988년에는 오스트리아가 비거주자에 대한 이자지급 시 원천 징수하는 제도를 폐기하고 그 뒤 많은 국가가 일방적으로 또는 조세조약을 통해 이와 유사한 조치를 취하였다. 그런데 이러한 조치는 각국의 의도와는 무관하게 거주지국에서도 이자소득이 과세되지 않는 현상이 확대되는 결과를 초래하였다. 이자소득의 원천지국에서 소득에 대한 정보를 소득자의 거주지국 과세당국에 적절히 통보하여 주지 못하였기 때문이다. 이러한 결과를 각국 정부가 원하였는가 하는 것에 대해서는 단정적으로 얘기할 수 없다. 다만, 세금의 사각지대에 놓여 있는 역외예금시장과 역외채권시장이 비대해지면 관련국 재정이 심대한 타격을 받게 될 것은 분명하다. 이러한 문제에 대한 절충적 해결방법의 하나로 시도된 것으로 EC Savings Directive 2003[115]을 들 수 있다. 이에 의하면 EU 국가 상호간에는 비거주 개인의 이자소득에 대해 원천지국가에서는 과세하지 않고 거주지국가에서만 과세하기로 하면서 각국은 원천지국가로서 이자소득의 지급사실을 거주지국가에 통보하여 주게 되어 있다. 세계 역외시장에서 주로 달러화 표시증권이 거래되기 때문에 EC Savings Directive는 역외시장 전체가 무세금의 지대로 되어 있는 현실을 모두 개선하지 못하고 있기는 하다. 비거주 법인에 대해서는 EC Interest and Royalty Directive 2003[116]에 의해 유사한 원칙이 정립되었다. 원천지국에서 이자소득에 대해 과세하지 않는다고 하여 원천지국에서 이자비용 공제를 배제하는 것은 아니므로 EU 국가들 사이에서는 원천지국가가 외국자본에 대해 보조금을 지불하고 있는 형국이 된 것이다. 이러한 보조금

---

115) 역내 다른 나라의 금융기관으로부터 이자를 지급받는 개인의 이자소득에 대해서는 원천지국에서 과세하지 말고 거주지국에 정보를 제공하자는 내용이다(제1조, 제9조).

116) 역내 서로 다른 나라에 위치한 관계회사 간 이자와 사용료를 지급할 때에는 원천지국은 과세하지 말자는 내용이다(제1조). 이 지침 서문에서는 역내에서 국내투자와 국외투자 간 과세상 형평성을 확보하기 위해서는 국가 간 이중과세의 완전한 방지를 위해서는 이자와 사용료는 원천지국에서 과세하지 말아야 하며 이는 특히 관계회사 간 거래에서 더욱 그러하다는 점을 언급하고 있다.

을 거주지국가가 재정으로 흡수할지는 개별 거주지국가가 결정할 일이다.

1) 국내세법

① 과세 대상

비거주자(외국법인)의 국내원천 이자소득으로서 과세 대상이 되는 것은 다음과 같다.

> 1. 국가, 지방자치단체, 거주자, 내국법인, 외국법인(비거주자)의 국내사업장으로부터 지급받는 이자
> 2. 비거주자(외국법인)로부터 지급받는 소득으로서 당해 비거주자(외국법인)의 국내사업장과 실질적으로 관련하여 그 국내사업장의 소득금액 계산에 있어서 손금으로 인정된 것

위 제1호에서 '이자'라 함은 거주자의 이자소득과세 대상이 되는 이자를 말한다. 물론 국외원천분은 제외한다. 이에 따라 거주자(내국법인)의 국외사업장을 위하여 그 국외사업장이 직접 차용한 차입금의 이자는 국내원천으로 보지 않는다.

② 과세방식

이자를 수령할 비거주자(외국법인)가 국내사업장이 있을 경우 국내사업장에 귀속되는 이자소득은 종합하여 과세된다.[117] 비거주자(외국법인)가 국내에 부동산소득이 있는 경우에도 국내사업장을 가지고 있는 것으로 본다.[118] 국내사업장에 귀속되는 이자소득은 14%의 원천징수세율이 적용되며 종합 과세된다.[119] 여기서 원천징수는 예납적인 것으로 거주자의 이자소득에 대한 원천징수와 같은 방식에 의한다. 외국법인의 국내사업장과 실질적으로 관련하여 그 국내사업장의 소득금액 계산에 있어서 손금 또는

---

117) 소득세법 제121조 제2항.
118) 소득세법 제120조.
119) 소득세법 제127조.

필요경비로 산입되는 이자를 비거주자에게 지급하는 경우에는 당해 소득을 지급하는 과세기간의 신고기한의 종료일까지 원천징수를 하여야 한다.[120] 이는 외국법인이 비거주자에게 지급하는 이자에 대해서는 원천징수의 의무를 부과하되 원천징수납부의무를 법인세 신고기한에 맞춤으로써 납세협력에 따른 비용을 절감시키고자 하는 취지이다.

외국법인의 국내사업장과 실질적으로 관련하여 그 국내사업장의 소득금액 계산에 있어서 손금 또는 필요경비로 산입되는 이자를 거주자에게 지급하는 경우에는 일반적인 예에 의한다.

국내사업장이 없는 비거주자 또는 외국법인에 귀속되는 이자소득이나 국내사업장이 있더라도 그에 귀속되지 않는 이자소득의 경우 조세조약이 있는 국가의 거주자에 대해서는 조세조약상의 제한세율이 적용되며, 조세조약이 없는 국가의 거주자에 대해서는 25% 원천징수세율이 적용되어 분리 과세된다.[121] 소득세법 제46조의 규정에 의한 '채권 등'의 이자소득에 대해서는 거주자 및 내국법인에 대해서는 중도매각 시 원천징수제도 대신 지급조서의 제출제도로 전환하였다. 그러나 비거주자(외국법인)가 채권 등을 중도 매각한 때 국내사업장이 없거나 그에 귀속되지 않는 이자소득의 경우 원천징수로 납세의무가 종결되어야 하기 때문에 중도매각시점에서 원천 징수하도록 하고 있다.[122] 중도매각 시 이를 매수하는 자가 개인인 경우에도 원천징수의 의무를 부담한다. 이러한 점에서 거주자 또는 내국법인이 중도매각 시 매수자가 부담하는 지급조서의 제출 또는 원천징수의 의무는 법인이 매수하는 경우에만 발생하는 것과 대조된다. 비거주자 또는 외국법인이 채권을 보유하고 있는 기간 중 이자를 지급하는 경우에도 원천징수의 의무가 주어진다. 이때 비거주자·외국법인에게 적용되는 세율은 거주자에게 적용되는 14%와 다른 25%이거나 조세조약상 제한세율로서 15% 이하이다. 이에 대해서는 당해 비거주자 또는 외국법인이 보유한 기

---

120) 법인세법시행령 제190조 제1호의2.
121) 소득세법 제156조 제1항 제3호.
122) 법인세법 제98조의 3.

간에 대해서만 해당 세율을 적용하여 원천 징수하도록 하기 위한 특례규정이 마련되어 있다.

2) 한미조세조약의 사례

우리나라가 미국과 체결한 조세조약에서는 소득원천지국과 자금대여자의 거주지국에 공히 과세권을 부여하고 원천지국에서는 국내법상 세율보다 낮은 제한세율을 적용하도록 하고 거주지국에서는 외국세액공제방법으로 이중과세를 배제하도록 하고 있다.

이자소득의 범주는 공채, 사채, 국채, 어음 또는 그 담보의 유무와 이익 참가권의 수반 여부에 관계없이 기타의 채무증서와 모든 종류의 채권으로부터 발생하는 소득 및 그 소득의 원천이 있는 국가의 세법에 의해 금전의 대부에서 발생한 소득으로 취급되는 기타의 소득으로 하고 있다. 이자소득의 원천지는 지급자의 거주지국으로 하고 있다. 그러나 이자지급자가 그 이자지급의 원인이 되는 채무의 발생에 관련된 고정사업장을 둔 경우에는 고정사업장이 소재하고 있는 국가 내에 원천을 둔 것으로 간주된다.

이자소득에 대해서는 원천지국이 과세할 수 있는 세율을 12%로 제한하고 있다. 12%의 제한세율은 원천지국에 이자수령자의 고정사업장이 있으며 관련 채무가 그 고정사업장에 실질적으로 관련이 있는 경우에는 제한세율의 규정이 적용되지 않고 사업소득에 관한 규정이 적용된다. 즉, 12% 원천징수 분리과세가 배제된다.

중앙 및 지방정부나 중앙은행의 이자소득에 대해서는 면세한다. 특수관계인에게 과다하게 지급된 이자에 대해서는 지급자의 거주지 국가정부는 정상이자율에 의한 이자에 대해서만 제한세율을 적용한다. 초과금액은 각 국가의 세법에 따라 과세된다.

투자회사 또는 금융지주회사와 같은 지주회사가 지급받는 이자, 배당, 사용료 또는 양도소득에 대해서는 제한세율이나 면세의 규정이 적용되지 않도록 되어 있다. 이에 따라 원천지국가의 세법에 따라 과세된다. 이는 투자회사나 금융지주회사는 거주지국가에서 도관체 또는 준도관체로서 법인단계에서의 과세가 사실상 배제되어 있는데 원천지국가에서 조세조약상 제한세율이나 면세규정이 적용될 경우 양쪽에서 과세특례를 적용받는 결과가 되어 조세회피의 수단으로 이용될 가능성이 크기 때문이다.

(2) 배당소득

조세조약상 배당소득을 이자소득과 비교한다면 원천지국에 상대적으로 많은 과세권한이 부여되어 있다. 주식의 경우에는 역외시장이 제대로 형성되지 못하였다. 이에 따라 배당소득에 대해서는 이자소득과 비교할 때 각국 정부는 원천지국으로서의 과세권을 포기하여야 할 필요성을 크게 느끼지 못하였다. 오히려 각국은 지점세를 통해 원천지국으로서의 과세권을 확대하는 조치를 취하기도 한다. 특별히 외국인직접투자를 유치하기 위해 배당소득에 조세특례를 부여하는 예외가 있기는 하다. 거주지국은 조세피난처세제를 통해 과세권을 확대하기도 하지만 경영참여소득면제를 통해 포기하기도 한다.

이자는 은행과 같은 간접금융기관으로부터 수령하는 경우가 많다. 한편 배당은 직접 발행법인으로부터 수령한다. 개별 회사 대 주주의 관계에서 거래관계가 형성되는 것이다. 자본을 수입하는 국가의 입장에서 비거주자의 배당소득을 거주자의 배당소득에 비해 일반적으로 우대하여 과세하는 정책을 채택한다면 이자소득에서와 같이 여러 문제가 노정될 것이다.

주식의 경우에는 역외시장이 제대로 형성되지 못하였다. 주식의 경우 역외주식시장은 부분적으로라도 통화표시국에서 주식을 공모하여야 하는 부담 때문이었다. 결과적으로 각국의 세제를 보면 비거주자의 국내원천배당소득은 거주자의 소득과 다를 바 없이 과세되고 있다.

비거주자의 국내원천배당소득과 관련해서는 국내세법상 과세권을 유지하고자 하는 규정을 두고 있는 사례가 자주 발견된다. 예를 들면, 국내사업장의 법인세 부담 후 소득(또는 그중 송금한 금액)을 마치 법인이 주주에게 배당한 것처럼 보아 지점세를 부과하는 제도가 그런 것이다. 이는 지점

방식의 외국자본과 자회사 방식의 외국자본에 대해 중립적으로 과세하기 위한 제도이다. 한편, 조세회피를 규제하기 위한 제도도 역시 적지 않게 찾아볼 수 있다. 국외특수관계법인과 이전가격행위를 통해 줄인 소득금액을 정상가격에 따라 다시 늘릴 경우 늘어나는 세후순이익을 배당한 것으로 보아 과세한다든지, 국외특수관계법인으로부터 자본에 비해 과다하게 차입한 경우 지급한 이자를 손비 부인하고 배당으로 보아 과세하는 것 등이 그러한 예이다.

비거주자의 국내자본출자를 정책적으로 지원하기 위한 목적에서 배당소득에 대한 과세에도 조세특례를 부여하기도 한다. 이 경우 해당 외국인투자법인 소득에 대해 조세특례가 적용될 뿐 아니라 그 소득을 원천으로 하는 배당을 수령하는 외국인투자자의 배당소득에 대해서도 조세특례가 적용된다. 이와 같은 조세특례는 앞의 이자소득에서 언급한 바와 같이 소득의 가득자의 거주지국에서 통상의 국외원천소득처럼 별 고려 없이 과세하게 되면 원천지국의 보조금이 거주지국의 국고로 흡수되는 격이 된다. 이러한 결과를 방지하기 위해 상호 협의를 통해 간주외국납부세액공제제도를 도입한 나라들이 있다. OECD회원국들의 추세를 본다면 외국인직접투자라는 이유만으로 중앙정부 차원에서 조세특례를 부여하는 국가는 우리나라를 제외하고는 찾아볼 수 없다.

1) 국내세법

비거주자는 우리나라에서 이루어진 자본거래에 따른 국내원천배당소득에 대해 납세의무가 있다. 배당소득의 원천지는 전술한 바와 같이 지급법인의 소재지를 기준으로 한다. 우리 소득세법은 내국법인 또는 법인으로 보는 단체 기타 국내로부터 받는 배당소득(내국인에 적용되는 배당소득의 범주 중 국외원천분을 제외)을 국내원천배당소득으로 보고 있다. 이와 더불어 국제조세조정에관한법률 제9조의 규정에 의하여 이전가격과세제도의 적용에 따라 배당으로 처분된 금액을 역시 배당소득으로 보고 있다.

① 비거주자가 수령하는 배당

비거주자의 국내원천 배당소득은 1) 내국법인 또는 법인으로 보는 단체 기타 국내로부터 받는 배당소득 및 2) 국제조세조정에관한법률 제9조의 규정에 의한 이전가격과세에 따라 당해 내국법인의 소득금액을 재조정하고 배당으로 처분된 금액과 3) 동법 제14조의 과소자본세제에 의하여 배당으로 처분된 금액 등을 말한다. 여기서 배당소득에는 외국법인으로부터 받는 배당소득을 제외한다.

비거주자가 내국법인으로부터 받는 '주식배당*' 또는 무상증자(자본준비금 및 재평가적립금의 자본전입 제외)로 인해 받게 되는 '무상주'는 의제배당으로 국내원천소득으로 본다.[123] 비거주자의 배당소득에 대해서는 조세조약의 체결 여부, 고정사업장 또는 부동산 임대소득의 유무, 국내 고정사업장(또는 부동산 임대소득)에의 귀속 또는 실질적 관련 여부에 따라 그 과세방법을 달리하고 있다.

국내사업장이 있을 경우 국내사업장에 귀속되는 배당소득은 종합하여 과세된다.[124] 비거주자가 국내에 임대소득이 있는 경우에도 국내사업장을 가지고 있는 것으로 본다.[125] 국내사업장에 귀속되는 배당소득은 14%의 원천징수세율이 적용되며 종합 과세된다.[126] 이는 예납적인 것으로 거주자의 배당소득에 대한 원천징수와 같은 방식에 의한다. 국내사업장에 귀속되지 않는 배당소득의 경우 조세조약이 있는 국가의 거주자의 경우 조세조약상의 제한세율이 적용되며, 조세조약이 없는 국가의 거주자의 경우 25% 원천징수세율이 적용되어 분리 과세된다.[127]

② 외국법인이 수령하는 배당

외국법인에게 지급하는 배당은 외국법인에게 지급하는 이자소득에 대한

---

123) 국업 46017 - 279, 2000.6.15.
124) 소득세법 제121조 제2항.
125) 소득세법 제120조.
126) 소득세법 제127조.
127) 소득세법 제146조 제1항 제3호.

과세에 있어서와 같은 원칙에 따라 과세된다. 따라서 국내사업장이 없는 외국법인에게 배당소득을 지급하는 자는 원천 징수해야 한다.

3) 한미조세조약의 사례

우리나라가 미국과 체결한 조세조약에서는 소득원천지국과 배당수령자의 거주지국 모두에 과세권을 부여하고 원천지국에서는 제한세율을 적용하도록 하고 있다.

배당소득의 원천지는 지급법인의 소재지 국가이다. 원천지국에서는 15%를 한도로 과세하고, 특정한 자회사로부터의 배당에 대해서는 10%를 한도로 하고 있다. 조세조약의 남용을 방지하기 위해 외국법인이 받는 배당은 다음 요건을 모두 만족하는 경우에만 10%의 제한세율을 적용하도록 하고 있다. 즉, 배당수취인이 법인일 경우로서 의결권주식의 10% 이상을 배당수취법인이 계속하여 소유하며, 지급법인의 총소득의 25% 이하가 이자 또는 배당으로 구성되어 있어야 한다. 다만, 배당지급법인이 은행업, 보험업 또는 금융업을 영위하는 경우에는 당해 사업에서 발생하는 이자는 25% 판정에 있어 제외된다. 또한 이자의 수령 시에 발행된 의결권주식 중 50% 이상을 지급법인이 소유하고 있는 자회사로부터 받는 배당과 이자도 제외된다.

참고로 한미조세조약에서는 배당의 지급원천이 되는 이윤이 자국의 영토 내에서 발생하였다는 이유로 외국법인이 자국거주자가 아닌 자에게 지급하는 배당에 대해 과세하지 못하도록 하는 추적과세의 금지조항을 두고 있지 않다. 따라서 한미조세조약상 각각 자국에 진출한 상대방국가의 법인의 지점의 자국원천소득에 대해 법인세 이외에 배당에 대한 조세 즉, 지점세를 부과하는 것을 제한하는 조항은 없다. 그러나 우리나라 국내세법은 조세조약상 명시적으로 지점세 부과에 관한 조항을 두는 경우에 한하여 지점세를 부과하도록 규정하고 있기 때문에 미국법인의 국내지점에 대해서는 지점세를 부과하지 못하고 있다. 반면 미국 국내세법은 조세조약상 지점세 부과의 금지에 관한 조항이 없다면 지점세를 부과하도록 하고 있기 때문에 지점세를 부과하고 있다.

(3) 자본이득

조세조약상 유가증권양도소득에 대한 과세권은 거주지국에 부여하는 것이 지배적인 원칙이 되고 있다. 한편 많은 국가가 국내세법상 경영참여소득면제를 통해 스스로 거주지국으로서의 과세권을 포기하기도 한다. 이는 국제적인 이중무과세를 초래하기도 한다.

비거주자의 국내원천 유가증권 양도소득에 대한 과세를 거주자에 대한 과세와 비교하여 우대할 것인가에 대한 논의의 본질은 앞의 이자소득이나 배당소득에서와 다를 바 없다. 그것의 원천이 되는 채권이나 주식이 동일하기 때문이다. 국내세법상 비거주자의 국내원천 유가증권 양도소득을 과세하는 데 집행상 문제가 특별히 있는 것도 아니다. 장외에서 거래될 경우에는 취득자로 하여금 원천 징수하게 하고 장내에서 증권사를 통하여 거래될 때에는 증권사가 원천 징수하도록 하면 될 것이다.

1) 국내세법

① 비거주자의 국내원천 유가증권 양도소득

● 과세 대상

비거주자의 주식 또는 출자지분의 양도소득은 국내 고정사업장의 유무에도 불구하고 국내원천소득으로서 과세된다. 다만, 당해 연도와 지난 5년간 본인과 특수관계 있는 자가 보유한 지분의 합계가 25% 미만인 내국법인이 발행한 주식 또는 출자지분의 양도차익은 비거주자 또는 국내사업장이 없는 외국법인에 귀속할 경우 국내원천소득으로 보지 않는다.[128] 거주자가 보유하는 상장 또는 등록 주식은 당해 주주 1인과 그와 특수관계 있는 자가 발

---

128) 소득세법시행령 제179조 제10항 제1호.

행주식의 3% 이상을 소유하거나, 시가총액 100억 원 이상을 보유한 주주의 소유주식에 대해서 과세하도록 하고, 비상장 또는 비등록 주식은 모두 과세하는 것에 비하면 과세상 특례라 할 수 있다.

국내사업장이 없는 비거주자가 동일한 내국법인의 주식 또는 출자지분을 동일한 사업 연도에 2회 이상 양도함으로써 조세조약에서 정한 과세기준을 충족하는 경우에는 양도 당시 원천 징수되지 아니한 소득에 대한 원천징수상당액을 신고·납부하여야 한다. 이는 종합과세방식과는 다른 것이다. 1회만 양도하는 경우 조세조약상 국내원천소득으로 과세하는 기준을 충족하지 못하다가 2회 이상 양도하는 경우 조세조약상 과세요건을 충족하게 되는 경우에 해당한다.[129] 이는 한·일조세조약과 한·독조세조약이 지분율이 25% 이상인 과점주주가 동일한 과세 연도 중 총발행주식의 5% 이상을 양도하는 경우 원천지국에서 과세할 수 있도록 한 규정을 집행하기 위한 목적이다.

비거주자의 주식 또는 출자지분 이외의 유가증권 양도소득은 국내고정사업장을 가지고 있는 경우 어느 누구에게 양도하든 이를 국내원천소득으로 보아 과세한다. 그러나 국내고정사업장이 없는 경우에는 국내의 거주자, 내국법인, 비거주자나 외국법인의 국내고정사업장에 양도하는 경우에 국내원천소득으로 본다.

국내사업장이 없는 비거주자가 국내의 주식·지분 외의 유가증권을 양도함으로써 얻는 소득도 국내원천소득이다. 예를 들어, 비거주자·외국법인이 내국법인이 발행한 회사채를 중도 매각할 경우 얻는 매매차익은 국내원천소득으로 과세한다. 거주자의 경우 채권중도매매차익이 과세되지 않는 것과 대비된다.

● 과세방식

비거주자에 대해 종합 과세할 때에는 거주자에 대한 기본세율(8~35%)

이 적용된다. 양도소득이 분리 과세될 때에는 수입금액에 10%의 세율을 적용한다. 분리과세 시 소득금액의 계산이 가능한 경우에는 소득금액에 25%의 세율을 적용한 세액과 비교하여 적은 금액을 세액으로 한다.

원천징수를 위해서는 당해 국내원천소득과 관련하여 발생되거나 대응되는 비용 등을 공제하지 않은 총지급금액을 대상으로 함이 원칙이다. 그러나 소득세법 제119조 제12호의 유가증권 양도소득에 대해서는 예외를 인정하고 있다. 즉, 양도소득이라는 개념은 통상 자산 등의 양도로 인한 양도가액에서 그 자산의 취득과 관련한 취득가액 및 양도비용을 공제함으로써 그 차익이 있을 때를 말하는 것으로 유가증권의 양도로 인한 대가인 지급액을 기준으로 원천 징수하게 되면 실제로는 양도로 인해 차손이 발생하여 실질적인 의미에서의 국내원천소득이 발생하지 않았음에도 불구하고 과세하게 되는 모순이 생긴다. 따라서 유가증권 양도소득의 경우는 양수자가 지급액을 기준으로 하여 원천 징수하는 것을 원칙으로 하되 제156조 제1항 제4호 단서규정을 통하여 소득세법 제126조 제1항 단서에서와 같이 당해 유가증권의 취득가액 및 양도비용이 확인되는 경우 당해 유가증권의 양도에 따른 수입금액에서 그 취득가액 및 양도비용을 공제하여 계산한 금액의 25% 상당액과 그 유가증권 양도에 따른 지급액의 10% 상당액을 비교하여 적은 금액으로 원천 징수할 수 있도록 하고 있다. 여기서의 원천징수는 완납적이다. 다만, 만약 양수하는 자도 국내에 고정사업장이 없는 비거주자라면 양도자는 양도일이 속한 다음다음 달의 10일까지 신고 납부하여야 한다.

② 외국법인의 국내원천 유가증권 양도소득

국내사업장이 있는 외국법인은 당해 국내사업장에 귀속하거나 실질적으로 관련된 국내원천소득은 기본적으로 내국법인의 소득과 같은 원칙에 따라 과세한다.[130] 이에 따라 국내사업장이 있는 외국법인의 주식 또는 출자지분의 양도소득은 예외 없이 과세된다. 내국법인의 경우 외국법인이 발행

---

130) 법인세법 제91조.

한 주식 또는 출자지분은 국내에 상장 또는 등록되지 않은 것도 과세되는 반면 외국법인은 타 외국법인이 발행한 주식으로 국내에 상장 또는 등록 되지 않은 것은 과세되지 않는다.

국내사업장이 없는 외국법인의 주식 또는 출자지분의 양도소득은 비거주자 의 국내원천 주식양도소득에 대한 과세원칙이 그대로 적용된다. 주식 또는 출자지분 이외의 유가증권의 양도소득에 대해서도 비거주자에 대한 과세원칙 이 그대로 적용된다. 예를 들어, 국내사업장이 없는 외국법인이 내국법인이 발행한 주식을 제3자에게 양도함으로써 발생하는 소득은 국내원천소득으로서 과세된다.[131] 이때에는 비거주자에 대한 것과 같은 방식에 따른 원천징수 분 리과세로 납세의무가 이행된다.[132]

국내사업장이 없는 외국법인이 보유하고 있던 내국법인의 주식을 국내 사업장이 없는 다른 외국법인에게 무상 양도하는 경우 이는 '국내에 있는 자산의 수증으로 인하여 생기는 소득'으로서 무상 양수받은 법인에게 귀속 하는 국내원천 기타 소득이 된다.[133]

2) 한미조세조약의 사례

우리나라가 미국과 체결한 조세조약에서는 주식 등 동산의 양도차익에 대하여 원칙적으로 거주지국에서만 과세하도록 되어 있다. 다만, 양도차익 의 귀속자가 투자회사나 지주회사에 해당하는 경우에는 주식발행법인의 소재지 국가에서도 과세할 수 있다. 또한 상대방 국가에 고정사업장을 가 지고 있으며 당해 주식이 고정사업장과 실질적으로 관련되는 경우에는 당 해 주식의 양도차익은 고정사업장소재지 국가에서 과세할 수 있다. 이때에 는 원천징수 분리과세가 배제된다.

[탐구] 4-2

---

131) 서이 46018-11004, 2002.5.15.
132) 법인세법 제97조.
133) 법인세법 제93조 제11호 다목, 서이 46018-11009, 2002.5.13.

■ 사건개요

2002년 이후 우리나라의 시중은행이 고객에게 판매한 소위 엔화스왑예금의 거래구조를 간략히 축약하면 다음과 같다. 개인 甲은 1억 원을 A은행에서 당시 현물환율 10원/엔에 따라 1천만 엔으로 환전하고 동 금액을 1년 만기(이자율: 연 0.1%) 엔화(외화)예금에 가입하였다. 甲과 A는 1년후 선물환율 10.3원/엔에 따른 선도계약을 체결(우리나라 금리가 일본의 금리에 비해 높으므로 선물환율은 현물환율에 비해 높은 수준에서 결정)하였다. 만기 시 甲은 엔화예금의 원리금 1,001만 엔(원금 1,000만 엔＋이자 1만 엔)을 수령함과 동시에 선도계약에 약정된 환율 10.3원/엔에 따라 동 금액을 원화 1억 310만 원(1,001만 엔×10.3)으로 교환하였다.

국세청은 엔화스왑예금 중 선물환거래는 하나의 통합된 예금계약으로 볼 수 있다고 하며 은행 A에게 고객 甲으로부터 이자소득에 대해 원천 징수하지 않았다고 보아 甲의 이자소득세와 함께 가산세를 고지하였다. 국세심판원은 과세관청의 부과고지가 적법한 것으로 판단하였지만, 이자소득 지급자가 원천징수영수증을 교부하지 않아 청구인에게 종합소득세 확정신고·납부를 기대하기 어려우므로 신고·납부불성실가산세를 부과함은 잘못이라고 결정하였다(국심2007서4187, 2007.12.26.). 2008년 현재 이 사건은 서울 행정법원에 계류 중이다.

■ 쟁점

이 사건에서의 쟁점은 엔화매입계약, 엔화예금계약 및 선물환매도거래계약을 통합하여 보는 것이 적법한 것인지와 통합하여 볼 경우 고객 甲이 얻는 소득을 현행 소득세법상 이자소득에 관한 규정에 부합하는 것으로 볼 수 있는 것인지의 2가지이다.

세 가지의 거래를 통합하여 볼 경우 매수차익거래에 대해 대여거래로 보아 과세하지 않는 것은 차익거래가 비단 매수차익거래뿐 아니라 다음과 같이 다양한 방식으로 나타나는데 새롭게 나타나는 거래들이 상호 시기적으로 근접하여 있고 기초자산이 같다는 이유로 모두 통합하려 한다면 이를 어느 선까지 확대하여야 하는가에 대한 의문이 제기될 것이다. 예를 들어, 매각 대상이 되는 call option의 가격이 매우 비싸고 매입 대상이 되는 put option의 가격이 매우 저렴한 option pair를 구축한 경우 투자자는 양 option의 가격차이를 이용하여 무위험차익을 창출할 수 있으며, 반대의 경우에도 역시 무위험차익을 창출할 수 있다. 또한 서로 반대되는 방향의 option pair를 복수로 구성하는 box spread를 구축할 경우에도 마찬가지로 무위험차익을 챙길 수 있다. 이러한 거래의 경우 비록 자금의 대여관계를 설정하기 곤란하지만 무위험차익을 거둘 수 있는데 거주자의 이러한 차익에 대해서는 과세하지 않는 반면 매수차익거래에 대해서는 과세한다면 과세상 일관성을 결여한 것이 될 것이다. 이러한 관점에서 보아도 매수차익거래에 따른 소득을 소득세법 제16조 제13호의 소득으로 보는 데에는 무리가 따른다.

※ 일본의 외화스왑예금과세

일본 소득세법은 소득의 개념을 포괄적으로 규정하고 있다. 다만, 소득의 종류를 규정하면서 이자소득을 포함한 각 소득을 제한적으로 정의하고 여집합을 모두 잡소득으로 과세하는 방식을 채택하고 있다. 소득의 종류를 규정한 소득세법 제23조는 다음과 같이 단순하게 규정하고 있다.

제23조 이자소득은 공사채 및 예적금의 이자(사채 등의 이체에 관한 법률 제90조 제1항(정의)에 규정하는 분리이자이체국채(재부성령으로 정하는 바에 따라 동 조 제1항에 규정하는 원금과 이자의 분리가 행해지는 것에 한한다)에 관계되는 것을 제외한다)와 더불어 합동운용신탁, 공사채투자신탁 및 공모공사채 등 운용투자신탁의 수익의 분배(이하 이 조에서 '이자 등'이라고 한다)에 관계되는 소득을 말한다.

2. 이자소득의 금액은 그 연도 중의 이자들의 수입금으로 한다.

그러나 비거주자의 국내원천이자소득에 대한 제161조는 다음과 같이 우리 소득세법 제16조 제13호과 유사한 방법으로 규정하고 있다.

제161조 이 편에 있어서 국내원천소득은 다음에 게기하는 것을 말한다(중간 생략).
6. 국내에 있어 업무를 행자는 자에 대한 대부금(그것에 준하는 것을 포함한다)으로서 당해 업무에 관계되는 것의 이자(정령으로 정하는 이자를 제외한다).

위 규정에서 '대부금(그것에 준하는 것을 포함한다)'의 의미에 대해서는 repo거래, 외화스왑예금 및 impact loan과 관련한 논의와 더불어 다음 실무와 같은 입장이 주를 이루고 있다. 일본에서 현재 팔리고 있는 외화스왑예금으로부터의 소득은 실무상 이자소득과 잡손익으로 과세되는 부분으로 나뉘고 있다.[134]

---

[134] http://www.hokuetsubank.co.jp/contents/kojin/gaikayokin/yms_more.html 참조.

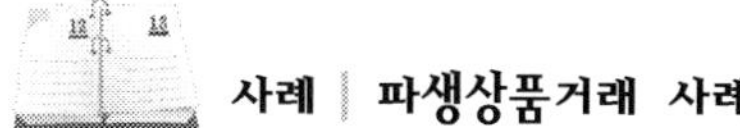

■ 사실관계

아래는 법인 간 거래이지만 파생거래에 따른 경제적 이득에 대한 과세가 소득의 종류 구분에 의해 좌우된 대표적 사례이므로 거주자의 국외원천 파생상품소득에 대한 과세에 시사하는 바 크다. 금융업을 영위하는 甲법인은 제조업을 영위하는 乙법인과 금융상품 파생거래의 하나로서 고정금리를 지급하고 변동금리를 수취하는 '이자율스왑계약'을 체결하였다. 그리고 甲법인은 고정금리부 채권 발행을 통해, 乙법인은 변동금리부 은행차관 도입을 통해 100억 원을 조달한 후 양 당사자 간 다음과 같이 이자를 바꾸어 지급하였다. 만기 시 변동금리는 7%로 乙법인은 甲법인에게 고정금리에 의한 164백만 원을 지급하여야 하는 반면 甲법인은 乙법인에게 변동금리에 의한 이자액 191백만 원을 지급하여야 했다. 乙법인은 금리차이로 인한 차액 27백만 원을 수취하였다.

구 분	甲법인 수취	乙법인 수취
계약원금	100억 원	100억 원
기간	100일	100일
이자율	6% 고정금리	만기 시 변동금리

■ 쟁점

금융업을 영위하는 법인 甲과 제조업을 영위하는 법인 乙이 통화이자율스왑거래를 함에 따라 발생한 이익을 금전사용에 따른 대가인 이자소득으로 보아 원천 징수할 수 있는지 여부가 쟁점이 된다. 甲법인과 乙법인의 채권자가 수령하는 소득이 이자소득임에는 이론의 여지가 없지만 乙법인이 이자율스왑을 통해 수령하는 금액 27백만 원의 성격이 문제 된다. 만약 이자소득이라면 甲법인은 원천징수를 하였어야 할 상황이다. 乙법인은 자신의 채권자에게 191백만 원을 지급하고 그 채권자는 그 금액을 이자소득으로 인식하여야 한다. 甲과 乙은 서로 변동이자율수준이 어떻게 될지 모르고 미래를 전망한 데 대한 위험에 따른 손익을 발생시킨 것이다. 이러한 성격의 손익은 자본손익이라고 보아야 한다. 특히 甲과 乙 간에는 원본, 즉 자금의 대차가 전혀 없었기 때문에 자금사용의 대가로서 이자로 볼 수 없는 것이다.

제3절 외국인직접투자

캐나다의 조세법학자 Alex Easson은 외국인직접투자를 그 형태에 따라 greenfield 투자, 인수·합병 및 공동사업으로 구분하고 있다. 이 중 인수·합병 및 공동사업에 대해서는 별도의 절에서 논하기로 하고 본 절에서는 greenfield 투자에 대해 논한다. 아래 언급하는 조세문제는 모든 업종에 고루 발생하는 것이기는 하지만 구체적인 사례를 듦에 있어서는 금융자본과 산업자본의 성격을 고루 갖춘 금융회사를 예로 한다.

제1항 greenfield 투자에 대한 과세

산업자본이 다른 나라에 진출하는 과정을 고찰하면 일반적으로 초기 단계에는 지점의 형태로 있다가 사업활동이 어느 정도 정착단계에 이르러서는 그곳에서 하나의 법인으로 전환하게 된다. 지점진출 단계에서는 고정사업장 소득금액 계산과 지점세과세가 그리고 자회사 전환 단계에서는 전환에 따르는 자본이득과세와 외국인직접투자에 대한 조세지원이 문제 된다. 대외투자에 따른 소득에 대한 과세에 있어서는 외국납부세액공제가 주된 관심사이다.

국제자본이 실질적으로 사업을 영위하는 주체로서 외국에 진출할 때 진출지국에서 이미 해당 산업활동을 하는 주체로부터 영위하던 사업을 승계

하거나 그와 협업을 하는 대신 새로이 산업활동을 구성하는 경우를
greenfield 투자라고 한다. 대개는 새로운 자본을 투여하면서 장비나 기술
을 도입하게 된다. 그리고 진출 초기 단계에는 지점의 형태로 있다가 사업
활동이 정착단계에 이르면 그곳에서 하나의 법인으로 전환하게 된다. 자회
사가 되는 것이다. 지점 단계에서 발생하는 조세문제와 자회사단계에서 발
생하는 조세문제는 본질적으로 다를 것이 없겠지만 기술적인 측면에서 몇
가지 차이가 나타나게 된다. 지점은 외국법인인 반면 자회사는 내국법인이
다. 외국법인은 국내원천소득에 대해서만 납세의무를 부담하는 반면 자회
사는 전 세계 소득에 대해 납세의무를 지게 된다. 지점은 그것에 귀속하는
법상 자본금이 존재하지 않지만 과세상 자본의 액수를 산정하도록 되어
있다. 대개 외국의 자본이 실제 투자하는 금액이 될 것이지만 계산에는 까
다로운 기술적인 문제가 있다. 지점에도 자본이 있는 것으로 본다면 지점
이 법인세를 납부한 후 유보이윤을 배당으로 보아 과세하여야 하는가 하
는 의문이 발생한다. 이에 대한 해답으로서 지점세제도가 존재한다.

　지점이 자회사로 전환할 때에는 일반적인 회사의 설립에 관한 것과 동
일한 문제가 발생한다. 지점은 법상 외국법인이며 새로이 설립되는 법인과
는 구분된다. 따라서 법인의 설립을 지점의 자산이나 영업을 현물 출자하
는 것으로 보게 되는데 이때 과세 문제가 나타난다. 여기서는 금융기업을
대상으로 하여 greenfield 투자에 대해 논하기로 하였는데 금융기업들은 진
출지국의 규제 때문에 다른 업종에 비해 상대적으로 지점 방식으로 진출
하는 경우가 많다. 한편 금융회사들은 금융자본을 중개하는 것을 본업으로
하기 때문에 그에 대한 과세제도의 분석은 포트폴리오투자에 대한 과세제
도 연구에도 도움이 된다.

1. 지점 방식의 진출

(1) 지점의 설치와 자본

1) 지점의 설치와 고정사업장

외국기업이 국내에 지점형태로 진출할 때 해당 기업은 국내에 외국환거래규정 제7 – 48조(설치 신고 등)에 의한 신고[135]를 하고, 법원에 지점설치 등기를 하여야 한다. 외국환거래규정에 의한 신고를 할 때에는 본사의 자본금을 신고하도록 되어 있다. 그리고 관할세무서에 사업자등록을 한다. 위와 같은 통상적인 지점의 설치절차가 완료되면 국내세법상 국내사업장 —이른바 고정사업장—이 되어 해당 외국법인의 국내원천소득에 대한 납세의무를 이행하여야 한다. 통상적인 지점 설치절차를 밟지 않은 경우라 하더라도 세법상으로는 국내사업장이 있는 것으로 보아 위와 동일하게 납세의무를 부과할 수 있다. 세법은 국내사업장의 개념을 외국환거래규정이나 상법상의 규정과 달리 별도로 설정하면서 그 범주는 상대적으로 넓히고 있다. 이에 따라 단순한 용역의 제공장소, 재고자산의 보유장소와 같이 사업의 근거가 되는 장소가 물리적으로 일정 기간 존재할 때에는 국내사업장이 있는 것으로 보며 더 나아가 그러한 물리적인 장소를 기능적으로 대신하는 다른 자가 존재할 때에도 그자를 국내사업장으로 보게 된다.

2) 지점의 자본

어떠한 경우에도 국내사업장은 그 사업의 원천이 되는 종자돈(seed money)을 가지고 활동하게 된다. 자본금은 원래 법인에 귀속하는 것이기 때문에 법인의 한 가지에 불과한 지점에 법인 전체의 자본금 중 얼마나 귀속시킬 것인지 판단하기는 용이하지 않다. 실제 국내에 진출할 때 외국

---

135) 금융업의 경우에는 금융위원장에게 신고한다.

환거래법 규정에 따라 반입한 자금 모두를 자본으로 볼 것인지는 사실판
단을 필요로 한다. 설사 그것이 종자돈으로 들어왔다 하더라도 일반 법인
의 자본금처럼 관리되기도 어려운 성격의 돈임을 부인할 수 없다.

하나의 지점에 불과한 국내사업장에 대해 굳이 자본의 규모를 특정하고
자 하는 것은 해당 외국법인이 국내에 들어와 순수하게 벌어들인 소득에
대해 과세하고자 하기 때문이다. 지점이라 하더라도 자금거래가 자기자금
에 관한 것인지, 타인자금에 관한 것인지를 분명히 하여야 소득금액을 정확
히 산정할 수 있는 것이다.

(2) 소득금액 계산[136]

OECD 국가들 사이에서는 사업소득을 과세하기 위해서는 원천지국가에
고정사업장이 있어야 한다는 원칙에 공감대가 형성되어 있지만 실제 고정
사업장이 존재하는가에 대해 적지 않은 논의가 있어 왔다. 한편 정작 고정
사업장이 있다면 그에 귀속시킬 소득금액을 어떻게 산정할 것인가에 대해
서는 논의가 충분하지 않았다. 이에 대한 국제적 논의는 2001년 OECD의
재정위원회가 토론초안을 발간하면서 개시되었다. 논의의 초점은 은행업
고정사업장의 소득금액계산에 대한 것이었다. 이는 은행을 비롯한 금융업
종이 고정사업장 소득금액 계산상 일반 업종과 다른 특성을 가지고 있어
자주 현안이 되어 왔기 때문이다. 일례로서 일반 업종의 경우 한 사업장은
하나의 기능을 분담하는 구조로 설계되는 것이 일반적인 반면, 금융업종은
각 지점의 기능이 마치 전체 기업의 축소판과 같은 역할을 하고 있는 점
을 들 수 있다. 또한 금융업종의 영업 대상은 실물로 이동하는 것이 아니
라 장부상으로만 기장되는 가액에 그친다. 이동하는 자금의 추적도 어렵
다. 그만큼 거래의 인식에 어려움이 많게 된다. 또한 금융업에 있어서는
소재지국마다 규제의 내용과 수준이 다르기 때문에 그것이 정상가격에 미

---

136) 오윤, 『금융기관에 대한 고정사업장 과세』, 『조세학술논집』, 한국국제조세협회, 2007.

치는 영향을 어찌 보아야 하는가 하는 문제점이 있다. 다만 금융업종에는 광범위한 시장이 형성되어 있어 이전가격과세상 정상가격을 찾는 데 구조적으로 용이한 측면이 있기는 하다.

1) 은행업

우리 과세당국이 왜 그랬는지에 대한 것은 별론으로 하고 우리의 세법은 법인세법기본통칙을 통해 은행업에 대해 다른 업종에 비해 비교적 상세한 규정을 두고 있다. 이에 따라 외국은행 국내지점이 다른 일반 업종에서와는 달리 세무상 재무제표를 작성하게 되었다. 은행업에 있어서도 법인세법기본통칙의 규정이 완전하지는 않다. 자기자본의 산정, 내부대차거래의 인정범위에 있어 불명확한 점이 있다. 인위적 기준에 의하여 계산된 자기자금을 자본으로 의제하도록 되어 있어, 자산거래와 손익거래가 복식부기의 원리에 따라 정합하게 계상되지 못한다. 또한 내부대차거래에 있어 당좌계정이나 대체계정을 인정하지 않기 때문에 자본의 규모가 가변적으로 되어 버리는 현상이 나타난다.

2) 증권업

증권업에 대한 소득금액 배분에는 글로벌 트레이딩의 개념이 중요한 역할을 한다. 글로벌 트레이딩이라 함은 세계 각지에 흩어져 있는 고객의 주문을 받아 24시간 내내 금융상품을 거래하는 금융기관의 영업활동을 말한다. 그러한 영업활동에서는 비록 같은 시간대에 속하는 국가일지라도 복수의 과세영역에 속하는 고객을 상대로 영업을 한다. 대상상품에는 통화, 채권, 주식, 상품 등 다양한 금융상품이 있다. 통화와 파생상품 중 일부는 범세계적으로 거래된다. 반면 주식은 비교적 지역적으로 제한된 범위 내에서 거래된다. 글로벌 트레이딩의 주체는 전형적으로 복수의 지역에 소재한다. 논의의 초점은 복수의 과세관할에서 금융상품이 고객에게 판매되는 때에 발생하는 과세 문제에 맞추어지고 있다. 관련 기업 간 이전가격의 결정,

혹은 고정사업장이 관계하는 경우에는 상이한 과세관할에서 활동하는 단일 법적 주체 내에서 수입 및 비용의 귀속결정에 관한 것이다.

증권업을 영위하는 외국법인의 국내원천소득금액계산에는 법인세법시행령 제132조 제3항이 중요하다. 그에 의하면 '국외의 유가증권에 투자하거나 국외에 있는 자에게 금전을 대부하거나 기타 이와 유사한 행위' 또는 '국외에서 주식·채권 등의 자산을 발행·취득·양도 또는 교환'하는 데서 발생하는 소득은 국내원천소득으로 보도록 되어 있다. 문제는 하나의 금융자산 포트폴리오에 대해 위험과 책임을 공분하는 글로벌 트레이딩의 경우 법인세법시행령 제132조 제3항의 규정만으로는 국내사업장에 귀속시킬 소득금액을 산정할 마땅한 방법이 규정화되어 있지 않다는 데에 있다. 사전에 합리적인 약정이 있고 그에 따라 집행된 경우 사업장 간 소득의 귀속에 있어 납세자의 신고내용을 존중할 가능성이 있지만 그것만으로는 정상가격에 의한 소득금액 결정임을 보장할 수는 없다. 이에 글로벌 트레이딩에도 사전가격승인의 사례가 나타나고 있다. 현재로서는 실체적인 기준의 개발보다는 개별 사안별로 독특한 상황을 감안하여 합리적인 답을 찾도록 하는 절차적인 제도개선에 주안점을 두는 것이 타당할 것으로 보인다.

3) 보험업

보험업에 대한 과세실무를 보면 세무상 자기자본계산에 대해 보험업법상의 자본의 개념을 수용하고 있다. 그리고 국내원천소득 구분에 대해 특별한 규정을 두고 있다. 특히 재보험에 대해서는 소득금액 산정과 관련하여 비교적 상세한 규정을 두고 있다. 법인세법시행령 제132조 제2항 제5호는 개별거래에 따른 소득이 국내원천소득인지 여부를 구분할 때 계약체결활동을 기준으로 하고 있다. 국제영업에 있어 대안적 방법(우편, 인터넷 등)이 증가하고 있는데 그러한 구분기준이 여전히 타당한지 검토할 필요가 있다. 그리고 국외에서 투자자산관리기능이 이루어지고 있을 때 국내사업장에 배분할 소득금액에 대한 더욱 자세한 기준이 마련될 필요가 있다.

(3) 지점세

국제자본이 지점형태로 진출할 때 해당 지점이 자본금을 가지고 있는 것으로 본다면 일정 기간 사업을 하여 벌어들인 소득에 대해 과세하고 남는 돈을 어떻게 볼 것인가? 개인이 사업하면 소득세 부과로 조세문제가 종결된다. 법인이 사업하면 법인세를 부과하고 남는 재원은 종국에는 주주에게 귀속할 것인데 그때 과세한다. 우리나라 세법은 이렇게 발생한 경제적 이중과세는 부분적으로 조정하여 준다. 외국자본이 국내에 지점을 설치한 경우 그 자본이 해당 소재지국에서 개인의 형태로 있었는지 법인의 형태로 있었는지에 따라 배당에 대한 세금을 부과할지를 결정하여야 하는가? 중립성 내지 무차별성의 원칙에 따라 외국자본에 대해서 동일하게 과세하여야 한다면 그렇게 하여야 할 것이다. 그런데 우리 법인세법은 외국법인을 외국에 본점 또는 주 사무소를 두고 있는 법인으로 정의하고 있다. 여기서 '법인'은 외국의 국내법에 의한 법인을 의미할 것이다. 만약 외국의 세법이 비록 외국의 상법에 의한 법인이라 하더라도 법인으로 취급하지 않는다면 어떻게 볼 것인가? 여러 복잡한 문제가 발생할 수 있다. 굳이 이러한 문제에도 불구하고 지점세를 부과하고자 하는 것은 무슨 이유에서인가? 이는 자회사 방식으로 진출하는 경우와 지점 방식으로 진출한 경우에 대해 세제가 중립성을 유지하도록 하기 위함이다.

우리나라의 현행 세법에 의하면 지점세의 부과 여부를 조세조약에 맡기고 있다. 모로코, 프랑스, 브라질, 인도네시아, 캐나다, 카자흐스탄, 필리핀 및 호주의 8개 나라와의 조세조약에서 지점세를 부과하는 조항[137]을 두고

---

137) 우리나라와 체결한 조세조약에서 지점세를 과세할 수 있도록 규정하고 있는 국가 기업의 국내사업장에 대해서는 지점세를 부과한다. 법인세 부과 후 유보이윤 모두에 대해 지점세를 부과하는 대신 본점 미송금액에 대해서는 지점세 부과를 배제하고 있기 때문이다. 사실상 송금세와 같이 운영하고 있는 것이다. 지점세 과세표준의 계산은 개략적으로 [(각 사업 연도 소득)−(법인세)−(재투자할 것으로 인정되는 금액)]으로 계산된다. '재투자할 것으로 인정되는 금액'은 기말자본금상당액에서 기초 자본금상당액1)을 차감한 금액이다. 송금을 하지 않은 경우 그것은 지점세무회계에 있어 (부채)로 보지는 않는다. 즉 자본계산에 있어 본점계정 잔액은 반영하지 않는다.1) 대신 송금하지 않아 자산은 그만큼 남아 있을 것이므로 '재투자할 것으로 인정되는 금액'이 그만큼 늘어나 있어 배당세 과세 대상이 줄어들 것이다. 여기서 중요한 점은 '자본금상당액'을 계산함에 있어 송금하지 않은 유보이윤은 부채로 인식

있다. 지점세가 세제의 중립성을 유지하기 위함이라고 하면서 일부 국가와의 사이에서만 조세조약을 통해 상호 양해하는 경우에만 지점세를 부과하는 이유는 무엇일까? 지점세의 부과는 OECD 모델조세조약 제10조 제5항이 규정하는 추적과세금지의 원칙에 상충될 소지가 있기 때문이다. 추적과세금지의 원칙이란 타국에서 분배되는 소득의 원천이 자국에 원천을 둔 소득에 연원한다는 이유로 그 소득에 대해서까지 과세하여서는 안 된다는 원칙이다. 예를 들면, 프랑스 법인이 한국에서 인적 용역을 제공하여 벌어들인 소득에 대해 한국 내에서 원천 징수당하고 남는 소득을 프랑스로 송금하여 비용을 공제한 후 구성원에게 배당을 분배할 때 한국정부는 그것에 대해서까지 과세할 수는 없다는 것이다. 한국에 고정사업장을 두지 않을 경우에는 인적 용역으로 해서 원천 징수당한다. 한국에 고정사업장을 둔 경우라면 사업소득으로 보아 과세하는데 과세된 후 남는 소득을 지점세로 다시 과세하는 것이 위의 추적과세금지의 원칙에 위배되는가? OECD 모델조세조약 제10조 제5항에 대한 주석 제33항 내지 제35항의 부분에서 이 부분에 대해 언급하고 있지만 뚜렷한 결론을 내리지 않고 있다. 캐나다, 미국 및 터키는 OECD 모델조세조약 제10조에 대해 자신들은 지점세를 부과하겠다고 하는 유보(reservation)를 달고 있다(동 조에 대한 주석 제83항 내지 제85항).

현행 세법은 지점세를 부과할 때 고정사업장의 세후소득금액을 모두 배당으로 간주하여 과세하지는 않는다. 본국의 본점에 송금하지 않고 계속 보유하는 금액은 마치 자회사법인이 세후소득을 모회사에 배당하지 않고 유보하는 것과 같이 보아 배당으로 과세하지 않는다. 지점에 유보된 세후소득은 해당 지점의 자본으로서 역할을 하게 되는데 유보된 세후소득이 있을 때 자회사로 전환할 경우 해당 유보소득은 분배된 것으로 보아 지점세를 부과하는가? 현행 세법상으로는 지점이 폐쇄되고 자회사가 신설되는 것으로 보게 되므로 지점세가 과세된다.

하지 않고 사실상 자본과 같이 취급하고 있다는 점이다. 이는 본점 계정의 잔액은 인식하지 않는다는 원칙에 입각한 것이다.

2. 자회사 방식의 진출

외국자본이 우리나라에 자회사를 설립할 때 그 설립과정의 조세문제로
서는 외국인직접투자로서 조세특례의 대상이 될 수 있는지와 그간 운영하
던 고정사업장이 있었을 경우 그것이 보유하던 자산의 현물출자에 의한
법인설립을 과세사건으로 볼 것인가가 주된 관심사이다.

(1) 외국인직접투자 조세지원

1) 대내투자의 경우

우리나라 조세특례제한법은 일정 요건을 갖춘 외국인직접투자에 대해
초기 5년은 법인세액의 100% 그리고 그다음 2년은 법인세액의 50%를 감
면하는 제도를 두고 있다. 외국인직접투자에 대한 조세지원을 받기 위해서
는 해당 자본이 실제 한국에 반입되고 실물투자가 이루어져야 한다. 외국
인직접투자를 받을 수 있는 산업의 종류가 특정되어 있는데 금융업은 그
에 해당하지 않는다. 이러한 조세특례는 지점 방식의 진출에 대해서는 적
용되지 않는다. 구체적 조세특례의 내용에 대해서는 제3항에서 논한다.

OECD 국가 중에서는 외국인직접투자자라는 이유로 중앙정부에서 조세지
원을 하는 나라는 유일하게 한국뿐이다. 외국인직접투자에 대해 조세지원
을 하는 것이 경제적으로 타당한 것인지에 대해서도 제3항에서 상론한다.

2) 대외투자의 경우

거주지국가로서 자국의 자본이 대외진출하여 조세특례를 받은 경우 그
러한 특례를 받지 않았다면 납부했을 세금을 마치 납부한 것으로 보아 외
국납부세액으로 공제하여 주는 제도가 간주외국납부세액공제제도(tax sparing
credit)이다. 외국납부세액공제에는 직접외국납부세액과 간접외국납부세액
이 있으며 각 세액 모두 조세특례의 대상이 될 수 있으므로 납부한 것으

로 간주할 세액으로 두 가지 모두를 인정할 것인지도 관심의 대상이 될 수 있다. 예를 들어, A국에 진출한 B국의 자본 을에 의해 A국에 갑이라는 회사(100% 자회사)를 설립하여 그곳에서 100의 소득을 벌고 갑이 법인세(세율 30%)를 납부하고 남는 재원(70)으로 을에게 배당을 지급하도록 되어 있는데 A국은 갑에 대해 법인세를 면제하고 을에 대한 배당세(세율 10%, 7)도 면제한 경우 B국(법인세율 30%)에서 간주외국납부세액공제가 을의 직접외국납부세액에 대해서만 인정된다면—실제 법인세는 납부하지 않았으므로 배당재원은 100으로 늘어 그에 대한 10%의 세율을 적용하면 납부했을—10에 대해 세액공제가 허용될 것이다. 그렇지 않고 간접외국납부세액에 대해서까지 간주외국납부세액공제가 허용된다면 37의 세액공제가 허용될 것이다. 간주외국납부세액공제는 조세조약에서 상호 합의에 의하여 도입되는 것이기는 하지만 통상 자본을 수입하기 위해 조세특례를 부여하고자 하는 국가의 요청에 의해 그 상대방국가가 수용하면서 주어지게 된다.[138)]

(2) 고정사업장의 자회사 전환

1) 대내투자의 경우

개인사업자가 법인으로 전환할 때 현물출자를 하게 되면 자산이 사실상 유상으로 이전한 것으로 보아 소득세법상 양도로 과세한다. 한편 조세특례제한법은 일정 사업을 영위하는 개인이 사업용 고정자산을 현물 출자하여 법인 전환하는 경우에는 당해 출자거래로 인하여 발생하는 자본이득은 인식하지 않도록 하고 있다. 현물출자로 당해 자산을 취득하는 법인의 당해 자산 취득원가는 현물 출자한 개인의 장부가격이 된다. 따라서 법인이 이를 처분할 때 전 소유자인 개인에게 귀속하는 자본이득이 실현되는 것으

---

138) 우리나라는 2008년 현재 25개국과의 조세조약에서 간주외국납부세액공제에 관한 규정을 두고 있다.

로 보고 법인세를 납부한다. 이러한 과세특례를 '이월과세'139)라 한다. 현물 출자한 개인이 현물출자의 대가로 취득한 주식의 취득원가는 현물 출자한 자산의 시장가치이다. 이월과세의 특례는 개인이 보유한 주식을 현물 출자하여 지주회사를 설립하는 경우에도 적용된다.140) 이는 현물 출자한 자가 법인인 경우에는 일정 요건하에서 다소 다른 방식으로 특례를 인정받는다.141) 현물 출자한 법인의 주식취득원가는 현물 출자한 자산의 시가로 하고 현물 출자한 자산의 자본이득상당액을 압축기장충당금*으로 계상하여 손금을 인정받고 후일 그 주식을 처분하는 때에 익금으로 환입하는 방법으로 과세가 이연된다. 이를 '과세이연'이라 한다. 이때 현물 출자받은 법인의 당해 자산의 취득원가는 현물출자 시의 시장가치이다.

외국법인의 국내사업장에 대해서는 어떠한 과세처분을 하여야 하는 것인가? 외국법인의 국내사업장은 우리나라 세법상 개인의 사업장으로 보는 것인지 법인의 사업장으로 보는 것인지에 따라 과세효과가 달리 나타날 것이지만 그것을 어떻게 할까? 우리나라 세법은 기본적으로 국내에 설치된 고정사업장은 외국의 개인이 아니라 외국의 법인의 고정사업장으로 보아야 할 것이다.142) 이는 국내사업장에 대해서는 조세조약이 규정하는 경우에 모두 지점세를 부과할 수 있다는 입장을 가지고 있는 우리나라 법인세법의 입장에 부합하는 해석일 것이다. 한편 국내세법상 내국법인이 분할하여 법인을 신설할 경우 일정한 요건을 갖춘 경우143)에는 자산양도차익

---

139) 조세특례제한법 제2조 제1항 제6호, 동법 제32조.
140) 조세특례제한법 제38조의 2.
141) 조세특례제한법 제38조 제1항, 특례적용을 위한 현물출자의 요건은 다음과 같다. 첫째, 신설법인의 설립등기일 현재 5년 이상 계속하여 사업을 영위한 내국법인이 현물 출자할 것, 둘째, 주식 또는 대통령령이 정하는 자산을 현물 출자할 것.
142) 만일 외국거주자 개인의 사업장으로 본다면 국내에서 개인의 법인전환과 같이 볼 수 있을 것이다. 이 경우 개인이 법인 전환할 때 현물 출자한 것은 양도로 보기 때문에 외국법인 국내사업장에 대해서도 같은 방식으로 과세하는 것은 논리적으로 타당하다. 만일 법인 즉 외국법인의 사업장으로 본다면 당해 외국법인의 일부분이 하나의 내국법인으로 분리하여 탄생하는 것으로 볼 수 있을 것이다.
143) 갖추어야 하는 요건으로서는 다음의 다섯 가지가 있다. ① 분할등기일 현재 5년 이상 국내에서 계속하여 사업을 영위한 내국법인이 분리하여 사업이 가능한 독립된 사업부문을 분할하는 것이고, ② 분할하는 사업부문의 자산 및 부채가 포괄적으로 승계되며, 분할법인만의 출자에 의하여 분할하는 것이어야 하며(이상 사업목적 요건), ③ 분할법인의 주주가 분할신설법인으로부터 받은 분할대가의 전액이 주식이고(이상 지분의 계속성 요건), ④ 분할신설법인은 분할법인으로부터 승계받은 사업을 계속하여

을 익금에 산입하지 않고 신설법인이 장부가액을 승계한다. 이월결손금도 승계할 수 있다.144) 내국법인의 분할에 관한 논리는 외국법인에게도 적용될 수 있을 것인데 세법상 명문의 규정이 없으므로 장부가액 승계의 혜택을 볼 수 없도록 되어 있다.145)

2) 대외투자의 경우

해외 진출한 우리 기업이 지점 방식으로 진출하였다가 자회사로 전환하는 경우 경제적으로는 내국법인의 분할과 동일한 것이라고 볼 수 있다.146)

제2항 투자자본 운영에 대한 과세

외국인이 진출지국에서 직접투자를 하고 사업활동을 영위할 때에 대개의 경우 생산기지에서 만든 제품을 판매하는 역할을 한다. 이 과정에서 필연적으로 국외특수관계회사와 거래를 하게 되며 그것은 바로 이전가격과세의 대상이 된다. 진출지국을 생산기지로 활용하는 경우에도 예외는 아니다. 원재료를 공급하거나 기술을 공급하는 기업이 대개는 국외특수관계회사이기 때문이다. 이는 국제적으로 사업활동을 하는 기업들은 각국의 지리적, 경제적 여건을 감안하여 가장 적합한 기능을 그곳에 두는 방식으로 관계회사를 분산시킨다. 지구 전체를 하나로 하여 기능을 분산시키기에는 거리도 멀고 시차가 있으므로 하나의 권역(예를 들면, 동북아시아)을 설정하고 그 권역 안의 국가마다 하나씩 기능전담회사를 두는 방식으로 지배구조를 설정한다. 이러한 사정은 금융회사의 경우에도 동일하다. 권역 내 각

영위하여야 한다(이상 사업의 계속성).
144) 법인세법 제46조.
145) 세법을 개정하여 이러한 세제상 혜택을 받을 수 있도록 하는 것이 바람직할 것이다. 이는 외국법인이 국내에 진출하기 용이하도록 하게 하는 길이기도 하다.
146) 내국법인의 분할에 관한 법규정을 이러한 경우에 대해서까지 적용할 수 있도록 법규정을 개정할 필요가 있는 부분이다.

국에 금융판매회사를 두되 전략기획회사, 인력관리회사, 자금총괄관리회사, 전산지원회사 및 콜센터 등을 각각 다른 국가에 두는 방식을 사용하고 있는 것이다. 이때 각 관계회사 간에는 상호 간 상품이나 용역을 거래하게 되며 이전가격과세 문제가 뒤따르게 된다.

1. 이전가격과세

국외특수관계자와의 국제거래에 대한 이전가격세제는 조세회피를 규제하는 것보다는 국가 간 과세권을 조정하는 것으로서의 성격이 짙다. 금융회사 간 이전가격세제에는 독특한 문제가 있는데 금융기업그룹은 지배구조가 여러 국가에 퍼져 있으며 사전에 배분공식을 설정하는 경우가 많다. 각국의 과세당국이 금융기업그룹을 이전가격과세를 위한 조사 대상으로 자주 선정하고 있다.

이전가격과세제도라 함은 국외에 소재하는 특수관계기업과의 거래를 통해 자국기업의 소득을 감소시키는 행위에 대해 과세당국이 정상가격을 찾아 마치 그 가격대로 거래가 이루어진 것처럼 소득금액을 계산하여 과세하는 것을 말한다.

(1) 역사

이전가격과세제도의 효시는 미국에서 발견할 수 있다. 미국에서는 1921년 내국세입법 제482조에 이전가격세제가 도입되었다. 1968년 재무부규칙상 조세회피를 방지하기 위한 목적론적 해석이 가능하다는 규정에 의하여 이전가격과세가 본격화되었다. 1995년에는 이전가격과세에 관한 재무부규칙이 완비되기에 이르렀다.[147] 한편, OECD에서는 1927년 국제연맹초안 조

---

147) 프랑스에서는 1933년 일반조세법전 제57조에서 유래하고, 영국에서는 1972년 소득세 · 법인세법 제485조에서 유래하며, 독일에서는 1972년 국제거래과세법 제1조에서 유래한다. 이웃 일본은 1975년

세조약에 이전가격세제가 언급[148]된 것이 그 시작이라고 할 수 있는데, 이후 1935년 국제연맹초안에 내국법인의 해외특수관계자 거래에 한정하여 이전가격과세제도가 첫 도입되었다. 1963년에는 OECD 초안조약에서 오늘날 형태의 이전가격과세 조항이 도입되었으며, 1979년에 OECD 이사회에서 「이전가격과 다국적기업」이 발간되었으며, 1995년에 오늘날 형태의 「이전가격과세지침(Transfer Pricing Guideline)」이 발간되었다. 이는 2001년에 개정된 바 있다. 우리나라에서는 1989년까지 법인세법상 부당행위계산부인규정*의 '시가' 개념을 해석하는 방법으로 이전가격과세가 간헐적으로 이루어졌다. 법령상으로는 1989에 법인세법시행령 부당행위계산부인규정상 시가의 개념을 구체화하는 규정이 도입되어 본격적으로 이전가격과세가 시행되다가 1996년 국제조세조정에관한법률에 완성된 형태의 이전가격세제가 도입되었다.

(2) 본질

한 국가가 이전가격과세를 하는 근본적인 이유는 국외특수관계기업과의 거래에서 가격을 조작하여 소득을 이전함으로써 자국의 조세를 회피한다는 데에 있다. 특수관계기업과의 거래를 통해 조세를 회피할 가능성은 국내거래이든 국제거래이든 동일하게 존재한다. 국내거래에서는 달리 활용할 수 없는 이월결손금을 가지고 있는 자에게 소득을 이전하면 그룹전체가 세금을 절약할 수 있다. 국제거래의 경우에는 각 나라마다 세율이 다르므로 낮은 세율국가에 소재하고 있는 관계기업에 소득을 이전하면 세금을 절약할 수 있을 것이다. 그런데 양국이 세율이 동일한 경우에는 기업그룹 전체적으로 세금이 절감되는 효과는 거의 없을 것이다. 즉 조세회피의 효

까지 법인세법 제11조(실질소득자과세원칙)에 근거하여 일부 운영되다가 1975년 조세특별조치법 제7절의 2에 완성된 이전가격세제가 도입되었다.

148) 당시에는 외국계 국내자회사는 외국모법인의 고정사업장으로 간주하였기 때문에 이전가격과세 규정이 필요하지 않았다.

과는 거의 없게 되는데 그럼에도 불구하고 이전가격과세제도는 여전히 적용된다. 국가 간 챙길 세금의 몫이 달라지기 때문이다. 국제거래에서 이전가격의 문제는 조세회피보다는 국가 간 과세권의 조정에 관한 문제라는 성격이 더욱 짙다고 볼 수 있다.

이전가격세제는 특수관계기업 간 거래되는 가격을 이전가격으로 하고 정상가격은 얼마였을 것이라는 계산을 근거로 그 차액만큼에 해당하는 소득금액을 증액하는 과정을 규정하고 있다. 따라서 이전가격과세의 핵심은 무엇이 정상가격이며 그것을 누가 언제 어떻게 입증할 수 있는가의 방법론이다. 특수관계기업 간 거래에는 제3자 간 거래에서는 상정하기 힘든 독특한 요소가 개입하게 되는데 그 요소에 대응하는 '정상'적인 상태는 무엇인지 비교할 대상이 항상 존재하는 것은 아니다. 생각건대 더 근본적으로는 이전가격과세를 위해 자료를 입수하여 확인하고 입증한다고 하는데 그 작업에는 존재하지 않는 허상을 실재하는 것처럼 창설해 내는 데 따르는 논리적 흠결이 있음을 부인할 수 없다.149)

이러한 논리적 문제에도 불구하고 이전가격과세제도는 정상가격에 따라 과세한다는 정상가격원칙을 수립하고 있으며 그 원칙은 '비교가능성(comparability)'의 개념을 골간으로 한다. 정상가격원칙의 적용에는 자연스럽게 '비교'의 과정이 따르게 되며, 비교 대상 기업과 거래를 찾는 데 '비교가능성'의 기준이 활용되는 것이다. 우선 특수관계기업 간 거래가 '독립적인 양 기업 간에 인정되었을 조건(conditions)과 다른 조건이 설정되거나 부과된 경우'인지, 즉 이전가격과세제도의 적용요건을 충족하였는지를 판단하기 위해서는 1) 비교 대상 기업들이 서로 독립적인 기업들인지, 2) 그들에게 인정되었을 조건이 무엇인지 및 3) 비교 대상 기업들 간 있었을 것으로 가상한 조건이 실제 존재하는 조사 대상 기업의 조건과 동일한 것인지 등을 판단하여야 하며 그것을 위해 '비교'하는 과정이 필요하다. 위

---

149) OECD이전가격과세지침이 이전가격과세제도가 정밀한 과학(exact science)이 아니기 때문에 과세당국과 납세자의 판단이 개입되어야 한다고 지적한 점은 의미심장하다(OECD이전가격과세지침 paragraph 1.12 참조).

2)의 판단에는 '기회비용(opportunity cost)'의 개념이 활용된다.[150] 요건의 적용을 위한 비교의 과정은 효과의 결정을 위한 비교에도 활용된다. 위 3)의 판단을 더욱 구체화하여 과소한 '이윤(profits)'의 규모를 측정하여야 하기 때문이다. 이러한 비교의 과정은 무엇을 대상으로 어떤 항목을 비교할 것인가의 숙제로 남게 된다. 실제 비교과정에서는 비교 대상 기업과 거래를 찾는 것이 가장 먼저 할 일이면서 가장 중요한 일이기도 하다. 그것을 성공적으로 마치면 다음 과정은 거의 기계적으로 진행될 수 있기 때문이다.

(3) 금융업에 대한 이전가격과세

금융업을 영위하는 다국적기업이 권역별로 기능전담회사를 여러 나라에 분산하여 사업을 영위한다면 그들 간 기능의 상호교환이 일어날 것이며 이는 이전가격과세를 촉발할 것임은 분명하다.[151] 금융회사 간 거래에 대한 이전가격과세를 위한 비교에는 다음과 같은 특수한 문제가 있다.[152]

첫째, 금융거래는 비록 단순한 동작이 반복되는 특성이 있는 것은 사실이지만 무형의 서비스를 거래하는 것이기 때문에 개별 거래마다 독특한 성격을 가지고 있어 비교 대상 거래를 찾기 곤란하다. 둘째, 국제금융거래는 거의 대부분 특수관계기업 간 거래의 형태로 이루어지기 때문에 제3자 간의 거래를 찾기 곤란하다. 셋째, 금융기업그룹은 전 세계적으로 통일적 기능교환 및 비용분담약정을 체결하고 그에 따라 일률적으로 거래가 이루어지는데 그것은 그룹 내부의 거래이므로 비교 대상을 찾기 곤란하다. 넷째, 관계회사 간에 위험의 전가와 인수가 이루어지는데 그것의 적절한 평가가 어렵다.

금융기업그룹은 전 세계적으로 공통적으로 적용되는 기능교환 및 비용

---

150) OECD이전가격과세지침 paragraph 1.16 참조.
151) 홍범교, 『국제금융거래에 따른 소득과세의 정책과제와 제도정비』, 한국조세연구원, 2004.12., pp.41－45.
152) Price Waterhouse Coopers, 「International Transfer Pricing 2006」, pp.105－115.

분담약정을 체결하고 그에 따라 일률적으로 거래를 하는 경향이 있다. 동 약정은 비용을 일률적인 기준(예, 자산액 또는 매출액 등)에 따라 분담하기로 하는 내용을 포함한다. 과세당국이 비교 대상을 찾기 곤란한 현실을 인정하여 그것을 수용한다면 사실상 단일기업과세제도(unitary taxation)에 근접하는 것이 된다. 단일기업과세제도란 원래 미국 주 소득세 부과를 위해 나타난 것으로서 미국의 많은 주들이 여러 주에 걸쳐 있는 기업그룹들의 주 간 과세소득배분(apportionment)을 위해 관계기업들을 하나의 기업으로 자기 주에 할당될 사업소득금액을 매출, 급여 및 자산의 3요소가 자기 주와 관련된 비중에 따라 계산하는 방법이다. 이는 EU 국가와 미국 간에 그 도입 여부를 둘러싸고 90년대 말 논쟁을 벌인 통합공식배분방법(global formula approach)*에 근사한 것이다. 당시 미국은 현실적인 점을 고려하여 이 방법을 적용할 수도 있게 OECD이전가격과세지침에 규정하자고 한 반면 EU 국가들은 이 규정이 들어가면 미국의 자의적인 이전가격과세가 심화될 것을 염려하여 이에 반대하였다. 그러나 현실에 있어서는 점차 많은 기업들이 관계회사 간 수익 및 비용의 배분에 대해 사전에 배분공식(formula)을 설정하고 실제 적용하고 있으며 많은 국가가 그 배분공식이 합리적인 것인 한 수용하고 있다. 이러한 현상은 특히 금융기업그룹에 더욱 심각하게 나타난다. 금융거래는 비록 단순한 동작이 반복되는 특성이 있는 것은 사실이지만 무형의 서비스를 거래하는 것이어서 개별 거래마다 독특한 성격을 가지고 있어 비교 대상 거래를 찾기 곤란하며, 국제금융거래가 대부분 특수관계기업 간 거래의 형태로 이루어지기 때문에 제3자 간의 거래를 찾기 곤란하기 때문이다.

과세당국이 기업에 설정한 배분공식을 수용하는 과정은 순탄치만은 않다. 글로벌 금융그룹들이 금융선진국의 과세당국으로부터 이전가격세무조사를 받을 가능성을 매우 높게 보고 있는 것이다.[153] 금융기업에 대한 이전가격과세가 증가하고 있는 것은 우리나라에서도 동일하게 발견되는 현

---

153) 2005년 Ernst&Young에 의한 survey의 결과를 보면 본점경비 및 전산지원용역비의 배분과 회사 간 자금 및 보증거래가 가장 취약한 분야라고 한다.

상으로 보인다. 정부가 이에 관해 공식적인 통계를 발표하지 않기 때문에 정확한 분석은 곤란하지만 쟁송사건 등을 미루어 짐작할 수 있다. 우리나라 과세당국은 금융거래에 대해 비교가능 제3자 가격방법(comparable uncontrolled price method)*154) 및 이익분할법(profit split method)*155)을 비교적 자주 적용하여 왔다. 최근 이에 대한 대안으로 자주 거론되는 것은 거래이익법(transactional profit method)*이다. 그리고 금융서비스 분야에 사전가격승인(Advance Pricing Arrangements, APA)이 자주 사용된다.

2. 지역본부회사

국제산업자본은 시간적, 지리적으로 하나의 시장으로 볼 수 있는 권역을 설정하고 단일 권역 내 각 관할권의 특성을 감안하여 가장 유리한 곳에 특정 기능을 담당하는 기능전담회사를 두는 방식으로 사업을 영위한다. 이에 따라 기능별로 지역본부가 각 나라에 소재하게 되는 것이다. 이때 각 나라에 소재하는 지역본부회사(Regional Headquarter Company, RHC) 간에는 거래가 상품이나 용역을 거래하게 된다. 이 과정에서 전술한 이전가격과세 이외에도 다음과 같은 과세 문제가 발생한다.

(1) 사업조직 재편성(business restructuring)

다국적 산업자본이 각 국가 소재기업(RHC)이 담당하는 기능을 변경하는 방식으로 지역사업체계를 정비할 수 있다. 사업조직 재편성이란 '다국적기업 그룹 내부 간에 이루어지는 기능, 자산(무형 자산 포함) 및 위험의 재배치'를 의미한다. 예를 들어 그룹 내 제조업체(자회사)를 임가공업체로 전환하거나, 도매업체(자회사)를 위탁판매업체로 전환하는 등 자회사가 소

---

154) 대법원 95누15483, 1997.6.13.
155) 국심 2000서2249, 2001.10.12; 국심 2000서741, 2001.10.12.

유한 무형 자산 또는 위험을 그룹 내 다른 법인에게 이전하여 이를 집중 관리하는 것을 말한다. 기존 각 국가소재기업이 모든 기능을 담당하고 기능이 분화되어 있지 않은 체제를 권역 내 기능전담 RHC 체제로 변환하든가 기존의 기능전담 RHC 간 기능분담을 재편할 수 있을 것인데 이때는 사실상 사업의 양도와 같은 효과가 나타나게 된다. 그리고 사업조직 재편성을 수행하는 다국적기업의 사업상 이유는 위험이나 무형 자산 등을 중앙집중화하고 효율적으로 이를 관리함으로써, 경비절감 등 그룹 시너지 효과 증대를 누릴 수 있고 이에 따라 기업경쟁력 확보가 가능할 것이다. 이때 기능의 전환에 따른 영업권 혹은 무체재산권의 양도를 과세사건으로 인식할 것인지 그 가격을 어떻게 평가할 것인지가 문제 된다.

기능의 전환은 계열회사 간에만 이루어지는 것은 아니다. 한 국가 내에 스스로 담당하고 있던 판매(buy and sell) 기능을 접고 제3자로 하여금 판매대리(commissionaire) 기능을 수행하게 할 수 있다. 이 경우에는 판매대리인이 자신의 고정사업장이 되는지가 문제 될 수 있다. 만약 고정사업장이 되는 것이라면 그 고정사업장에 귀속할 소득은 이전 자신이 직접 판매 기능을 수행할 때와 비교해서 달라져야 하는지 달라진다면 어떤 방식의 정상가격산정방법을 사용해야 하는지가 문제 된다. 직접 생산하다가 위탁생산(toll manufacturing)이나 계약생산(contract manufacturing) 방식으로 전환할 수도 있다.156)

2008년 현재 OECD는 사업구조 재편성(business restructuring)에 관한 과세에 대해 여러 나라의 의견을 종합하고 있다.157) 우리 기업들의 해외진출이 왕성해지는 한편 해외시장의 판도도 수시로 변화하고 있어 산업자본의 대외진출에서 사업구조 재편성과 관련된 조세문제가 자주 등장할 것으로 보인다.

---

156) IFA, Moving away from source taxation; re-organising supply chains, Outline Seminar E, 2005.
157) 2005년 1월 OECD의 조세정책행정센터(Center for Tax Policy and Administration)에서 개최한 전문가회의(Roundtable)의 이슈로서 논의된 이후 각계의 의견이 수렴 중이다.

한편 경우에 따라서는 사업조직 재편성이 그룹 내 기업 간 이윤이 재배부되는 결과가 초래되고, 그룹 내 일부 기업은 이윤이 감소하는 현상이 발생할 수 있다. 이에 일부 과세당국은 사업조직 재편성을 조세회피행위로 간주하여 이러한 거래를 인정하지 않는 경우도 있다.

(2) 관련점 경비 배부(Cost Sharing)

관련점 경비 배부의 문제는 국내기업과 외국기업 모두 해결해야 할 중요 사안이 되고 있다. 특정한 자산이나 용역을 구매할 때 그룹사들이 공동으로 할 경우 규모의 경제를 누릴 수 있다. 그룹사 각각 기능을 전문화할 경우에도 해당 기능에 있어 규모의 경제효과를 기대할 수 있다. 기업들은 이와 같은 경제적 이유에 따라 공동행위를 하게 되는데 그때 회계처리는 경제적 합리성을 모토로 하여 관련 그룹사가 얻는 편익 등에 따라 합리적으로 배부하면 된다. 그러나 과세관청에서는 납세자의 회계처리에 의존하지 않고 별도의 기준을 설정하고 있다. 주된 목적은 조세회피를 막기 위함이다. 국제산업자본의 경우 공동경비의 발생에 대해 국제적인 회계기준에 부합한 기준에 따라 경비를 배분하는데 각국의 과세당국은 각각의 고유한 입장에 따라 수용 여부를 결정하고 있는 것이다. 수용 여부를 별론으로 하더라도 그 고유한 입장이 있는 것인지, 있는 경우라 하더라도 구체적으로 법정되어 있는지 여부가 나라마다 다르다. 따라서 국제산업자본에게는 세금계산상 공동경비 중 자신에게 할당된 금액이 이중으로 공제될 가능성과 아예 공제를 받지 못하게 될 가능성이 병존한다. OECD는 '이전가격과세지침'을 통해 사전에 설정된 합리적인 기준으로서 그룹사에 공통적으로 적용되고 실제 그 기준대로 적용된다면 세금을 계산할 때에도 인정하는 것이 바람직하다는 입장을 표명하고 있다. 위에서 '합리적인 기준'이라 함은 OECD의 정상가격원칙에 부합하는 것이어야 한다. 원래 정상가격원칙으로는 비교가능 제3자 가격방법이 가장 합리적인 기준으로 생각되고 있지만 현실적으로 공통경비를 배분할 때에는 하나의 일괄적인 기준(예: 매출액, 자산, 자금 등)에 의해 배분되는 경우가 많다. 재미있는 것은 이 방법이 OECD '이전가격과세지침'에서 스스로 타당하지 않은 방법이라고 지적한 통합공식배분방법(global formula approach)과 유사한 것이라는 점이다. OECD '이전가격과세지침'은 관련점 경비 배부에 있어서는 간접기준배분방법(indirect charge method)*을 사용할 수 있다고 함으로써 통합공식배부방법에 근접하고 있다.[158]

(3) 관계기업 현금통합관리(Cash Pooling)

기능전담회사로서 재무기능(financing function)을 전담하는 곳이 있을 수 있다. 재무기능은 그룹사 전체 차원에서 자금의 조달과 운용을 총괄하면서 부족재원이 발생하지 않도록 다른 부분을 지원함과 동시에 자금의 조달비용을 최소화하고 운용수익을 극대화하는 기능이다. 어느 한 국내기업이 여러 사업부문 또는 지점을 두고 있을 때 자금관리를 통합할 경우 시너지 효과가 발생하게 되는 것은 당연하다. 간단한 예로서 거래은행을 하나로 설정하고 그와 지속적인 관계를 유지할 경우 충성도(loyalty)를 인정받아 낮은 수수료를 부담할 수 있게 될 것이다.

국내기업그룹이 여러 자회사를 두고 하나의 회사에 금융기능을 전담시키는 경우를 상정한다면 좋은 점만 있는 것은 아니다. 자본출자까지 간여하게 될 경우에는 독점규제및공정거래에관한법률상 상호출자제한규정에 저촉될 것이며 단순한 자금대차(지급보증을 제외)만을 고려한다면 법인세법상 부당행위계산부인규정[159]의 적용 대상이 될 것이다. 부당행위계산부인규정에 의하면 자금의 대차거래에서 대여기업이 자신이 차입한 자금의 가중평균차입이자율보다 낮은 이자율로 특수관계기업에 자금을 제공한 경우에는 그 차이에 해당하는 금액을 소득금액으로 가산한다. 가중평균차입이

---

158) OECD, 「Transfer Pricing Guideline」, 2002, chapterⅧ 7.19~7.42.
159) 법인세법 제52조는 특수관계기업 간 자금의 대차거래는 시장이자율에 따라 대가를 수수하여야 한다고 하면서 그와 어긋날 때에는 소득금액을 조정하도록 하고 있다.

자율이 없을 경우에는 국세청장이 고시하는 당좌대출이자율로 한다. 부당행위계산부인규정을 적용받지 않으려면 매우 복잡한 세부규정을 준수하여야 하기 때문에 국내계열기업 간에는 하나의 기업에 재무기능을 전담시키는 것은 거의 불가능하다.

국제적 자본의 경우 재무기능전담회사에 자금관리를 집중할 유인은 더욱 크다. 국가 간 자금거래에 대한 장벽이 잔존하며 각국의 국내시장에서 거래되는 이자율은 서로 다르게 설정되고 있으며 환율위험이 개재되어 있기 때문이다. 해당 그룹 계열사의 모든 자금관리를 통합할 경우 높은 이자율에 의한 차입의 소지를 차단할 수 있다. 전체적으로 순 여유자금이 발생할 경우에는 그 자금 모두를 가장 수익성이 좋은 곳에 투자할 수 있을 것이다. 이는 그룹 전체 차원에서 비용을 절감하고 수익을 증대하는 효과를 기대할 수 있다. 이에 따라 이러한 통합관리가 계열사 간 자금의 국제적 이동을 실제 수반해야 한다면 국가 간 통화의 실제 이전에는 외국환거래규정의 제약과 수수료의 부담으로 그 장점이 반감될 것이다. 재무기능전담회사가 중앙 통제하면서 단순히 재무기능전담회사의 장부에 그러한 내역을 기장하기도 한다. 그 경우에는 실물에 관한 기장은 해당 자금의 실질적 소유자인 계열사들이 하고 통제목적 명목상 기장은 재무기능전담회사에서 하게 된다. 전자를 실물이동을 수반하는 실물현금통합관리(physical cash pooling)라 하고 후자를 실물이동을 수반하지 않는 명목현금통합관리(notional cash pooling)라고 한다. 두 가지 경우 모두 실제 자금운용의 결과는 수수료 문제를 제외한다면 다를 바 없을 것이다.

국제적인 관계기업 현금통합관리에 대해서는 과세상 이전가격과세와 자금의 실질적 소유의 문제가 발생한다. 실물현금통합관리를 상정해 보자. 우선 이전가격과세는 부당행위계산부인과세가 국제화된 것으로 볼 수 있다. 만약 관련 과세당국이 개별 자금의 이동을 대차거래로 보고 하나하나 정상가격을 찾고자 한다면 사실상 관계기업 현금통합관리가 불가능해질 정도로 납세협력비용이 높아지게 될 것이다. 그러나 각각을 자금의 대차거래로 본다 하더라도 전체적인 관계기업 현금통합관리에 의한 순 손익을 합리적인 공식에 의해 분배하기로 하며 그것을 과세당국이 수용할 수 있다면 납세협력비용이 큰 폭으로 감소할 수 있을 것이다. 한편 과세당국이 재무기능전담회사는 자금의 명목상의 소유자에 불과하며 자금의 실질적 소유는 각 계열사라고 인정한다면 대차거래로 보지 않아 이전가격과세 문제는 발생하지 않을 것이다. 그러나 재무기능에 의한 순 손익을 배분하는 문제는 여전히 남을 것이다. 다음으로 명목현금통합관리를 상정해 보자. 실제 자금의 이동은 없으므로 계산상의 그룹 전체의 순 손익의 배분의 문제가 남게 될 것이다. 해당 순 손익은 재무기능전담회사의 지시에 의해 발생한 것인데 그 실물은 각 계열기업에 남아 있게 된다. 각각 협력하여 벌어들인 것인데 협력의 정도와는 완전하게 일치하지 않은 상태로 각 계열사가 가지고 있는 것들을 다시 협력의 정도에 비례하여 재분배하는 작업을 필요로 하게 된다. 이때 명목현금통합관리약정의 존재를 인정하고 손익재분배를 위한 자금의 이전에 대해 특별히 과세하지 않을 것인가가 문제 된다. 만약 일정 권역 내 과세당국들이 그러한 약정(arrangement)을 인정한다면 기업들로서는 관계기업 현금통합관리가 가능하게 될 것이다. 관계기업 현금통합관리를 인정하는 나라에는 재무기능전담회사가 위치하기 용이할 것이다.

제3항 외국인직접투자 조세지원

1. 이론[160]

> 자본가가 외국에 대한 직접투자를 결정할 때 조세는 여러 고려 요소 중의 하나에 불과하다. 한편 정부 입장에서는 외국인직접투자를 적극적으로 유치하기 위해서는 조세지원보다 법인세율 인하가 더 효과적이라는 지적도 적지 않다. 우리 경제 여건상 외국인직접투자가 어느 정도 절실한 것인지와 외국인직접투자를 유치하는 데 현행과 같은 복잡한 조세지원제도가 효과적인지에 대해 의문이 제기되고 있다.

---

160) OECD, 「Corporate Tax Incentives for Foreign Direct Investment」, 2001, pp.19-21.

OECD가 2001년 발간한 보고서 「외국인투자에 대한 법인세지원제도 (Corporate Tax Incentives for Foreign Direct Investment)」에 의하면 외국인직접투자에 대한 조세지원은 경제학적으로도 여전히 유의미한 변수로 작용할 수 있다고 한다. 이를 뒷받침하는 논리에는 다음과 같은 것들이 있다. 우선 외국자본의 유치를 통해 국가경쟁력을 제고할 수 있다. 국내자본만으로는 투자가 미진하여 사회후생을 극대화할 수 있는 정도의 투자에 이르지 못하고 있을 때 그러한 시장의 실패를 외국인직접투자자금이 치유할 수 있다. 예를 들어 외부효과가 있는 R&D 등에 투자를 늘릴 수 있을 것이다. 우리나라의 경우 고도기술수반사업을 영위하는 외국인투자기업에 대해서 세액감면 혜택이 주어지는데 여기서 고도기술은 외부효과가 있으며 시장은 그러한 외부효과를 가격이나 물량에 충분히 반영하지 못하고 있기 때문에 외국인직접투자자금이 들어와야 한다는 것으로 이해할 수 있다. 다음은 낙후지역을 개발하고 소득을 재분배하는 기능을 할 수 있다. 이 외에 고용이나 경제성장에 보탬이 된다는 주장도 설득력은 있다.

그러나 동 보고서는 조세문제는 재정지원이나 기타 생활여건 및 각종 인프라와 더불어 동시에 고려되어야 할 여러 변수 중의 하나에 불과하다고 한다. 동 보고서는 이어 조세지원제도가 갖는 위와 같은 잠재적인 혜택에도 불구하고 고려하지 않으면 안 될 것은 외국인직접투자에 대한 개별적인 지원보다도 전반적인 법인세율을 인하하는 것이 더 중요한 의미를 가질 수 있다고 한다. 이와 더불어 세제지원도 중요하지만 세제의 단순성 및 그것을 집행하는 행정관청의 행정상 예측가능성이 매우 중요한 변수로 작용한다는 점을 지적하고 있다.

자본이 몰리는 지역은 단순히 그 지역에서의 산업활동을 위한 목적뿐 아니라 종국적으로는 다른 곳에 재투자하기 위한 전초기지로서의 역할을 기대하는 경우가 많다. 이는 특히 대규모의 다국적기업에 두드러진 현상이다. 이 점은 대규모의 자본을 유치하기 위해서는 그 나라에 터 잡은 기업의 국외원천소득에 대한 과세상 관대한 제도를 유지할 필요성이 있음을 암시하는 부분이다. 그러한 필요성에 부응하기 가장 좋은 방법은 일국의 세제를 원천지주의에 입각하여 설계하고 국외원천소득에 대해서는 아예 면제하는 것이다. 이러한 원칙을 일찍이 도입한 나라가 홍콩이다. 홍콩은 경제규모에 비해 외국인투자가 많기로 유명하다. 그리고 자기네 나라에 대한 외국인직접투자의 금액과 대외투자금액이 거의 동일한 규모를 유지하고 있다. 그것은 그 나라가 자본의 중간 기착지 역할을 한다는 것을 의미하기도 한다. 물론 홍콩 자체도 큰 산업기지―주로 금융산업기지―로서 인수합병도 왕성하게 이루어지고 있는 것은 사실이다. 홍콩에서는 외국인직접투자보다 포트폴리오투자가 훨씬 왕성하게 이루어지고 있다. 이는 국제적인 자본의 이동에서 포트폴리오투자가 외국인직접투자보다 더 큰 비중을 차지하고 있는 전 세계적인 현상에 부합한다. 홍콩과 같은 방식의 전면적인 원천지주의의 도입은 어느 정도 큰 경제규모를 가지고 있는 국가―즉 인구가 많아 거주지주의를 채택할 필요가 높은 국가―에는 과세기반을 위축시키는 효과가 클 것으로 생각된다. 부분적인 원천지주의의 도입은 전술한 바와 같이 구주 각국에서 채택하고 있으며 이는 우리에게 시사하는 바가 있다.

거주지주의에 입각한 적지 않은 국가가 80년대 이후 조세피난처 이용의 확산을 저지하기 위해 피지배외국법인세제 또는 조세피난처세제[161]를 도입하고 있다. 이는 거주지주의의 확장이라고 볼 수 있는 부분이다. OECD 차원에서는 조세피난처세제가 이론적으로 문제가 없는 것으로 인식되고 있지만 이는 동 세제를 도입한 국가에 외국자본이 함부로 들어오지 못하게 하는 장벽이 되고 있다. 비록 조세피난처에 회사가 설립된다 하더라도 실질적인 경제활동을 하는 경우에는 동 세제의 적용을 배제하는 나라가 많다.

외국인직접투자에 대한 조세지원을 부여하든 법인세율을 낮게 유지하든

---

161) 자국자본이 조세부담이 낮은 해외로 이전하여 제3국에 원천을 둔 소득을 가득하고 그 과실을 국내로 송금하지 않을 경우 국내 과세기반은 위축되고 산업도 공동화되는 현상을 방지하기 위해 무세국이나 저세율국에 소재하는 자국자본의 자회사를 피지배외국법인이라고 하고 그의 유보소득을 마치 배당한 것으로 보아 과세하는 제도를 말한다. 우리나라에서는 국제조세조정에관한법률에서 조세피난처세제라는 이름으로 도입되어 있다.

원천지국가―즉 진출지국가―에서 특별히 배려하여 외국자본에 대해 세금을 적게 부과하여 보았자 그 자금이 거주지주의 국가에 돌아가 본국의 세율로 과세된다면 원천지국가에서 부여한 조세상의 배려가 모두 흡수되어 버리는 결과를 초래한다. 이러한 현상을 방지하기 위해 일부 국가 간에는 간주외국납부세액공제(tax sparing credit)제도를 도입하자는 합의를 조세조약에 하는 경우가 있다. 과연 이러한 제도가 외국인직접투자를 늘리는 효과를 갖는지에 대해 상당수의 국가가 그 효과성을 의심하고 있다. 조세지원제도 자체가 과연 외국인직접투자를 늘리고 있는 것인지에 대한 회의 때문으로 보인다.

제2장에서 우리나라를 중심으로 한 자본이동은 세계 자본이동의 틀에서 볼 때 미소한 부분에 불과함을 확인할 수 있었다. 대내투자는 왕성하지 않았지만 어느 정도 규모로 성장해 오던 것이 최근에는 주춤하는 반면 해외투자는 상당 폭 증가하고 있음을 알 수 있었다. 직접투자뿐 아니라 포트폴리오투자도 같이 증가하고 있다. 전 세계적으로는 여전히 영국 및 미국이 국제자본의 흐름을 주도하고 있으며 아시아지역에서는 일본, 홍콩 및 싱가포르가 중심이 되고 있다. 최근 중국의 위상이 올라가고 있음은 주지의 사실이다. 이러한 주변상황과 우리의 처지를 감안할 때 외국인투자에 대한 지원을 유지해야 하는 것인가 하는 의문을 가져 볼 수 있겠다. 우리의 국제자본의 거래규모가 잠재력에도 불구하고 실제 그에 미치지 못하고 있다면 원인이 무엇인지를 냉철하게 고찰할 필요가 있다. 최근 UNCTAD가 발표[162]한 「외국인직접투자의 잠재력과 실적에 관한 보고서」는 이 점에서 시사하는 바가 크다. 동 보고서에 의하면 우리나라는 1988년 이래 줄곧 '잠재력 미달(below potential)' 그룹에 속하는 것으로 보고되었다.

---

162) UNCTAD, 「World Investment Report」, 2007 참조.

〈외국인직접투자 잠재력·실적〉

		실적	
		상위	하위
잠재력	상위	선두주자(front runners)	잠재력 미달(below potential)
	하위	잠재력 이상(above potential)	후미주자(under - performers)

그런데 이 그룹에 속한 국가들로서 우리보다 잠재력 대비 실적 차이가 큰 나라에 미국, 독일, 아일랜드, 일본이 속해 있다. 캐나다, 노르웨이, 네덜란드, 핀란드, 호주, 덴마크, 오스트리아, 대만, 이태리 등은 우리보다 조금 덜한 격차를 보이고 있다. 이와 같이 주요국들이 잠재력에 크게 미달하는 실적을 보이고 있는 것은 잠재력은 각국의 기존 경제규모를 중심으로 평가하고 있는 반면 실제 투자는 그 나라의 미래성장 가능성에 따라 이루어지기 때문인 것으로 보인다.[163]

〈외국인직접투자의 잠재력과 실적 분석(2006년)〉

국가	잠재력순위	실적순위	순위상 차이
미국	1	117	116
싱가포르	2	5	3
영국	3	34	31
캐나다	4	79	75
룩셈부르크	5	1	- 4
독일	6	125	119
노르웨이	7	100	93
스웨덴	8	53	45
카타르	9	68	59
아이슬란드	10	4	- 6
홍콩	11	2	- 9
네덜란드	12	85	73
아일랜드	13	141	128

---

163) UNCTAD에 의하면 대내투자의 잠재력은 1인당 국민소득, 지난 10년간 경제성장률, 수출의존도, 유무선전화기보급률, 1인당 에너지소비량, 국내총생산 대비 R&D지출액, 고등교육인구, 국가위험도, 자연자원수출시장점유비, 자동차전자부품수입시장점유비, 용역수출시장점유비 및 외국인직접투자 잔액점유비를 종합하여 평가한다. 대내투자의 실적은 (전 세계 대내투자대비율)/(전 세계 GDP 대비율)으로 평가한다.

국가	잠재력순위	실적순위	순위상 차이
핀란드	14	96	82
프랑스	15	74	59
벨기에	16	10	−6
한국	17	123	106
오스트레일리아	18	115	97
덴마크	19	112	93
대만	20	119	99
스위스	21	90	69
러시아	22	87	65
아랍에미레이트	23	24	1
일본	24	137	113
스페인	25	94	69
이스라엘	26	42	16
오스트리아	27	105	78
사우디아라비아	28	63	35
이탈리아	29	106	77
중국	30	69	39

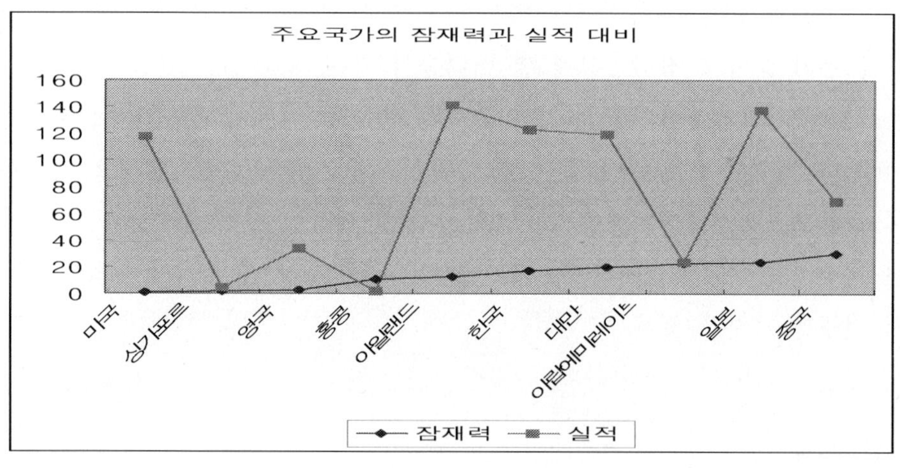

　참고로 미국은 GDP 대비 외국인직접투자의 잔액 비율은 높지만 연간 외국인직접투자의 규모(flow)는 상대적으로 그리 많지 않다. 영국의 경우 상당히 많은 편에 속하는데 이 나라를 우리가 유심히 보아야 할 것으로 생각된다. 우리나라는 외국인투자증대를 위해 너무 조급해할 필요는 없다

고 보이며 영국과 같이 실적이 양호한 국가의 사례에 대한 정밀한 분석을 통해 제도개선방안을 모색할 필요가 있다고 보인다.

2. 주요국 사례[164]

우리와 비교하기 적절하지 않은 면도 있지만 영국의 사례는 시사하는 바가 크다. 싱가포르나 홍콩과 같은 나라의 제도를 도입하기에는 우리 경제 규모가 너무 크며 우리에게 주어진 국제적인 의무도 무시할 수 없다.

아래에서는 필자가 특히 눈여겨보고 있는 영국과 영국의 영향을 많이 받은 싱가포르, 홍콩 , 아일랜드 및 캐나다 그리고 중국에 대해 살펴본다. 영국을 미국과 비교하자면 두 나라 모두 외국인직접투자에 대한 (연방)정부 차원의 조세특례는 없다. 미국은 사실상 기축통화를 운영하는 나라로서 세계 경제의 30%를 차지하고 있으므로 외국인투자를 위해 특별한 지원제도를 두지 않아도 경제운영에 별 어려움이 없는 나라이다. 반면 영국은 늙은 자본주의국가로서 금융산업 이외에는 혁신을 이끌어 갈 산업이 없으며 이에 따라 경제에 활력을 불어넣기 위해서는 자국에 어떤 방식으로든 돈이 들어오고 나가도록 해야 할 필요성이 큰 나라이다. 마침 영국의 영향을 받은 몇 개 국가가 그러한 속성도 공유하고 있다. 조세제도가 중요한 예로서 연구할 가치가 있다.

(1) 영국

2005년 영국은 외국인직접투자유치액이 1,645억 USD에 이르러 세계 제1위를 기록하고 있다. 이는 정부의 외국인투자지원정책보다는 역사적 배경

---

164) 한국조세연구원, 「주요국의 외국인투자 조세지원제도」, 2007.12. 참조.

과 개방적인 경제체제에 기인하는 바 크다. 특히 미국과의 지리적 근접성 때문에 미국기업들이 유럽진출을 위한 근거기지로 활용하는 측면이 강하다.

외국인투자자를 위한 특별한 조세지원제도는 두고 있지 않지만, 국내외 자본을 구분하지 않고 투자장려를 위해 조세지원제도는 두고 있다. 현재는 그러한 조세지원도 점차 축소하면서 전반적으로 법인세율을 인하하는 방향으로 나아가고 있다. 많지는 않지만 지원은 현금보조와 같은 재정지출에 의해 부여하고 있다. 이러한 정책추진은 최근 영국이 다른 EU 국가에 비해 상대적으로 고성장을 지속해 온 데 배경을 두고 있다. 투자장려를 위한 조세지원제도로는 가속상각 및 투자소득공제제도가 있으며 지역 간 균형발전제도는 최근에 폐지되었다.

영국은 거주자*의 국외원천소득에 대한 과세를 완화하여 거주자의 대외활동을 지원하고 있다. 이는 비거주자가 거주자로 전환하게 하는 유인이 되기도 한다. 국외원천소득에 대한 과세에 있어서 영국은 거주지(residence), 비통상적 거주지(non-ordinarily residence)[165] 및 본적(domicile)의 개념을 활용하여 외국인이 영국을 사실상 거주자로 하면서도 영국 외 원천소득에 대해서는 과세되지 않는 제도를 만들어 두고 있으며, 상속과세상으로도 본적의 개념을 활용하여 많은 혜택을 부여하고 있다. 그리고 거주자의 국외원천소득은 기다렸다가 송금될 때에 과세하는 송금주의에 따라 과세하는 부분이 많다. 예를 들면, 개인 거주자라 하더라도 영국에 본적이 없는 자의 자본소득은 영국에 송금될 때 과세된다. 이는 외국인이 영국을 다른 나라로 진출하기 위한 전진기지로 활용하게 만드는 효과를 발휘하고 있다. 국외원천사업소득은 과세한다. 국내원천소득에 대한 과세에 있어서는 영국에서 거주와 관련된 아무런 근거가 없는 외국인의 영국 내 원천소득과세에 관한 국내세법상 이자소득은 20%의 세율로 원천 징수하고 배당소득에 대

---

165) 싱가포르 및 말레이시아에도 도입되어 있는 개념이다. 두 나라는 특정 국가의 거주자로 인정되는 경우에는 전 세계 소득에 대해 과세되는 원칙에 대한 예외로서 외국인에 대해서는 실제 국내에 체재하는 기간에 귀속하는 부분에 대해서만 과세하는 제도를 도입하고 있다. 호주에서는 최초 임시국내거주자에 대한 4년 동안 국외원천소득에 대한 과세를 면제하고 있다. 아일랜드에서 비통상적 거주자(non-ordinarily resident)인 자는 아일랜드 내 이자소득에 대해 면세된다.

해서는 원칙적으로 원천 징수하지 않으며 특허권 사용료에 대해서는 22%
의 세율로 원천 징수한다. 이러한 세제상 특징은 유럽지역 내 법인세율과
소득세율이 상대적으로 낮은 점과 어우러져 영국을 사실상 저세율국으로
만드는 효과가 있다.

한편 영국에서는 법인 간 배당은 면세이다. 2002년부터 일정 비율 이상
지분양도차익에 대해서는 과세를 면제한다.

(2) 싱가포르

싱가포르는 역사적으로 영국의 영향을 많이 받았다. 이에 따라 매우 개
방적인 경제체제를 두고 있다. 여러 면에서 영국과 비교하기 힘든 소국이
지만 자본이 그 나라를 통해 이동하도록 유인하는 제도를 갖추고 있다. 영
국과 달리 외국인투자에 대한 폭넓고 탄력적인 조세지원제도를 두고 있으
면서도 국외원천소득을 과세하지 않음으로써 자본이 들어와 머물기도 좋
고 나가서도 좋은 여건을 만들어 놓고 있다. 세제 면에서는 그간 개인 거
주자의 국외원천소득을 송금주의에 의해 과세하고 거주자의 개념을 완화
하는 체제를 유지하다가—그것도 과세를 이연하고 면제하는 효과가 있음
은 주지의 사실이다.—2004년부터는 일부 법인 소득의 경우를 제외하고는
홍콩처럼 아예 국외원천소득을 과세하지 않는 방향으로 원천지주의과세체
제로 전환하였다. 이제 거주자건 비거주자건 싱가포르 내 원천소득에 대해
서만 납세의무를 부담하게 되었다. 법인은 현재도 국외원천소득에 대해서
송금주의로 과세된다.

2008년부터는 18%의 낮은 법인세율을 유지하고 있으며 개인에 대해서
는 0~20%의 7단계 누진세율로 소득을 과세한다. 각종 조세지원제도를
설정하고 개별 기업의 사정에 맞추어 제공하는 맞춤형 조세지원제도를 운
영하고 있다. 싱가포르는 역외금융시장으로도 유명한데 거기에 덧붙여 조
세지원까지 한다. 세계에서 가장 큰 역외금융시장이라 할 런던, 뉴욕 및

동경은 금융규제가 없다는 것뿐 조세상 특례가 특별히 주어지지는 않는다. 그런데 싱가포르는 역외금융업무로부터의 소득에 세제상 지원을 하고 있다. 이는 ring fencing[166]으로서 유해조세제도로 분류되는 것이기는 하지만 싱가포르는 비OECD 국가이기 때문에 그것을 폐지하라는 국제사회의 압력을 상대적으로 덜 받고 있다. 싱가포르는 금융업뿐 아니라 R&D 허브의 구축을 위해 외국에서 얻은 사용료 또는 이자소득을 다시 연구개발활동에 사용할 경우 세금을 면제해 주는 제도를 갖추고 있다. 그 외에 운영총괄본부(operational headquarter)에 대한 조세면제제도도 두고 있다. 폭넓은 세금감면에도 불구하고 싱가포르의 재정과 외환사정은 넉넉하다. 이는 TEMASEK이나 GIC의 활동에 의해 익히 알려져 있다.

이자소득은 법에서 열거한 것에 한해 과세를 면제한다. 배당소득은 내국법인이 분배하는 것에 대해서는 2008년부터 면세이다. 국외원천소득에 대해서는 개인의 경우 모두 과세하지 않는다. 내국법인의 경우에는 국외원천배당소득(송금되는 국가의 최고 법인세율이 15% 이상이고 해외에서 이미 과세된 경우에 한한다.)과 해외지점에 귀속하는 사업소득에 대해서는 면세이다. 기타의 경우에는 수취하여야 과세된다.

싱가포르는 홍콩과 함께 유럽의 금융시장에 대한 경쟁상대로서의 지위를 가지고 있다. 유럽 국가들이 역내유해조세경쟁을 차단하기 위해 EU Savings Directive에 따라 거주지국에 이자소득발생내역을 통보해 주는 제도를 시행하자 유럽의 전주들이 싱가포르와 홍콩으로 자금을 이전해 오고 있다. 물론 두바이 같은 소규모 조세피난처를 찾기도 한다. 이에 적지 않은 유럽 국가들이 불만을 제기하고 있다. 싱가포르나 홍콩이 이자소득발생내역을 통보해 주지 않고 있는 것도 불만의 한 이유이다.

---

166) 조세특례제도를 둔 나라에서 자국자본은 해당 조세특례제도를 이용할 수 없게 하고 해당 조세특례제도를 이용하는 외국자본은 자국시장에 영향을 주지 못하도록 차단하는 ring을 설치한 것을 말한다. 이 경우 해당 조세특례제도는 자국의 경제에는 영향을 주지 않으면서 다른 나라들의 경제에만 영향을 준다는 점에서 국가가 제도로서 재정활동(arbitrage)을 하는 것이기 때문에 국제적인 규제의 대상이 될 수 있다.

(3) 홍콩

홍콩은 싱가포르처럼 영국의 영향을 많이 받은 지역으로서 일찍부터 국외원천소득에 대해서는 과세하지 않는 제도를 유지하고 있다. 거주자나 비거주자나 동일하게 국내원천소득만 과세되기 때문에 영국이나 싱가포르처럼 거주자의 판정기준을 완화하는 방법으로 외국인을 국내로 유치하는 제도도 두지 않고 있다. 국내원천소득에 대해서도 과세하지 않는 부분을 많이 두고 있다. 사업소득이나 근로소득은 과세에 예외가 적지만 자본소득—이자, 배당 및 유가증권양도소득—에 대해서는 매우 많은 조세면제를 하고 있다. 자본소득을 우대하는 지역으로 키우고자 하는 정책적 의도에 따라 제도를 구축하고 있으며 실제 전 세계 자본이 몰리고 있다. 근로소득에 대해서는 근로소득세를 사업소득에 대해서는 이윤세를 그리고 부동산소득에 대해서는 재산소득세를 부과한다. 이와 같은 원천지주의적인 과세제도는 비단 개인뿐 아니라 법인에게도 동일하게 적용된다.

실무적으로는 소득의 원천을 가리는 일이 매우 중요하며 사업소득과 면세되는 자본소득과 구별하는 것도 중요하다. 1998년부터는 원천을 가려주기 위한 사전인증제도(advance ruling system)*를 운영하고 있다.

특징적인 것은 홍콩은 싱가포르와 달리 만성적인 재정적자를 격고 있다는 점이다. 이를 만회하기 위해 홍콩은 2006년 부가가치세 도입에 관한 의견 수렴을 시작하였지만 아직 도입되지 않고 있다.

(4) 아일랜드

아일랜드는 그간 낮은 법인세율(12.5%)과 국제금융센터(IFSC: International Financial Service Center)에 입주하는 외국금융기관에 대한 조세지원제도를 유지하면서 외국자본을 많이 유치하였다. 최근에는 일부 제도가 유해조세제도로 인정되어 폐지되었으며 2010년부터는 모든 지역에 걸쳐 통일된 세율이 적용된다. 전반적으로 제조업을 영위하는 기업에 대해 조세지원이 많이 이루어지고 있다. 이는 아일랜드가 유럽지역에서 제조업과 일부 서비스업에 있어 근거지가 되도록 하는 효과를 내고 있다. 일부 조세조약에서 이자소득에 거주지국과세원칙을 두는 등 자국에 유리한 조항을 둠으로써 외국자본의 근거지가 되도록 유인하고 있다. 한편 아일랜드가 많은 외국기업의 근거지가 되고 있지만 이웃 영국이 자본의 중심지 역할을 하고 있어 자본시장은 위축되어 있다.

개인소득세는 20%와 41%의 두 가지 세율로 과세된다. 개인 거주자의 이자와 배당소득은 20%의 세율로 예납적 원천 징수한다. 개인 거주자라 하더라도 아일랜드나 영국에 본적(domicile)이 없는 자의 투자소득은 아일랜드에 송금될 때 과세된다. 아일랜드는 국외원천사업소득에 대해서는 과세한다. 아일랜드에서 비통상적 거주자(non-ordinarily resident)인 자는 아일랜드 내 이자소득에 대해 면세된다. 비거주자의 주식양도차익에 대해서는 국내세법상 과세를 면제한다. 자본이득세가 과세되는 자산의 경우에는 자본손실도 감안한 순 이득에 대해 과세한다. 자본이득세율은 원칙적으로 20%이며 이자나 배당소득과 별도로 과세된다.

(5) 캐나다

캐나다에서는 외국자본이 국내 투자 대상 기업을 직접 인수(제3국에 지주회사를 설립하는 방법 포함)하는 경우에 대해서는 당해 투자 대상 기업의 자본금에 상당하는 금액까지의 배당에 대해서 원천징수를 면제한다. 국내 기업인수자회사(acquisition subsidiary)를 설립하고 그를 통하여 국내 투자 대상 기업을 인수하는 경우에는 당해 투자 대상 기업의 인수에 실제 소요된 비용(자금)에 상당하는 금액까지 배당에 대한 원천징수를 면제한다.

(6) 중국

　중국은 그간 외국계 기업과 국내기업에 대해 별도의 세법을 적용하다가 하나의 세법에 의해 동일하게 과세하는 제도적 전환을 시행한 바 있으며 2008년 현재 과도기적인 단계로서 외국계 기업들에 대한 조세지원이 단계적으로 폐지되고 있다. 대신 국내외 기업 모두에 적용되는 세율을 낮추는 방법으로 외국계 기업—외상기업이라 한다.—의 조세부담이 급격히 증가하지 않도록 하고 있다. 잔존하는 조세지원은 자본의 국적을 불문하고 낙후지역에 투자하는 기업 그리고 주요 전략산업에 투자하는 기업에 대해서 이루어지고 있다. 서구자본주의 국가—그 나라들에 터 잡고 있는 화교자본을 포함하여—의 대중국투자는 주로 중국의 낮은 인건비를 활용하기 위한 목적의 투자로서 제조업에 대한 투자가 주를 이루어 왔다. 이제 그러한 투자가 좀 더 고도의 산업에 대한 투자로 전환하여야 하는 단계에 이른 것으로 보고 중국정부는 지원제도를 전환하게 된 것이다.

　중국은 사회주의의 역사적 배경으로 자본소득에 대해 특별히 우대하는 정책을 펴지는 않고 있다. 현재 자본소득에 대한 과세를 완화할 것인지에 대해서는 별도의 논의가 이루어지고 있는 것 같지는 않다.167) 각국의 자본은 현재 중국이 금융자본의 중심지가 될 수 있는지에 대해 시험해 보고 있는 것으로 보인다. 낮은 임금을 토대로 한 생산기지에서 금융산업의 중심지로 발달하기 위해서는 신용과 신뢰성을 바탕으로 여러 제도적 인프라가 갖추어져야 한다. 그리고 외환시장이 안정을 이루어야 하며 국내외송금에 대한 제약도 없어야 한다. 과연 그러한 방향으로 나아가고 있는지에 대해서는 어느 정도 희망적인 징후들이 보이는 것 같다. 중국자본시장에서도 현재 우리나라보다 훨씬 많은 규모의 포트폴리오투자가 국내외로부터 폭발적으로 이루어지고 있다. 중국 위안화 가격과 주식시장의 동향이 세계금융시장에서 주요한 한 축이 되고 있다. 이는 선진국의 금융회사들이 중국자

---

167) 2007년 8월 15일 개인의 은행저축이자소득에 대해서는 국내외투자자를 불문하고 원천징수세율을 20%에서 5%로 인하였다.

본시장에―초기의 어려움을 감내하고서라도―적극적으로 진출하지 않을 수 없게 만들고 있으며 이러한 현상은 멀지 않아 중국자본시장의 인프라를 한 단계 발전시키는 성과를 도출할 것으로 보인다. 이제부터 조세지원은 큰 역할을 하지 않을 것으로 보인다. 세계 최대 경제대국을 지향하는 중국에 있어서는 홍콩이나 싱가포르와 다른 기본적 경제여건 때문에 큰 자본시장이 형성되고 있으며 조세제도의 역할은 상대적으로 미약한 것이다.

3. 우리나라 대내외 직접투자 현황

우리나라에서 국내자본의 대외진출이 외국자본의 대내투자보다 더 빠른 속도로 늘어나고 있다. 대외투자상 자회사 형식의 진출이 증가하고 있어 대외투자로 인한 과실의 국내송금이 적기에 이루어지는지가 조세정책의 수립에 있어 갖는 중요성이 증가하고 있다.

국세청 자료에 의하면 대내투자에 있어 외국법인의 신고실적이 저조한 것으로 나타나고 있다. 이는 국내 정착단계에 이르면 외국인직접투자법인으로 전환하는 경향 때문으로 보인다. 대외진출은 대내투자보다 더 빠른 속도로 늘어나고 있다. 그중 자회사 형식의 진출이 증가하고 있어 대외투자로 인한 과실의 국내송금이 적기에 이루어지는지가 조세정책의 수립에 있어 갖는 중요성이 증가하고 있다. 진출형태에 있어서는 고정사업장방식의 진출은 거의 제자리걸음을 하고 있어 국내본점과 국외지점과의 고정사업장 소득과세의 문제의 중요성이 강조될 상황은 아니다. 한편 국내 진출한 금융보험업종이 자회사 형식으로 많이 전환하고 있어 고정사업장 소득금액 산정보다는 이전가격과세 문제가 중요성을 더해 가고 있다. 아래 그 내역을 소개한다.

(1) 대내투자[168)

국세통계연보에 의하면 대내(inbound) 투자의 경우 지점 형태의 진출과
자회사 형식의 진출 동향을 보면 아래 표와 같다. 대내 투자에 있어서 자
회사 형식의 진출 비중이 지점형식의 진출에 비해 다소 많으며 증가율에
있어서는 큰 차이가 없는 것으로 나타나고 있다.

〈대내진출방식별 동향〉

(단위: 개)

	2000	2004	대비율
외국인투자법인(자회사)	3,822	4,889	128%
외국법인(지점)	1,147	1,400	122%
계	4,969	6,289	127%

외국법인의 납세실적을 보면 5년간 인원은 늘어났지만 세액은 오히려
줄어들었다. 특히 매출액은 52% 증가하였는데 세액이 15%나 감소하고 있
는 것이다. 이는 지점으로 진출하였다가 성장기에 접어들면서 자회사로 전
환하는 경향이 심화되었기 때문인 것으로 보인다. 업태별 동향을 보면 고
정사업장 소득금액 계산과 관련하여 논의의 대상으로서 가장 많이 등장하
는 금융보험업종의 자회사 전환이 두드러진다. 도소매나 서비스업종의 경
우에는 지점, 자회사 모두 증가하였다. 그중 자회사 방식이 더 큰 폭으로
증가하였다.

---

168) 아래 표상 수치들은 국세통계연보를 활용하여 작성한 것이다.

〈외국법인 · 외국인투자법인 업태별 동향〉

(단위: 개)

	2000		2004		대비율	
	외국법인	외투법인	외국법인	외투법인	외국법인	외투법인
도소매	356	1,336	439	1,792	123%	134%
금융보험	94	93	79	154	84%	166%
서비스	576	768	698	1,154	121%	150%
제조	20	1,426	46	1,532	230%	107%
기타	101	199	138	257	137%	129%
계	1,147	3,822	1,400	4,889	122%	128%

위는 법인형태의 진출이다. 외국인의 종합소득신고동향을 보면 개인형태의 진출 추이를 짐작할 수 있다. 개인이 국내에 종합소득 신고하는 경우는 갑종근로소득 이외의 소득이 발생하는 경우, 국내에 고정사업장을 두거나 부동산소득이 발생하는 경우 등이다. 아래 표를 보면 최근 매우 큰 폭으로 증가하고 있는 것을 발견할 수 있다. 상당부분에 있어 을종근로소득과 갑종근로소득이 동시에 발생하는 외국인이 증가하기 때문이라고 볼 수 있다.

〈외국인 종합소득 신고 동향〉

(단위: 명, 십억 원)

	2000	2004	대비율
인원	2,470	7,006	284%
소득	152	252	166%
세액	37	45	121%

(2) 대외투자

한국은행에 신고한 대외투자를 기준으로 하여 볼 때 각 형태별 진출은 다음과 같다. 비록 금액 기준이 아닌 진출기업 수(stock)를 기준으로 비교한 것이지만 대내 투자에 비해 대외투자의 증가폭이 괄목할 만하다고 할 수 있다. 대외투자에 있어서는 지점 방식의 진출에 비하여 자회사 방식의 진출이 더 큰 비중을 차지하고 있다. 외국환거래법상 해외투자의 사실을 입증하는 데 있어서 법인형식의 진출이 용이하기 때문인 점도 있을 것이다. 대외투자 내 구성에 있어서는 지점 방식보다는 자회사 방식의 진출이 훨씬 더 큰 폭으로 증가한 것을 알 수 있다.

<대외진출방식별 동향>

(단위: 개)

	2000	2004	대비율
자회사	11,204	21,919	196%
지점	708	816	115%
사무소	2,492	3,263	131%
계	14,404	25,998	180%

대외투자 업종에 있어서는 제조업의 비중이 많다. 증가추세에 있어서는 전 업종에 걸쳐 골고루 증가하는 모습을 보이고 있다.

<자회사 방식 대외투자 업태별 동향>

(단위: 개)

	2000	2004	대비율
제조	7,226	13,914	193%
무역	1,612	2,966	184%
기타	5,566	9,118	164%
계	14,404	25,998	180%

4. 현행법상 조세특례

현행 조세특례제한법상 외국인직접투자에 대한 조세지원은 고도기술수반사업이나 산업지원서비스업처럼 투자하여 영위하고자 하는 사업이 국내경제발전에 보탬이 되는 경우나 일정 지역의 발전을 도모할 수 있는 경우에 대해 주어지고 있다. 갈수록 그 내용이 복잡해지고 많아지는 추세인데도 외국인직접투자의 규모는 뒷걸음질을 하고 있어 그 실효성에 대한 전반적인 재검토가 필요하다.

현행 조세특례제한법은 첨단기술의 이전, 외국자본의 유치 등을 촉진하여 국민경제발전에 기여하도록 외국인투자와 관련하여 여러 가지 조세지원제도를 마련하고 있다.

(1) 특례 요건 – 대상 사업의 범위

조세특례는 모든 외국인투자기업에 적용되는 것은 아니고 외국인투자기업이 감면 대상 사업을 영위하고 있을 때 허용되는 것이다. 구체적으로는 기획재정부장관이 외국인투자촉진법 제27조의 규정에 의한 외국인투자위원회의 심의를 거쳐 정하는 다음 사업[169]을 영위하기 위한 외국인투자에 대해서는 조세특례제한법의 규정에 따라 조세특례를 부여한다.

1) 산업지원서비스업 및 고도기술수반사업[170]

법인(소득)세 등을 감면하는 외국인투자는 기획재정부장관이 외국인투자촉진법 제27조의 규정에 의한 외국인투자위원회의 심의를 거쳐 정하는 산업지원서비스업이나 고도기술을 수반하는 사업을 영위하기 위하여 공장시설(한국표준산업 분류상의 제조업 외의 사업의 경우에는 사업장을 말함)을 설치 또는 운영하는 경우[171]로 한다.

산업지원서비스업은 부가가치가 높고 제조업 지원 등 다른 사업의 발전

---

169) 특정 사업이 감면 대상으로 열거되어 있을 때에 구체적으로 해당 기업이 영위하는 사업활동이 당해 감면 대상 업종에 해당하는지의 문제에 있어서는 당해 외국인투자 신고 시에 사업계획서상 감면 대상 업종에 해당한다는 취지로 사업계획서상 신고한 사업내용에 해당하는지가 중요한 판단기준이 되지만, 비록 사업계획서상 열거되지 않은 사업이라 할지라도 그에 부수되는 영업활동으로 볼 수 있는 경우에는 그 영업활동도 감면 대상 사업활동으로 볼 수 있다(투진일 322 – 1193, 77.6.14.).

170) 조세특례제한법 제121조의2 제1항 제1호 및 동법시행령 제116조의 2 제1항 및 제2항.

171) 외국인투자법인의 외국인투자에 대하여 조세특례제한법 제121조의2 제1항 제1호 및 같은 법 시행령 제116조의2 제1항의 규정에 의한 고도의 기술을 수반하는 사업에 따른 감면 대상 소득을 계산함에 있어, 상기의 규정에 따른 감면 대상 소득이란 당해 외국인투자법인이 특정제품의 제조활동을 직접 영위하기 위하여 공장시설을 직접 설치 또는 운영함에 따라 발생된 소득을 말하는 것으로 공장시설을 직접 설치 또는 운영하지 아니하고 동 제조활동을 국내의 다른 기업 등에 위탁함에 의하여 당해 외국인투자법인에서 발생한 소득은 감면 대상 소득에 해당되지 않는 것임(서이 46017 – 10812, 2001. 12. 26.).

을 지원하는 효과가 큰 서비스업으로서 국내산업의 국제경쟁력 강화를 위하여 필요하다고 인정되는 사업을 의미하며, 고도기술을 수반하는 사업은 국내에서의 개발수준이 낮거나 개발이 되지 아니한 기술을 수반하는 사업으로서 국내산업의 국제경쟁력 강화를 위하여 필요하다고 인정되는 사업을 의미한다. 이때 고려하여야 할 요소로서는, 당해 사업은 아래의 ① 내지 ③의 기술을 '수반'하는 사업이어야 한다는 점이다.

> ① 국민경제에 대한 경제적 또는 기술적 파급효과가 크고 산업구조의 고도화와 산업경쟁력 강화에 긴요한 기술 감면 대상 산업지원서비스업이나 고도기술수반사업의 범주에 해당하는 것으로서 기획재정부장관이 고시하는 것[172]
> ② 국내에 최초로 도입된 날(신고일 기준)부터 3년이 경과되지 아니한 기술이거나 3년이 경과한 기술로서 이미 도입된 기술보다 경제적 효과 또는 기술적 성능이 뛰어난 기술[173]
> ③ 당해 기술이 소요되는 공정이 주로 국내에서 이루어지는 기술

고도기술수반사업을 예로 들어 '기술'을 '수반'한다는 것의 의미를 살펴보면 그것은 당해 외국인투자기업이 고도기술도입계약을 체결해 그에 따라 실제 기술을 도입하여 기술료를 지급하는 등의 요건을 충족하여야 하는지에 대해 의문이 있을 수 있다. 법문상 고도의 기술을 수반한다는 것은 기술을 도입한다는 것과는 구별되는 개념이므로 반드시 고도기술도입계약을 체결하여야 하는 것은 아닌 것으로 보인다. 여기서 고도기술이라 함은 기획재정부장관이 고시하는 기술의 하나여야 하며, 위 3가지의 요소를 충족하는 것이어야 함은 분명한 것이지만, 외국인투자자나 제3의 외국기업으로부터 기술을 도입하여야 하는 것인지 아니면 국내의 투자자나 제3의 기

---

172) 기획재정부가 고시하고 있지만 개별적인 사업이 당해 업종에 해당하는지에 대해서는 개별적인 판단을 필요로 한다. 개별적인 기술이 고도기술에 해당하는지에 대해서는 기획재정부의 고시로 공고되는데 이러한 기술로서 열거되기 위해서는 기획재정부에 신청하여 외국인투자위원회가 결정하는 절차를 밟아야 한다. 이 과정에서는 우선 기술의 존재를 입증하는 것이 매우 중요한데 당해 기술에 대한 특허나 연구기관의 보고서 등이 유용하게 활용될 수 있을 것이다.
173) 특정 기술의 최초 도입의 시점에 대한 구체적인 판단은 조세감면사전확인 등의 절차에 의하여 이루어진다.

업으로부터 기술을 도입하여도 되는 것인지의 문제가 남는다. 그리고 어떤 기업이 외국인투자에 의해 외국인투자기업으로 전환될 경우 당해 기업이 원래부터 개발한 기술이 위에서 규정하는 고도기술이 되어 특별히 외부로부터 새로운 기술을 도입하지 않아도 기술을 수반하는 사업이 될 수 있는지의 문제도 있다. 더 나아가 당해 기업이 외국인투자의 시점에 새로운 기술을 자체적으로 개발하여 고도기술을 활용하는 기업이 될 경우에 과연 고도기술을 수반하는 사업활동을 영위하고 있는 것인지도 불분명하다. 최근 과세당국의 입장은 굳이 고도기술도입대가를 지급하는 방식으로 외국의 기술제공자와 계약을 체결하여야 할 필요는 없으며, 당해 기업이 고도의 기술을 개발하여 활용하고 있는 경우에도 감면규정이 적용되고 있다고 보고 있다. 물론 이러한 기술은 ① 내지 ③의 요건을 충족하여야 할 것이다.

2) 외국인투자지역에 입주하는 외국인투자기업이 영위하는 사업[174]

외국인투자촉진법상 외국인투자지역에는 단지형과 개별형의 두 가지가 있다. 단지형은 지방자치단체의 장이 미리 특정한 지역을 외국인투자지역으로 지정하고 그에 입주하는 외국인투자기업에 지원을 하는 지역을 말한다. 개별형은 외국인투자기업이 스스로 입주할 지역을 선정하고 그곳을 외국인투자지역으로 지정하여 줄 것을 신청하여 지정을 받는 지역을 말한다.[175] 현행 외국인투자촉진법상 개별형의 지정요건에 대해 기술하면 아래와 같다.

① 제조업을 영위하기 위하여 새로이 공장시설을 설치하는 경우로서 외국인투자금액이 미화 3천만 달러 이상인 경우[176]

② 외국인투자금액이 미화 2천만 달러 이상(㉯의 경우에는 미화 3천만 달러 이상)으로서 다음 각 항의 1에 해당하는 사업을 영위하기 위한 시설을 새로이 설치하는 경우

---

174) 조세특례제한법 제121조의2 제1항 제1호·제2호 및 동법시행령 제116조의2 제3항.
175) 외국인투자촉진법 제18조 제1항 제1호 및 제2호.
176) 외국인투자지역 안에서 새로이 공장시설을 설치하는 경우(증자를 통하여 새로이 공장시설을 설치하는 경우 포함)에 한하여 조세감면을 받을 수 있다.

㉮ 관광진흥법에 의한 관광호텔업, 수상관광호텔업 및 한국전통호텔업
㉯ 관광진흥법에 의한 전문휴양업, 종합휴양업 및 동 조 제5호 가목의 규정에
  의한 종합유원시설업
㉰ 국제회의산업육성에관한법률 제2조 제3호의 규정에 의한 국제회의시설
㉱ 산업지원서비스업[177]

③ 외국인투자금액이 미화 3천만 달러 이상으로서 다음 각 항의 1에 해당하는 사업
  을 영위하기 위한 시설을 새로이 설치하는 경우
  ㉮ 화물유통촉진법 제2조 제8호의 2의 규정에 의한 복합화물터미널사업
  ㉯ 유통산업발전법 제2조 제13호의 규정에 의한 공동집배송단지를 조성하여 운
    영하는 사업
  ㉰ 항만법 제2조 제6호의 규정에 의한 항만시설을 운영하는 사업 및 동 조 제7
    호의 규정에 의한 항만배후단지에서 영위하는 조세특례제한법시행령 제5조
    제8항의 규정에 의한 물류산업
  ㉱ 항공법의 규정에 의한 공항시설을 운영하는 사업 및 공항구역 내에서 영위하
    는 물류산업
  ㉲ 사회간접자본시설에 대한 민간투자법의 규정에 의한 민간주도사업 중 귀속시
    설을 조성하는 사업

④ 제1항 각 호의 규정에 의한 사업을 위한 연구개발활동을 수행하기 위하여 연구
  시설을 새로이 설치하거나 증설하는 경우로서 다음 각 목의 요건을 갖춘 경우
  ㉮ 외국인투자금액이 미합중국 화폐 2백만 불 이상일 것
  ㉯ 사업과 관련된 분야의 석사 이상의 학위를 가진 자로서 3년 이상 연구경력
    을 가진 연구전담인력의 상시 고용규모가 10인 이상일 것

3) 기타의 특별 구역 내의 외국인직접투자의 경우

다음과 같은 특별 구역 내의 외국인직접투자에 대해서도 외국인투자지
역과 동일하거나 유사한 내용의 조세특례가 부여된다.

- 경제자유구역 입주사업[178]
- 경제자유구역 개발사업시행자 사업[179]

---

177) 조세특례제한법시행령 제116조의1 제1항 제1호.
178) 조세특례제한법 제121조의2 제1항 제2호의2.
179) 조세특례제한법 제121조의2 제1항 제2호의3.

- 제주투자진흥지구 개발사업시행자 사업[180]
- 기업도시 입주사업[181]
- 기업도시 개발사업시행자 사업[182]

4) 외국인투자유치를 위하여 조세감면이 불가피한 사업으로서 대통령령이
   정하는 사업[183]

'외국인투자유치를 위하여 조세감면이 불가피한 사업'이란 자유무역지역
의지정등에관한법률 제2조 제5호의 규정에 의한 입주기업체가 영위하는
사업[184]을 말한다. '조세감면이 불가피한 사업'이라 할지라도 법정기준에
해당하는 공장시설을 새로이 설치하는 경우에 한하여 조세감면을 받을 수
있다.

(2) 투자펀드의 경우[185]

조세특례제한법상 외국인투자에 대한 조세감면을 적용받기 위해서는 외
국인투자촉진법 제2조 제1항 제4호에 해당하는 외국인투자를 하여야 한다.
외국인투자촉진법 제2조 제1항 제4호에서는 외국인투자를 외국인에 의한
국내기업의 주식 또는 지분의 취득 및 장기차관의 2가지 경우로 한정하여
정의하고 있다. 외국인이 국내기업의 주식 또는 지분을 취득하여 외국인투
자촉진법에 따른 외국인투자에 해당되기 위해서는 외국인 투자금액이 5천
만원 이상이면서 국내기업이 발행한 주식 또는 출자지분의 10% 이상 소
유하거나 또는 10% 이상 소유하지 않더라도 (i) 임원의 파견 또는 임원
을 선임할 수 있는 계약이 있거나, (ii) 1년 이상의 기간 동안 원자재 또

---

180) 조세특례제한법 제121조의2 제1항 제2호의4.
181) 조세특례제한법 제121조의2 제1항 제2호의6.
182) 조세특례제한법 제121조의2 제1항 제2호의7.
183) 조세특례제한법 제121조의2 제1항 제3호.
184) 조세특례제한법시행령 제116조의2 제9항.
185) 송상우, "투자펀드를 이용한 외국인투자에 대한 조세지원", 조세학술논집, 2007.

는 제품을 납품하거나 구매하는 계약이 있거나, 또는 (iii) 기술의 제공·도입 또는 공동연구개발계약이 있는 경우라야 된다.

내국인이 외국법인의 주식을 취득한 후 그 외국법인으로 하여금 외국인투자를 하는 경우 실질적인 외국인투자로 볼 수 없으므로 이런 경우에는 조세감면이 적용되지 않는다. 즉, 내국인 또는 내국법인이 외국법인 또는 외국기업의 의결권 있는 주식 또는 출자지분의 10% 이상을 직접 또는 간접으로 소유하고 당해 외국법인 등이 외국인투자를 하는 경우에는 그 직접·간접 주식 소유 비율만큼에 대해서는 조세감면을 적용하지 아니한다.

현행 세법상 외국인이 해외에서 투자펀드를 조성하여 외국인투자촉진법에 따른 외국인투자를 할 경우, 조세감면의 적용 여부와 관련하여 투자펀드가 투자하였다고 하여 특별히 다르게 취급되지는 않는다. 조세감면의 적용 여부는 외국인투자촉진법에 따른 외국인투자인지 여부에 따라 결정되므로 투자펀드를 이용하여 투자하였다고 하여 조세감면의 적용을 배제하여야 하는 것은 아니다. 다만, 투자펀드를 이용한 투자는 주로 포트폴리오 투자로서 증권 또는 채권에 대한 투자이고 조세특례제한법상 감면 대상이 되는 사업을 직접 영위하지는 않는 것이 대부분일 것으로 실제 조세감면을 적용받는 사례는 많지 않을 것으로 보인다.

(3) 조세특례의 내용

외국인직접투자에 대한 조세특례의 요건을 충족할 경우 다음의 3가지의 조세특례 효과를 부여받는다.

- 외국인투자기업의 소득과 배당에 대한 법인세 및 소득세의 감면
- 외국인투자기업이 취득, 보유하고 있는 재산에 대한 취득세, 등록세 및 재산세의 감면
- 외국인투자기업의 자본재 도입에 따른 관세, 특별소비세 및 부가가치세의 감면

아래에서는 여러 조세특례 중 소득세 및 법인세의 감면에 대해 기술한다.

1) 소득세 및 법인세의 감면

조세특례제한법상 외국인투자기업의 사업소득에 대한 법인세 등은 각 사업 연도 소득 중 외국인투자촉진법의 규정에 따라 신고한 감면 대상이 되는 사업(종전 인가영업)에서 발생된 소득에 대한 세액에 대하여 감면되며, 당해 사업을 개시한 후 당해 사업에서 최초로 소득이 발생한 과세 연도(사업개시일부터 5년이 되는 날이 속하는 과세 연도까지 소득이 발생하지 아니한 때에는 5년이 되는 날이 속하는 과세 연도)부터 5년 이내에 종료하는 과세 연도에 대해서는 법인세 또는 소득세 상당액의 전액을 감면하고, 그다음 2년 이내에 종료하는 과세 연도에 대해서는 감면 대상세액의 50%를 감면한다.

외국의 유가증권시장에 상장 또는 등록된 외국법인의 주식 및 외국환거래법에 따라 외국인이 소유하고 있는 주식과 대한민국법인이 이미 발행한 주식 또는 지분의 취득에 의한 외국인투자를 하는 경우에는 외국인투자기업에 대한 조세감면을 적용하지 아니한다.

대한민국국민 또는 대한민국법인이 외국법인 또는 외국기업의 의결권 있는 주식 또는 출자지분의 10% 이상을 직접 또는 간접으로 소유하고 당해 외국법인 등이 외국인투자를 하는 경우에는 아래 간접소유 비율만큼에 대해서는 감면을 적용하지 아니한다.[186]

① 대한민국국민 등이 주주법인의 주식을 50% 이상을 소유하고 있는 경우 당해 주주법인이 소유하고 있는 외국법인의 주식이 외국법인의 의결권 있는 주식의 총수에서 차지하는 비율
② 대한민국국민 등이 주주법인의 주식을 50% 미만을 소유하고 있는 경우 그 소유비율에 당해 주주법인이 소유하고 있는 외국법인의 소유비율을 곱한 비율
③ 주주법인이 2 이상인 경우에는 각 주주법인별로 계산한 비율을 합계한 비율

---

186) 조세특례제한법 제121조의2 제11항.

한편 외국인투자신고를 한 후 당해 외국인투자신고분에 대하여 조세감면결정을 받은 시점에서 그 외국인투자신고내용에 따른 실제투자가 이루어지기 전에 외국인투자금액이 변경된 경우에는 당해 외국인투자내용을 변경 신고한 내용에 따라 조세감면 결정의 효력이 발생한다. 별도의 조세감면 변경결정이 필요 없는 것이다.[187]

2) 감면의 배제

조세감면을 부여하는 목적은 국내에 진출한 자본이 국내 산업에 도움이 되는 고도기술을 수반하는 사업을 영위하는 등 국내경제의 성장을 촉진하는 효과를 기대하는 것이다. 따라서 새로운 자본의 유입이 없는 단순한 법인격의 변경 또는 주식 소유권의 이동에 불과한 경우에는 조세감면의 혜택을 부여하지 않고 있다. 이에 따라 외국의 유가증권시장에 상장 또는 등록된 외국법인의 주식, 외국환거래법에 따라 외국인이 소유하고 있는 주식을 출자의 목적물로 취득한 내국법인의 주식을 취득한 경우의 외국인투자 또는 외국인투자촉진법 제6조(기존주식 등의 취득에 의한 외국인투자)의 규정에 의한 외국인투자에 대해서는 조세감면의 규정을 적용하지 않는다.[188]

조세특례제한법은 내국인이 외국법인을 통해 간접적으로 우회 출자하는 경우에 대해서는 조세감면을 배제하는 규정을 두고 있다. 즉, 대한민국국민[189] 또는 대한민국법인이 외국법인 또는 외국기업의 의결권 있는 주식 또는 출자지분을 직접 또는 간접으로 소유하고 당해 외국법인 또는 외국기업이 조세감면을 받을 수 있는 외국인투자를 하는 경우 당해 외국법인 또는 외국기업에 대한 대한민국국민 등의 주식소유비율 등을 고려하여 다음에 해당하는 부분에 대해서는 조세감면 대상으로 보지 아니한다. 조세특

---

187) 재경부 경총 41500 - 162, 99. 11. 20.
188) 조세특례제한법 제121조의2 제9항.
189) 외국에 영주하고 있는 자로서 거주지국의 영주권을 취득하거나 영주권에 갈음하는 체류허가를 받은 자를 제외한다.

례제한법 제121조의 2 제11항 및 동법시행령 제116조의 2 제7항 즉, 외국
법인 또는 외국기업의 외국인투자분 중 대한민국국민 또는 대한민국법인
이 당해 외국법인 등의 의결권 있는 주식(출자지분을 포함함)의 100분의
10 이상을 직접 또는 간접으로 소유하는 경우의 그 비율에 상당하는 부분
에 대해서는 조세감면 대상으로 보지 아니한다.

한편 외국인이 국내에 지주회사를 설립하고 그를 통해 내국법인을 설립
한 경우에는 당해 지주회사의 자회사인 내국법인은 이를 외국인투자기업
으로 보지는 않는다. 즉, 조세특례제한법 제121조의 2 제2항 및 제3항의
규정에 의한 법인세 및 소득세의 면제는 외국인투자촉진법 제2조 제1항
제5호 및 제6호의 외국인투자가 및 외국인투자법인을 말하는 것으로 외국
인이 투자한 지주회사(내국법인)를 통한 투자는 법인세 및 소득세가 면제
되는 외국인투자에 해당되지 않는 것이다.

3) 증자, 감자 및 합병의 경우

외국인투자촉진법 제2조의 규정에 의한 외국인투자법인이 조세특례제한
법 제121조의 2의 규정에 의한 고도기술사업을 영위할 목적으로 자본금을
증자하여 동 증자 외국인투자 자본금에 대하여 재정경제부장관으로부터
감면결정을 받아 사업을 영위하던 중, 그 후 사업 연도를 달리하여 균등유
상감자를 함에 따라 당해 외국인투자법인의 외국인투자에 대해 적용될 법
인세에 대한 감면비율을 계산해야 하는 경우, 균등유상 감자된 자본금은
감면이 종료된 증자 전의 외국인투자 자본금과 감면결정을 받은 증자외국
인투자 자본금에서 평균적으로 감자된 것으로 보아 당해 감면비율을 계산
한다.[190]

다만, 합병의 경우 일정한 요건하에서 다음과 같은 특례가 인정된다. 즉,
감면기간 중에 있는 외국인투자기업이 2001.1.1. 이후 내국법인(감면기간
중인 외국인투자기업을 제외함)과 합병하여 당해 합병법인의 외국인투자비

---

190) 서이 46017－10110, 2002. 1. 18.

율이 감소한 때에는 합병 전 외국인투자기업의 외국인투자비율을 적용하여 감면세액을 계산한다. 조세특례제한법 제121조의 2 제2항 후단 외국인투자비율의 계산은 합병 이외에도 증자나 감자의 경우에도 실무적인 측면에서 검토가 필요한 경우가 많이 발생한다.[191]

외국인이 조세감면 대상 사업을 영위하고 있는 순수내국법인의 증자에 참여하여 신주를 취득하는 경우 외국인투자촉진법 제11조에 규정된 조세감면규정을 적용받을 수 있다.[192]

외국인 지분이 없는 내국법인이 증자를 통하여 조세특례제한법 제121조의 2에 해당하는 사업을 영위하는 외국인투자기업이 된 경우에 당해 증자분에 대한 조세감면은 자본증가에 관한 변경등기일 이후 발생한 감면 대상 소득(증자 전 외자＋증자 시 외자)/총자본금에 대한 법인세 상당액에 외국인투자비율을 곱한 금액의 해당 사업 연도 감면율(100%, 50%)에 상당하는 세액을 감면한다.[193]

외국인투자촉진법 제7조 제1항 제5호의 규정에 의하여 전환사채를 대한민국법인이 새로이 발행하는 주식으로 전환하는 경우의 외국인투자로서 조세특례제한법시행령 제116조의 2의 규정에 의한 조세감면의 기준에 해당하는 경우 동 외국인투자는 조세특례제한법 제121조의 2의 규정에 의한 조세감면의 대상이 된다.[194]

(4) 배당소득에 대한 법인세 및 소득세 감면[195]

내국법인으로부터 비거주자나 외국법인이 지급받는 배당소득은 국내원천소득에 해당하므로 원칙적으로 한국에서 과세된다. 한편, 외국인투자기업이 취득한 주식 또는 출자지분에서 생기는 배당금에 대한 법인세 또는 소

---

191) 법인세법 시행규칙 별지 제8호 서식 부표4.
192) 투진 41507－107, 99. 3. 3.
193) 서이 46017－10082, 2003. 1. 14.
194) 재경부 경총 41500－308, 99. 8. 16.
195) 조세특례제한법 제121조의2 제3항.

득세는 각 사업 연도 소득 중 감면 대상 사업을 영위하여 발생한 소득의 비율에 따라 감면한다. 감면기간과 감면율은 각 사업 연도 소득에 대한 감면기간 및 감면율이 같다(5년 동안 100%, 그다음 2년 동안 50% 감면). 이때 내국법인이 사업 연도 중에 외국인투자신고와 함께 조세특례제한법상 조세특례의 적용 대상 법인이 된 경우 당해 외국인투자가 이루어진 첫 사업 연도에 있어서 외국투자가의 배당금에 대한 법인세의 감면은 외국인투자등록일 이후에 감면 대상 사업에서 발생한 잉여금으로부터의 배당금에 한하여 적용한다. 따라서 이전 사업 연도의 사업활동으로부터 발생한 잉여금에 대해서는 적용되지 않는다.[196]

그리고 조세특례제한법상 감면 대상이 되는 배당금은 감면 대상이 되는 소득에 대하여 외국인투자촉진법의 규정에 의한 외국인투자가가 취득한 주식 또는 출자지분에서 생기는 배당금이라고 규정하고 있으므로 국제조세조정에관한법률상 과소자본세제에 의하여 국외지배주주에 대한 지급이자 중 배당으로 간주된 이자는 감면 대상이 되는 배당금에 포함되지 아니한다.[197]

또한 외국인투자법인이 외국투자가가 취득한 주식(보통주)에서 생기는 배당금에 대한 법인세 등의 감면세액을 계산함에 있어 당해 감면세액은 외국인투자법인의 각 사업 연도 소득에 대하여 감면 대상 사업을 영위함으로써 발생한 소득의 비율에 따라 계산한다. 이때 수개의 사업 연도에서 누적된 소득을 배당하는 경우에는 먼저 발생한 소득분부터 동 외국투자가에게 배당한 것(선이익 선배당)으로 보아 감면세액을 계산한다.[198]

조세특례제한법상의 감면세율은 조세조약상 제한세율의 범위 안에서 인정된다. 즉, 조세특례제한법 제121조의 2의 적용을 받는 외국인투자기업이 국내사업장이 없는 외국투자가의 배당소득에 대하여 원천 징수하는 금액은 동법 제121조의 2에 의한 배당소득에 대한 감면 후의 세액과 조세조약

---

196) 재경부 국조 46017 - 119, 2000. 9. 27.
197) 서이 46017 - 10081, 2003. 1. 13.
198) 서이 46017 - 10531, 2002. 3. 19.

상 제한세율을 적용한 금액 중 적은 금액을 원천 징수한다.[199)

(5) 외국인에 대한 과세

국내기업에 근로용역을 제공하는 외국인임직원에 대해서는 당해 근로소득에 대한 과세에 있어 다음의 두 가지 과세방식 중 하나를 선택할 수 있도록 하고 있다.

① 총급여액에 단일 세율 17%를 적용한 금액을 그 세액으로 함(분리과세)
② 해외근무수당(총급여액의 30% 비과세)을 공제

만약, 위 방법에 따라 분리과세를 선택할 경우에는 소득세법 및 이 법의 규정에 의한 소득세와 관련한 비과세(근로소득의 30%를 비과세한 금액도 포함) 공제·감면 및 세액공제에 관한 규정은 이를 적용하지 아니한다.

외국인 CEO 등에 대해 단일세율을 적용할 수 있도록 한 것은 최근의 어려운 경제를 활성화하기 위해서는 특히 외국인 투자유치가 중요하지만, 외국인투자유치를 확대하기 위해서는 (다국적 기업의 지역본부 결정권한이 있는) 외국인 CEO 등의 소득세가 중요한 요인으로 작용하는 것을 고려한 것이다. 그리고 현행 소득세제도는 국내사정에 익숙하지 못한 외국인에게는 복잡하고 어려운 측면이 있는 점도 반영된 것이다. 이와 같은 과세방식상의 특례 이외에 외국인기술자에 대해서는 조세특례제한법에 따라 5년간의 소득세면제 혜택이 주어진다.

[탐구] 4 - 3

---

199) 제도 46017 - 11837, 2001. 7.

■ 사실관계

- 외국인투자기업인 갑은 미국기업 을의 100% 자회사이다. 을은 기업이 사용할 소프트웨어를 개발하여 전 세계에 판매한다. 갑은 을로부터 소프트웨어를 수입하여 국내의 기업에 판매한다. 갑은 국내 판매에 관한 사실을 을에게 통보하고 을은 갑의 판매가격에 관한 일반적인 지침을 제공한다. 갑은 소비자인 국내의 기업에 교육훈련 및 AS의 기능을 제공한다. 갑은 을로부터의 수입판매마진을 소득으로 신고한다. 갑은 교육훈련 및 AS의 용역을 을에게 제공한 것으로 신고한다.

■ 질문

- 갑은 을의 고정사업장인가? 갑이 을의 고정사업장이 되기 위한 조건은 무엇인가? 갑이 을의 고정사업장(병)이라면 법인세 신고는 어떻게 하는 것이 옳은가?
- 병의 소득금액계산의 방식으로서 적당한 것은 무엇인가? 병에 대한 과세가 을에게 미치는 영향은 무엇인가?
- 을이 병에 대한 과세에 대해 불만을 가질 경우 취할 수 있는 방법은? 병에 대한 과세가 갑에게 미치는 영향은 무엇인가?
- 갑이 을에게 용역을 제공하면서 부가가치세 영세율 적용을 받았다. 이는 옳은 것인가? 갑은 을로부터 소프트웨어를 수입하면서 권리사용료를 지급하였다. 이에 대한 원천징수, 부가가치세 및 관세는 어찌 처리하는 것이 타당한가?

제4절 포트폴리오투자[200]

전 세계적으로 보면 국제자본에 의한 투자 중 약 3분의 2가 포트폴리오투자이다. 그리고 국제자본에 의한 투자 중 약 20% 정도가 간접투자방식으로 이루어진다. 따라서 포트폴리오투자에 대한 과세가 국제자본에 대한 과세의 핵심이며 펀드투자에 대한 과세도 가장 중요한 것 중의 하나가 된다. 포트폴리오투자에 대해서는 제2절에서 논한 것이 대부분 그대로 적용된다. 본 절에서는 간접투자에 고유한 문제 즉 펀드과세에 관한 사항을 주로 다룬다.

포트폴리오투자의 결과 기대할 수 있는 경제적 이득은 기본적으로 외국인직접투자에 있어서와 다를 바 없다. 다만, 투자자들은 그에 대해 국내세법상 조세지원이 없어 조세조약의 적용을 통해 세금을 절약하고자 하게 되므로 조세조약적용이 중요한 이슈가 된다. 특히 간접투자에 의한 포트폴리오투자와 관련하여 조세조약 적용의 문제가 주로 발생하게 된다.

오늘날 포트폴리오투자의 방법으로 간접투자가 하나의 큰 흐름을 이루고 있다. 여기서 간접투자란 다른 투자주체를 경유하여 최종투자 대상물에 투자하는 것을 의미한다. 이러한 의미의 간접투자는 기구(vehicle)[201]를 만들어서 투자하는 경우를 모두 포괄하는 개념이다. 기구는 여러 자본과 노동이 결합하여 공통의 투자목적을 달성하기 위한 결합체적인 성격을 지니고 있다. 정도에는 차이가 있지만 단체성을 가지고 있는 것이다. 간접투자 과정에서 여러 개의 기구를 거치게 할 수도 있다. 예를 들면, 여러 투자자가 하나의 기구를 만들었는데 그 기구가 그러한 성격의 다른 기구들과 다시 하나의 기구를 만들 수도 있다. 법인의 구성원이 법인들로 되어 있는 경우와 다를 바 없다. 이때 아래 단에 있는 기구는 지류(feeder vehicle)의 역할을 하는 것이며 위 단에서 목적물에 직접 투자하는 기구는 본류

---

200) Tomi Viitala, 「Taxation of Investment Funds in the European Union」, IBFD, 2004, pp.17－33.
201) 도관(conduit)은 자본이 지리적으로 어느 곳을 경유하여 목적지(target jurisdiction)에 도달하기 위하여 설정하는 경우가 대부분이다. 이때 설정되는 도관도 실무상 기구(vehicle)라고도 한다. 도관에 대칭되는 용어로 사용한 기구(vehicle)는 지리적인 이유 때문에 설정되는 것은 아니다.

(master vehicle)의 역할을 한다. 간접투자의 기구가 국제적으로 투자에 나설 때 투자자의 소재지에서 기구를 만들 수도 있고 목적물의 소재지에서 설립된 기구의 일원이 될 수도 있다. 양국에 걸쳐 기구가 만들어질 수도 있다. 이때 각국의 세제상 기구에 대한 과세제도가 어떻게 설정되어 있는 가는 기구를 통한 조세효과에 매우 큰 영향을 미친다.

국제자본투자 중 3분의 2가 포트폴리오투자이며, 약 20% 정도가 간접투자방식으로 이루어진다. 간접투자는 외국인직접투자의 경우보다 포트폴리오투자의 경우 더 많이 사용되는 방법이다. 그렇다면 포트폴리오투자 중 20%를 크게 상회하는 수준의 투자가 간접투자를 통해 이루어질 것이다. 포트폴리오투자 중 직접투자에 대해서는 본 장 제2절에서 논한 과세제도가 적용될 것이다. 여기서는 간접투자, 즉 투자펀드에 고유한 문제에 대해 살펴보고자 한다.

제1항 투자펀드202)

간접투자에서 기구의 역할을 하는 것을 통상 투자펀드라고 한다. 투자펀드는 투자를 위해 다수의 투자자의 자금을 모으는 기구(vehicle)이다. 해당 기구의 법적인 성격, 해당 장치가 자금을 모으는 방법, 모집한 자금으로 투자하는 대상자산, 자산으로부터의 손익의 분배방법 및 환매가능성 여부 등이 투자기구의 성격을 가르게 된다.

투자펀드의 조성과 그 자산운용에 대해 금융위원회와 금융감독원이 감독한다. 우리나라에서는 투자펀드의 설립 시 법적 형태와 기타 주요 자금 모집 및 자산운용 등에 대해 간접투자자산운용업법이 규율한다. 동법에서는 투자펀드를 의미하는 '간접투자기구'의 개념을 설정하고, 간접투자기구는 투자신탁 및 투자회사의 형태로 설립할 수 있다고 규정하고 있다. 투자

---

202) 오윤·마영민, "국제투자펀드에 대한 조세조약 적용", 조세연합학술대회, 2007.

회사는 상법상 주식회사의 형태를 취하도록 하고 있다. 특수한 형태로서 사모투자전문회사는 합자회사의 형태를 취하도록 하고 있다. 2009년 2월 시행될 자본시장과금융투자업에관한법률('자본시장통합법')에서는 간접투자자산운용업법상 설정하고 있는 간접투자기구—자본시장통합법에서는 '집합투자기구'라고 한다.—에 추가하여 투자유한회사, 투자합자회사, 투자조합 및 투자익명조합의 새로운 기구를 도입하고 있다. 이를 표로 정리하면 아래와 같다.

〈자본시장통합법상 집합투자기구의 법적 형태〉

법적 형태	기존	신규	비고
신탁형	투자신탁		신탁
회사형	투자회사		주식회사
		투자유한회사	유한회사
		투자합자회사	합자회사
조합형		투자조합	민법상 조합
		투자익명조합	상법상 익명조합
사모집합투자기구	사모투자전문회사		합자회사
	투자목적회사		주식회사, 유한회사

자본시장통합법 제정으로 간접투자자산운용업법상 사모집합투자기구에만 인정되던 합자회사 및 유한회사의 형태가 공모의 경우에도 인정되게 되었다. 그리고 투자조합과 투자익명조합의 형태가 나타나게 되었다.[203] 펀드는 금융당국의 규제를 받아 일정한 요건을 갖추게 되지만 그러한 요건을 충족한 것이라 하여 세제상 일반적 과세원칙의 적용 대상에서 배제되지는 않는다. 그러나 다른 한편으로 펀드는 다수의 투자자와 관련되어 다양한 투자 대상에 투자를 하게 되며 국제적으로도 이동이 많고 단계도 다양하다. 모든 단계에 대해 일반적인 세법원칙을 적용하는 것은 집행상 무리가 될 수 있으며 이에 따라 다소 통일적 과세를 하여야 할 필요성이 대두된다. 국제조세협회[204]는 조세목적상 특별히 취급해야 할 투자펀드는 다음의

---

203) 오윤, "자본시장통합법과 세제", 한양대로포럼 발표자료, 2007. 12.

성격을 모두 가지고 있는 경우로 정의하고 있다.[205]

> ⅰ) 일반적인 업무수행과정을 통하여 자본이득이나 소득을 얻는 것을 목적으로 할 것
> ⅱ) 접근가능성(accessibility)이나 거래가능성(tradeability) 측면에서 다수 투자자에게
>   개방되어 있을 것
> ⅲ) 목적, 수행활동 및 독립성 측면에서 투명하게 규제될 것

이러한 투자펀드의 개념이 각국의 국내세법에 균일하게 반영되어 있지는 않으며 과세취급도 동일하지 않다. 그러나 무언가 통일된 방식으로 과세되어야 한다는 숙제를 각 과세당국에 던지고 있으며 이는 우리에게도 예외는 아니다.

제2항 투자펀드과세

1. 투자펀드에 대한 과세 유형

> 다양한 법적 형태를 지닌 투자펀드는 그것을 과세실체로 인정할 것인지 여부에 따라 과세 내역이 달라진다. 투자펀드가 투자자와 독립한 경제적 실체로서 과세실체로 과세되어야 하는지는 입법적으로 해결할 문제이다. 이때 정책 목표 간 적절한 균형을 유지할 필요가 있다.

(1) 이론적 배경

세법에는 법적인 형태에도 불구하고 과세 대상의 경제적 실질을 감안하여 과세 여부와 방식을 결정하고자 하는 독특한 원리가 있다. 투자펀드가 투자자와 독립한 경제적 실체인지는 간단하게 정리하기 어려운 문제이다.

---

204) International Fiscal Association(IFA)을 말한다.
205) IFA, 「The Taxation of Investment Funds」, Cahiers, 1997, p.36.

투자펀드는 투자를 위한 자금의 집합체이다. 투자펀드는 스스로가 경제적 이득, 손실 및 위험을 부담하도록 되어 있기 때문에 투자자와 독립되어 있다고도 볼 수 있다. 한편, 투자펀드는 그 투자수익이 발생하는 경우 이를 투자자에게 분배하도록 되어 있다는 점은 세법상 투자펀드를 실질적인 과세실체로 보지 않도록 만드는 요인이 된다. 투자자가 유한책임을 지도록 되어 있는 경우 더욱 그러할 것이다. 투자펀드의 구성원 중 무한책임을 지는 자가 있다면 그는 투자펀드와 경제적으로 독립되어 있다고 보기 어려울 것이다. 세법상 투자펀드에 대하여 과세를 하는 경우에는 투자펀드 단계에서의 세액은 투자자 단계에서 공제할 수 있다. 그렇다고 하여 투자목적만으로 존속하는 펀드에 대해 과세하는 것이 항상 논리적으로 타당하다고 할 수는 없을 것이다.

(2) 외국의 사례

투자펀드와 투자자 양측에 모두 과세하는 방식 또는 어느 일방에만 과세하는 방식이 있다.

1) 유형의 분류

투자펀드에 관한 각국의 과세 유형에는 다음과 같은 방식이 있다.[206)]

① 투자자에 대해서만 과세하는 방법

펀드에 대해서는 과세를 하지 않는 대신 투자자에 대해서는 펀드로부터 배당을 받을 때(또는 이익을 분배받을 때) 과세하는 방법과 투자펀드를 도관(conduit)으로 보아 모든 펀드의 소득은 투자자에 대한 분배 여부에 상관없이 소득 발생 시점에서 모두 투자자에 대해서만 과세하고 펀드는 그

---

206) 이경근, 「국제금융시장의 구조적 변화에 따른 국제조세정책의 합리적 운용방안」, 영화조세통람, 2003 참조.

자체로서는 납세의무자로 취급하지 아니하는 방법이 있다.

② 펀드에 대해서만 과세하는 방법

투자펀드의 소득발생 시점에 펀드에 과세하나, 그 후 투자자에게 투자수익의 배분이 이루어져도 투자자에게는 과세하지 않는다. 투자자가 투자펀드의 주식이나 지분을 처분할 때 발생하는 양도차익에 대해서는 과세될 수 있다.

③ 양자 모두 과세하는 방법

투자펀드를 하나의 과세실체로 보고, 투자자 차원에서의 이중과세를 방지하기 위하여 투자자에게 소득이 분배되는 경우에는 잔여소득에 대해서만 과세하도록 하는 방법, 투자펀드와 투자자 각각에 대해 과세하나 투자펀드의 소득이 투자자에게 분배될 때 배당세액공제방식(imputation)으로 투자자 차원에서 이중과세를 제거하는 방법이 있다.

2) 주요국의 사례[207]

① 영국

승인투자신탁[208]과 투자회사제도가 간접투자의 주축을 이루고 있다. 두 가지 모두 과세실체로서 납세의무를 부담하지만 자본이득에 대해서는 펀드단계에서 과세되지 않고 직접 분배할 수도 없다. 이자나 배당은 투자자에게 분배하는데 투자자는 이를 배당으로 인식하여 과세받는다. 투자자가 증서나 지분을 환매할 때 투자자 차원에서 자본이득세를 부담한다. 역외펀드가 조세피난처세제상 조세피난처법인에 해당할 경우에는 10% 이상 지분을 가진 투자자는 미분배유보이윤에 대해서도 과세받는다.

---

207) 한국조세연구원, 「우리나라와 주요국의 간접투자 과세제도에 대한 연구」, 2007. 11. 참조
208) 우리나라의 투자신탁과 비교된다.

② 미국

미국 내 간접투자는 회사와 조합의 두 가지 형태 중 하나로 이루어지게 된다. 세법상 회사형태의 펀드는 과세실체이다. 조합형태 중 일반 조합(general partnership)은 도관체로 보지만 합자조합(limited partnership)은 납세자의 선택에 의해 과세실체로 과세받을 수도 있다. 회사형태의 펀드 중 법정 요건을 충족하는 투자회사는 규제투자회사(regulated investment company)로서 지급배당공제제도의 적용을 받는다. 투자펀드가 규제투자회사의 형태를 지닐 경우 그것은 비록 과세실체이기는 하지만 지급배당공제의 적용을 받기 위해 매년 지급하므로 투자자는 투자펀드가 도관인 경우와 다를 바 없이 과세된다. 그로부터 분배를 받는 투자자는 이자소득과 배당소득으로부터의 분배금은 일반소득(ordinary income)으로 자본이득으로부터의 분배금은 자본이득(capital gains)으로 과세받는다. 일반소득 중 비과세채권이자로부터 분배된 것에 대해서는 투자자 단계에서도 면세된다. 투자자 100인 이상의 상장된 조합은 일정 요건이 충족되면 법인으로 과세된다. 미국 세법은 역외펀드에 대해 외국인적지주회사(Foreign Personal Holding Company), 피지배외국법인(Controlled Foreign Corporation)[209] 및 수동외국투자회사(Passive Foreign Investment Company) 등의 제도를 통해 조세회피를 방지하고 있다. 앞의 두 경우는 미분배이윤을 분배된 것으로 간주하여 미리 과세하는 제도이다. 마지막의 제도는 과다한 배당은 평균화하여 과세하고 주식처분이나 환매로 인한 소득을 자본이득이 아닌 일반소득으로 과세한다. 다만 일정 요건을 충족할 경우 펀드에 귀속한 소득의 성격을 그대로 유지시켜 준다.

③ 일본

일본은 우리와 유사한 간접투자세제를 두고 있다. 투자펀드는 민법상의 조합, 상법상의 익명조합, 투자유한책임조합법에 의한 투자유한책임조합

---

209) 조세피난처세제상 조세피난처 법인

및 유한책임사업조합법에 의한 유한책임사업조합의 형태를 지닐 수 있는데 이들은 과세상 도관체로 인식된다. 투자자는 투자펀드로부터 배당을 받을 때 과세된다. 일본은 우리보다 앞서서 투자신탁으로부터의 소득은 모두 배당소득으로 보아 과세하는 제도를 도입하였다. 투자신탁이라 하더라도 수익증권을 환매하거나 제3자에게 양도할 수 있으며 이 경우 자본이득으로 보아 과세한다. 역외펀드의 경우 일반적인 피지배외국법인(Controlled Foreign Corporation)의 요건을 충족할 수 있는데 그 경우 동 제도의 적용을 받게 되는 것은 우리의 경우와 같다.

2. 현행 세법상 투자펀드에 대한 과세방식

우리나라 세법은 투자펀드 단계에서는 (사실상) 과세하지 않고 투자자 단계에서만 과세하도록 하는 구조를 취하고 있다. 그리고 투자자가 투자펀드로부터 받는 수익을 배당으로 보아 과세한다. 이때 투자펀드 중 투자신탁형태가 배당으로 과세되기 위해서는 세법상 일정요건을 충족하여야 한다. 현재 시장에서 거래되는 투자신탁수익증권은 모두 동 요건을 충족하고 있다.

(1) 투자신탁

간접투자자산운용업법에 의하면 투자펀드는 투자신탁과 투자회사의 두 가지의 형태 중 하나로 설립될 수 있다. 세법상 투자신탁은 독립된 실체로 보지 않고 도관체로 취급된다. 세법상 신탁을 과세실체로 보지 않고 바로 위탁자나 수익자에게 과세하도록 되어 있는 원칙이 그대로 투자신탁에도 적용되는 것이다. 따라서 우리나라에서 설정된 투자신탁은 우리나라에서 세법상 거주자가 아닌 것으로 취급되는 것이 원칙이다.

투자신탁은 도관체이기 때문에 거주자가 아니기는 하지만 국외투자를 통해 얻는 소득에 대해 국외에서 과세될 때 항상 도관체로 취급되는 것은 아니다. 진출지국의 국내세법은 징수의 편의를 위한 목적으로 우리나라에 설정된 투자신탁을 과세단위로 취급하여 그에 소득이 귀속되는 것으로 보아 조세조약을 적용하여 원천 징수하기도 한다. 이론적으로 투자신탁을 과세단위로 보지 않는 경우에는 투자신탁의 투자자를 소득의 귀속자로 보아 조세조약을 적용하고 원천 징수하여야 하나 투자자에 대한 입증 등 절차상의 이유로 그러하지 않는 경우도 있다.

(2) 투자회사

간접투자자산운용업법은 투자회사에 대한 규정을 두고 있다. 투자회사는 주식회사의 형태를 취하며 세법상 과세실체로 취급된다. 지급배당공제제도를 통해 투자회사 단계에서 납세하는 세액이 거의 없도록 구성되어 있다. 사모투자전문회사와 투자목적회사도 과세상 동일한 취급을 받는다.

외국이 투자회사를 우리나라의 거주자로 볼 것인지에 대해서는 일률적으로 논하기 곤란하다. 비록 투자회사가 우리나라 세법에 의하면 납세의무가 있는 것으로 되어 있지만 사실상 도관체와 다를 바 없이 운영되는 점을 감안하여 거주자로 보지 않을 수도 있다. 더 나아가 해당 투자회사가 소득의 수익적 소유자가 아니라는 판단을 할 수도 있을 것이다. 물론 징수편의상 투자신탁의 경우와 같이 투자회사에 소득이 귀속되는 것으로 보아 원천 징수할 수도 있을 것이다.

(3) 새로운 형태의 기구[210]

자본시장통합법에 의해 새로이 투자유한회사, 투자합자회사, 투자조합 및 투자익명조합의 형태가 도입된다. 아직 동법이 시행되지 않고 있기 때

---

210) 오윤, "자본시장통합법과 세제", 한양대로포럼 발표자료, 2007. 12.

문에 그에 대한 과세상 취급을 논하는 것은 시기상조이다. 그러나 우리 세법상 원칙을 활용하여 적절한 과세방법을 연구해 본다면 대체로 아래와 같은 결론을 도출할 수 있을 것이다. 우선 투자유한회사와 투자합자회사에 대해서는 기존 사모투자전문회사와 투자목적회사에 대한 세제211)가 그대로 적용될 것으로 보인다.212)

투자조합 및 투자익명조합과 같은 조합형 투자기구는 새로운 형태이다. 조합과 익명조합은 계약의 하나로서 법적 실체로 인정받을 수 없다.213) 예외적으로 특별법에 의해 '○○○조합'의 형태로 설립된 것에 대해서는 일부 과세상 실체로 인정하는 경우는 있었다. 투자조합과 투자익명조합이 그와 같이 실체로 인정될 만한 특성을 가지고 있는지는 의문이다. 자본시장통합법에 의한 등록의 대상이 되며 그에 따라 일정한 규제를 받도록 되어 있는 점이 일반 민사법상의 조합과 구분되는 것이기는 하다. 그리고 조합원 지위의 변동이 비교적 용이하며,214) 반드시 무한책임을 지는 집합투자업자가 조합원으로 들어오게 되어 있는 점을215) 감안하여 과세상 실체로 보자는 주장이 가능할 수도 있겠지만 투자기구로서의 특징을 감안할 때 기존 투자회사나 투자신탁에 대한 과세제도와 동일한 결과가 투자자에게 주어질 수 있도록 하는 것이 타당할 수도 있겠다. 한편 일반적인 조합에 대한 공동사업과세방법이 적용되어야 한다는 주장도 가능하다. 또한 2008년 도입된 동업기업과세제도(Partnership Taxation)*의 대상에 포함시킬 수도 있겠다.216)

---

211) 사모투자전문회사와 투자목적회사제도는 2004년 도입되었으며 그에 따라 세법은 두 가지 유형의 회사에 대해 기존 투자회사에 대한 지급배당공제제도를 그대로 적용하도록 한 바 있다. 이에 따라 준도관체적인 지위를 인정하고 있다(법인세법 제51조의2).

212) 2008년 정부의 세법개정안에 의하면 자본시장통합법 시행에 따라 추가되는 투자기구인 투자유한회사, 투자합자회사, 투자조합, 투자익명조합을 통해 분배받는 소득은 배당소득으로 과세하게 된다.

213) 다만, 조합에 의한 자산의 소유는 합유로 그리고 익명조합에 의한 자산의 소유는 현명조합원의 명의로 하도록 되어 있으며 이러한 관계는 명의신탁에 의한 증여의제의 과세 대상이 되지 않는다.

214) 조합원 지분이 증권화되어 발행된다. 그리고 지분증권의 매수로서 조합에 가입한 것으로 보게 된다.

215) 투자조합은 무한책임조합원 및 유한책임조합원으로 구성되며, 투자익명조합은 영업자와 익명조합원으로 구성된다.

216) 2008년 정부의 세법개정안에 의하면 사모투자전문회사(PEF: Private Equity Fund)에 대해서는 동업기업과세제도의 적용을 하용하기로 되어 있다. 이에 따라 사모투자전문회사에는 과세하지 않고 동업

소득세법은 2007년 출자공동사업자의 개념을 도입하였다. 세법상 조합계약을 통한 공동사업에 대해서는 당해 조합은 과세실체로 보지 않고 지분비율에 따라 조합에 귀속하는 소득이 조합원에 귀속하는 것으로 되어 있다. 조합계약을 통한 자산의 공동보유에 대해서도 동일하다. 출자공동사업자는 다음 각 호의 어느 하나에 해당하지 아니하는 자로서 공동사업의 경영에 참여하지 아니하고 출자만 하는 자를 말한다.

    1. 공동사업[217]에 성명 또는 상호를 사용하게 하는 자
    2. 공동사업에서 발생한 채무에 대하여 무한책임을 부담하기로 약정한 자

공동사업은 사업을 공동으로 경영(일부는 출자만 하는 경우 포함)하는 경우로서 각자 지분을 보유하고 사업손익을 분배하는 경우를 말한다. 여기에는 상법상 익명조합도 포함된다. 출자만 하는 자(익명조합원 등)의 이익분배분에 대해서는 배당소득으로 보아 25% 세율로 원천 징수한다(당연 종합 과세하되 14%와 비교과세). 수동적인(passive) 지위에 있는 점에서 동일한 일반 투자자와 출자공동사업자 간 배당소득과세가 서로 다르게 되어 있다. 일반배당소득은 14%로 과세하는데 출자공동사업자에 대해서는 25% 세율로 원천 징수하고 두 경우 모두 합산 신고하는 경우 14%의 세율과 비교 과세한다. 따라서 지분증권이나 투자계약증권에 투자한 자에 대해 출자공동사업자로 과세할 경우 그 요건을 분명히 할 필요가 있다. 그리고 출자공동사업자의 개념은 사업에게만 적용되고 투자에는 적용되는 것은 아닌지 검토할 필요가 있다. 투자라면 투자에 관한 의사결정을 하지 않는 자는 출자공동사업자가 될 것인데 그자가 '타인의 노력의 결과 그 대가를 받는' 자임은 분명하다. 간접투자기구가 투자익명조합의 형태를 지닌 경우 익명조합원은 영업자의 투자활동의 결과 소득을 얻게 될 터인데 그자가 얻는 소득을 일반적인 배당소득으로 볼 것인지 아니면 출자공동사업자로

    자에만 과세하게 된다. 능동적 동업자는 소득원천별로, 수동적 동업자는 배당소득으로 과세하게 된다.
217) 단순투자의 개념을 포함하는 것인지에 대해서는 논란의 여지가 있다.

서 배당소득을 얻는 것으로 볼 것인지 정리할 필요가 있다.[218]

3. 국제투자펀드과세

우리 세법상 투자펀드는 법적 형태에 따라 과세상 차이가 발생한다. 이러한 현상은 국제투자펀드에 의해 더 확대된다. 법적 형태에 따라 조세부담이 늘기도 하고 줄기도 하는데 이 모두 조세의 중립성과 형평성을 저해한다. 조세회피행위를 통한 국제적인 투자를 확산시킬 가능성도 지니고 있다. 소수의 투자자에 의한 사모펀드의 경우 이러한 가능성이 높다.

국제투자펀드는 투자방식에 따라 과세상 차이가 발생하는 문제를 확대하고 있다. 여기서 과세상 차이는 조세부담을 늘리는 측면과 줄이는 측면 모두를 수반한다. 나라를 넘나들면서 펀드가 투자하는 과정에서 원천지국은 과세실체로 보는데 설립지국은 그렇게 보지 않을 경우 외국납부세액공제를 받지 못하게 되는 점은 국제투자펀드의 조세부담을 가중시킨다. 반면 국제투자펀드는 조세조약을 남용하는 수단으로 활용되거나 조세피난처에 위치시키기 용이한 특성이 있기 때문에 원천지국과 설립지국 모두의 과세를 회피할 수도 있다.

(1) 중립성 확보

1) 다양한 투자펀드

우리 세법상 투자펀드의 유형에 따라 그에 대한 과세방식과 조세효과에 차이가 발생한다. 또한 나라마다 고유한 사정이 있기 때문에 각국에 소재하는 투자펀드에 대한 과세상 중립성을 유지 하는 것은 어려운 일이 된다. 따라서 국제투자펀드에 대한 과세상 중립성을 유지하는 것은 매우 어려운

---

218) 자본시장통합법 제224조.

일이 된다. 한국자산운용협회가 발간한 「간접투자세제」[219)에 의하면 국제펀드의 유형은 다음과 같다.

<국제투자펀드의 유형>

구분	펀드 설립지	투자지역	투자자	국내 명칭
국내펀드	국내	국내	내국인	국내투자펀드
국제펀드	국내	국외	내국인	해외투자펀드
		국내	외국인	외수펀드
	국외	국외	외국인	–
		국내	외국인	외국계 펀드
		국외	내국인	외국간접투자기구

2) 외국계 펀드의 대내투자 – 귀속의 문제

외국계 펀드는 외국에서 설립된 펀드이다. 외국계 펀드가 국내에 투자할 경우 그것의 지위가 문제 된다. 외국계 펀드는 크게 보아 신탁형(투자신탁형), 조합형 및 회사형으로 구분할 수 있다. 단순한 구성원의 모임인 도관으로 본다면 그 구성원의 인격에 따라 소득세법이나 법인세법을 적용하게 된다.[220) 그렇지 않고 하나의 과세실체로 본다면 그에 직접 소득이 귀속하는 것으로 보게 된다. 우리나라 법인세법은 외국에 본점 또는 주 사무소가 있는 법인(국내에 실질적인 관리장소가 있는 법인은 제외)은 외국법인으로

---

219) 한국자산운용협회, 「간접투자세제」, 2006. 8.
220) 재정경제부의 관련 예규를 아래 소개한다.
  미국의 LLC에 대한 과세방법(재국조 46017-177, 2002.12.16.): 국내사업장이 없는 미국의 LLC(limited liability company)가 미국연방소득세 목적상 과세단위로 취급되지 아니하고 동 LLC의 조합원이 한미조세조약 제3조 제1항(b)의 규정에 의하여 미국의 거주자로 취급되지 아니하는 경우, 동 LLC가 지급받는 국내원천소득은 LLC구성원(member) 각각의 거주지국과 우리나라가 체결한 조세조약을 적용하는 것임.
  미국의 partnership에 대한 과세방법(재국조 46017-178, 2002.12.16.): 미국에서 설립된 법률자문조합이 미국세법상 법인으로 과세받는 것을 선택한 경우에는 한미조세조약 제18조를 적용할 수 없으며, 미국에서 설립된 법률자문조합이 미국세법상 법인으로 과세받는 것을 선택하지 아니하고 파트너십과세를 선택한 경우에는 동 법률자문조합이 우리나라 거주자에게 인적 용역을 제공하고 지급받는 국내원천소득은 동 법률자문조합 파트너의 거주지국인 국가와의 조세조약을 적용하는 것이므로 동 법률자문조합의 파트너가 미국 거주자인 개인에 해당하는 경우에는 한미조세조약 제18조가 적용되는 것임.

보아 법인세법을 적용하기 때문에 신탁형이나 조합형에 대해서는 소득세법을 적용하고 회사형에 대해서는 법인세법을 적용하게 된다. 신탁형이나 조합형에 대해서는 그 수익자나 구성원에게 소득세법을 적용하고 이에 따라 조세조약도 적용하게 된다. 회사형에 대해서는 당해 회사가 설립지국에서 과세실체로 보지 않는다 하더라도 우리나라 세법의 관점에서는 과세실체로 보아야 한다는 판단을 할 수는 있다.221) 그러나 실무에 있어서는 설립지국의 판단을 존중하여 법인세법 적용 여부를 결정한다. 이러한 판단은 당해 투자펀드에 소득이 귀속된다는 것을 전제로 하는 것이다. 만약 당해 투자펀드가 순수하게 해당 거래상 도관의 역할을 한 것에 불과하기 때문에 소득을 귀속시킬 수 없다면 아예 실질적인 소득의 귀속자에게 세법을 적용할 것이다.

외국계 펀드에 대한 국내세법 적용의 원리는 조세조약을 적용할 때에도 대체로 그대로 적용된다. 한편 조세조약은 상대방체약국에서 납세의무가 있는 자에게 적용되므로 상대체약국의 법상 납세의무가 없는—즉 그 나라에서 도관체로 취급되는—주체에 대해서는 적용되지 않는다. 그리고 조세조약상 일부 소득항목에는 수익적 소유의 개념이 규정되어 있으므로 보다 목적론적으로 소득의 실질적 귀속을 판단하여 해당 조항의 적용 여부를 판단하게 된다.

3) 해외투자펀드의 대외투자 – 외국납부세액공제의 문제222)

해외투자펀드는 국내에서 설립된 펀드로서 해외자산에 투자하는 것이다. 종전에는 해외투자펀드가 해외투자로 가득한 소득에 대해 그 이름으로 해외에서 납부한 세액을 국내에서 세액공제를 받을 수 없었다. 당해 펀드가 투자신탁이든 투자회사이든 산출세액이 없어 세액 공제할 수 없었던 한편, 이를 개개의 투자자에게 귀속시켜 세액공제를 받도록 하는 데에는 명문의

---

221) 미국에서는 미국세법에 따라 판단한다.
222) 오윤, "해외 부동산투자와 조세문제", 조세학술논집, 2007. 2.

규정이 없어 실행할 수 없었다. 설사 명문의 규정으로 개별 투자자에게 세액공제를 받도록 한다 하더라도 외국에서 납부한 세액을 개개의 투자자에게 귀속시키는 것은 어려운 일이었다. 왜냐하면 한 펀드의 수익을 각 투자자에게 분배할 때에는 전체 펀드에 귀속하는 소득이 포괄적으로 합산되어 사전에 설정한 분배기준에 의해 나뉘며 소득의 종류도 소득세법에 의하여 일률적으로 결정되기 때문이다. 따라서 공제할 세액을 각 투자자에게 합리적으로 배분하는 것은 더욱 어려운 일이 되었다.

2005년 말 법인세법개정을 통해 펀드를 통한 대외투자상 국제적 이중과세의 문제를 해소할 수 있는 방안이 강구되었다. 투자회사나 투자신탁이 국외의 자산에 투자하여 얻은 소득에 대하여 납부한 외국법인세액이 있는 경우에는 당해 소득이 발생한 사업 연도의 과세표준 신고 시 당해 사업 연도의 법인세액에서 당해 사업 연도의 외국납부세액을 차감하여 납부하도록 하였다.[223] 이때 외국납부세액이 당해 사업 연도의 법인세액을 초과하는 경우에는 환급을 받을 수 있게 되었다. 공제 대상 세액은 직접외국납부세액이며 국내원천징수세율인 14%를 한도로 한다. 투자신탁도 이 규정의 적용에 있어서는 내국법인으로 보게 된다.

투자펀드에 대한 외국납부세액공제제도를 개선한 결과 과세상 형평성이 제고되었다. 개인이 국외에 예금자산이나 주식을 가지고 있으면서 그로부터의 소득에 대해 국내에서 원천 징수되지 아니하는 것은 종합과세가 되고 이에 따라 외국납부세액공제가 가능한 것과 비교할 수 있다. 그러나 투자펀드에 대한 외국납부세액공제제도는 대상 외국납부세액을 직접외국납부세액에 그치도록 하고 있다. 해외투자펀드가 다시 외국펀드의 수익증권을 취득하는 경우에는 간접외국납부세액을 계산할 수 없을 것이지만 그것이 외국법인의 주식을 취득하여 운용한 경우에는 간접외국납부세액의 계산이 가능할 것이며 이에 대해 세액공제의 기회를 부여하지 않은 것은 금번 제도 개선에 있어 미진한 점이라 할 것이다. 일반적으로 (조세조약이 되어

---

223) 법인세법 제57조의2.

있지 않은 국가와의 사이에서도) 지분율이 25% 이상 투자된 법인으로부터의 배당에 대해서는 간접외국납부세액을 공제하도록 되어 있다.[224]

해외법인 '주식양도'에 대해서는 그것이 투자방식(간접·직접), 투자 대상(부동산·일반자산)을 불문하고 경제적 이중과세의 배제가 이루어지지 못하고 있다. 해외법인의 주식가치에는 그동안 배당하지 않았던 세금납부 후 유보이윤이 내재되어 있다. 해외법인으로부터 배당을 받는 대신 주식을 양도하는 방식으로 이익을 실현한 경우에는 간접외국납부세액을 공제받지 못하도록 되어 있는 것이다. 원래 간접외국납부세액공제제도는 어느 정도 해당 법인의 경영에 실질적으로 참여하는 경우에 한하여 주도록 되어 있는데 이 경우에는 아예 일부 EU 국가들처럼 경영참여소득면제를 주는 것도 고려할 필요가 있다. 경영참여소득면제는 배당뿐 아니라 주식양도차익에 대해서도 부여하고 있다.

(2) 조세회피의 방지

1) 조세조약의 남용[225] – 원천지국가 조세의 회피

투자펀드는 투자를 목적으로 하는 돈의 그릇에 불과하기 때문에 거의 제약 없이 어느 곳이든 설립될 수 있다. 투자펀드는 조세조약의 적용을 받을 수 있는 지역을 찾게 된다. 설립지와 투자 대상 지역 간에 체결한 조세조약이 없으면 투자 대상 지역이 체결한 조세조약의 적용을 받을 수 있는 지역에 설립한 다른 펀드를 거쳐 투자 대상 지역에 투자하게 된다. 투자펀드는 설립지의 국내세법 및 조세조약과 같은 조세부담에 영향을 미치는 요소와 더불어 펀드에 들어갈 돈의 송금제도 그리고 펀드의 운영을 관리할 인력의 체재 여건과 같은 조세 이외의 요소도 고려하게 된다.

---

224) 조세특례제한법 제104조의6.
225) 납세의무자 및 과세 대상에 있어 해당 조세조약상 혜택을 적용받을 수 없는 자와 대상이 그 조약의 혜택을 받기 위해 거래구조를 인위적으로 재구축하는 등의 행위를 말한다.

자국에 투자한 외국계 펀드가 원래 투자자금이 형성된 국가에서는 누릴 수 없는 조세조약상의 혜택을 누리기 위하여 중간에 다른 지역을 경유한 것으로 보일 때 원천지국가가 조세조약상의 혜택을 배제할 수 있는가? 사업상 중간 경유하여 투자하는 것에 관해 정당한 이유를 댈 수 없는 경우에 대해서까지 조세조약을 적용한다면 원천지국의 과세권이 조세조약을 체결할 당시 원천지국이 의도한 바를 초월하여 제한되는 결과를 초래한다고도 볼 수 있다. 즉 조세조약이 남용되었다고 볼 수도 있을 것이다. 실제 투자펀드가 일체성을 유지하면서 새로운 펀드를 계속 창출해 나간다면 그러한 창출과정에 별다른 사업적 목적이 없다는 주장이 설득력을 얻게 될 것이다. 실제 투자펀드에 편입된 자금은 지역이나 국가를 옮겨 가면서 이합집산을 하게 된다. 단계별로 펀드에 대한 투자자가 크게 늘어나거나 줄어들 때에는 원천지국에 진출하기 마지막 단계의 펀드에 투자한 자가 순수하게 그 펀드의 소재지가 원천지국과 체결한 조세조약을 이용하기 위해 그 펀드에 투자한 것으로 판단하기는 어려울 것이다. 그리고 앞에서 '자금'이라면 원래 형성된 국가가 있는 것으로 전제하였지만 실제 어떤 자금이 일체성을 가지고 형성된 국가가 분명히 있다고 식별할 수 있는 경우는 그리 많지 않다. 국제자본은 전 세계를 무대로 이동하면서 어느 곳에 다른 자금과 같이 잠시 머물다가 다시 다른 곳으로 이동하는 방랑자와 같은 것이기 때문이다. 이와 같이 투자펀드는 조세조약을 남용하는 방법으로 원천지국가의 조세를 회피할 소지가 많지만 다른 한편으로 어떤 투자펀드가 남용하고 있는지 판단해 내는 일은 매우 어려운 것이다.

2) 조세피난처의 이용 – 거주지국가의 조세회피

투자펀드에 자금을 제공한 투자자들은 투자펀드의 소재지를 결정할 수 있다. 물론 돈을 모으되 돈을 담는 그릇의 소재지를 결정하는 순서를 따를 수도 있고 아예 어느 곳에서 설립된 펀드의 수익증권을 매입하는 방식을 택할 수도 있다. 이때 투자 대상국이 체결한 조세조약을 최대한 활용하기 위하여 유리한 지역을 선택하는 방법은 경우에 따라 앞의 조세조약의 남용에 이를 수 있다. 반면 자기 거주지의 국내세법상 과세를 회피하려 한다면 투자펀드의 소재지를 국외로 하되 조세의 부담이 적은 조세피난처로 하고자 할 것이다. 오늘날 선진국에서는 국외로의 송금이 자유화되어 있기 때문에―우리나라도 투자목적의 국외송금에 대한 제한이 거의 사라지고 있다.―조세피난처에 투자펀드를 설립하든가 그곳에 설립된 투자펀드의 수익증권을 사기 위한 송금에는 문제 될 것이 없다. 이 경우 당해 투자펀드가 가득한 수익을 분배하지 않는 한 투자자의 거주지국가에서는 과세할 수 없게 된다. 거주자의 국외소득에 대해 송금주의를 채택하는 나라에서는 그 나라로 송금되지 않는 한 국외투자펀드에 투자한 자의 소득에 대해 과세할 수 없게 된다. 이와 같은 방식으로 거주지국가의 과세를 회피하는 것이 만연된다면 너도나도 국외로 자금을 유출하여 국외에만 투자하려는 동기가 생기게 될 것이다. 이에 대한 대응방안으로 도입되고 있는 것이 해외투자펀드(foreign investment fund, FIF) 제도이다. 이는 투자자의 거주지국이 일정 요건을 충족하는 FIF에 대해 당해 펀드에 유보된 소득을 마치 분배한 것처럼 보아 투자자의 소득으로 과세하는 제도이다. 이는 피지배외국법인(Controlled Foreign Corporation)226) 제도가 국외법인에 일정 지분 이상 가진 경우에만 그 회사에 유보된 소득을 배당으로 간주하여 과세하는 데 따라 낮은 지분으로 분산하거나 투자신탁과 같은 비법인에 투자하여 과세를 회피하는 사례를 막기 위하여 도입된 제도이다.

미국의 경우 이러한 목적으로 국외수동소득투자회사(passive foreign investment company)227)를 두고 있다. 미국 개인이나 법인이 출자한 외국에 소재하는 법인으로서 당해 법인소득의 75% 이상이 수동소득이거나 당해 법인의 자산의 50% 이상이 수동소득을 창출하는 자산일 경우 국외수동소득투자회사라 한다. 수동소득을 창출하는 기금(qualified electing fund, QEF)의 요건을 충족하여 QEF에 관한 과세규정을 적용받기를 선택할 경우 여

---

226) 조세피난처세제상 조세피난처법인
227) 내국세입법 제1297조, Form 8621.

러 가지 과세특례가 인정된다.[228] 당해 일정 요건을 충족하는 QEF를 두고 여기서 발생하는 소득은 조합에서와 같이 주주에게 그대로 이전된다. 이러한 요건을 충족하는 법인은 당해 법인의 소득을 매년 주주에게 배정(allocate)하는 것으로 보아 과세하는 것이다. 또한 당해 회사에 대한 투자자는 당해 회사의 주식으로서 시장에서 거래되는 증권을 시가법(mark to market)에 의하여 평가하는 것을 선택할 수 있다. 이때 평가손익을 일반손익으로 보아 주주 배정분의 성격을 판단한다. 한편, 특정 연도에 당해 회사로부터 과다 분배(distribute)[229]받을 경우 전 3개년에 배분하여 세액을 계산하고 늘어난 세액에 대한 이자를 계산하여 납부하도록 한다.

[탐구] 4 - 4

제5절 인수합병

외국자본이 특정한 국가에 진출하여 투자할 때 그간 그 나라에서 사업활동을 하던 기업에 대한 경영권을 취득하기도 한다. 경영에 참여할 수 있는 지분을 단순히 취득하는 경우는 '인수(acquisition)'가 될 것이며 기존의 사업체와 합병하는 방법으로 취득하는 경우에는 '합병(merger)'이 될 것이다. 외국자본이 진출지국의 사업체를 인수·합병하는 때 들어오는 새로운 외국자금은 외국인직접투자의 범주에 들어가게 된다. 일반적인 외국인직접투자와 '인수·합병'을 별도로 분류하여 논하는 것은 인수합병의 과정에서 다음과 같은 독특한 이슈가 제기되기 때문이다.

첫째, 인수 또는 합병법인이 그에 소요되는 비용을 어떻게 공제받을 수 있는가? 차입을 통해 경영권을 인수(leveraged buy-out)하고 그 비용을 공제받을 수 있는 범주

---

228) 내국세입법 제1295조.
229) 전 3개년 평균 분배금(allocation)의 125% 초과분.

가 문제 될 것이다.

　둘째, 인수 또는 합병법인이 피인수 또는 피합병법인의 조세특성(tax attribute)*을 얼마나 활용할 수 있는가? 조세특성으로는 세액공제 또는 이월결손금이 주로 문제 된다.

　셋째, 피인수 또는 피합병법인과 그 주주는 인수 또는 피합병을 계기로 무엇을 과세받는가? 인수 또는 피합병을 계기로 자본이득과세를 받게 되는 것인지 아니면 과세가 이연되는 것인지가 문제 된다.

이와 같은 문제들은 국내기업 간 인수합병에도 동일하게 나타나게 되므로 국내세법상 국내기업 간 인수합병에 대한 과세상 취급을 먼저 살펴본다. 그에 앞서 기본이론으로서 경제적 동일체 이론의 개념을 소개한다.

제1항 경제적 동일체 이론

> 법적으로 별개로 되어 있는 단위들이지만 경제적으로 동일체로 되어 있는 것들을 하나의 과세단위로 보아 과세하자는 이론이 경제적 동일체 이론이다. 법적 형태에 따른 과세상의 차등을 없애는 것은 실질적 법치주의의 확립 그리고 경제의 원활한 운영을 위해 필요한 것인데 사업이나 투자 주체의 법적 형태나 조직구성에 따라 세부담이 달라지지 않도록 하자는 것이다.

기업이 경제활동을 영위하기 위한 조직형태는 다양하며 법상 자유로이 선택할 수 있다. 그런데 세법은 영위하는 경제적 활동이 동일한 경우라 하더라도 법적 형태가 다르다면 형태에 따라 과세상 차등을 두고 있다. 세법은 과세단위라는 개념을 설정하여 그러한 과세단위를 중심으로 소득금액의 계산이나 과세 대상 거래의 포착을 구성하고 있다. 기업은 조세문제 이외에도 다양한 경제적 목적을 고려하여 선택한다. 분화되고 다양한 조직형태에도 불구하고 경제적으로 동일한 실질을 가지고 있는 과세 대상에 대해서는 동일하게 과세하는 것이 과세상 실질적 형평성과 중립성을 제고하는 길일 것이다. 이러한 관점에서 자주 논의되는 개념이 경제적 동일체이론(single enterprise theory)이다. 이 이론은 법적 형식에도 불구하고 경제적으로 동일체로 되어 있는 단위는 하나의 과세단위로 보아 과세하자는 것이다. 여기에는 어떠한 조직을 선택하건 조세부담이 동일하여야 한다는 측면과 어떠한 형태의 조직전환이든 조세부담이 발생하지 않도록 하여야 한다는 두 가지 측면이 있다. 여기서 조세에는 소득세뿐 아니라 간접세도 포함되어야 할 것이다.

전자의 입장에서 지점형식의 기업지배구조와 자회사 형식의 기업지배구조 간 과세상 중립성을 제고하는 제도가 연결납세제도 그리고 이론의 여지가 있지만 동업기업과세제도(partnership taxation)이다. 후자의 입장에서 조직변경에 대해 조세부담이 발생하지 않도록 하는 대표적 세제가 외환위기 당시 기업구조조정세제와 지주회사전환조세특례이다. 여기서 후자에 대한 논의는 생략한다.

연결납세제도는 기업의 조직형태 선택의 자유도를 제고한다. 연결납세는 국내에 들어온 외국자본의 모회사 소재지국가에서 주로 문제 된다. 그러나 외국자본이 국내에 들어와 투자를 확대해 나가는 과정에서 모회사의 지위를 갖게 되는 경우가 적지 않다. 연결납세제도가 허용될 경우 기업으로서는 세금을 절약할 수 있을 뿐 아니라 납세협력비용도 절감할 수 있게 되는 것이다. 또한 잘 설계하면 국제적인 이중무과세의 효과를 거둘 수도 있다.

연결납세제도는 거의 모든 OECD 국가에 도입되어 있다. 조직형태에 따라 조세가 차등하여 과세되는 문제를 시정할 수 있는 점과 특히 법인세가 갖는 경제적 이중과세를 완화하는 효과가 기대되기 때문이다. EU의 Parent Subsidiary Directive는 역내 한 국가에 소재하는 모회사(지분 20% 이상 소유)가 다른 국가에 소재하는 자회사로부터 지급받는 배당금에 대해서는 과세하지 않도록 하는 내용을 담고 있다. 국제적인 연결납세에는 이르지 않는 것이지만 국가 간 경제적 이중과세를 배제하는 효과가 기대되는 내용이다.

일부 국가는 국제적으로 외국에 자회사가 소재할 경우 그것에 대해서도 연결납세를 허용한다. 그리고 국외의 자회사가 해당국에서 납부한 세액은 마치 모회사가 직접 납부한 것과 같이 보아 외국납부세액공제를 해 주게 된다.230) 이는 국외의 자회사를 마치 고정사업장과 같이 보는 관점이다. 동 제도와 정반대의 입장에서 설계한 제도는 국외소득 중 사업소득 또는 그에 준하는 배당소득(또는 주식양도차익)에 대한 경영참여소득면제제도이다. 이는 국외원천사업소득은 아예 과세소득에서 면제하는 제도이다. 연결납세와 국외소득면제를 모두 두고 선택할 수 있도록 할 수도 있다. 프랑스의 경우 고정사업장을 통한 국외원천사업소득은 과세하지 않는다. 자회사로부터의 배당소득은 국내로 송금될 때에야 과세된다. 50% 이상인 경우에는 재무부의 사전승인을 받아 연결납세를 할 수 있는데 그 경우 외국계열법인도 포함될 수 있다.231) 어느 제도를 도입할 것인가에 있어서는 논리적 일관성보다는 정책적 필요성이 우선적으로 고려되는 단면을 보여 주고 있다.

연결납세제도는 기업의 소득과세에 관한 제도이다. 연결납세의 범주에 들어가는 기업 간 거래를 없는 것으로 보아 그로부터의 소득은 발생하지 않는 것으로 본다. 이와 거의 같은 개념으로 부가가치세 측면에서 도입된 제도가 부가가치세그룹(VAT Group)제도이다. 이는 동일 그룹 안의 거래에 대해서는 아직 부가가치가 발생하지 않은 것으로 보아 과세하지 않는 제도이다. 이는 특히 금융기업그룹에 유용한 제도이다.

2008년 우리나라에도 오랜 논의와 망설임 끝에 현 정부의 기업친화정책에 의해 연결납세제도가 결국 도입될 것으로 보인다.232) 그러나 그 내용은 외국의 사례와 비교할 때 이제 겨우 시작에 불과하다. 2010년 이후 사업연도부터 적용되는 동 제도의 내용의 대강은 다음과 같다.

---

230) 영국의 경우 영국법인과 그의 국내외 계열회사(지분율 75%) 간에는 손익을 상계할 수 있다. 그룹 내 거래는 과세상 거래로 인정되지 않는다. 부가가치세법상으로도 그룹 내 거래를 과세상 거래로 인정하지 않는 특례가 인정된다. 독일에서는 지분율 50% 이상인 국내기업 간 연결납세가 허용되며 자회사의 소득은 모회사의 소득으로 합산되어 신고된다. 프랑스에서는 95% 이상 지분을 가지고 있는 회사는 모회사의 소득으로 합산 신고할 수 있다. 50% 이상인 경우에는 재무부의 사전승인을 받아 연결납세를 할 수 있는데 그 경우 외국계열법인도 포함될 수 있다. 한편 미국의 경우에는 국외자회사와의 연결납세는 캐나다와 멕시코와의 경우를 제외하고는 인정되지 않는다. 국내에서 지분비율 80% 이상 기업들 간 허용된다.
231) 95% 이상 지분을 가지고 있는 모회사는 국내 자회사의 소득을 합산 신고할 수 있다.
232) 2008년 정부의 세법개정안 자료 참조.

- 100%의 자회사와 모회사 간에만 적용된다. 연결 모회사가 연결납세 방식을 신청하는 경우 100% 자회사는 모두 연결 납세하여야 한다.
- 기업이 연결납세 여부를 선택할 수 있도록 하되 일단 선택하면 5년간 계속 적용하여야 한다.
- 각 연결법인의 각 사업 연도 소득금액에 연결을 위한 수정을 함으로써 수정소득금액을 산출한 후 이를 통산하여 연결소득금액을 산정한다. 연결소득금액으로 연결과세표준을 계산한 후 법인세액을 산출한다.
- 신고납부의무는 연결 모회사가 부담하고 자회사는 연대납세의무를 부담한다.

[참고] 외국의 연결납세제도

1. 개요

연결납세제도는 경제적으로 동일체라고 할 수 있는 법인들의 소득을 하나로 병합하여 소득금액과 세액을 계산하고 납세의무를 부담하도록 하는 제도로서 여러 방식이 있는데 일반적으로 아래의 결합방식(consolidation system)을 지칭하는 말이다. 그것을 포함하여 다음의 여러 제도가 각국에서 시행되고 있다. 우리나라에는 아직 도입되어 있지 않다.

(1) 손익대체형

1) 자회사를 모회사의 지점으로 간주하는 방식(Organschaft)

이는 독일과 오스트리아에서 도입된 제도이다. 이 개념에 의하면 동일한 모회사에 의하여 지배당하는 그룹사들은 그 모회사의 장기와 같이 여겨진다. 이에 따라 그룹사들의 손익은 모회사에 귀속하는 것으로 본다. 한편, 그룹 내부의 자산거래에 대한 손익의 인식 이연은 없다.

2) 소득이전방식(group contribution)

스웨덴, 노르웨이 및 핀란드에서 채택되고 있는 제도이다. 기업그룹사 간의 소득 이전이 허용되어 소득의 상계가 이루어진다. 특징 중의 하나는 이러한 방식의 소득의 이전이 해당사 간 재산의 이전을 요건으로 하고 있다는 점이다. 이와 같은 것을 요건으로 하는 이유는 실제 손실이 발생한 기업과 그것을 상계할 소득을 가지고 있는 기업 간 관계에 있어 상계할 소득을 가지고 있는 기업이 보유하는 자산을 손실을 실현한 기업에 이전함으로써 과세내용대로 경제적 실질을 맞추어 놓고자 하는 것 때문이다. 실제에 있어서는 자산소유권의 이전보다는 자금의 대차를 함으로써 그러한 요건을 충족하고 있다. 그리고 기업이 이전받은 자산을 소득으로 인식하지는 않는다.

3) 손실이전방식(group relief)

그룹소속사 중 손실을 시현한 기업이 이윤을 시현한 기업에 손실을 이전하는 것을 허용하는 방식이다. 영국, 뉴질랜드 및 싱가포르에서 도입하고 있다. 소득이전방식과 구분되는 것은 소득이 아니라 손실을 이전한다는 점이다.

뉴질랜드에서는 1993년 결합방식(consolidation system)이 도입되어 손실이전(group relief)과 같이 시행되고 있으며, 호주에서는 2003년 손실이전(group relief)방식이 결합방식(consolidation system)으로 대체된 바 있다.

(2) 결합방식(consolidation system)

각 그룹사는 개별적으로 손익을 계산한 후 그룹레벨에서 일정 조정을 거쳐 별도의 소득합산과정을 거치게 된다. 모회사는 전체 그룹사를 대표하여 납세의무를 부담한다. 이러한 방식의 제도를 도입한 나라는 미국, 일본, 호주, 덴마크, 프랑스, 이태리, 룩셈부르크, 멕시코, 네덜란드, 뉴질랜드, 포르투갈 및 스페인 등이다.

2. 결합방식 연결납세제도하에서 주식양도차익과세

연결납세제도하에서는 모회사의 손익과 자회사의 손익을 그룹 단계에서 일정 조정을 거쳐 합산하게 된다. 이때 자회사가 시현한 손익은 비록 자회사가 분배를 하기 전이라도 모회사의 손익과 합산되어 과세되는 것이다. 모회사가 가지고 있는 자회사의 주식가치는 자회사가 이익을 시현하여 자회사의 가치가 증가할 경우 주식의 가치도 올라가고 있을 것이다. 그런데 모회사가 당해 주식을 매각할 경우 양도차익을 시현할 것인데, 그 양도차익은 자회사의 우수한 영업실적이 반영된 자회사의 가치일 것이므로 같은 소득이 형태를 달리하여 두 번 과세되는 것이 아닌가 하는 의문이 제기될 수 있을 것이다. 즉, 모회사 갑이 자회사 을에 대한 주식을 100원에 매입하였는데, 을이 2005년도에 30원의 이익을 시현하여 모회사의 소득과 합산하여 법인세를 납부하였다면, 모회사의 입장에서는 이미 그 30원에 대한 세금을 납부하였으므로 자회사 주식에 대한 취득가액을 130원으로 높여 자회사주식의 양도차익을 계산하여야 한다는 것이다.

이 문제에 대해서는 두 가지의 시각이 존재한다. 즉, 소득의 형태만 다를 뿐 아니라 실제로 다른 소득이므로 이중과세가 아니라는 입장과 소득의 형태를 달리하여 두 번 과세되는 것이므로 이중과세를 배제하는 기제를 도입하여야 한다는 입장이다.

우선 첫 번째 입장은 다음의 관점에 입각하여 있다. 주주의 주식양도차익에 대한 과세에 있어 주주가 시현하는 이득은 미래 당해 기업가치가 시장에서 반영된 가격을 기초로 하는 것인데, 그것이 비록 당해 자회사의 영업실적에 영향을 받는다 하더라도 이를 엄격히 계산하여 구분할 수는 없다는 것이다. 그리고 자회사단계의 과세와 주주의 양도차익과세를 이중과세로 인식한다면, 경제적 이중과세를 완화하고자 하는 다른 기제 즉 지급배당공제, 수령배당공제 또는 배당세액공제의 적용 대상이 되는 다른 경우에도 주주의 주식양도차익의 계산에 있어 이중과세를 배제하는 장치를 도입하여야 할 것인데 그렇지 않다는 것이다.

두 번째 입장은 양도차익에 대한 과세에 있어서 과세되는 것을 이중과세로 인식하는 입장이다. 이러한 인식에 입각하여 이중과세를 해소하는 장치를 도입한 나라는 그리 많지 않다. 다음은 미국, 호주 및 일본의 제도이다.

(1) 미국

자회사 주식의 취득원가는 다음과 같이 매기 조정된다.
- 자회사가 과세소득을 시현한 경우에는 취득원가를 상향조정
- 자회사가 손실을 시현한 경우에는 취득원가를 하향조정
- 면세소득을 시현한 경우에는 취득원가를 상향조정
- 손금 부인되는 비용이 발생한 경우에는 취득원가를 하향조정

이를 주식장부가액조정(investment basis adjustment) 방식이라 한다. 이는 연결납세제도가 마치 partnership 과세제도와 같이 그룹 내 기업들을 하나의 과세단위로 인식하는 single entity의 관점에 입각한 것으로 이해할 수 있을 것이다. 이러한 방식은 자회사가 이득을 시현하든 손실을 시현하든 조세제도가 이중적으로 다루지 않도록 하는 효과가 있다.

(2) 일본

자회사 주식의 양도 시점에서 한 번 당해 주식의 취득원가가 조정되는데, 당해 자회사의 유보이윤의 크기에 따라 조정된다. 그리고 일반적으로 당해 기업그룹에 편입되는 기업은 일정 종류의 자산을 재평가하여야 한다. 당해 기업그룹으로부터 이탈할 때에는 그리 하지 않는다.

(3) 호주

자회사의 자산과 부채 그리고 모든 과세사건을 마치 모회사의 그것인 양, 즉 자회사를 모회사의 하나의 부서로 인식하게 된다. 그에 따라 모회사가 자회사의 주식을 취득할 때의 취득원가는 자회사의 순 자산에 영향을 미쳐 왔던 모든 요소들이 모회사에도 일어나서 그러한 순 자산이 마치 모회사에 귀속되었던 것으로 가정하여 그러한 순 자산을 취득하였다면 발생하였을 원가를 당해 주식의 취득원가로 보는 방식이다. 이러한 방식은 모회사가 자회사의 주식을 처분할 때에도 그대로 적용된다. 즉 당해 자회사를 양도할 당시 순 자산의 상태에 이르게 하는 모든 요소들이 모회사에 귀속되며 모회사가 그러한 요소들이 발생하게 하는 데 소요되는 비용을 모두 고려하여 그 가격대로 처분하는 것으로 보는 것이다. 이러한 방식은 주식양도차익의 계산에 있어 자회사의 존재를 부인하는 접근방식인 것이다. 취득 당시와 양도 당시의 계산가액을 배분원가금액(allocable cost amount, ACA)이라 하며 이 방식을 ACA 방식이라 한다.

제2항 국내인수합병

공정거래위원회가 2007년 발표한 바에 따라 국내인수합병의 수단별 추이를 살펴볼 때 주식취득과 임원겸임의 비중이 큰 것으로 나타났다. 합병, 영업양수 및 회사설립을 통한 기업결합은 각각 10% 내외의 비중을 차지하였다.[233] 2006년에는 주식취득(20.3%) 및 회사설립(42.9%)이 전년 대비 큰 폭으로 증가하였다.

---

233) 공정거래위원회, 「2006 기업결합동향 및 특징」, 2007. 3. 28.

<기업결합 수단별 추이>

(단위: 건)

구 분	실질적 기업결합				임원겸임	회사설립	합 계
	주식취득	합병	영업양수	소계			
2005(%)	295(44.8)	110(16.7)	73(11.1)	478	138(21.0)	42(6.4)	658(100.0)
2006(%)	355(47.7)	114(15.3)	74(9.9)	543	141(19.0)	60(8.1)	744(100.0)
증감(%)	60(20.3)	4(3.6)	1(1.4)	65(13.6)	3(2.2)	18(42.9)	86(13.1)

업종별로는 정보통신방송, 건설, 기계금속 및 금융의 순으로 기업결합이 많이 이루어지고 있다.

<업종별 기업결합 추이>

(단위: 건)

구분	제조업							서비스업								합계
	기계금속	전기전자	석유화학의약	비금속광물	음식료	기타	소계	금융	건설	도소매유통	정보통신방송	음식숙박	운수	기타	소계	
2005	77	94	52	10	22	42	297	97	28	37	95	6	28	70	361	658
2006	91	65	71	11	23	46	307	76	93	52	106	4	29	77	437	744
증감	14	△29	19	1	1	4	10	△21	65	15	11	△2	1	7	76	86
(%)	(18.2)	(△30.9)	(36.5)	(10.0)	(4.5)	(9.5)	(3.3)	(△21.6)	(232)	(40.5)	(11.6)	(△33)	(3.5)	(10.0)	(21.0)	(13.1)

* 피취득회사의 영위업종(관련시장)을 기준으로 작성

1. 인수합병세제

경제적 동일체 이론은 기업활동의 조직형태에 따라 조세부담이 달라지지 않도록 한다는 이론적 근거를 제공함으로써 조세의 중립성을 제고하는 데 기여한다. 사업은 변함없이 계속되는데 합병을 통해 단지 그 사업을 담는 주체의 법적 형식만 변화가 있었을 경우 그것을 과세사건으로 인식하는 것은 경제적 동일체 이론에 부합하지 않는다.

인수 및 합병에 대한 과세제도는 법인세법과 소득세법이 규율한다. 인수자의 입장에서는 인수 자체가 과세사건이 되지 않는다. 피인수자에게는 자본이득이나 손실이 발생할 것인데 그것에 대한 과세를 이연하는 특례는 없다. 한때 외환위기 이후 기업의 신속한 구조조정을 지원하기 위해 주식의 포괄적 교환을 과세사건으로 보지 않는 특례를 두기도 하였다. 합병에 대해서는 사업의 계속성 등 일정 요건이 충족되는 경우에는 과세를 미루는 방식으로 조세지원이 주어지게 되는데 그것이 국내인수합병세제의 특징이라 할 것이다.

합병을 하는 데 있어서는 개념상 피합병법인과 합병법인이 있게 되는데 피합병법인은 없어지는 법인이고 합병법인은 남거나 새로 생기는 법인이다. 피합병법인은 사라지기 때문에 모든 이해관계를 정산하면서 손익을 따져 보게 된다. 이는 피합병법인의 주주도 마찬가지이다. 이때 세법은 피합병법인의 청산소득을 과세하고 피합병법인의 주주가 잃게 되는 주식을 대가로 새로운 법인의 주식이나 현금을 받게 되는 과정을 과세사건으로 보고 얼마만큼의 손익을 실현하였는가를 계산하여 과세한다. 특히 피합병법인의 주주가 합병법인의 주식이 아닌 현금을 받게 될 경우에는 더욱 그러하다. 한편 합병법인은 합병을 계기로 무언가 이득을 볼 수도 있고 손실을 볼 수도 있겠다. 합병도 사업의 일환이기 때문이다. 이때 피합병법인으로부터 사실상 인수하는 것들의 가치를 어떻게 보는가에 따라 손익의 금액이 달리 계산될 것이다. 경제적으로 본다면 피합병법인의 주주에게 지급하는 것은 단일의 가액으로 시장의 원리가 반영된 것이다. 과세상으로는 피합병법인의 주주의 손익을 계산할 때 주주가 받은 주식의 가액을 액면가액으로 평가할 수도 있고 실제시장가액으로 평가할 수도 있다. 한편, 합병법인이나 그 주주 입장에서는 피합병법인으로부터 받는 것은 장부가액이 있는 것인데 그것의 시장가치가 어떻게 되는가를 실제 평가할 것이다. 세무상 합병으로 인한 손익을 계산할 때 피합병법인으로부터 받은 것을 둘 중 무엇을 기초로 하는가에 따라 합병에 따른 손익이 달리 계산될 것이다. 법인세법상 원칙적으로 매수한 실거래가액으로 기장하면서—기업회계기준상 매수법*을 활용하는 것이 대부분이므로—손익을 계산하게 된다. 합병 사업은 변함없이 계속되는데 단지 그 사업을 담는 주체의 법적 형식만 변

화가 있었던 것으로 인식한다면 굳이 합병을 과세사건으로 인식하는 것이
바람직하지 않다. 법인세법은 이러한 논리에 따라 '과세이연 요건'을 설정
하고 그러한 요건을 충족하는 합병에 대해서는 다음과 같은 과세특례를
인정하고 있다. 이월결손금의 승계에는 추가적 요건이 설정되어 있다. 이
에 대해서는 바로 다음에서 소개한다.

당사자		과세 이슈
• 합병법인	⇒	유형고정자산의 합병평가차익 과세이연234) 피합병법인의 이월결손금 승계
• 합병법인주주	⇒	합병평가차익을 재원으로 하는 자본전입에 대한 의제배당과세
• 피합병법인	⇒	청산소득 계산 시 합병으로 교부받은 주식을 액면가액으로 평가
• 피합병법인주주	⇒	합병에 따른 의제배당을 과세하면서 합병으로 교부받은 주식을 액면가액으로 평가

(1) 합병법인과 그 주주

법인 간 합병이 이루어지는 경우 합병법인이 합병 후 대차대조표를 작성
하는 데에는 회계상 매수법과 지분풀링법*의 두 가지 중 하나가 사용될 수
있다. 우리나라 기업회계기준은 일정 요건을 충족하는 경우에만 지분풀링
법을 사용할 수 있도록 하고 원칙적으로는 매수법을 활용하도록 하고 있
다. 기업회계기준은 지분통합법의 적용요건을 다음과 같이 설정하고 있다.

- 결합참여회사 중 주식발행회사가 결합을 위하여 발행한 의결권 있는 보통주식이
  상대방 결합참여회사의 의결권 있는 보통주식의 90% 이상과 교환 또는 통합되
  어야 한다.
- 결합참여회사 간 자산의 공정가액에서 부채의 공정가액을 차감한 금액(순 자산의
  공정가액)의 차이가 중요하지 않아야 한다.
- 각 결합참여회사 주주들 간의 결합 전 상대적 의결권 또는 지분율이 결합으로
  인하여 변동되어서는 안 된다.

---

234) 합병평가차익을 손금 산입하는 방식이다.

　매수법은 피합병법인의 실제 가치를 평가하여 그만큼을 주고 매입한 것으로 본다는 것이기 때문에 새 대차대조표에는 그 실제 가치만큼 증가한 것으로 표기된다. 그에 대한 대가로서 지급한 주식의 시장가액은—이하 합병교부금은 없는 것으로 전제하고 논의를 한다.—그 실제 가치에 해당할 것이지만 새 대차대조표에는 액면가액을 먼저 기록하고 차액에 대해서는 주식발행초과금 등으로 기록하게 된다. 지분풀링법에 의하면 피합병법인의 장부상 기록된 자산 및 부채는 그대로 합병법인의 그것들과 병합하게 되지만 피합병법인의 자본금이 사라지게 되며 합병법인은 새로 발행한 주식을 새 대차대조표에 반영하여야 한다. 새 대차대조표에는 새 발행주식의 액면가액을 먼저 기록하고 차액에 대해서는 피합병법인의 자본잉여금 등으로 채우게 된다.

　법인세법은 기업회계기준에 따라 매수법 또는 지분풀링법 중 하나가 결정되면 그것을 존중한다. 합병법인에 대해서는 합병으로 과세할 사건이 발생한 것인지—즉 실질적으로 어떤 자본이득을 본 것은 아닌지—가 관심 대상이다. 법인세법상으로는 기업회계기준에 따라 매수법이 적용될 경우 피합병법인으로부터 받은 자산의 실제가치가 피합병법인의 주주에게 교부한 주식의 액면가액보다 클 경우 그 차이를 합병차익이라고 한다. 원래 매수법을 사용할 경우 그것은 합병법인이 피합병법인을 매수한 것으로 본다는 것인데 일반적으로 매수는 소득과세사건이 발생하지 않는다는 관점에서 볼 때 과세할 일이 없을 것이다. 논리적으로만 본다면 합병으로 합병법인에게 바로 과세되어야 할 일은 없다고 보아야 한다. 합병도 거래이기 때문에 교부한 주식의 시가보다 높은 가치를 지닌 순 자산을 인수하는 경우가 있을 것이다. 이 경우 자기 주식을 시가보다 높게 매도한 것으로 보아—즉 자산거래로 보아—매도이익을 인식할 것인지 아니면 새로운 주식의 발행으로 보아—즉 자본거래로 보아—주식발행초과금의 한 부분으로 인식할 것인지 문제 될 수 있지만 후자로 보는 것이 손익거래에 따른 소득에 대해 과세한다는 법인세법의 원칙에 비추어 보아 타당할 것이다. 따라서 합병으로 합병법인에게 과세될 일은 없다. 그러나 법인세법은 합병차익 중

합병평가차익에 해당하는 부분에 대해서는 과세한다. 합병평가차익은 합병법인이 인수한 순 자산의 실제 가액이 피합병법인의 장부가액보다 클 경우 그 차이를 말한다. 이것은 피합병법인이 청산소득으로 과세되는 부분이다. 왜냐하면 합병으로 합병법인이 피합병법인의 주주에게 교부하는 주식의 시가는 합병법인이 인수한 순 자산의 실제가액과 같을 것이기 때문이다(논의의 편의상 영업권이나 부의 영업권이 존재하지 않는 것으로 전제한다.). 합병법인으로서는 사실상 자본에 해당하는 부분에 대해 과세하는 것이다. 혹자는 평가증된 부분은 추후 감가상각 등을 통해 손금화될 것이기 때문에 취득 시 익금으로 보아야 한다고 한다. 그런 논리라면 피합병법인의 장부가액에 해당하는 부분에 대해서도 익금으로 보아야 할 것이다. 근본적으로 자본거래에 해당하는 부분을 과세하는 것은 타당하지 않다. 한편 지분풀링법을 사용할 경우 합병차익이 발생할 일이 없다.

논리적으로 본다면 합병으로 인해 합병차익이 발생했음에도 불구하고 합병법인에게 과세할 일이 없다고 본다면 합병차익을 자본금으로 전입하여 발행하는 무상주의 경우라 하더라도 의제배당으로 과세될 일이 없을 것이다. 현행 법인세법상으로는 합병평가차익에 상당하는 부분에 대해서는 의제배당으로 과세한다.

(2) 피합병법인과 그 주주

피합병법인은 사라질 것이기 때문에 스스로가 합병법인으로부터 무엇을 받지는 못하며, 피합병법인의 주주가 받게 되므로 통상의 관념에 의한다면 피합병법인에게 과세할 것이 없다고 볼 수 있겠다. 하지만 스스로 보유하던 자산을 합병을 통해 처분하는 격이 되므로 그 자산에 내재된 자본이득이 실현되는 것으로 보아 과세할 필요가 있다. 그리고 장부에 반영되지 않은 무형 자산―예, 영업권―이 있을 수 있는데 그에 대해서도 과세할 필요가 있을 것이다. 이러한 자산의 가치에 대한 대가는 피합병법인의 재산가치 현실화 과정을 거쳐 피합병법인의 주주에게 주어지게 되므로 피합병법인으로서는 피합병법인의 주주가 교부받는 주식의 실제 가치(실제는 이에 합병법인이 대신 납부하는 청산소득에 대한 법인세액을 가산한다.)에서 청산시점의 자신의 장부상 순 자산가액의 차이를 하나의 소득으로 볼 수 있게 된다. 이를 청산소득이라고 하고 법인세를 부과한다.

피합병법인의 주주는 자신이 교부받는 주식의 실제 가치에서 자신이 잃게 되는 피합병법인의 주식의 취득가액을 차감한 금액을 의제배당소득으로 보아 과세받는다.

(3) 인수ㆍ합병법인의 비용공제

1) 인수ㆍ합병법인이 공제하는 경우

기업을 인수하거나 합병한 법인이 인수 및 합병에 소요되는 자금을 외부에서 차입형태로 조달할 경우 그 차입자금에 대한 지급이자를 인수ㆍ합병법인의 소득금액을 계산할 때 비용으로 공제할 수 있는가? 법인세법상 자본거래 등으로 인한 손비의 손금불산입 및 지급이자의 손금불산입제도가 있지만 합병자금차입이자를 손금 부인하는 제도는 없다. 인수의 경우에는 과거 비용공제부인제도가 있었지만 현재는 없다.

2) 인수ㆍ합병 대상 기업이 공제하는 경우

소위 '차입을 통한 경영권 인수(leveraged buyout)'*의 개념이 적용되는 경우이다. 이는 80년대 초 미국에서 잠시 유행하였다가 90년대 이후 다시 등장한 개념이다. 인수ㆍ합병비용을 인수ㆍ합병 대상 기업이 부담하도록 하는 데에는 다음과 같은 두 가지 기법이 활용될 수 있다.

첫째, 차입하여 대상 기업을 인수한 후 인수된 기업의 감자를 실시하여 소액주주들을 밀어내고(cash out) 대상 기업으로 차입명의를 변경하는 방법이다. 투자은행으로부터 bridge loan*을 제공받되 자금의 차입자 명의를 처음에는 인수 기업으로 하였다가 나중에는 대상 기업으로 전환하게 된다.

인수 대상 기업이 차입하여 감자하는 의양을 갖게 되므로 관련 지급이자를 손비 부인할 현행세법상 근거가 없다.

둘째, 자금을 차입하여 자회사를 설립하고 그 자회사가 대상 기업을 인수하도록 하는 방법이다. 이후 자회사와 대상 기업 간 연결납세를 하든가 아니면 합병하는 방법으로 이자비용을 공제하게 된다.

2. 합병법인

경제적 동일체 이론에 의한다면 합병의 경우라 하더라도 경제적 동일성이 유지되는 한 피합병법인의 이월결손금과 같은 과세상 특성을 활용하는 데에 세법이 엄격할 이유가 없다. 경제적 동일체 이론을 여과 없이 적용할 경우 누진세율 체계하에서 조세회피를 조장하는 부작용이 예상된다.

(1) 합병법인의 합병차익

현행 세법상 합병을 주도한 합병법인에 있어 합병에 의하여 증가한 자산의 실제가치가 증액한 자본금보다 많을 경우 이를 합병차익이라 한다. 합병차익은 자본거래에 의한 것으로 보아 익금 불산입한다. 다만, 자산의 평가차익에 연유하는 합병차익은 인식한다. 이때에도 피합병법인의 주주의 지위가 단순히 합병법인 또는 신설합병법인의 주주로 변경된 경우에는 압축기장충당금(또는 일시상각충당금)의 형태로 손금 산입하도록 함으로써 과세를 이연한다. 과세이연 요건으로는 다음의 세 가지가 있다.235)

- 합병이 사업상 필요에 의하여 이루어져야 한다.
- 지분의 계속성이 유지되어야 한다.
- 사업의 계속성이 충족되어야 한다.

---

235) 법인세법 제44조 제1항.

합병법인이 피합병법인의 주식을 보유하고 있다가 합병하는 경우 합병법인은 주주로서 의제배당소득을 인식함과 동시에 합병 당사자로서 합병차익을 인식하여야 하는가? 이러한 경우의 주식을 포합주식이라 한다. 이 경우 합병법인은 스스로에게 주식(합병교부금 포함)을 교부하지 않는다. 이에 따라 합병법인에는 합병에 의한 의제배당소득이 발생되지 않는 것으로 보게 된다. 포합주식을 보유한 합병법인은 합병평가차익과세 문제도 발생하지 않는다. 그러나 합병법인 이외의 기타의 피합병법인 주주의 지분율이 증가하는 등 불균등(불공정) 합병의 문제가 발생한다.

불균등 합병의 경우에는 이익을 분여받은 개인 주주에 대해서는 증여의 규정이 적용되며, 이익을 분여한 법인, 즉 합병법인에 대해서는 부당행위계산부인규정이 적용된다. 합병법인이 보유하는 포합주식에 대해서는 주식(합병교부금 포함)이 분배되지 않아 포합주식이 있는 경우 청산소득금액의 계산에 있어 '피합병법인의 주주 등이 합병법인으로부터 받은 합병대가의 총합계액'이 감소하는 현상이 발생한다. 일반적으로 불균등합병으로 추가적인 이익을 받은 주체가 법인인 경우에는 추가적인 이익도 이를 익금으로 보고 개인인 경우에는 증여 규정이 적용되는 한편, 청산소득금액의 계산에는 영향을 주지 않는다.[236] 이는 주주 간의 증여의 문제로서 청산 시 잔여재산을 모두 분배하는 법인의 입장에서는 관계가 없는 사항으로 보기 때문이다. 그러나 포합주식의 경우에는 교부하는 주식총액이 줄어들고 이에 따라 청산소득금액이 줄어든다. 이에 따라 증여나 부당행위계산부인규정이 적용된다. 세법은 포합주식에 의한 불균등합병 중 당해 포합주식을 합병등기일 전 2년 이내에 취득한 경우에 대해서는 청산소득금액 계산 시 당해 포합주식의 취득가액을 가산하도록 하고 있다.[237] 포합주식에 대해 합병법인의 주식 등을 교부하지 않은 경우 잔여재산의 분배금액 자체가 줄어드는 점을 감안한 것이다. 합병등기일 전 2년 이내에 포합주식을 취득한 경우 청산소득의 소득금액에 포합주식 취득가액을 가산하도록 하는 것

---

236) 법인세법기본통칙 80－122…2
237) 법인세법 제80조 제2항.

은 포합주식에 대해서는 주식(합병교부금 포함)이 교부되지 않는 점을 감
안하여 청산소득금액의 의도적 감소를 통한 조세회피를 방지하기 위함이다.

합병법인의 주주가 합병평가차익에 상당하는 부분을 재원으로 한 무상
주를 교부받을 경우 그것을 의제배당으로 과세한다.

(2) 합병법인에 의한 피합병법인의 결손금의 활용

기업회계기준은 합병을 인식하는 데 있어 합병하는 법인이 피합병법인
을 매수하는 것과 같이 보기도 하고 두 개의 법인이 하나로 융합되는 것
으로 보기도 한다. 전자의 입장에 서면 피합병법인을 하나의 단위로 하여
시장가치대로 사는 것으로 보기 때문에 피합병법인이 유지하고 있던 개별
자산과 부채의 내역은 의미가 없는 것이 된다. 그런데 후자의 입장에 서면
두 개의 법인이 각각 유지하던 개별 자산과 부채의 내역이 하나의 장부로
통합되는 것으로 보게 된다. 그렇다면 어느 법인이든 유지하던 이월결손금
은 그대로 유지되면서 새로운 합병법인의 장부에 남게 된다.

1) 피합병법인의 결손금을 활용할 수 있는 경우

법인세법이 어떤 합병이 위와 같은 기업회계기준상 지분통합법의 요건
을 충족한 경우에는 항상 피합병법인의 이월결손금을 합병법인이 활용할
수 있다고 규정하고 있는 것은 아니다. 과세이연효과 이외에 다음과 같은
추가적인 요건을 설정하고 있으며 요건을 충족하는 경우에도 그 승계받은
사업에서 발생한 소득금액(구분 경리하지 아니한 합병법인의 경우에는 그
소득금액을 일정한 자산가액 비율로 안분 계산한 금액)의 범위 안에서 상
계가 가능하다.[238]

---

238) 법인세법 제45조 제1항.

- 피합병법인의 주주가 합병법인으로부터 받은 주식이 합병법인의 합병등기일 현재 발행주식 총수의 10% 이상이 되어야 한다.
- 합병법인은 승계받은 사업에 속하는 것을 구분하여 경리하여야 한다.

2) 역합병의 개념 – 개별적인 조세회피방지규정[239]

적자법인과 흑자법인이 합병하고자 할 때 적자법인을 합병법인으로 한다면 결손금 활용 요건을 충족하기 용이해진다. 그런데 그와 같은 합병을 경제적 실질로 볼 때에는 사실상 흑자법인이 합병법인의 지위를 갖는 역학관계를 갖는 것이 대부분일 것이다. 그럼에도 적자법인을 합병법인으로 하는 것은 달리 보면 결손금 활용의 요건을 충족하여 적자법인의 이월결손금을 활용하고자 하는 동기에 의한 것이다. 세법은 형식을 실질과 달리하여 조세를 회피하고자 하는 동기에 의한 것이라고 볼 수 있는 합병에 대해서 '역합병'이라고 부르면서 이월결손금의 활용을 금지하고 있다. 법인세법상 규제 대상이 되는 역합병은 아래 네 가지의 요건을 모두 충족하는 경우이다.

- 조세를 부당하게 감소시키기 위한 목적의 합병이라고 인정되는 합병일 것
- 5년 이내 이월결손금이 많은 법인을 합병법인으로 할 것
- 합병등기일 전후 일정한 기간 이내에 피합병법인의 상호로 변경 등기할 것
- 합병법인이 다음의 요건을 모두 갖출 것
    - 합병계약 당시 주식의 시가총액이 피합병법인의 그것보다 낮을 것
    - 합병등기일이 속하는 사업 연도의 직전 사업 연도의 소득금액이 피합병법인보다 적거나 결손금이 많을 것
    - 합병등기일이 속하는 사업 연도의 직전 사업 연도의 장부가액에 의한 순 자산가액이 피합병법인보다 적을 것
    - 합병등기일이 속하는 사업 연도의 직전 3개 사업 연도의 소득금액의 합계액이 결손금의 합계액에 미달할 것
    - 합병등기일 현재 합병법인과 피합병법인 간 각 사업 연도의 개시일 전 5년 이내에 개시한 사업 연도에서 발생한 미공제결손금의 차액이 합병법인의 미공제결손금의 50%를 초과할 것

---

239) 법인세법 제45조 제3항.

위에서 '조세를 부당하게 감소시키기 위한 목적'의 요건은 역합병에 관한 규정이 개별적인 조세회피방지규정임을 가리키고 있다. 단순한 조세의 절약이라기보다는 부당한 회피를 의미하는데 그것의 의미에 대해서는 아직 일관된 해석관행이 확립되어 있지는 않다. 정부의 규제 또는 정책적인 판단을 따라 거래구조를 설정한 경우에는 부당성을 인정하기 곤란하다고 보아야 할 것이다.

피합병법인의 이월결손금과 같은 과세상 특성을 활용하는 데에 세법이 엄격하여야 한다는 것이 이론적으로 항상 정당화되는 것은 아니다. EC Merger Directive 1990에 의하면 역내 서로 다른 나라에 위치한 회사 간의 합병 및 분할에 대해서는 과세상 장부가액법에 따르도록 하고(제4조), 소멸하는 회사의 준비금을 존속하는 회사의 과세관할국이 인정하도록 하며(제5조), 소멸하는 회사의 이월결손금을 존속하는 회사가 승계할 수 있도록 함(제6조)으로써 이월결손금 활용에 대한 과세 문제를 간단하게 정리하고 있다.

3. 피합병법인과 그 주주

　　경제적 동일체 이론에 의한다면 합병의 경우라 하더라도 경제적 동일성이 유지되는 한 피합병법인의 주주의 지위에 변화가 없는 것이므로 합병을 이유로 과세하지 않는 것이 타당하다. 어떤 경우에도 흡수되어 소멸되는 법인의 세금관계는 정리하여야 한다.

(1) 피합병법인

합병으로 피합병법인은 소멸하게 되므로 청산소득에 대한 법인세를 납부하여야 한다(실제는 합병법인이 납부한다).[240] 이때 합병에 의한 청산소

---

240) 법인세법 시행령 제127조 제2항.

득금액은 피합병법인의 주주 등이 합병법인으로부터 받은 합병대가의 총 합계액에서 합병등기일 현재의 자기자본 총액을 차감하여 계산한다. 합병에 의하여 법인이 소멸할 때 피합병법인의 잔여재산은 당해 법인의 주주에게 합병등기일에 모두 분배되는 것으로 보고 피합병법인의 주주 등이 합병법인으로부터 받은 합병대가의 총합계액을 피합병법인의 잔여재산가액과 등가물로 간주하는 것이다. 합병의 경우 합병 중 각 사업 연도의 소득이라는 개념도 있을 수 없으며, 합병에 의한 청산소득금액은 주로 자산가치의 변화분으로 구성된다. 우리 세법은 이러한 경우에도 소득이 실현되는 것으로 보고 있다. 다만, 과세이연 요건을 충족하는 경우에는 청산소득금액의 인식이 배제되거나 적게 과세된다. 피합병법인의 잔여재산은 주주에게 모두 분배되는 것으로 봄에 따라 이는 피합병법인의 주주가 인식하는 합병에 의한 의제배당 소득금액의 계산 시 그대로 반영된다.

(2) 피합병법인의 주주

1) 의제배당

피합병법인의 주주가 합병법인으로부터 합병으로 인하여 취득하는 주식의 가액 또는 금전의 합계액이 피합병법인의 주식을 취득하기 위하여 소요된 금액을 초과하는 경우에는 그 금액을 의제배당으로 본다. 피합병법인의 주주가 취득하는 자산이 주식이 아닌 현금 등일 경우 이는 경제적으로 보아 사실상 주식의 양도 등 처분과 같은 결과를 초래한다. 일반적인 주식의 양도와 다른 점은 주식의 인수 상대방이 합병법인으로 한정되어 있다는 것일 뿐이다. 우리 세법은 이러한 경제적 이득의 성격에도 불구하고 이를 합병에 따른 양도소득으로 보지 않고 배당소득으로 본다.

이론적으로 보아 피합병법인의 주주가 새로이 취득하는 자산이 합병법인 또는 신설합병법인의 주식으로서 피합병법인의 주주로서의 지위가 단순히 합병법인 또는 신설합병법인의 주주로서의 지위로 변경된 경우 이를 소득의 실현으로 볼 수 있는가 하는 문제가 있다. 우리 세법은 이러한 경우에도 소득이 실현되는 것으로 보고 있다. 다만, 과세이연 요건을 충족한 경우 합병대가로서 새로이 취득하는 주식을 평가함에 있어 시가 대신 액면가액으로 하는 방법으로 의제배당금액을 적게 보아 과세하고 있을 뿐이다. 이는 소멸법인의 해산 시 자산의 매각 또는 평가로 인한 이익에 대한 청산소득을 과세하지 않는 경우와 일관성을 가지고 있다.

2) 불균등(불공정) 합병에 의한 증여[241]

특수관계에 있는 법인들이 합병함에 있어 주가가 과대평가된 합병당사법인의 주주 중 발행주식의 1% 또는 액면가액 3억 원 이상의 주식을 소유한 대주주(특수관계자 보유주식 포함)가 합병으로 인하여 얻게 되는 경제적 이익은 이를 여타 주주로부터 증여받은 것으로 본다. 여기서 증여세 과세 대상 경제적 이익에 대한 과세는 대주주 1인의 합병 전후의 평가차액이 3억 원 이상이거나 합병 전후 1주당 평가액의 차이비율이 30% 이상인 경우에만 하게 된다.

대주주가 합병당사법인의 지분을 동시에 소유하고 있는 상태에서 합병한 경우에는 당해 대주주 본인이 증여자와 수증자 모두에 해당하므로 당해 대주주 본인으로부터의 증여에 해당하는 금액은 증여가액에서 제외한다.[242] 동일인이 합병법인과 피합병법인의 주식을 동시에 소유한 상태에서 합병함으로써 주가가 과소평가된 법인의 주주로서는 손해를 보고, 즉 증여자가 되고, 주가가 과대평가된 법인의 주주로서는 이익을 얻은 즉, 수증자가 된 경우에 이익에서 손해를 차감한 순이익에 대해 증여세를 과세한다. 동 순이익을 기준으로 합병 전후의 평가가액의 차액 3억 원 기준에 적합한지를 판단한다. 합병 후 신설 또는 존속하는 법인의 1주당 평가가액은 합병당사법인의 합병 직전 주식가액의 합계액을 합병법인(합병 후 신설 또

---

241) 상속세및증여세법 제38조.
242) 재삼 46014-2902, 1997. 12. 10; 서일 46014-10427, 2002. 3. 30.

는 존속하는 법인)의 주식수로 나누어 계산한다. 이 경우 합병당사법인의 합병 직전 주식가액의 합계액을 계산함에 있어 합병법인이 피합병법인의 주식을 소유한 상태에서 합병함에 따라 합병법인이 합병 전에 보유하고 있던 피합병법인의 주식(포합주식)을 소각한 경우에는 동 소각한 주식의 가액을 합병당사법인의 합병 직전 주식가액의 합계액에서 차감한다.[243] 피합병법인 또는 소멸법인의 주주가 합병으로 인하여 의제배당과세를 당하고 또한 합병에 의한 증여과세 대상이 되는 경우 중복과세를 조정하기 위하여 증여가액에서 소득세법에 의한 의제배당금액을 차감한다.[244]

제3항 국제인수합병

> 다른 국가의 기업 간에는 합병보다는 인수활동을 통해 경영권이 이전된다. 인수자의 입장에서 볼 때 인수 자체는 과세사건이라 할 수 없을 것이다. 대신 인수비용을 공제하는 방법에 관한 논의가 많이 이루어지고 있다. 개정상법안에 따르면 우리나라에서도 국제삼각합병이 가능하게 되었는데 피합병법인의 주주에 대한 과세이연을 가능하게 할 것인지가 문제 된다.

공정거래위원회가 2007년 발표한 바에 의하면 외국기업의 국내기업결합은 2004년 이후 감소 추세에 있다. 2006년에는 2005년 대비 전체 기업결합에서 차지하는 비중이 감소하였으며, 특별한 대형 인수·합병 건이 없어 결합금액도 감소하였다고 한다. 2006년 공정거래위원회의 결합금액수치 2.1조 원은 UNCTAD의 결합금액수치 27.7억 USD보다는 다소 적은 수치이다.

---

243) 예를 들어, A 법인이 B 법인을 흡수 합병하면서 합병 전 A 법인이 보유한 B 법인의 주식에 대해서 합병 후 주식을 교부하지 아니하고 소각한 경우 합병 후 신설 또는 존속하는 법인의 1주당 평가가액은 다음과 같이 계산한다. 아래에서 당해 소각된 피합병법인의 주식(포합주식) 수를 합병 전 피합병법인의 주식 수에서 차감한다(재경재산 36014-67, 2002. 3. 28.).
[(합병법인 1주당 가액·합병 전 주식 수)+(피합병법인 1주당 가액·합병 전 주식 수)]/(합병 후 신설·존속하는 법인의 발행주식총수)
244) 상속세및증여세법 기본통칙 38-28……2.

- 건수(금액): 2005년 84건(5.5조 원)→2006년 79건(2.1조 원)
- 전체 건수 대비 비중: 2005년 12.8%→2006년 10.6%

앞에서 국내인수합병에 관한 세제에 대해 살펴보았다. 실제 주된 분석의 대상은 합병에 관한 것이었다. 인수 그 자체로는 과세사건이 되지 못한다. 인수자의 인수비용 공제에 있어 현행 국내세법상 관계회사의 주식을 취득하기 위한 자금의 이자비용은 원칙적으로 공제되므로 별문제가 없기 때문이다. 인수비용을 대상 기업의 비용으로 공제하는 데 몇 가지 기법을 고려할 수 있지만 원칙적으로 차입금 지급이자는 명의상 차입자가 공제받을 수 있기 때문에 과세상 문제를 발생시키지는 않는다.

우리나라를 포함한 대개의 국가에서 국제적인 합병이 불가능하기 때문에 국제합병에 관해서는 논의할 실익은 없다. 그럼에도 불구하고 대내투자거래에서는 삼각합병의 경우를 그리고 대외투자거래에서는 인수자의 인수비용공제 여부에 대해 분석할 여지가 있다.

1. 대내진출(inbound acquisition)

(1) 거래방법

1) 주식인수 또는 삼각합병

외국기업은 국내기업에 대한 지배권을 확보하기 위해 주로 주식인수의 방법을 택한다. 단순한 주식인수의 경우 인수법인에게 합병에서와 같은 평가차익의 과세 문제가 발생하지는 않는다. 실제 인수한 가액을 장부가액으로 하고 추후 매도할 때 자본손익을 인식하면 된다.

우리나라 상법상 내국법인이 외국법인과 합병하는 것은 불가능하지만 다음과 같은 과정을 통해 합병의 요소가 개입할 수 있다. 대상 기업의 주식인수만을 위해 국내나 국외에 별도의 중간회사를 설립하기도 한다. 국내에 자회사를 설립하여 대상 기업에 대한 지배권을 확보하는 과정에서 합병의 방법을 사용하기도 한다. 이때 국내의 자회사가 대상 기업을 합병하면서 대상 기업의 주주에게는 합병된 회사의 주식이나 현금을 주게 된다. 그런데 상법 개정안에 의하면 외국회사가 국내에 100%자회사를 설립한 후 자회사와 국내회사 간에 합병을 하면서 대가로 모회사인 외국회사의 주식을 국내회사의 주주에게 교부할 수 있도록 되었다. 결과적으로 외국회사가 국내 대상 기업을 흡수 합병한 것과 동일한 효과를 거둘 수 있게 된 것이다. 삼각합병(triangular merger)의 방법으로 사실상 국제적인 합병의 효과를 거둘 수 있게 되었다. 이 경우 국내회사가 모회사인 외국회사에 합병될 수 있으므로 외국기업에 의한 국내자본·국내기업의 침탈이 문제 될 수 있다는 지적이 있어 포이즌 필(poison pill)*과 같은 방어적 장치가 도입되었다.245)

2) 사업인수

외국기업이 국내기업의 한 사업 부문을 포괄적으로 인수하는 방법은 양도법인이 자산을 양도하는 데 따른 거래세나 기타의 비용이 많이 소요되어 별로 이용되지 않는다. 이에 따라 대상 기업이 당해 사업부문을 분할하여 자회사로 한 다음 그 주식을 인수 기업에 양도하는 방법이 주로 사용된다. 결국 앞의 주식인수의 경우와 동일한 과세 문제가 발생한다.

---

245) 일본의 경우 신회사법에 삼각합병규정을 두었으나 외국자본의 기업사냥을 우려한 재계의 반발로 1년간 연기된 뒤 시행되었다. 일본 증권사 닛코코디알그룹이 일본 최초 '삼각합병방식'에 의해 미국 씨티그룹의 완전자회사가 된 사례가 있다. 닛코는 주식공개매수(public tender offer)를 통해 50% 이상의 지분을 씨티에 넘기며 씨티 산하에 들어갔다. 이후 씨티는 닛코를 완전 자회사화하기 위해 지분을 68.23% 확보하였다. 이와 같은 외국기업의 일본 기업에 대한 M&A 공세에 맞서기 위하여 경영권방어책 강화를 목적으로 포이즌 필 제도를 도입한 바 있다. 이는 신주예약권 방식으로서 기업 매수자를 배제한 나머지 주주들에게 신주를 발행함으로써 매수자의 지분율을 강제적으로 낮추는 방식이다. 2007년 6월 미국계 펀드인 스틸파트너스의 M&A 공격을 받은 불독소스가 이 차별적 신주예약권을 발행해 경영권 방어에 성공한 사례가 있다.

(2) 인수 기업 및 인수 기업 주주에 대한 효과

1) 인수 기업

인수 기업은 국외에 있으며 소재지국가의 세법의 적용을 받게 되므로
대상 기업의 소재지국가에서는 그 기업에 대한 과세 문제가 발생하지 않
는다. 주식을 매각하는 경우에나 과세 문제가 발생하는데 그것은 인수합병
에 고유한 과세 문제라고 볼 수는 없다.

대상 기업의 인수를 위한 자금조달에 소요되는 이자비용을 공제받기 위
해서는 대상 기업의 소재지국가에 대상 기업을 인수하기 위한 별도의 법
인을 설립하여 자금을 조달하도록 하고 그 법인을 대상 기업과 연결 납세
하도록 하는 방법 또는 그 법인과 대상 기업을 합병하는 방법을 생각해
볼 수 있을 것이다.

2) 인수 기업 주주

주식을 인수한 외국법인의 주주에 대해 우리나라 과세당국이 직접 과세
할 수 있는 방법은 없다. 다만, 다음과 같은 예외적인 경우에는 주주에게
직접 자본이득에 대해 과세할 수 있을 것이다.

첫째, 당해 외국법인의 주주가 국내에 고정사업장을 두고 있으며 해당
주주의 외국법인에 대한 주식이 그 고정사업장의 사업활동과 직접적인 관
련을 맺고 있을 때에는 해당 고정사업장에 귀속되는 소득으로 과세할 수
도 있을 것이다.

둘째, 해당 외국법인의 사실상 명목회사에 불과하여 그 법인의 껍질을
꿰뚫어 보아야 한다면—즉, 법인격 부인이론(piercing corporate veil
doctrine)을 적용한다면—해당 외국법인의 주주에게 직접 과세할 수 있을
것이다.

(3) 대상 기업[246] 또는 대상 기업의 주주에 대한 효과

1) 대상 기업

① 주식인수의 경우

대상 기업의 주식을 양도하는 자는 대상 기업의 주주이며 대상 기업에는 주인의 변화가 있을 뿐이기 때문에 과세사건이 발생한 것으로 볼 수 없을 것이다. 인수 기업이 대상 기업의 장부상 순 자산가액 이상의 가액으로 주식을 인수한 경우 대상 기업의 장부를 실제 자신의 가치에 맞게 조정하게 하는가 하는 관점에서 검토할 필요는 있다. 우리나라 세법상 그러한 제도는 존재하지 않는다. 즉 대상 기업이 보유하는 자산의 장부가액은 당초대로 유지된다. 대부분의 국가가 동일한 제도를 취하고 있다.

② 사업부문 인수의 경우

대상 기업이 당해 사업부문을 분할하여 자회사로 한 다음 그 주식을 인수 기업에 양도할 수 있다. 이때 우리 상법에 의한다면 물적 분할[247]과 인적 분할의 방법이 가능하다. 분할 자체에 대해서는 합병의 경우에서와 같이 계속성이 인정되는 경우 과세를 이연하도록 되어 있다. 우리 세법상 분할회사의 주식을 가지고 있는 분할해 준 회사(물적 분할) 또는 그 회사의 주주(인적분할)가 분할회사의 주식을 양도하는 데 대한 과세이연과 같은 조세특례는 없으며 대부분의 국가가 동일한 제도를 가지고 있다. 다만, 경영참여소득면제를 도입한 나라에서는 분할 자회사의 주식은 대체로 면제의 요건을 충족하기 때문에 주식양도에 따른 조세부담이 없게 된다. 연결납세제도가 도입되어 있는 국가의 경우에는 연결되어 있던 기간 중 과세를 미루어 온 것을 당해 자회사가 그룹을 이탈할 때 정산하면서 일시에

---

246) target company로서 피인수 기업을 의미한다.
247) 분할되어 신설한 법인의 경영권을 분할한 법인이 가지고 있을 경우를 물적 분할이라고 하고 분할된 법인의 경영권을 분할한 법인의 지배주주가 가지고 있을 경우를 인적 분할이라고 한다.

조세부담이 발생하기도 한다.

우리나라의 세법상으로 동업기업(partnership)에 대한 출자는 양도로 보아 과세한다. 이때 출자자산의 시가를 기준으로 과세하게 된다. 동업기업에 대한 출자를 장부가액으로 하는 과세원칙을 가지고 있는 나라[248)에서는 대상 기업이 인수 기업이 지배권을 행사하는 동업기업에 사업부문을 양도하고 그에 대한 대가로 동업기업 지분을 취득할 때 자본이득을 계상하지 않게 되므로 과세하지 않는다.

2) 대상 기업의 주주

외국기업이 국내기업을 인수하는 데 대해서는 적지 않은 국가가 인수 기업이 국내기업이라면 부여했을 과세이연의 혜택을 대상 기업의 주주에게 허용하지 않고 있다. 주식교환의 방식을 취하는 경우에도 마찬가지이다. 우리나라 소득세법 및 법인세법에 의하면 적격합병의 경우에만 피합병법인의 주주의 합병대가로서 새로이 취득하는 주식을 평가할 때 시가 대신 액면가로 하는 방법으로 의제배당금액을 적게 과세하고 있다. 외국기업이 국내기업을 새로운 상법에 의한 삼각합병의 방법으로 인수하는 경우 적격합병의 요건을 충족하는 것도 가능할 것으로 보인다. 외국기업 F가 국내기업 A를 인수하는 것을 목적으로 하면서 피인수 기업 A의 주주에게 과세가 이루어지지 않도록 국내의 별개법인 B를 인수하고 A와 B 간 합병을 하되 그 합병이 과세이연 요건을 충족하도록 설계할 수 있을 것이다. 이때 상법 개정안에 따르면 A의 주주에게는 직접 외국기업 주식을 교부할 수도 있게 되었다. 이 경우 사실상 외국기업 F가 국내기업 A를 흡수 합병(A와 B가 합병하여 국내에 새로운 회사가 탄생할 것이지만 그것은 F와 동일체라 볼 수 있을 것이다.)하면서 A의 주주는 과세를 받지 않는 효과를 거둘 수 있게 된다. 참고로 일본의 경우 국내 피합병법인의 주주에게

---

248) 미국에서는 partnership에 대한 출자 시 장부가액이 이전되는 것으로 한다. 다만, partnership이 투자회사(investment company)인 경우에는 자본이득을 인식한다. 여기서 partnership은 세법상 partnership과세를 선택한 실체를 의미한다.

양도차익을 과세하지 않는 방향으로 과세 이연하는 세법개정을 추진하였다. 적격합병요건 중 합병대가로 교부받는 주식에 외국기업 주식도 허용하는 내용이다.

대상 기업의 주주가 인수 기업의 주식을 교부받을 때에는 당초 대상 기업의 주주가 대상 기업에 대해서 갖는 지배력에 미치지 못하는 경우가 많을 것이다. 이 경우 소득공제나 세액공제의 비율이 낮아지거나 연결납세의 혜택을 받지 못하게 될 수 있다. 이러한 결과가 나타나는 것을 회피하기 위한 방안으로 대상 기업의 주주에게 무의결권우선주(dividend access share)를 교부하는 방안을 생각해 볼 수 있을 것이다.

2. 대외진출(outbound acquisition)

국내기업이 외국기업의 전부나 그 한 사업부문을 인수하는 경우가 증가하고 있다. 국내자본이 사모펀드와 같은 펀드가 되어 외국기업을 인수할 수도 있겠다. 이자 등의 인수비용의 공제문제는 국내기업 간 인수합병에서와 별반 다른 논의가 있기 어렵다. 다만, 국내기업의 입장에서 대상 기업의 인수를 위해 마련한 재원에 소요되는 이자비용을 어디서 공제하도록 하는 것이 가장 효과적일까 하는 문제가 있을 수 있다. 인수 기업이 국외원천소득에 대해서 비과세하는 나라에 소재한다면 그 비용을 국내에서 공제받고자 할 것이다. 외국납부세액공제액 한도가 국가별 또는 소득종류별로 설정될 때에는 한도가 적게 필요한 국가나 소득에 이자비용을 배분하고자 할 것이다.

또한 자산인수(purchase and acquisition)[249]의 방법으로 외국기업의 사업의 일부를 인수하면서 여러 자산을 하나의 인수 대상으로 보아 대가를 지불한 경우에는 각 자산에 원가를 배분하는 문제가 있을 것이다. 상대가

---

249) 대상 기업의 주식을 인수(share acquisition)하는 대신 취득하고자 하는 사업부문의 핵심적인 자산을 인수(asset acquisition)하는 방식이다.

치와 당사자 간의 합의가 중요한 역할을 하는데 이 과정에서 영업권이 발생할 수 있으며 이 경우에는 일반적으로 상각이 허용된다.

3. 지배권을 공유하는 통합

'지배권을 공유하는 통합(merger of equals)'이라 함은 주식의 발행을 통해 두 개의 기업에 대한 거의 같은 정도의 지배권을 갖는 방식으로 통합하는 것을 말한다. 설사 거의 같은 정도의 지배권을 갖지 않는다 하더라도 인수나 합병과 같은 절차 없이 실질적으로 지배권을 나누어 갖는 방식도 이에 포함될 것이다. 따라서 사업이나 경영의 통합, 더 나아가 구성 주주 군의 권익을 상호 존중하겠다는 약속을 의미한다. 지배권을 공유하는 통합에서는 지배권 프리미엄은 지불되지 않는다. 왜냐하면, 어느 누가 지배권을 파는 계기도 없기 때문이다. 대상 기업의 지배권을 인수하기 때문에 프리미엄을 지불하게 되는 '인수(acquisition)'와는 구별된다고 볼 수 있다.

지배권을 공유하는 통합을 위해서는 공식적인 합병의 방법이 자주 사용된다. 그러나 다른 나라 기업과의 합병이 허용되지 않는 경우가 많다. 따라서 국내기업 간의 합병의 경우 일정한 요건하에 인정되는바 대상 기업의 이월결손금 활용은 원천적으로 곤란하게 된다. 그럼에도 불구하고 인수기업이 제3자가 보유하는 대상 기업의 주식을 인수함으로써 일부 지배권을 확보하는 방법으로 사실상의 통합을 이루기도 한다. 그리고 적지 않은 경우, 지배권을 공유하는 합병은 두 지배자가 동일한 영향력을 갖는 방안으로 이중지배구조(dual pillar structure, dual holding structure)를 설정하든가, 새로운 지주회사를 설립한다든가, 결합주식(stapled stock)*을 발행하는 방법 등으로 이루어진다.

대상 기업과 인수 기업은 별개의 법적 실체로 남고 대상 기업의 주주와 인수 기업의 주주 간의 계약250)을 통해 두 법인의 소득을 나누어 갖는 방

---

250) "equalization" contractual arrangements.

법으로 사실상 합병의 효과를 거둘 수도 있다. 이는 이중적인 지배구조가 나타나는 결과를 초래하기 때문에 이중지배구조(dual holding structure)라고도 한다.

대부분의 국가에서는 이와 같이 공식적인 합병을 대체하는 방식에 의한 국제적인 통합구조에 대한 별도의 과세원칙이 존재하지 않는다. 다만, 영국, 네덜란드 및 호주의 경우 법원에 의한 선례가 다수 있을 뿐이다.

이러한 방식은 상대적으로 법률적인 형식을 존중하는 영국에서 많이 사용되고 있다. 미국과 같이 경제적 실질을 중시하는 나라에서는 이용되지 못하고 있다. 우리나라에서는 주주 간의 소득의 이전으로 보아 증여과세를 할 것으로 보인다.

[탐구] 4 - 5

사례 | 하나은행 역합병사건

■ 사실관계

2002년 예금보험공사가 지분을 100% 보유하고 있던 서울은행과 의결권 없는 주식 30% 이상 소유하던 하나은행이 합병하였는데 서울은행은 대규모의 이월결손금을 보유하고 있었다. 그런데 서울은행이 합병법인이 되어 합병을 한 후 상호를 하나은행으로 변경하였다. 하나은행이 부실 금융기관이던 서울은행을 인수하면서 존속 법인을 서울은행으로 처리했다. 법적으로는 서울은행이 하나은행을 흡수 합병하는 것으로 처리한 셈이다. 이는 6조 원대의 누적적자가 쌓인 서울은행을 존속법인으로 하면, 합병 후 이월결손금을 활용할 수 있었기 때문이었다. 당시 정부와 예금보험공사(서울은행 대주주)는 이 같은 방식으로 하나은행이 누릴 법인세 감면혜택(약 4,000억 원대)을 감안해 서울은행 매각가격(1조 1500억 원)을 결정했다. 당시 재정경제부 담당 국장은 2002년 8월 국회 재경위 회의에서 "법인세 감세효과는 4,400억 원으로 계산됐으며, 감세효과까지 감안해 (매각금액을) 공자위에서 결정했다."고 답변했다. 예보가 하나은행 지분을 갖게 된 것은 하나은행이 또 다른 부실은행인 충청은행을 인수하는 과정에서 재무건전성이 악화되는 것을 막기 위해 예보가 가진 다른 자산(채권)과 하나은행 주식을 맞교환하는 과정에서 불가피하게 생긴 것이었다.

■ 쟁점

이 합병은 정부가 공적 자금을 회수하기 위한 정책적인 결정에 따른 것이었는데 과연 '조세를 부당하게 감소시키기 위한 목적'의 합병이었는지가 관건이 된다.251) 이러한 경우에도 부당하게 조세를 감소시키기 위한 것으

---

251) 2002년 당시 법인세법에서는 다음과 같은 요건을 충족하는 경우에는 외형상 비록 합병법인으로 되어 있는 법인이 사실상 피합병법인과 다를 바 없는 것으로 간주하고 합병법인이 보유하고 있는 이월결손금을 소득과상계하지 못하도록 하였다. 아래 요건을 충족하여 규제 대상이 되는 합병을 역합병이라

로 보기는 어려울 것이다. 참고로 미국[252]의 이전가격세제에 관한 사례 중 자회사의 소재지국의 법에 의해 로열티 지불이 금지된 경우까지 이전가격 과세를 하는 것이 부당하다고 한 바 있다.[253]

◢ 과세경위

2007년 4월 국세청은 하나은행에 대한 세무조사 과정에서 하나은행의 서울은행 인수가 '역(逆)합병'에 해당될 수 있다며 재경부에 유권해석을 의뢰했다. 합병 당시 예보가 두 은행 지분(서울은행 보통주 100%, 하나은행 우선주 35%)을 모두 갖고 있으니 하나·서울은행이 특수관계 아니냐는 것이었다. 재경부는 국세청의 "우선주도 발행주식총수에 포함되느냐"는 단순 질의에 "포함된다"는 유권해석을 내려, 국세청에 과세 근거를 제공했다. 국세청은 이를 근거로 하나은행에 대해 1조 7,000억 원대의 사상 최대 과세 결정을 내렸고, 하나은행은 2008년 3월 1차 세금추징분 1,983억 원을 납부해야 했다. 2008년 5월 국세청은 과세적부심을 통해 '조세를 부당하게 감소시키기 위한 목적의 합병이 아니었음'을 인정하는 결정을 한 바 있다. 과세 결정 이후 하나은행의 주가는 20% 가량 하락하였다.

고 한다.
- 조세를 부당하게 감소시키기 위한 목적의 합병이라고 인정되는 합병일 것.
- 5년 이내 이월결손금이 많은 법인을 합병법인으로 할 것.
- 합병등기일 전후 일정한 기간 이내에 피합병법인의 상호로 변경 등기할 것.
- 동일인이 2 이상의 법인의 발행주식총수 또는 출자총액의 30% 이상을 각각 소유하거나 출자하고 있는 법인 간의 합병일 것.

252) 미국에서 이전가격세제는 국내세법상 조세회피를 방지하기 위한 특수관계자 간의 거래행위규제에 관한 규정이 대외거래에까지 적용되도록 발전된 것이므로 이전가격세제는 조세회피방지규정으로서의 특징을 가지고 있다.

253) Commissioner v. First Security Bank of Utah, N.A., et al.(1972), Procter and Gamble Company v. Commissioner(1990)〈노영훈, 「이전가격과세제도의 국제적 추이분석과 정책적 시사점」, 한국조세연구원, 2003.12, pp.118-132 참조〉.

제5장

간접세

제1절 국제금융거래에 대한 부가가치세

제1항 금융거래

> 우리나라에서 부가가치세는 소비지출에 대해 전단계매입세액공제방식으로 과세된다. 각 단계의 부가가치는 이자, 배당, 급여 및 이윤 등으로 분배되는데 그것 자체를 부가가치로 보지는 않으며 부가가치세를 과세하지는 않는다. 자본이득은 부가가치가 아니므로 부가가치세가 과세되지 않는다. 금융자산과 관련하여 공급한 용역은 부가가치세의 과세 대상이 되어야 할 것이지만 현실 세계에서 금융용역 중 상당 부분이 과세되지 않는다.

1. 금융소득에 대한 부가가치세

부가가치세는 국민 경제에서 창출한 부가가치에 대해 부과하는 세금이다.[254] 따라서 각 경제주체들이 생산활동을 통해 스스로 창출한 부가가치에 대해 부과되는 것이다. 각 경제주체들은 창출한 부가가치를 이자, 배당, 급여 및 이윤 등으로 분배하게 되는데 그것을 부가가치로 보지는 않으며 따라서 부가가치세를 부과하지도 않는다. 채무증서나 지분증서를 취득하면서 자금을 제공한 대가로 수령하는 이자나 배당은 부가가치로 보지 않는 것이며 그에 따라 부가가치세가 부과되지 않는다. 종속적 인적 용역을 제

---

254) 국민소득계정상 생산국민소득금액은 지출국민소득금액과 일치하도록 되어 있는데 지출국민소득은 (소비)+(투자)+(순 수출)로 구성된다. 우리나라의 부가가치세제도는 지출국민소득을 구성하는 3요소 중 (소비)에 대해서만 과세하는 소비형 부가가치세제도이다.

공하면서 그 대가로 수령하는 급여는 부가가치로 보지는 않으며 그에 따라 부가가치세가 과세되지 않는다. 그것들은 특정인에게 분배된 소득으로서 즉 귀속된 소득으로서 소득세의 과세 대상이 된다.

금융자산의 거래에 따라 발생하는 자본이득은 부가가치를 창출하는 것으로 보지 않는다. 국민소득을 계산함에 있어서 자본자산의 자본이득은 부가가치를 창출하는 것으로 보지 않기 때문이다. 여기서 자본자산이라는 것은 넓게 보면 직접 소비나 투자—즉 자산의 가치가 감소하는 과정—를 통해 후생을 증가시키는 자산—예를 들면 감가상각자산—을 포함한 모든 자산 중 미래현금흐름을 창출하는 것을 말한다. 대표적인 것으로서 채권이나 주식이 있다. 부동산도 이에 포함된다. 채권, 주식 및 부동산의 거래로 인하여 발생하는 자본이득은 국민생산을 구성하지 않고 부가가치로 보지 않는다.

시각을 좀 더 국제적으로 넓히게 되면 미국달러화로 평가된 부가가치는 원화의 상대적 가치에 의해 좌우된다. 원화의 상대적 가치가 올라가게 되면 우리의 부가가치도 올라가는 것으로 볼 수 있을지 모르겠다. 국내자본자산의 가치가 증가하면 원화의 상대적 가치도 올라가는데 자본이득도 국민총생산을 구성하는 한 부분이 될 수 있다는 것이다. 실질 국민생산은 전혀 변함이 없는데 단지 원화의 상대적 가치가 올라갔다고 하여 달러화로 표시된 국민총생산이 증가한 경우 그 부분은 우리가 창출한 부가가치인가? 조세라는 것은 한 나라의 화폐로 평가한 가액에 대해서만 부과되는 것이기 때문에 원화가치의 상대적 변화와는 무관한 것이라는 관점에 입각한다면 자본이득을 부가가치로 보아 부가가치세를 과세하는 것은 타당하지 않다고 보아야 한다.

2. 금융산업에 대한 부가가치세

금융산업은 이자나 배당 또는 자본이득을 창출하는 금융자산의 거래를 중계, 중개 및 자문 등의 용역을 제공하는 것을 내용으로 한다. 금융회사가 이 과정에서 금융자산을 매매하기도 하고 금융자산과 관련된 용역을 공급하게 된다. 금융자산 자체는 부가가치세가 과세되는 재화나 용역은 아니다. 금융회사가 금융자산을 매매하는 과정에서 실현한 자본이득은 부가가치가 아니다. 그러나 금융자산과 관련하여 공급한 용역은 부가가치로서 국민총생산을 구성한다. 비록 그것의 요율이 많은 경우 금융용역의 소비자가 가져가는 이자소득이나 배당소득의 일정률로 설정된다 하더라도 인적자산을 활용한 용역을 공급함으로써 국민후생을 증가시킨다는 점에 있어서는 변호사나 회계사가 용역을 공급한 때와 다를 바 없는 것이다. 이 점에서 금융용역에 대해서는 부가가치세를 부과하여야 한다.

그런데 현실 세계에서는 금융용역 중 상당 부분이 부가가치세가 과세되지 않은 채로 제공되고 있다. 우리나라뿐 아니라 EU 국가들 중 많은 나라가 적지 않은 부분에 걸쳐 부가가치세를 면제하고 있다. 예를 들어, 부가가치세를 도입한 대부분의 국가가 선물, 옵션 및 스왑에 대해서 면세하거나 과세 대상에서 제외하고 있다. 일부 유럽 국가에서 선물거래(특히 상품을 기초로 하는)에 대해 과세하고 있는데, 그 경우에도 마진(순수익금액)에 대해 과세한다는 점에서는 통일된 입장을 취하고 있다. 그런데 손실을 입은 다른 거래와 통합하여 기간단위로 과세하는지 여부에 대해서는 통일된 입장을 발견하기 어렵다. 이와 같이 과세표준을 어떻게 계산할 것인가 하는 문제는 파생거래에 대한 부가가치세 과세를 어렵게 한다. 한편, 유럽 각국은 입법론적으로는 금융업에 대한 부가가치세를 도입하기 위하여 현금흐름세(cash flow tax),255) 세금계좌제도(tax calculation account system), 256) 대리납부제도(reverse charge system)257) 등을 연구하고 있지만, 아직

---

255) 현금유출(cash outflow)을 매출로 보고 현금유입(cash inflow)을 매입으로 보아 그 차액인 마진에 대하여 금융기관이 세금을 납부하도록 하자는 아이디어이다.

입법된 사례는 없다.

금융용역에 대해 부가가치세를 면제해야 한다는 논리는 금융서비스를 제공받는 소비자는 종국적으로 이자나 배당 등의 금융소득을 얻기 위하여 부대적인 서비스로서 금융회사에서 용역을 제공받는데 이는 이자나 배당 자체는 자신의 후생을 증가시키는 데 소진되는 과정을 거치지 않으며 그러한 이자나 배당을 제공하는 데 부수적으로 종사하는 용역은 부가가치로 보기 어렵다고 보기 때문이다. 이에 대해서는 비록 '부수적'인 용역이라 하더라도 독자적인 용역으로서의 성격을 가지고 있으며 금융회사가 제공하는 용역이 직접적으로 이자나 배당과 같은 금융소득을 실현시키는 데 공여하는 것만 있는 것이 아니라는 반론이 가능하다. 이러한 반론에도 불구하고 금융용역의 상당 부분에 대해서는 부가가치세가 면제되고 있다. 이는 금융회사가 부가가치세가 과세되는 재화나 용역을 제공받으면서 납부한 세액을 공제받지 못하게 하는 효과가 있다. 그것이 시장의 원리에 의해 소비자에게 그대로 전가된다고 한다면 금융서비스의 이용자는 금융회사가 창출한 부가가치에 해당하는 부분에 대한 부가가치세 정도만 부담하지 않는 것이 될 것이다.

(1) 거래내용의 관점

일반적으로 부가가치세는 우리나라의 과세권이 미치는 지역에서 재화나 용역을 공급하는 자가 공급을 받는 자로부터 거래 징수하고 이와 동시에 세금계산서를 교부하며, 부가가치세를 거래 징수한 공급자는 매 3개월마다 거래 징수한 세금을 세무서에 납부하도록 되어 있다.

우리나라의 과세권이 미치는 지역 바깥에 소재하는 거래 상대방에게 재화나 용역을 제공한 경우에는 어찌할 것인가? 재화의 경우에는 일정 요건

---

256) 개별 금융사마다 세금 계산을 위한 계좌(account)를 두자는 주장이다.
257) 외국사업자로부터 용역을 수입하는 면세사업자의 대리납부제도를 참조하여 이자나 마진에 대해 부가가치세를 부과하면서, 매입세액공제에 관해서는 대리납부와 같은 방법을 사용하자는 것이다.

을 충족하는 거래에 대해 수출로 보아 영의 세율을 적용한다. 용역의 경우에는 용역의 공급지가 국외일 경우 영세율을 적용한다. 용역의 공급지가 국내라 하더라도 일정 요건을 충족하는 외화획득거래가 될 경우에는 역시 수출과 같이 영의 세율을 적용한다. 영의 세율을 적용할 경우 공급자는 국외의 거래상대방으로부터 부가가치세를 거래 징수하지 않기 때문에 공급가액의 10%에 달하는 부가가치세액만큼 낮은 가격에 수출할 수 있게 된다. 공급자의 입장에서는 자기가 수출하기 위해서 구매할 때 거래 징수당한 세액을 매입세액으로 공제받을 수 있다. 결과적으로 수출을 하거나 외화획득을 하는 경우 공급자는 부가가치세가 전혀 없는 국가에서 사업을 영위한 것과 같은 효과를 얻게 된다. 일반소비세를 도입하고 있는 국가에서는 영세율제도를 도입하고 있지 않아 부가가치세제를 도입하고 있는 국가에 비해 수출에 대해 불리하다. 부가가치세를 도입한 국가에 수출할 때에는 관세선을 통과하는 시점에서 부가가치세를 부과하기 때문에 이와 같은 가격효과가 사라지게 되어 있지만 부가가치세를 도입하지 않고 일반개별소비세를 도입한 국가에 수출할 경우에는 분명한 가격지원효과가 발생할 것이다. 비거주자나 외국법인의 고정사업장이 국내에서 국외로 수출하거나 외화를 획득하는 사업을 영위할 경우에도 부가가치세법상 별개의 사업자로서 위와 같은 원리가 그대로 적용된다.

부가가치세는 위와 같이 우리나라의 과세권이 미치는 지역에서의 거래에 대해 공급자가 우선적으로 거래 징수하도록 되어 있다. 이러한 원칙은 국내의 공급받는 자가 해외로부터 재화를 수입할 때에는 어찌 적용되는가 하는 문제가 있다. 공급자가 해외에 소재하고 있기 때문에 공급자가 부가가치세를 거래 징수하여 우리나라의 세무서에 정기적으로 납부하도록 하는 것은 불가능할 것이다. 이러한 경우에는 세관이 마치 해외의 공급자의 지위에서 국내의 수입자가 수입신고를 하는 시점에서 관세를 징수할 때 부가가치세를 같이 징수한다. 이 경우 공급자의 국가에서는 영의 세율을 적용할 것이기 때문에 당해 수입재화에 대해서는 부가가치세가 전혀 부과되지 않은 상태일 것이며, 우리나라 관세선을 통과하는 시점에서 새로이 부가가치세가 과세되기 시작할 것이다. 이러한 수입거래에 대한 부가가치세 과세원칙은 비거주자나 외국법인의 고정사업장의 경우에도 그대로 적용된다. 따라서 특정 외국법인의 본점이 국내의 고정사업장과의 수출입거래를 할 경우에도 부가가치세법에서는 국내의 고정사업장을 독립의 사업자로 보아 부가가치세제도를 적용하고 있다.

(2) 거래주체의 관점

비거주자나 외국법인이 국내에 사업장을 설치하고 신규로 사업을 개시하게 된 때에는 당해 사업의 개시일로부터 20일 이내에 사업자등록을 하여야 한다. 국내 고정사업장이 있는 비거주자 또는 외국법인이 국내에서 국외의 비거주자나 외국법인과의 직접 계약에 의하여 공급하는 재화 또는 용역 중 다음의 하나에 해당하는 것으로서 그 대금을 외국환은행에서 원화로 받는 경우에는 영세율을 적용한다.

1) 비거주자 또는 외국법인이 지정하는 국내 사업자에게 인도되는 재화로서 당해 사업자의 과세사업에 사용되는 재화
2) 사업서비스업
3) 통신업 등

비거주자나 외국법인이 재화나 용역을 공급받는 자의 입장에 설 때 국내의 사업자로부터 재화나 용역을 공급받을 때에는 세금계산서를 교부받는 것이 기본적인 원칙이다. 이러한 경우 부가가치세법에서는 비거주자나 외국법인에게 용역을 공급하는 거주자나 내국법인의 입장에서 보아 다음과 같은 규정을 두고 있다.

우선 국내에 고정사업장이 없는 비거주자 또는 외국법인에게 국외에서 공급하는 재화에 대해서는 이를 수출로 보아 영세율을 적용한다. 국내에서 국내에 고정사업장이 없는 비거주자 또는 외국법인에게 제공하는 용역으

로서 그 대금을 외국환은행에서 원화로 받는 경우에는 영의 세율을 적용
한다. 다만, 부동산임대용역, 음식숙박용역 및 변호사 등 전문직업용역의
경우에는 그렇지 않다.

한편 국내에 사업장이 없는 외국법인 또는 비거주자로서 외국에서 사업
을 영위하는 자에게 국내에서 그의 사업과 관련하여 일정 재화 또는 용역
을 공급하는 경우에는 영세율을 적용하여 주고 있다.

제2항 국제금융거래

국제거래에 대한 부가가치세 과세에는 소비지국과세원칙이 일반적으로 적용된다. 그러나
국제용역거래에 대해서는 동 원칙이 적용되기 어렵다. 이에 따라 외국에서 수입하는 용역에
대해서는 과세하지 않게 된다. 다만, 면세사업자가 국내에서 공급받아 소비하는 경우에만 예
외적으로 대리 납부시키는 방식으로 소비지국과세원칙을 적용하고 있다. 금융거래는 전자상거
래와 보조를 같이하면서 발전해 오고 있다. 전자상거래와 관련해서는 디지털 콘텐츠의 온라인
다운로드를 용역거래로 보게 되는데 소비지에 과세권을 부여하고자 하는 EU 국가와 그에 반
대하는 미국 사이에 논쟁이 있었다. 아직 국제적으로 일관된 원칙이 형성되지는 못하고 있다.
한편 EU 국가의 경우 경제적인 동일체 간 재화나 용역거래는 부가가치세법상 없는 것으로
보아 과세하지 않고 있는데 그것을 국제거래에도 적용하고자 하는 움직임이 있다.

1. 대리납부

세관장은 수입되는 재화에 대해 수입자로부터 수입신고를 받으면서 직
접 부가가치세를 징수하게 된다. 한편 용역을 수입하는 경우에도 부가가치
세 문제가 나타나게 되는데 이에 대해서는 다른 방식으로 과세하게 된다.
일반적으로 용역의 국제적 거래에 대해서는 용역의 공급지에서 과세하는
방법과 용역의 소비지에서 과세하는 방법이 있을 수 있다. 용역의 공급지
에서 과세한다는 것은 용역의 공급자가 소재하는 국가의 정부가 용역의
공급가액에 대해 용역의 공급자로부터 신고납부를 받는다는 의미이다. 한

편 용역의 소비지에서 과세한다는 것은 용역의 소비자가 공급대가를 지급할 때에 소비자의 거주지 국가의 과세당국이 부가가치세를 징수한다는 의미이다. 따라서 국제적인 용역거래에 대해 특정 과세당국이 공급지과세원칙을 사용하는가 소비지과세원칙을 사용하는가에 따라 과세권이 달리 배분되는 결과가 된다.

우리나라 부가가치세법은 국제적인 재화의 거래에 대해서는 소비지과세원칙을 적용하고 있는 반면, 국제적인 용역의 거래에 대해서는 소비지과세원칙을 관철하지 못하고 있다. 용역의 공급자를 납세의무자로 선정할 수 없기 때문이다. 따라서 용역의 수입에 대해서는 부가가치세가 과세되지 않는다. 다만, 수입자가 사업자인 경우에는 대리납부의 방식으로 과세를 할 수 있으므로 소비지과세원칙을 유지하고 있다. 그러나 이 경우에도 국내과세사업자가 수입하고 있는 경우에는 대리납부의무를 부과하지 않고 면세사업자일 때 국외공급자를 대리하여 부가가치세를 징수하여 납부하도록 하고 있다. 국내의 사업자 중 과세사업자는 바로 매입세액공제가 허용되기 때문에 징수하지 않는 반면, 면세사업자의 경우에는 매입세액공제가 허용되지 않는 점을 감안하여 징수하되 대리납부의 방식을 통해 징수한다. 예를 들어, 국내 기획사가 영리를 목적으로 하지 않는 예술문화행사(부가가치세 면제)에 외국법인에 소속된 예술인을 초청, 공연하게 하고 그 공연대가를 지급하는 경우 당해 국내 기획사는 부가가치세 대리납부의무가 있다고 보아야 한다. 따라서 현행 부가가치세제도는 용역의 경우에도 소비지과세원칙을 채택하고 있지만 비사업자가 수입하는 경우에는 재화와 달리 징수할 방법이 없어 과세를 하지 못하고 있는 것으로 보아야 할 것이다. 용역의 수출에 대해서는 국외의 사업자가 수입하든 비사업자가 수입하든 소비지과세원칙에 따라 영세율을 적용하고 있다.

대리납부제도가 적용되는 대표적 업종 중 하나가 금융업이다. 외국계로서 한국에 진출한 금융기관은 국내금융기관처럼 부가가치세 면세사업자로서 국외로부터 공급받은 용역에 대해 부가가치세를 대리 납부한다.

대리납부와 관련하여 주의를 요하는 것은 국외에서 소비한 용역에 대해서는 대리납부의무가 면제된다는 것이다. 예를 들어, 내국법인의 국외지점이 외국법인이 허여한 상품권을 사용하는 경우 대리납부의무가 없게 된다. 외국법인이 인적 용역을 국외에서 제공했지만 그 결과를 국내에서 사용하는 경우에도 대리납부의무는 면제된다.

2. 전자상거래

국제거래의 대상이 되는 재화에 내재된 디지털 콘텐츠를 재화로 볼 경우 이에 관하여 별도의 부가가치세가 부과되지만, 용역으로 볼 경우 부가가치세는 원칙적으로 부과되지 않는다. 현행 세제상 이에 대한 구분기준이 명쾌하게 정립되어 있지 않아 과세에 있어 예측가능성이 떨어지는 문제가 있다.

1998년 10월 OECD의 오타와 각료회의에서는 디지털 콘텐츠의 온라인 다운로드(on - line download)를 재화의 공급으로 취급해서는 안 된다는 결론을 내렸다. 즉, 이를 용역의 공급으로 보고, 각국이 세수 기반 및 국내 공급자의 경쟁력 보호를 위해 부가가치세를 과세하고자 하는 경우 공급받는 자의 대리납부나 자진신고납세 등과 같은 유사한 과세제도를 개발하여 활용해야 한다고 하였다.[258]

우리나라 부가가치세법상으로는 인터넷을 통하여 판매되는 디지털 정보를 용역의 공급으로 간주하되, 비거주자나 외국법인으로부터 공급받아 면세사업에 공급하는 경우에만 부가가치세 대리납부 제도를 적용하는 것으로 처리하고 있다. 위에서 언급한 바와 같이 우리 세제상 용역의 국제거래에 대해서는 용역의 공급지에서 과세하도록 되어 있다. 한편, 전자상거래를 통한 용역의 거래에 있어서는 용역의 공급지를 구분하기 어려운 경우가 나타난다. 예를 들어, 한국의 독자가 미국의 신문을 전자신문형태로 구독할 경우 용역의 제공지를 한국으로 보아야 하는지 미국으로 보아야 하

---

258) WTO도 같은 입장이다.

는지가 애매하다. 이러한 점은 국내에서 소비되는 용역에 대한 과세의 일관성을 저해하는 결과를 초래한다.

또한, 위 오타와 각료회의에서는 디지털 제품의 거래에 대해서는 소비지국 과세를 원칙으로 한다는 데 합의하였다. 예컨대, 우리나라 소비자가 외국으로부터 소프트웨어나 정보를 구매할 때, 납부해야 할 부가가치세(또는 소비세)를 공급자의 사업장이 있는 외국이 아니라 소비지국인 우리나라에 납부하게 된다. 다만, 아직 소비지의 개념에 대해서 합의되지 않았다. 따라서 예컨대 노트북 컴퓨터를 가지고 출장을 가서 그것을 통하여 디지털제품을 구매할 경우 소비지를 출장 간 국가로 볼 것인지 아니면 출장인의 국적 국가로 볼 것인지 여부는 정리되지 않았다.

용역을 수입하는 국가의 입장에서는 공급지과세원칙이 적용되기도 한다. 여기서 용역의 공급지는 일반적으로 용역을 공급하는 고정사업장 또는 고정시설의 소재지를 말한다. 이러한 원칙론에도 불구하고, 부가가치세제도를 도입하여 운영하고 있는 EU 국가들은 역외의 소비자에게 공급하거나 역내의 소비자에게 공급하는 디지털 콘텐츠를 용역의 공급으로 볼 경우 소비자의 소재지를 용역의 공급지로 보는 예외를 인정하고 있다. 이를 위해 대리납부제도가 많이 이용되고 있다. 역외의 공급자가 역내국가에 등록하도록 하는 방식도 사용되고 있다. 부가가치세 제도를 도입하지 않고 있는 미국으로서는 이러한 변화를 EU 국가가 과세권을 확대하려는 움직임으로 인식하는 경향이 있다. 이에 따라 전자상거래에 따른 모든 과세 문제는 OECD를 통해 조정되어야 한다는 입장을 취하고 있다. 용역의 공급에 있어 공급지는 소비지과세원칙을 채택하고 소비지는 공급지과세원칙을 채택하면 이중무과세(double non-taxation) 현상이 발생한다. 반대의 경우라면 이중과세(double taxation)도 발생할 수 있겠다.

3. 금지금

금지금(gold bar)은 통화대체물로서의 성격과 실물대체물로서의 성격을 고루 가지고 있다. 이에 따라 실물가치나 통화가치의 변화위험을 헤지하기 위한 수단으로 활용된다. 가치변화의 위험을 헤지하기 위한 목적의 금거래는 금융거래라고 볼 수 있는 특성을 가지고 있다. 금지금 수출입거래는 금융거래에 해당할 수 있으며 그 경우 부가가치의 창출과는 무관한 것이다. 우리나라 부가가치세법상으로 금지금은 원칙적으로 과세 대상으로 되어 있다. 일부 거래가 영세율로 과세되는 예외를 인정받고 있는데 그것을 활용하여 탈세하는 사례가 빈발하고 있다.[259]

4. VAT Group

EC Directive는 EU 국가 내에서 실질적인 강제력이 있는 규범으로 작용하고 있다. 1977년 EU에서는 부가가치세에 관한 제6차 EC Directive[260]를 제정하였다. 동 지침 제13조[261]는 VAT Group제도에 대해 규정하고 있다. 그에 의하면 면세용역을 영위하는 기업들이 스스로의 활동에 직접적으로 필요한 용역을 제공받기 위해 그들과 독립된 단위(group)를 형성하고, 당해 단위가 그 면세기업들에 실비를 청구하는 경우에는 당해 용역에 대해 면세하도록 되어 있다. VAT Group에 관한 규정상 그룹 설립의 주체를

---

259) 국세청은 탈세를 원천적으로 차단하기 위해 2008년 7월 1일부터 부가가치세 매입자납부제도를 시행하고 있다. 이는 일종의 대리납부(reverse charge)제도이다. 이 제도에 따르면 금지금 매입자가 부가가치세를 직접 금융기관에 납부하고 매출세액의 범위 안에서 환급을 해 준다. 금지금 매입자가 매입 시에 지정금융기관에 입금한 부가가치세(매입세액)는, 그 매입자의 금지금 매출 시 거래상대범이 지정금융기관에 입금하는 매출세액의 범위 내에서 실시간 환급한다. 이는 영국의 금지금에 대한 부가가치세제도와 유사한 것이다(Value Added Tax Act 1994 Section 55).

260) 6th Council Directive 77/388/EEC of 17 May 1977 on the harmonization of the laws of the Member States relating to turnover taxes – common system of value added tax: uniform basis of assessment.

261) EC Directive article 13 exemptions within the territory of the country.

부가가치세 면세사업자들로 한정하고 있다. 이러한 VAT Group을 금융용역을 예로 들면 독립적으로 해당 금융용역을 제공하는 자와의 경쟁을 저해하는 것으로 판단되지 않는 한 VAT Group에 관한 규정은 폭넓게 인정된다. 면세사업자인 금융기관들이 설립한 자료처리 자회사가 해당 금융기관에 자료처리용역을 제공하고 실비를 청구하는 경우에는 부가가치세가 면제된다.

지침상 VAT Group의 개념은 EU 각국의 국내세법에 반영되어 있다. 이러한 VAT Group의 개념은 EC 지침상 납세의무자 단위에 관한 '경제적 동일체(fiscal unity)'[262]의 개념과 동일한 것이라고 볼 수 있다. 동 지침은 재무적, 경제적 또는 조직적으로 밀접히 연관되어 있는 자들은 서로 법적으로 별개의 개체이더라도 하나의 납세의무자로 간주될 수 있다고 규정하고 있는 것이다.[263] 이는 기업들이 효율성과 경쟁력을 제고하기 위해 거의 모든 종류의 업무를 외주하고 있는 현 추세에 맞추어 경제적 동일체의 개념을 탄력적으로 운영할 필요가 있다는 것을 보여 준다. 예를 들어 다국적 기업군의 기업군 내 공동용역센터를 설립하거나 제3자에게 위탁하는 것이 일상화되어 있는 것이다. 실제 EU 국가 중 8개국[264]이 경제적 동일체의 개념을 도입하고 있다.

[탐구] 5 - 1

---

262) EC Directive Title Ⅳ. Taxable Persons article 4.
263) 규정 기술상 EC Directive는 VAT group에 관한 규정과 fiscal unity의 규정을 구분하고 있다.
264) 오스트리아, 덴마크, 독일, 아일랜드, 네덜란드, 스웨덴, 핀란드 및 영국.

기본적인 거래구조

과세당국이 파악한 해당 거래의 기본적인 거래구조는 아래와 같다.(대법원 2007.2.15.선고2005도9546판결)

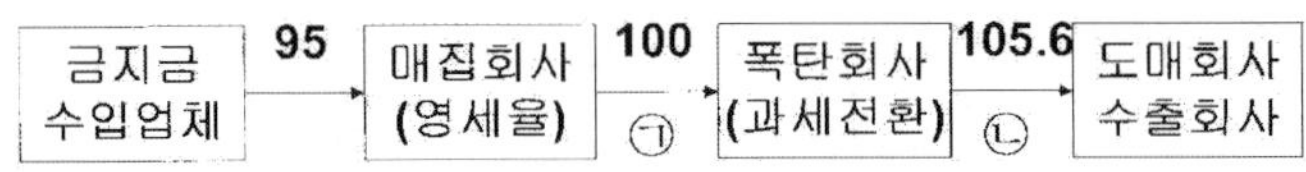

위 거래구조에서 ㉠거래에서는 매집회사가 폭탄회사에 영세율로 공급(100)하였는데, ㉡거래에서는 폭탄회사가 영세율 적용이 되도록 수출하지 않고 과세거래로 전환시키면서 도매회사로부터 부가가치세를 거래 징수한 것처럼 세금계산서를 교부하였다. 도매회사는 해당 세금계산서를 활용하여 수출하여 영세율의 적용을 받았다. 이 거래구조에서 매집회사는 영세율을 적용받아 9.5만큼의 세금을 환급받았다. 그리고 도매회사는 9.6의 세금을 다시 영세율로 환급받았다. 이중으로 영세율 환급을 받은 셈이다. 폭탄회사는 부가가치세를 포함하여 시세보다 낮은 단가에 공급(105.6 = 96 + 9.6)하였다. 결과적으로 폭탄회사는 부가가치세를 납부하지 아니하므로 시세와의 차액인 5.6의 이득을 취하게 되고, 96에 매입한 도매회사 또한 시세보다 4 저렴하게 매입하였으므로 이익을 남기게 되었다(해당 이익의 합계가 부가가치세 탈세액임).

쟁점

본 사건의 쟁점은 위 거래구조에서 도매회사가 조세범처벌법 제9조 제1항의 규정에 의한 조세포탈죄를 범한 것인지이다.

■ 법원의 판단

아래 판결들은 위 '기본적인 거래구조'와는 다른 하나의 사실관계에 대해 내려진 각 심급별 판결이지만 기본적인 거래 내용과 쟁점은 동일한 것들이다. 주요한 부분을 발췌하면 아래와 같다.

① 제1심 판단(서울서부지방법원2004고합312판결)

◎ **범죄의 성립 여부: 일부무죄(정상 신고한 부분)**

다른 어떠한 행위를 수반함이 없이 단순히 세법상의 신고를 하지 아니하거나 허위의 신고를 함에 그치는 것은 사기 기타 부정한 행위에 해당하지 아니한다. 여기서 **'사기 기타 부정한 행위'**는 조세의 부과와 징수를 불가능하게 하거나 현저히 곤란하게 하는 위계 기타 부정한 적극적인 행위를 말한다. 피고인은 1997. 7.경 역삼세무서에 1999. 1. 1.부터 6. 30.까지의 제1기 부가가치세 과세표준 및 세액신고서를 제출하였고, 1999. 10. 25. 폐업하면서도 제2기 부가가치세 세액을 신고하였다(각 매입세액은 영세율을 적용하여 매입세액이 없는 것으로 정확히 신고). 부가가치세에 있어 조세채권의 확정에 관하여 신고납부 방식을 취하고 있는 우리 조세법 체계하에서는 납세의무자의 신고로 일단 그 조세채권이 확정되는 것이다. 따라서 피고인들이 부가가치세를 정확하게 신고한 이상 단순히 신고세액을 납부하지 아니하였다거나 신고세액을 납부하지 아니하고 폐업하였다는 것만으로 그와 같은 행위가 조세의 부과와 징수를 불가능하게 하거나 현저하게 곤란하게 하는 위계 기타 부정한 적극적인 행위에 해당한다고 보기 어렵다. 또한 피고인들이 허위의 수출계약서 등을 이용하여 영세율로 금을 구입하였고, 이때부터 추후 내수 판매 시에 징수하게 되는 부가가치세를 납부하지 않을 의도를 가지고 있었다 하더라도, 피고인들이 매입세액을 영세율을 적용하여 그 세액이 없는 것으로 신고한 이상 조세포탈이라고 보기 어렵다.

②항소심판단(서울고등법원2004노3204판결)

◎ **유죄 인정(정상 신고한 부분까지 포함한다)**

피고인들은 처음부터 금괴의 가공수출 등의 영업활동을 통하여 이득을 얻을 목적이 없이 이 사건 금괴 거래 영업을 통하여 사위적인 방법으로 영세율 적용을 받아 금괴를 구입한 다음 이를 시가보다 다소 낮은 가격에 판매함으로써 부가가치세액이 포함된 판매대금에서 구입가격을 제한 나머지 금액을 이득으로 취하려 한 것이다. 이와 같은 피고의 '일련의 행위'는 조세의 부과와 징수를 불가능하게 하거나 현저히 곤란하게 하는 위계 기타 부정한 행위, 즉 조세포탈행위에 해당한다 할 것이고, 비록 피고인들이 이 부분 부가가치세액에 관하여 관련 법규에 따른 적법한 조세신고절차를 마쳤다 하더라도 달리 볼 것은 아니다.

③대법원 판단

◎ **다수 의견**

비록 과세표준을 제대로 신고하는 등으로 조세의 확정에는 아무런 지장을 초래하지 아니하였지만 조세포탈죄의 기수시기에 그 조세의 징수를 불가능하게 하거나 현저하게 곤란하게 하고 그것이 조세의 징수를 면하는 것을 목적으로 하는 사기 기타 부정한 행위로 인하여 생긴 결과인 경우에도 조세포탈죄가 성립된다. 다만 조세가 일단 정당하게 확정되면 납세의무자의 확장, 국세의 우선권 보장, 강제징수절차 등 조세채권의 여러 조치가 마련되어 있고, 별도로 징수(집행)에 관해서도 조세범처벌법 제12조 제1항(조세면탈재산은닉 등)이 따로 규정을 두고 있는 점을 고려하면, 위와 같은 경우까지 조세포탈죄가 성립하기 위해서는, 그 행위의 동기 내지 목적, 조세의 징수가 불가능하게 된 이유와 경위 및 정도 등을 전체적, 객관적, 종합적으로 고찰할 때, 처음부터 조세의 징수를 회피할 목적으로 사기 기타 부정한 행위로써 그 재산의 전부 또는 대부분을 은닉 또는 탈루시킨 채 과세표준만을 신고하여, 과세표준의 신고가 실제로는 아무런 납부 의사 없이 일련의 과정 속에서 형식적으로 이루어진 것이어서 실질에 있어서는 과세표준을 신고하지 아니한 것과 다를 바 없는 것으로 평가될 수 있는 경우여야 한다.[265]

◎ **별개 의견**

다수의견에 따르게 되면 결국 납세의무자로부터 조세채무의 정당한 신고가 있었는지의 여부를 불문하고 조세의 징수만을 불가능 또는 곤란하게 한 행위가 있는 경우에도 조세포탈죄가 성립한다는 결론에 이르게 되는데, 이럴 경우 종래 신고·납세방식의 조세에 있어서 조세포탈범의 구성요건은 '사전소득은닉행위 + 무신고 또는 과소신고행위'로 이루어지고 '무납부 또는 과소납부행위'는 '무신고 또는 과소신고행위'에 당연히 수반된 결과에 지나지 않는 것으로 보았으나, 앞으로는 그 구성요건에 '책임재산 은닉행위 + 무납부 또는 과소납부행위'를 포함시켜 파악할 것이고, 따라서 납세의무자로부터 조세채무의 정당한 신고가 있었는지 여부는 법률상 별다른 의미를 가지지 못하고 오로지 징수권의 침해가 있었는지 여부에 따라 구성요건 해당성 여부가 판가름 나게 되어 신고·납세방식의 조세의 본질에 반하는 결과가 초래될 것이다.

대법원이 그동안 조세포탈범의 중요한 구성요건 요소인 '사기 기타 부정한 행위'가 되는 '사전소득은닉행위'를 과세 대상이 되는 당해 소득(과세표준) 자체를 은닉하는 행위라고 보아 왔음에 반하여, 다수의견은 '사기 기타 부정한 행위'가 있었는지 여부를 종전의 과세표준은닉행위라는 관점에서가 아니라 납세의무자의 책임재산 일반을 감소시키는 부정한 행위로 보고 있는데, 이렇게 되면 조세포탈범의 구성요건 요소인 '사기 기타 부정

---

265) 2008년 7월 서울중앙지법은 ○○회사의 당시 영업팀장에 대해 무죄판결을 내렸다. "거래단계에서 폭탄업체 존재 여부 등에 대해 피고인이 인식했다고 단정할 수 없어 조세포탈 혐의가 없다."는 것이 법원의 판단이었다. 사실 oo회사는 국내 판매를 위해 직접 금지금을 수입한 적이 없었다. 다만 동광석을 수입·제련해 비철금속인 전기동(전해 구리)을 생산, 그 제련과정에서 부산물로 추출되는 금성분(약 0.0014%)만을 금지금으로 제조·판매했다. 법원은 ○○회사가 금지금 유통과정에서 주의 의무를 충분히 다한 점도 고려했다. 실제로 ○○회사는 2003년 말부터 면세금지금 거래업체들에 '면세로 매입한 금지금을 면세로 매출하고, 과세로 전환해 매출할 때에는 그 내역을 ○○회사에 통보하고 과세관청에 세금을 납부하겠다.'는 확약서를 받고 거래를 했다.

한 행위'의 범위가 지나치게 넓어져 그 행위의 정형성이 무너지게 될 것이고 종국에는 죄형법정주의의 원칙이 흔들리게 될 것이 아닌지 우려된다. 또한, 다수의견에 따른다면 상속세나 증여세와 같은 부과과세방식의 조세에 있어서도, 조세채무의 정상적인 확정 여부와는 상관없이 조세의 징수를 불가능하게 하는 적극적인 부정행위와 징수불능이라는 결과가 발생하면 조세포탈범이 성립할 수 있는 것으로 해석할 여지를 남기게 되는데, 이는 조세포탈범의 구성요건적 행위를 종전보다 확장하게 되는 결과가 된다. 그리고 우리 세법은 납세의무자가 납부하여야 할 조세채무가 정당하게 확정되기만 하면 그 후 정당하게 확정된 세액을 징수하는 문제는 조세채무의 확정과는 다른 차원에서 별도로 규정하고 있다. 그렇다면 조세범처벌법 제9조 제1항 소정의 조세포탈죄는 정당한 조세채권의 확정을 방해하거나 지장을 초래하는 행위를 처벌하는 규정으로 이해하여야 하고, 다수의견에서와 같이 정당한 조세채권의 확정에는 아무런 지장을 초래하지 아니하더라도 조세의 징수를 불가능하게 하거나 현저히 곤란하게 되는 결과가 발생한 경우까지 처벌하는 규정으로 볼 수는 없다.

제2절 국제금융거래에 대한 교육세

금융거래는 부가가치세 면세용역으로 되어 있는 한편 그에 대해서는 교육세가 부과되고 있다. 개별 거래에 대한 교육세의 부담은 부가가치세의 약 10분의 1에도 미치지 못하는 수준이다. 교육세는 수익금액에 대해 부과되도록 되어 있는데 법상 '수익금액'의 개념은 날로 다양해지는 금융거래를 포섭하지 못하고 있다.

외국계 금융기관이 국내에서 금융서비스를 제공할 때 국내금융기관처럼 부가가치세가 면세된다. 이에 반해서 교육세법상 많은 종류의 금융서비스가 과세 대상으로 열거되어 있다.

제1항 과세 논리

현행 부가가치세법은 은행업 등 금융보험용역으로 대통령령이 정하는 것을 면세사업으로 하고 있다. 종래 법은 금융보험업을 통째 면세했지만, 2003년 말 개정을 통해 금융의 성격이라 보기 어려운 투자자문업과 채권추심업을 과세사업으로 바꾸었다. 금융기관의 각종 대행용역 역시 과세한다.

교육세는 목적세로서, 교육세법은 위와 같이 부가가치세가 면세되는 은행, 종합금융회사, 상호신용금고(상호저축은행), 보험사업자, 금전대부업자 등을 납세의무자로 규정하고(동법 제3조 제1호), 금융·보험업자의 '수익금액'을 과세표준으로 하며 세율은 0.5%로 하고 있다(동법 제5조 제1항 제1호).

과세표준이 되는 수익금액은, '금융·보험업자가 수입한 이자, 배당금, 수수료, 보증료, 유가증권의 매각익, 상환익, 보험료(책임준비금 및 비상위험준비금으로 적립되는 금액과 재보험료를 공제한다) 기타 대통령령이 정하는 금액'을 말하며(동법 제5조 제3항 전문), 기타 대통령령이 정하는 금액으로는 ① 수입할인료 ② 위탁자보수 및 이익분배금 ③ 신탁보수 ④ 대여료(2004. 12. 31. 이전에는 유가증권 평가이익도 대상으로 하였음) ⑤ 외환매매익(외환평가익을 제외한다) ⑥ 수입임대료 ⑦ 고정자산처분익 ⑧ 기타 영업수익 및 영업 외 수익이 있다(동법시행령 제4조 제1항 각 호).

우리 세법상 은행업 등 상당 부문의 금융회사가 제공하는 금융용역에 대해서는 부가가치세를 면세하는 한편, 금융회사가 가득하는 용역제공에 따른 수익금액에 대해서는 전 단계 세액공제 없이 0.5%의 세율로 교육세를 일률적으로 부과하고 있다. 이는 금융회사가 제공하는 금융용역의 부가가치율이 5%라고 한다면 금융회사의 부가가치에 대해 10%의 부가가치세를 부과하는 것과 다를 바 없다. 그러나 우리나라 금융산업의 부가가치율이 약 70%[266]로 전 산업 평균 약 40%보다 훨씬 높은 수준이다. 부가가치

---

266) 2007년 한국은행 발표자료 2007. 7. 18, 청와대 금융허브회의.

율 70%를 감안한다면 부가가치에 대해 0.7%의 부가가치세를 매기는 수준
에 불과하다.

제2항 수익의 개념

　교육세는 '수익'에 부과되기 때문에 일견 매출(sales) 자체를 과세표준으
로 삼는 부가가치세와 유사한 측면이 있는 것처럼 보인다. 그러나 동시에
교육세법은 "과세표준이 되는 수익금액은 제8조의 규정에 의한 각 과세기
간분의 수익금액의 총액에 의한다."[267]고 명시적으로 규정하면서, 수익금
액의 귀속시기에 관해서는 법인세법 제40조 및 제43조의 규정을 준용하고
있어서[268] 개별 '과세거래'를 과세객체로 상정하고 있는 부가가치세와는
다르다. 일반적으로는 이를 순 손익이 아니라 발생한 '수익의 합계액'으로
보고 있다. 그리고 자본자산을 매각할 경우 '수익'은 매각차액을 의미한다.
다음의 사례에서 '수익'은 관련 비용을 공제한 것으로 이해할 수 있다.
　'유가증권의 매각익·상환익'[269]은 유가증권의 매각 또는 상환에 따라
지급받은 금액에서 취득가액[270]을 차감한 금액을 말한다. '외환매매익'[271]
은 과세기간 중 현물환, 선물환, 스왑금융 등 외환거래에서 발생하는 총매
출금액에서 총매입금액을 차감한 금액을 의미한다.[272] 외환매매익(외환평
가익은 제외한다.)에는 외화파생상품의 매매익은 포함되지만, 외화파생상품
평가익은 포함되지 않는다.[273]
　'스왑거래수익'은 관련 비용을 공제한 금액을 의미한다. 교육세 과세표
준이 되는 금융보험업자의 수익금액 중 '한국은행과의 환매조건부 외화자

---

267) 교육세법 제5조 제4항.
268) 교육세법 제7조.
269) 교육세법 제5조 제3항.
270) 법인세법 제41조의 규정에 의하여 계산한다.
271) 교육세법시행령 제4조 제1항 제5호.
272) 세조 22607-115, 1991. 5. 24.
273) 서면2팀-2688, 2004. 12. 20.

금매각거래(스왑거래)와 관련하여 발생하는 수익금액에 대한 교육세액은 대통령령이 정하는 바에 의하여 스왑거래와 관련하여 발생하는 수익금액에서 그와 관련된 제 비용을 공제한 금액을 초과하지 못'하도록 규정하고 있다.274) 이를 받아 동 시행령 제3조에서는 제1호의 금액에서 제2호의 금액을 차감한 금액으로 하고 있다.275)

[탐구] 5 - 2

---

274) 교육세법 제5조 단서.
275) (제1호: 외화자금의 매각으로 획득한 원화자금의 총운용수익 및 외화자금의 환매로 인하여 발생한 각종 보전수익의 합계액) - (제2호: 외화자금차입에 따른 총지급이자 · 각종 수수료 및 외화자금 환매 시 한국은행이 환수하는 국내 · 국외 금리차와 환율변동에 따른 이익의 합계액).

원래 스왑의 경우 수익과 비용이 한 계약 안에 내재화되어 있는 것으로 볼 수 있는데, 교육세법 및 동 시행령의 문언상 기계적으로 해석할 경우, (이자 지급기일마다 발생하는 고정금리와 변동금리의 차액만을 결제함에도 불구하고) 수취하는 명목 이자금액 전체에 대하여 교육세를 납부하여야 하는 것이 아니냐는 해석이 있었고, 일부 은행에서는 실제 이와 같은 방법으로 납부하였다.276) 이와 같은 전형적인 스왑거래 경우, 과거에는 고정금리 수입 200을 과세표준으로 삼았으나, 차액(20)만을 과세표준으로 보는 것이 타당하다.

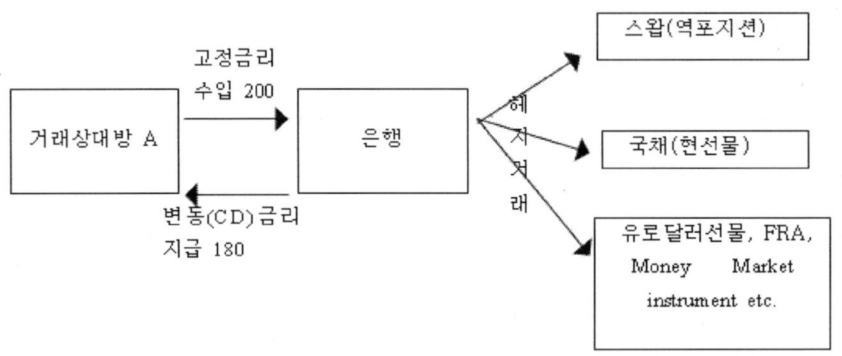

제3절 국제증권거래에 대한 증권거래세

증권거래세는 유가증권양도소득에 대한 과세와 부가가치세를 대체하는 성격을 복합적으로 가지고 있는 조세이다. 국제적으로는 '주권 등', '양도' 또는 '상장'의 개념과 관련하여 법적 안정성이 문제 되곤 한다.

---

276) 이와 같은 납부방식은 스왑거래를 일체로 보는 것이 아니라, 각각의 채권채무관계를 분리하여 개별 거래에서 발생하는 '수취이자'를 과세표준인 수익으로 파악하는 방식이다.

제1항 과세 논리

우리나라 증권거래세법에 의하면 주권 등의 양도에 대해서는 양도가액의 0.15%의 증권거래세가 과세된다. 증권거래세는 중간에 대체결제를 하는 자나 증권회사가 개입하는 경우에는 그자나 증권회사가 납세의무자가 되며 그렇지 않은 경우에는 양도자가 납세의무자가 된다. 양도자에게 납세의무가 귀속하지만 경제적으로는 양수하는 자에게 귀착하는 간접세이다.

증권거래세는 부가가치세의 대체세적인 성격과 양도소득에 대한 소득세의 대체세적인 성격을 고루 갖추고 있다. 주권 등의 양도소득은 부가가치를 구성하는 것은 아니므로 부가가치세가 과세되지 않기 때문에 마치 금융회사의 수익금액에 대해 0.5%의 교육세가 부과되듯이 증권거래세가 과세된다. 증권회사를 통하여 주권 등이 거래될 경우 증권거래세가 과세된다고 하여 증권회사가 거래 시 수령한 수수료에 대한 교육세가 부과되지 않는 것은 아니다. 서로 과세 대상이 다르다. 증권거래세는 주식양도소득에 대한 대체세적인 성격이 있다. 주권 등의 양도에 대해서만 과세될 뿐 증여와 같이 양도 이외의 원인에 의한 소유권의 변동에 대해서는 증권거래세를 부과하지 않고 있다. 우리나라에서 소액주주의 상장주식 양도차익은 과세되지 않는다. 그러나 주식양도자에 대해서는 증권거래세가 과세되므로 국가로서는 주식양도에 대해 어느 정도 과세하고 있는 셈이다.

증권거래세는 주권 등의 양도에 대해 과세하는 것인데 정부로서는 자본자산의 이전을 법으로 보호하는 용역을 제공하고 있다는 과세근거를 제시할 수 있을 것이다. 부동산의 취득에 대해 취득세를 부과하는 취지와 다를 바 없는 것이다. 이러한 논리에 입각한다면 일정 지분 이상의 부동산주식의 취득으로 인해 부동산의 간주취득이 되는 경우 정부가 취득자에 대해서는 취득세를 부과하고 주식을 매도한 자에 대해서는 증권거래세를 부과하는 것은 단일의 거래에 대해 이중으로 조세를 부과하는 측면이 있게 된다.

제2항 구체적 과세 요건

증권거래세법은 주권 등의 양도에 대해 증권거래세를 부과하면서 부과의 요건으로 다음을 설정하고 있다.

- 거래 대상은 '주권 등'이어야 한다. 즉 주권이나 지분이어야 한다. 이에는 주식예탁증서도 포함한다. 그러나 (채권을 모태로 하고) 주권 등의 가치에 연동된 파생결합증권은 '주권 등'으로 보지 않는다. 예를 들면 ETF증권 및 ELW증권의 거래에 대해서는 증권거래세가 부과되지 않는다. 이들 증권의 자본이득에 대해서는 소득세가 부과되지도 않고 거래에 대한 증권거래세도 부과되지 않는 것이다.
- 과세 대상 '주권 등'은 내국법인이 발행한 것이거나 외국법인이 발행한 것이라도 국내시장에 상장된 것에 한정된다. 내국법인이 발행한 주권 등이라 하더라도 일정 요건을 갖춘 국외의 시장에 상장된 것에 대해서는 과세하지 않는다.
- '양도'가 이루어져야 한다. 양도는 소유권의 이전을 의미하는 것으로 그 구체적인 시기는 증권거래세법시행령에 규정되어 있으나 대체로 대금을 결제한 시점이 된다.

'양도' 개념의 충족 여부는 그 경제적 실질을 감안하여 판단한다.

- 상법상 합병에 의하여 소멸법인 주식의 소유권이 존속법인 또는 신설법인으로 이전하는 경우에는 증권거래세 과세 대상이 아니다.
- Total Return Swap거래*에 대해서는 증권거래세를 부과하지 않는다.
- 주식대차(Stock Lending)거래*에 대해서는 법률적으로 당해 증권의 소유권이 차입자에게 이전되었음에도 불구하고 우리나라 세법상 이는 양도를 구성하지 않는 것으로 본다. 따라서 증권대차거래에 대해

증권거래세를 부과하지 않는다. [277]

- 환매조건부증권매매(repo)거래에 대해서는 담보부 단기자금거래(secured loan)로 보아 증권거래세를 부과하지 않는다.
- 주식의 명의신탁의 경우 상속세및증여세법상 증여로 의제하도록 되어 있으므로 만약 소유권의 이전이 외형상 매매로 되어 있다 하더라도 사실상 주식의 명의신탁에 의한 것이라면 그것은 증여로서 증권거래세의 과세 대상이 되지 않는다.
- 채무상환 목적으로 주식신탁 시 양도에는 해당되지 않으나 수탁자가 이를 처분 시 유상양도에 해당되어 증권거래세 과세 대상에 해당한다.
- 자본감소절차에 따라 유상소각의 방법으로 주주가 주권을 회사에 반환하는 것은 증권거래법상 주권의 양도에 해당하지 않는다.

증권회사나 대체결제회사를 통하지 않은 주권 등의 거래 시 증권거래세의 납세의무자는 양도자이지만 양도자가 국내사업장이 없는 비거주자나 외국법인인 경우에는 양수자가 납세의무자가 된다. 양수자도 국내사업장이 없는 비거주자나 외국법인인 경우에는 양수자가 양도자로부터 증권거래세를 징수하여 주권 등의 발행법인의 세무서장에게 납부하여야 한다.

[탐구] 5 - 3

---

277) 증권거래세법시행령 제1조의2 제1항.

제6장

부의 무상이전에 대한 과세

제1절 과세 이론

부의 무상이전은 이전하는 자와 이전받는 자 중 누구의 관점에서 보는가에 따라 과세 대상으로서 성격이 달라진다. 부의 무상이전에 대한 세금은 나라마다 독특한 전통을 갖는 조세이다. 최근 영미법계 국가에서는 자본이득과세로 대체하려는 경향이 발견된다.

제1항 무상이전과세의 성격

부의 무상이전에 대한 조세는 그것을 하나의 과세사건으로 보아 과세하는 것이다. 흔히 상속이나 증여를 통해 부를 무상 이전받는 자가 조세를 부담할 능력이 증가한 것을 감안하여 세금을 매겨야 한다는 생각을 하게 된다. 그러나 다음과 같은 관점에서는 국가가 과연 과세할 정당한 근거를 갖는 것인가 하는 의문을 제기해 볼 수 있다. 간접세는 그것이 유상이든 무상이든 거래사실에 착안하여 거래가액의 일정률(우리의 경우 10%의 부가가치세)을 세금으로 징수한다. 직접세의 대표격인 소득세에 있어서는 개별 거래들의 축적물로서 한 기간의 소득에 대해 과세한다. 무상이전에 대한 조세는 과연 어느 쪽에 더 가까울까? 거래사실에 대한 조세로 본다면 간접세적인 성격을 지니고 있다. 한편, 무상 이전받은 자가 영위한 개별거래들의 결과 무상이전을 받게 되었다면 직접세적인 성격을 가질 수도 있다. 그런데 무상이전의 경우는 필시 일회적인 측면이 강하기 때문에—우리 소득세법상의 분류에 따른다면—기타 소득에 가까운 것이 될 것이다. 소득의 종류를 어떻게 설정하든 실질적인 조세의 부담자는 무상이전을 받은 자가 될 것이다. 간접세 방식으로 조세를 징수할 경우에도 무상 이전하는 자가 무상 이전받는 자에게 세금을 공제하고 넘겨 줄 것이지만 그 세금은 원천 징수하지 않았더라도 어차피 무상 이전받는 자가 부담했을 것이기 때문이다. 이때 무상이전을 받은 자는 어떠한 조세를 감당하는 것이 헌법상의 비례원칙이나 실질적 형평성의 관념에 부합하는가?

조세법이 추구하는 비례나 형평의 관념의 구체적 기준으로 응익부담의 원칙*이나 응능부담의 원칙*이 거론된다. 응익부담은 수평적 형평성을 그리고 응능부담은 수직적 형평성을 좀 더 뒷받침한다. 부의 무상이전에 대해 정부가 무언가 징수하겠다고 할 경우 둘 중 무엇에 더 중점을 두어야 바람직한가에 대해 단언하기는 힘들다. 우리나라의 과세제도는 부의 무상이전에 대한 응능부담적인 성격을 일방적으로 강조하고 있다. 그러나 부를 무상으로 이전받은 자는 재화나 용역을 공급받은 자의 지위와 다를 바 없는 것 아닌가(비록 모두 현금으로 무상 이전받는다 하더라도 실물등가물로 인식할 수 있지 않을까)? 일반적으로 부가가치세는 국민총생산의 일정률을 국고로 활용하겠다는 생각에 입각한 것이지만 부의 무상이전에 대한 세금으로서 무언가 새로운 간접세를 도입한다면 그것은 전체 부의 이전의 일정률을 국고로 활용하도록 하는 것이라고 이해할 수 있을 것이다. 국가가 부의 무상이전을 무상 이전받는 자의 소득 또는 경제적 지위의 향상으로 보고 응능부담의 원칙에 입각하여 과세한다면 소득에 대한 과세처럼 누진세율로 과세할 수도 있겠다. 그런데 누군가의 경제적 지위의 상승에 대해 과세하려 한다면 누군가의 경제적 지위의 하락에 대해 정부가 보조해 주어야 한다는 원칙이 지켜지는 것이 합당할 것이다. 사망하여 상속하는 경우는 보조해 줄 방법이 없겠지만 증여를 통해 무상 이전하는 경우 증여받은 자의 경제적 이득을 소득과 같이 과세한다면 증여한 자의 비용으로 공제해 주는 것이 타당하지 않을까? 무상이전에 대해 소득세와 같은 관점에서 조세제도를 설계한다면 국가는 무상 이전하는 자의 소득으로 이미 과세한 것을 무상 이전받은 자에게 다시 과세한다는 비판을 면하기 어려운 것이다. 이때 무상 이전하는 자에게 비용으로 공제하여 주지 않는 것을 합리적으로 설명하려면 그가 자기가 가진 재산을 지출하는 즉 소비하는 것으로 인식하는 것이 타당하다. 평생 모은 것을 누군가에게 지출하면서 그가 얻는 것은 무엇인가? 부의 무상이전에 따라 스스로 얻는 '기쁨'을 사회로부터 제공받은 것으로 보아야 하지 않을까? 국가는 그러한 행위에 대해 무상 이전하는 자가 그 '기쁨'에 대한 대가로 지불하는 금원—무상이전가액에 해당할 것이다.—의 일정률을 세금으로 부과하는 것이다. 이러한 관점은 무상 이전한 자가 재화나 용역을 공급했다는 관점과 반대의 방향에서 무상이전세가 간접세적인 성격을 가진 것으로 설명하는 것이다.

부의 무상이전에 대한 과세가 소득에 대한 경제적 이중과세라는 비판에 대응하는 방법 중의 하나가 이전하는 해당 재산의 장부가액의 상향조정을 인정하는 것—이른 바 장부가액상향조정(stepped up basis)—이다. 무상 이전하는 자가 보유기간 중 발생한 자산가치증가분에 대해 무상이전 시 양도소득으로 과세하지 않고 무상으로 이전받는 자의 상속세나 증여세로 과세되게 하면서 이전받는 자의 장부가액은 무상이전 시의 시가로 하는 방법이다. 이 경우 무상 이전하는 자가 벌어들인 소득에 대해 소득세로 과세하지 않았으므로 무상 이전받는 자가 상속세나 증여세로 과세받는 것이 동일한 소득에 대해 정부가 서로 다른 사람에게 이중적으로 과세—이른 바 경제적 이중과세—하는 것은 피하게 될 것이다. 현재 우리 상속세및증여세법이 이와 같은 방식을 채택하고 있다. 몇 가지 논리적인 모순에도 불구하고 현행 제도는 무상이전세가 이중과세를 하고 있다는 비판을 어느 정도 피할 수 있게 해 준다. 현행의 장부가액상향조정에 의한 과세는 무상 이전받는 자가 미래에 양도할 때 과세하여야 할 자본이득을 미리 과세한다고 볼 수도 있지만 무상 이전하는 자가 무상이전으로 실현한 자본이득을 소득세가 아닌 상속세나 증여세로 과세한다고 볼 수도 있다.[278]

이러한 관점에 입각한다면 현행 세법이 부의 무상이전 자체를 과세사건

---

[278] 부부간 재산증여공제액이 6억 원으로 인상되자 2주택을 가진 세대 내 부부간 증여가 증가하고 있는 현상이 이를 설명하고 있다.

으로 생각하지 않는다고도 볼 수 있겠다. 그러나 이러한 생각은 매우 제한된 사례의 경우에나 적합한 것이다. 실물을 이전하지 않고 현금을 이전할 경우에는 그러한 논리가 적용되지 않을 것이기 때문이다. 상속세및증여세법상 금융재산상속공제제도가 현금자산의 이전에 따른 이중과세를 어느 정도 방지할 수 있게 하지만 동 제도가 원래 과표양성화를 위한 것인 만큼 이중과세방지효과는 그리 크다고 볼 수 없겠다. 더욱 논리적인 조세제도라면 이와 같은 방식을 채택하지 않고 부의 무상이전을 간접세 과세사건으로 보아 이전 시 자본이득이 발생한 것으로 보든가 그렇게 보지 않으려면 장부가액이 그대로 이전하는 것으로 보아야 할 것이다. 부의 무상이전을 간접세과세사건으로 하여 단일세율로 과세하면서 장부가액이 이전하는 것으로 보면 어떨까?

저축한 재산을 무상 이전하는 것을 소비와 같이 보고(대가 없이 증여하는 즐거움을 사는 것으로 본다면), 그에 대해서 일반적인 소비와 다를 바 없으므로 동일한 부가가치세율을 적용하는 것은 논리적인 일관성을 갖게 한다.279)

$$(\text{소득}) - (\text{소득세}) = (\text{순 저축}280)) + (\text{순 소비}) + (\text{지출세})$$

이러한 논리는 무상이전에 대한 과세를 간접세의 하나로 보는 관점에 입각한 것인데 그러한 관점에 서 있는 나라들—영미법계 국가들—을 중심281)으로 무상이전과세를 완화 내지 폐지하는 움직임이 두드러지고 있

---

279) 오윤, "소득포괄주의 과세제도 도입방안에 관한 연구", 세무와 회계 저널, 한국세무학회, 2008
280) 순 자산의 증가를 의미한다.
281) 대륙법계 국가들은 상속이나 증여를 소득처럼 재산을 이전받는 자의 입장에서 과세하는 경향을 보이고 있다. 이들 나라에서는 상속이나 증여과세를 전반적으로 완화하는 움직임이 있는 것으로 보이지는 않는다. 독일 및 프랑스에서는 상속증여과세 모두 취득과세형〈김유찬, 「주요국의 조세제도(독일편)」, 한국조세연구원, 2004. 6, pp.260~269; 안창남, 「주요국의 조세제도(프랑스편)」, 한국조세연구원, 2004. 6, pp.238~261〉 일본은 우리 세제처럼 상속에 대해서는 취득과세현과 유산과세형의 중간방식인 법정상속분과세방식을 채택하고 있으며, 증여에 대해서는 취득과세형태로 구성되어 있다〈국중호, 「주요국의 조세제도(일본편)」, 한국조세연구원, 2004. 6, pp.260~297〉. 유산취득과세방식을 취하고 있는 독일, 프랑스 등에서는 상속 등에 의한 유산을 취득한 자를 납세의무자로 하여 그자가 취득한 유산을 과세물건으로 해서 과세한다. 이는 우연한 기회에 의한 부의 증가에 따라 담세력이 증가하는

다.[282]

　미국에서는 2001년 입법을 통해 2010년에는 유산세(estate tax)가 폐지되면서 증여세(gift tax)는 존치되도록 예정되어 있다.[283] 미국에서 무상이전에 대한 조세인 유산세와 증여세는 상속이나 증여라는 사건에 대한 간접세적인 성격이 있다. 그에 따라 상속을 하거나 증여를 하는 주체에 대해 납세의무를 부과한다. 실제 그 부담은 상속인이나 수증자에게 넘어갈 것이기 때문에 부가가치세처럼 간접세라고 볼 수 있는 것이다. 원래 증여세는 유산세에 대한 과세를 회피하기 위한 수단으로 생전이전(inter vivos transfer)을 활용하는 것에 대한 대응조치로 도입된 것이기 때문에 유산세를 폐지한다면 회피할 대상도 없는 것이기 때문에 폐지하는 것이 타당하지만 미국세법상 자본이득에 대한 과세가 회피될 가능성이 있음을 우려하여 존치하기로 하였다.[284] 따라서 미국에서 증여세를 남겨 놓은 것은 수증자의 입장에서 늘어나는 경제적 이익에 대한 과세를 하기 위함이 아니라 증여자가 보유할 당시 발생한 자본이득에 대한 과세를 제대로 하기 위함이다.[285] 이는 캐나다의 경우처럼 유산세와 증여세를 모두 폐지하면서 상

것에 대한 과세에 의해 부의 집중을 억제하는 효과가 있다. 개개의 상속인에 대해 그 취득한 재산액에 따라 누진세율을 적용한다. 유산분할을 어떻게 하는가에 따라 유산전체에 대한 세부담이 달라진다. 반면 미국과 영국에서 채택하고 있는 유산과세방식에 의하면 유산전체를 과세물건으로 하여 예를 들면 유언집행자를 납세의무자로 해서 과세하는 방식이다. 증여에 대해서는 증여자에 대해 과세한다. 피상속인의 일생을 통한 세부담을 청산하고 피상속인이 생존 중 축적한 부의 일부를 사망시점에 사회에 환원하는 것으로 보는 방식이다. 유산분할의 방법에 따라 유산전체에 대한 세부담에 차이가 생기지는 않는다. 개개의 상속인에 대해 그 취득한 재산의 액에 따라서 누진세율이 적용되지 않으므로 각각의 담세력에 따른 과세를 하여야 한다는 관점에서 보면 한계가 있다. 어느 방식이 더 적합한 것인가는 간단하게 얘기할 수 있는 것은 아니다. 일본은 2008년 중 그간 법정상속분과세방식을 폐지하고 유산취득과세방식으로의 제도적 전환을 추진하고 있다. 이는 1958년 현행제도의 채택 이전의 방식으로 회귀하는 것이다.

282) 캐나다와 호주는 1970년대에 상속세를 폐지하였으며, 뉴질랜드는 1992년에 폐지하였다. 그 밖에도 이태리, 포르투갈 및 슬로바키아는 2004년 상속세를 폐지하였다. 스웨덴은 2005년에 폐지하였으며, 2008년 스페인은 상속세 폐지를 추진하고 있다.
283) 2010년에 이러한 법안이 시행될 것인지 다시 한 번 의회가 결정하게 된다.
284) 증여한 자산의 취득가액은 증여자의 장부가액이다. 즉 carry over basis이다. 증여세는 증여 당시의 시가를 기준으로 과세되는 것과 불일치하는 부분이다. 여하튼 증여자의 장부가액이 그대로 넘어가게 되어 있으므로 증여자에 귀속하는 built-in gains는 수증자에게 넘어가게 되며 수증자의 한계세율이 낮은 경우에는 소득과세의 회피가 나타날 수 있다. 증여세가 폐지되면 이러한 현상이 가속화될 수 있다.
285) 이에 따라 증여세율도 소득세율에 일치시키기로 되어 있다(Regis W. Campfield, et.al., Taxation of Estates, Gifts and Trusts, Thomson West, 2006, p.27).

속이나 증여를 자본이득실현의 계기로 하여 과세하는 방식286)으로도 해결할 수 있었을 사안이다. 한편 영국은 상속세는 피상속인의 재산에 대해 과세하는 유산과세형을 취하면서 증여세에 대해서는 자본이득과세형태를 취하고 있다.287)

미국이나 캐나다 두 나라 모두에 흐르는 조세개혁의 정신은 부를 무상으로 이전받는 자에 대해 출발선상의 형평을 강조하여 소득과 같이 과세하는 것이 양보하지 못할 가치는 아니라는 것이다. 이것은 과세주권을 가진 국가가 동일한 과세 대상에 대해 법률적으로 귀속자가 달라진다고 하여 다시 과세하는 것은 타당하지 않다는 생각에도 기초한다. 재산은 과세된 소득의 축적에 불과하기 때문이다. 이러한 개념에 입각하여 상속세를 폐지한 나라에는 호주(1977) 및 뉴질랜드(1992)가 포함될 수 있다.288) 상속세 및 증여세에 대한 이와 같은 사념은 현행 제도가 비논리적일 뿐만 아니라 세수증대의 효과도 없으면서 우리나라 부의 국외유출을 조장하고 부를 가진 외국인의 국내진입을 막는 부정적인 측면이 강하다는 결론을 도출하게 한다.

제2항 증여과세와 소득과세의 관계

증여는 증여하는 자에게는 지출로서의 의미가 있지만 증여를 받는 자에게는 소득을 의미한다. 증여세는 상속세를 회피하는 수단으로 증여가 활용되는 것을 방지하기 위한 목적과 함께 개인소득과세를 보완하는 의미를 동시에 가지고 있다. 무상으로 이전받은 재산의 가액은 받은 자의 경제적 능력을 그만큼 증가시키는 것이라는 점에서는 소득과 동일한 특성을 가지고 있다. 마치 증여자가 보유하고 있을 당시의 자본이득을 수증자가 자신

---

286) 미국에서는 2010년부터 상속이나 증여를 받은 자의 재산의 취득원가로 피상속인이나 증여자의 장부가액을(일부 수정하는 방식으로) 인수하게 된다.
287) 박정수, 「주요국의 조세제도(영국편)」, 한국조세연구원, 2004. 6, pp.140~158.
288) 최명근, 「미국의 유산세 폐지와 정책적 시사점」, 한국조세연구원, 2002. 3, pp.17~18.

의 이름으로 재산을 이전받는 시점에서 실현하되 그것이 자신에게 실현된 것과 유사하게 과세하는 체계를 가지고 있는 것이다. 증여에 대한 과세는 소득과세와의 관계에서 이전을 한 자 및 받은 자 각각 다음과 같은 항변을 할 수 있겠다. 우선, 무상이전을 한 자의 입장에서는 이미 과세된 소득이 축적된 것을 다시 한 번 과세하는 것이기 때문에 중복적인 과세라는 항변이 가능하다. 다만, 무상이전도 지출(expenditure)의 하나로서 일반적인 소비(consumption)와 다를 바 없다는 관점에서는 간접세적인 특성을 감안하여 과세할 수 있을 것이다.[289]

다음, 무상이전을 받는 자의 입장에서는 자신에게는 바로 환가하기 곤란한 재산에 대해 바로 과세하는 것이라는 점을 부인할 수 없을 것이다. 원가 0으로 취득한 재산을 시가로 매도한 것처럼 보아 과세하는 것과 다를 바 없는 것이다. 증여에 의한 재산가치의 증가는 공제할 비용이 없거나 거의 없는 소득이라고 볼 수 있는 것이다.[290] 예로서, 현물을 증여받은 것은 소득이 발생한 것으로 볼 수도 있고 증여를 받은 것으로 볼 수도 있다. 대가를 지급하지 않고 해당 물건을 양수한 것을 강조한다면 증여가 될 것이지만 이것은 원가는 0인데 시가는 양($+$)인 것이므로 바로 자본이득이 있는 것으로 볼 수도 있다. 수증자의 입장에서는 자신에게 귀속하는 경제적 이득은 (증여자의 자본이득)+(증여자의 취득원가)=(자신의 자본이득)인 것이다. 다만, 미실현 이득이므로 실현될 때 소득으로 과세할 성질의 것인데 인위적으로 구분하여 미리 과세하는 것으로 볼 수 있다. 즉, 미실현 이득에 대한 과세의 문제가 있는 것이다.[291]

우리 세법은 증여가 갖는 이중적 성격 중 수증자의 입장에서 경제적 이득

---

289) 이런 관점에서 무상이전세를 본다면 현금흐름에 대해 과세하는 cash flow tax가 보다 용이하게 집행될 수 있을 것이다.

290) 상속세및증여세법상 수증자는 재산을 이전받거나 기여를 받는 과정에서 자신의 재산이 증가하는 과정을 거치게 되는 것으로 보고 그 재산가치의 증가분에 대해 과세하는 것이다. 일응 법인세법상 개인에게 익금으로 보는 사항이 발생하되 그것이 타인의 무상 또는 저가의 재산이전 또는 기여에 의한 것인 경우에는 증여가 있었던 것으로 보고 그 증여가액에 대해 과세하는 것이다.

291) 우리 헌법상 미실현 이득에 대한 과세 자체가 위헌적이지 않다는 것은 결론이 난 사안이지만 세계 각국의 과세제도를 보면 미실현 이득에 대해서는 과세를 하지 않는 것이 일반적이라 할 것이다.

이 증가한 점에 착안하여 과세하고 있다. 그런 전제 위에 제도를 입안하였다면 세법이 소득과 증여 간의 개념구분을 분명히 하고 과세상 우선순위를 설정해 놓아야 한다. 그리고 과세제도를 설계할 때 증여를 계기로 과세에서 배제되는 자본이득부분은 없는지, 수증자에게는 미실현자본이득에 대해 과세하는 것은 아닌지(그 경우 과세를 완화할 필요는 없는지)를 고려하여야 한다. 우리 세법상 소득과 증여 간 과세우선순위에 관한 규정을 두고 있는 것 이외에는 위와 같은 문제에 대한 해결책을 제시하고 있는 부분을 발견할 수 없으며, 2004년에는 완전포괄증여 개념이 도입되었다.

[탐구] 6 - 1

제2절 우리나라의 과세체계

우리나라의 상속세 및 증여세는 세수에는 크게 기여하지 못하면서 사회적으로 적지 않은 분쟁을 일으키고 있다. 제도 유지를 위한 사회적 비용에 비해 효용이 적다면 과감하게 개혁하는 것도 고려할 필요가 있다.

제1항 개요

우리나라에서는 부의 무상이전에 대한 과세에 있어서 상속세는 유산과세형으로, 증여세는 취득과세형으로 형성되어 있다. 전자는 논쟁의 소지가 있기는 하지만 지출에 대한 간접세적인 성격을 후자는 소득세와 같은 직접세적인 성격을 가지고 있는 것이다.

상속세는 피상속인의 입장에서는 평생 한 번 과세되는 사건이다. 평생 한 번 있는 지출에 대한 과세인 것이다. 상속세는 외형상 지출세 즉 간접세로서의 성격을 지니고 있다. 세대를 건너뛴 상속에 대한 할증과세를 하는 것은 이러한 간접세적인 성격을 고려한 것이다.[292] 상속세는 실제 그것에 대한 납세의무의 분배를 감안한다면 증여세와 다름없는 직접세적인 성격도 지니고 있다.[293] 단기재상속에 대해서 세액공제를 해 주는 것은 그러한 성격에 연유하는 것으로 볼 수 있다.[294] 각 상속인은 상속재산을 기준으로 계산한 상속세액 중 자신의 상속지분에 상당하는 세액에 대해 납부의무를 부담한다. 그리고 다른 상속인의 세액부분에 대해서는 자신이 상속한 재산의 범위 안에서 연대납세의무를 부담한다.

증여세는 증여를 받는 자가 증여를 받을 때마다 증여세를 계산하여 납부한다. 증여세는 직접세라고 할 수 있다. 그러나 증여자가 연대납세의무를 부담하는 부분은 증여세가 간접세적인 측면도 있음을 말해 준다. 여러 명의 증여자로부터 증여를 받을 때에는 각각 증여세를 계산하여 납부한다. 따라서 동일한 경제적 이익을 동일인으로부터 받는 것보다는 여러 사람으로부터 나누어 받는 것이 누진세율을 적용받을 때 유리하게 된다. 동일인으로부터 증여를 수차례에 걸쳐 받은 때에는 지난 10년간 증여받은 것을 종합하여 세금을 계산하되 이미 납부한 세액은 공제하는 방식으로 누진세율을 적용한다. 소득세는 그 원천을 불문하고 일정 기간 소득을 합산하여 과세하게 되는데 증여세는 원천에 따라 분리하여 과세하게 된다. 소득과세에 비교한다면—퇴직소득이나 양도소득처럼—종합소득과 별도로 분류된 증여소득 정도로 이해할 수 있을 것이다.

현행 부의 무상이전 과세상 가장 큰 어려움 중의 하나는 평가의 문제이다. 실제 존재하지 않는 가격을 찾아 과세의 근거로 삼아야 하기 때문이다. 평가를 위해서는 '시가', '매매실례가액' 및 '감정가격' 등 다양한 방법이 개발되어 있지만 이 모두 이론적으로는 결함이 있는 것들이라 할 것이다.

---

292) 상속세및증여세법 제27조.
293) 상속세및증여세법 제3조 및 제7조.
294) 상속세및증여세법 제30조.

제2항 국제적인 무상이전에 대한 과세

1. 상속세

상속세및증여세법은 부를 무상으로 이전하는 자가 거주자일 경우에는 전 세계에 소재하는 모든 자산의 이전에 대해 납세의무를 부과하고 있다. 상속세는 사망자가 거주자인 경우에는 전 세계 자산에 대해 그리고 비거주자인 경우에는 국내에 있는 자산에 대해 납세의무를 부과한다. 사망자를 기준으로 과세표준을 계산하고 있지만 상속받는 자가 자신이 받는 만큼 납세의무를 지게 된다. 사망자는 연대납세의무가 없다. 따라서 상속을 받는 자가 모두 국외에 있을 경우에는 우리나라 세법상 납세의무를 집행하기 곤란한 측면이 있다. 상속하는 재산이 국외에 있을 때에는 상속재산의 파악이 곤란하며 설사 상속인이 국내에 있다 하더라도 납세의무를 지우기 곤란하다.

국내에 주소를 두거나 1년 이상 거소를 둔 자, 즉 거주자가 사망한 경우에는 거주자의 모든 상속재산(피상속인이 유증한 재산 및 피상속인의 사망으로 인하여 효력을 발생하는 증여재산을 포함한다.)에 대한 상속세가 부과된다.295) 한편, 거주자가 아닌 자 즉 비거주자가 사망한 경우에는 국내에 있는 비거주자의 모든 상속재산에 대하여 상속세를 부과한다. 국내 거주자가 아닌 자가 사망한 경우 즉, 피상속인이 비거주자인 경우 피상속인의 상속 재산 중 국내에 있는 재산은 국내상속인들이, 국외에 있는 재산은 국외상속인들이 각각 가지기로 합의하였다면, 상속세및증여세법 제2조 제2항에 의하여 상속세는 국내에 있는 재산에만 부과할 수 있다. 따라서 상속세 총세액은 국내에 있는 상속재산을 기준으로 산출하여야 하고 이는 국내에 있는 상속재산을 가지기로 한 국내상속인들이 납부하여야 한다. 그러므로 국내상속인들에 대한 과세처분은 그 법정상속분(국내재산에 대한 협의분할이 없는 경우임) 비율에 따라 계산한 세액을 초과하는 부분과 국외

---

295) 상속세및증여세법 제1조 제1항.

상속인들에 대한 과세처분은 적법하지 않은 것으로 본다.296)

2. 증여세

증여받는 자가 거주자일 경우에는 전 세계에 소재하는 모든 자산의 수증에 대한 납세의무를 부과하고 있다. 증여하는 자가 거주자일 경우에는 연대납세의무를 부담한다. 증여를 받는 자가 비거주자일 경우에는 국내자산에 대한 증여세 납세의무297)가 있다. 여기서 비거주자라 함은 본점 또는 주된 사무소의 소재지가 국내에 없는 비영리법인을 포함한다.298) 납세의무자가 비거주자이기 때문에 세법을 집행하기 곤란한 점을 증여자의 연대납세의무로 보강하는 것이다. 증여자의 연대납세의무는 다음과 같은 경우에 작동하게 된다. 장래 증여를 하고자 하는 자가 자산을 국외에 이전한 다음 수증자로 하여금 거주자의 지위를 포기하도록 하고 증여를 한 이후 수증인이 다시 거주자 신분을 획득하게 할 수 있다. 이 경우 상속세및증여세법에 의하면 증여할 당시에는 국내에서 증여세 납세의무가 원천적으로 발생하지 않게 되어 있지만 국제조세조정에관한법률은 상속세및증여세법 제4조 제2항의 규정299)에 특칙을 두어 증여자가 거주자인 경우에는 수증자인 비거주자가 증여세를 납부하도록 하고 있다. 증여세가 수증자를 기준으로 담세력을 측정하는 방식을 채택하고 우리나라의 인적 과세관할을 담세력이 있는 자를 기준으로 설정하고 있는 것에 대한 예외이다. 다만, 외국의 법률에 의하여 증여세가 부과되는 경우에는 예외로 한다.300)

[탐구] 6 - 2

---

296) 대법원 1994. 11. 11. 선고, 94누5359 판결.
297) 상속세및증여세법 제4조 ② 수증자가 증여일 현재 비거주자인 경우에는 국내에 있는 수증재산에 대해서만 증여세를 납부할 의무를 진다.
298) 상속세및증여세법 제2조 제1항.
299) 위 각주 참조.
300) 거주자가 국외 소재하는 재산을 비거주자에게 증여할 경우 과세함(국제조세조정에관한법률 제21조).

부 록

2-1: 자본시장의 개념

○ 금융자본과 산업자본은 일관성 있게 구분될 수 있는가?

○ '금융산업의 구조개선에 관한 법률' 제24조는 금융기관 및 그 금융기관과 같은 기업집단에 속하는 금융기관이 다른 회사의 의결권 있는 발행주식총수의 20% 이상을 소유하는 경우와 다른 회사의 의결권 있는 발행주식총수의 5% 이상을 소유하고 동일계열 금융기관 또는 동일계열 금융기관이 속한 기업집단이 당해 회사를 사실상 지배하는 것으로 인정되는 경우(중 일정한 경우)에 대해서는 금융위원회의 승인을 받도록 하는 방법으로 제한하고 있다.

- '금융산업의 구조개선에 관한 법률' 제24조에 의한 제도는 무엇이라고 부르는가?
- 이 제도의 목적은 무엇이며 동 조항은 그러한 목적을 달성하는 데 과연 효과적인가?

※ 금융산업의 구조개선에 관한 법률 제24조(다른 회사의 주식소유한도) ① 금융기관 및 그 금융기관과 같은 기업집단에 속하는 금융기관(이하 '동일계열 금융기관'이라 한다.)은 다음 각 호의 1의 행위를 하고자 할 때에는 대통령령이 정하는 기준에 따라 미리 금융위원회의 승인을 얻어야 한다. 다만, 당해 금융기관의 설립근거가 되는 법률에 의하여 인가·승인 등

을 얻은 경우에는 그러하지 아니하다.<개정 1998.1.8, 2008.2.29.>

1. 다른 회사의 의결권 있는 발행주식 총수의 100분의 20 이상을 소유하게 되는 경우

2. 다른 회사의 의결권 있는 발행주식 총수의 100분의 5 이상을 소유하고 동일계열 금융기관 또는 동일계열 금융기관이 속하는 기업집단이 당해 회사를 사실상 지배하는 것으로 인정되는 경우로서 대통령령이 정하는 경우(중간 생략)

⑥ 금융위원회는 제1항·제4항 및 제5항의 규정에 따라 동일계열 금융기관에 대하여 승인을 함에 있어 다음 각 호의 요건(이하 '초과소유요건'이라 한다.)을 심사하여야 한다. 이 경우 심사를 위하여 필요한 때에는 해당 금융기관에 대하여 자료를 요구할 수 있다.<신설 2007.1.26, 2008.2.29.>

1. 당해 주식소유가 다음 각 목의 어느 하나에 해당하는 회사가 아닌 다른 회사를 사실상 지배하기 위한 것이 아닐 것

   가. 금융업('통계법' 제17조제1항의 규정에 따라 통계청장이 고시하는 한국표준산업분류에 의한 금융 및 보험업을 말한다.)을 영위하는 회사

   나. '사회기반시설에 대한 민간투자법' 제8조의2의 규정에 따라 주무관청에 의하여 지정을 받은 민간투자 대상 사업을 영위하는 회사('법인세법' 제51조의2 제1항 제6호에 해당하는 회사에 한한다.)

   다. '신용정보의 이용 및 보호에 관한 법률'에 따른 신용정보업 등 그 금융기관의 업무와 직접적인 관련이 있거나 그 금융기관의 효율적인 업무수행을 위하여 필요한 사업을 영위하는 회사

2. 당해 주식 소유가 관련 시장에서의 경쟁을 실질적으로 제한하지 아니할 것

※ 금융산업의 구조개선에 관한 법률시행령 제6조(다른 회사의 주식소유승인기준 등) ① 금융위원회가 법 제24조제1항에 따라 동일계열 금융기관에 대하여 승인을 할 수 있는 기준은 법 제24조제6항 각 호의 기준으로

한다.<개정 2007.4.26, 2008.2.29.>

② 법 제24조제1항제2호에서 '대통령령이 정하는 경우'라 함은 다음 각 호의 1에 해당하는 경우를 말한다.

1. 주식소유비율이 제1위에 해당할 것

2. 주식의 분산도로 보아 주주권 행사에 의한 지배관계가 형성될 것

○ '은행법' 제16조의2 제1항은 비금융주력자는 금융기관의 의결권 있는 발행주식총수의 4%를 초과하여 금융기관의 주식을 보유할 수 없도록 하면서 초과하여 보유하고자 하는 경우에는 초과분에 대해 의결권을 행사하지 않는 조건으로 금융위원회의 승인을 받아 보유할 수 있도록 하고 있다. '은행법시행령' 제5조의 규정에 의한 별표에 의하면 한도초과보유주주가 외국인인 경우에는 외국에서 은행업 등 금융위원회가 정하는 금융업을 영위하는 회사이거나 당해 외국금융회사의 지주회사일 것을 승인요건 중의 하나로 하고 있다. 우리나라 은행법이 설정한 '금융'의 개념과 외국의 법규에 의한 '금융업'의 개념은 동일한 의미를 갖는 것인가?

※ 은행법제16조(한도초과주식의 의결권 제한 등) ① 동일인이 제15조제1항·제3항 또는 제16조의2 제1항·제2항의 규정에 의한 주식의 보유한도를 초과하여 금융기관의 주식을 보유하는 경우에 당해 주식의 의결권행사의 범위는 제15조제1항·제3항 또는 제16조의2 제1항·제2항의 규정에 의한 한도로 제한하며, 지체 없이 그 한도에 적합하도록 하여야 한다.<개정 2002.4.27.>

② 금융위원회는 동일인이 제1항의 규정을 준수하지 아니하는 경우에는 6월 이내의 기간을 정하여 그 한도를 초과하는 주식을 처분할 것을 명할 수 있다.<개정 2008.2.29.>

※ 은행법시행령 제5조(한도초과보유주주의 초과보유요건) 법 제15조제5항의 규정에 의하여 금융기관의 주식을 보유하고자 하는 자는 별표에서 규정한 요건에 적합하여야 한다.<전문개정 2002.8.21.>

제15조(동일인의 주식보유한도 등)(중간 생략) ⑤ 제3항의 규정을 적용함에 있어서 금융기관의 주식을 보유할 수 있는 자의 자격, 주식보유와 관련한 승인의 요건·절차 그 밖에 필요한 사항은 당해 금융기관의 건전성을 저해할 위험성, 자산 규모·재무상태의 적정성, 당해 금융기관으로부터의 신용공여규모, 은행업의 효율성과 건전성에의 기여 가능성 등을 감안하여 대통령령으로 정한다.

[별표]한도초과보유주주의 초과보유요건(제5조 관련)

구 분	요 건
5. 한도초과보유주주가 외국인인 경우	가. 외국에서 은행업, 투자매매업·투자중개업, 보험업 또는 이에 준하는 업으로서 금융위원회가 정하는 금융업을 영위하는 회사(이하 '외국금융회사'라 한다)이거나 당해 외국금융회사의 지주회사일 것 나. 자산총액, 영업규모 등에 비추어 국제적 영업활동에 적합하고 국제적 신인도가 높을 것. 이 경우 외국금융회사의 지주회사는 당해 지주회사가 경영을 사실상 지배하고 있는 외국금융회사를 기준으로 한다. 다. 당해 외국의 금융감독기관으로부터 최근 3년간 영업정지 조치를 받은 사실이 없다는 확인이 있을 것 라. 최근 3년간 계속하여 국제결제은행의 기준에 따른 위험가중자산에 대한 자기자본비율이 100분의 8 이상이거나 이에 준하는 것으로서 금융위원회가 정하는 기준에 적합할 것. 이 경우 외국금융회사의 지주회사는 당해 지주회사가 경영을 사실상 지배하고 있는 외국금융회사를 기준으로 한다. 마. 제1호 나목 내지 마목의 요건을 충족할 것

○ 자본시장에서 자금을 이전하는 거래 중 회계상 대차거래로 분류할 수 있는 거래에는 어떠한 것들이 있는가?

2-2: 국제자본시장의 이해

○ 본서에서 제시하는 자본화의 척도는 무엇인가?

○ 국제적인 자본의 이동은 자본화가 심화된 국가들 사이에서 주로 이루어진다. 그들 간 자본의 이동은 외국인직접투자의 형태를 취하는가 아니면 포트폴리오투자의 형태를 취하는가? 세계적인 자본이동 중 외국인직접

투자와 포트폴리오투자 중 어떤 형태의 비중이 더 높은가?

○ 국제적인 자본의 이동에서 미국과 영국의 역할을 비교해 보자.

○ 국제기구들이 공표한 통계들을 활용하여 국제자본시장의 증권화와 펀드화의 추세를 설명해 보자.

○ 대형화된 펀드자본은 많은 경우 펀드를 통해 투자된 자금을 보유하고 투자하기 위한 목적을 위해 설립된 법인이 소유하게 된다. 펀드화된 자본에는 여러 나라로부터의 자금이 모인다. 각 나라에서 자금을 제공하는 주체는 개인, 법인 및 각종 형태의 펀드가 포함된다. 자본은 통상 대리인을 두고 증식활동을 영위한다. 산업자본의 대리인은 전문경영인이다. 금융자본 특히 펀드화된 금융자본의 대리인은 자산운용사 내지 펀드매니저이다. 산업자본가는 자신이 투자한 기업에 대해 직접 지배권을 행사한다.

- 자본을 소유주체에 따라 하나의 단위로 구분할 수 있는가?
- 펀드화된 금융자본의 주인은 누구인가?
- 펀드화된 금융자본이 투자한 기업에 대한 지배권은 누가 행사하는가?
- 자산운용사나 펀드매니저의 소재지를 펀드화된 금융자본의 형성지로 볼 수 없는가?
- 다기화된 투자제도하에서 자본의 형성지와 진출지의 구분은 의미가 있는가?

○ 자본시장의 국제화는 각국 정부의 규제 완화를 통해 촉진된다. 다른 한편 자본시장의 국제화는 각국 정부가 설정한 규제를 회피하기 위한 시장참가자들의 행태에 의해서도 촉진된다. 역외금융시장의 발달과 이자소득에 대한 원천지주의 과세의 퇴조를 규제회피의 관점에서 설명해 보자.

○ 글로벌 트레이딩 확산으로 시장 간 차이를 이용한 재정의 기회는 축

소되고 있지만 국가 간 제도의 차이를 이용한 재정의 기회는 증가하고 있다. 조세제도의 차이를 이용한 재정의 가능성에 대해 연구해 보자.

2-3: 국제자본거래에 대한 규율

○ 은행에 대한 건전경영 규제의 강화와 금융의 증권화의 관계에 대해 알아보자.

○ 시장의 실패(market failure)와 정부의 실패(government failure)의 개념을 논할 때 '정부'는 지방정부, 국가정부 또는 세계정부 중 어느 것을 의미하는가?

○ 국제금융시장에 대한 규율은 국가 간 협의에 의한 합의사항이 각국의 국내법으로 편입이 되는 과정을 거치면서 정립된다. 우리나라는 은행업에 관한 바젤협약의 협약국은 아니지만 금융당국은 2006년부터 적용되는 바젤 2를 우리나라 은행의 건전성 규제를 위해서도 2008년부터 적용하고 있다.

- 국가 간 합의로서 외환시장에서 직접적인 구속력을 갖는 합의의 내용에는 어떤 것이 있는가?
- 이러한 은행업규제에 관한 기준이 조세를 부과하는 데 사용될 수 있는 경우로서 어떤 것들이 있을까?

※ 1988년 7월 BIS(Bank for International Settlement: 국제결제은행)의 은행감독위원회(바젤위원회)는 '자기자본측정과 기준에 관한 국제적 합의'를 제정하였는데 그 주된 내용은 국제업무를 영위하는 상업은행은 BIS기준자기자본비율을 1990년 말부터 7.25% 이상 1992년 말부터는 8% 이상을 유지토록 의무화하는 것이었다. 바젤위원회는 1996년 7월부터 기존 BIS협약을 대체할 신BIS협약을 마련키로 하고

2004년 6월 Basel Ⅱ로 통하는 새로운 자기자본규제안을 발표하였다.

○ 2011년부터 적용이 의무화되는 국제회계기준이 법인소득과세에 미치는 영향에 대해 연구해 보자.

※ 국제회계기준위원회(IASB)가 정한 국제회계기준은 법적 강제력은 없으나, 유럽연합(EU)을 비롯한 많은 나라들이 이 기준을 따르고 있다. IAS 기준이 되는 초안이 작성 공표되면, 보통 6개월의 공개기간을 가진 다음 확정된다. 1975년 기준 제1호 '회계방침의 개시'를 시작으로 1993년까지 제47호의 공개초안이 공표되었다. 이 가운데 공개초안 제32호 '재무제표의 비교가능성'은 각국 회계 관계자의 주목을 받았다. 2000년에는 증권 관련 국제회계기준을 제정하였는데, 이 기준은 같은 해 5월 국제증권감독기구(IOSCO) 정기총회에서 세계적인 단일기준으로 채택되었다.

○ 외환시장의 확대와 투기자본의 증가의 관계에 대해 알아보자.

2-4: 국제자본의 이동 형태

○ 포트폴리오투자는 통상 투자펀드를 통하여 이루어지게 되는데 이를 '간접투자(indirect investment)'라고도 한다.
• 외국인직접투자에서 '직접투자'의 의미는 무엇인가?
• 외국인직접투자의 개념은 위에서 말하는 '간접투자'에 대칭되는 말인가?

○ 어떤 외국인투자가 외국인직접투자의 개념에 부합하기 위해서는 통상 지분율 10% 이상의 기준을 충족하여야 한다. 많은 유럽 국가들은 국외 자회사에 대한 지분율이 10% 이상(또는 5% 이상) 될 경우 모회사가 해당 지분으로부터의 배당소득이나 동 지분의 양도차익에 대해 모회사의 소재 지국이 과세하지 않는 제도를 두고 있다. 이를 경영참여소득면제(participation exemption)라고 한다. 실제 세계에서 지분율 10%는 회사의 경영에 참여하기 위한 최소한의 요건인가?

○ 우리나라에서는 다른 OECD 국가들에서와는 달리 의결권 있는 주식의 지분비율만을 기준으로 10% 요건 충족 여부를 판단한다. 다른 OECD 국가들은 보통주이면 의결권 부여 여부를 따지지 않는다. 유럽 국가들의 경영참여소득면제에서 지분율 10%는 의결권 있는 주식 중 지분비율을 의미하는가?

○ 국제투자펀드의 투자에 대한 다음의 질문에 답을 해 보자.
• 국제투자펀드가 의결권 있는 주식 10%를 취득한 경우에도 외국인직접투자자로 보는가?
• 그 경우 의결권은 실제 누가 어떤 목적에서 행사하는가?
• 외국인직접투자에 대한 세제지원의 목적에 비추어 볼 때 그러한 경우에 대해서까지 세제지원을 할 필요가 있는가?

○ 투자의 형태에 따라 과세상 차등이 생기지 않도록 원천지주의를 도입한다는 것의 의미는 무엇인가?

3-2: 과세 대상의 선택

○ 국부펀드의 등장의 배경과 향후 과세제도의 변화에 대해 전망해 보자.

○ 우리나라를 포함한 많은 국가에서 근원물가상승률(core inflation rate, underlying inflation rate)이라는 개념을 설정하고 있다. 그리고 그 율을 0%로 낮추는 데에는 상당한 비용이 수반되는 한편 그로 인한 편익은 크지 않다는 주장이 상당한 설득력을 얻고 있다. 미국에서는 연간 약 2%의 물가안정목표를 운용하고 있는 것으로 알려져 있다.

- 이 경우 화폐보유에 대한 세금은 연간 몇 % 정도 될 것인가?
- 화폐보유에 대한 세금이 발생하지 않도록 하는 조세제도에는 어떠한 것들이 있는가?

○ 부가가치세는 1919년 독일의 W. V. Siemens에 의하여 처음으로 제안되었으며 프랑스에서 1954년 최초로 시행되었다. 이후 1967년 EC Directive에 의하여 프랑스식 전단계매입세액공제방식의 부가가치세가 EC 국가들에 통일적으로 시행되는 계기가 마련되었다. 우리나라도 이 방식을 따르고 있는데 이에 의하면 국민총생산을 구성하는 투자, 소비 및 순 수출 중 소비에 대해서만 과세하게 된다.

- 개인은 소득을 소비재원으로 활용하거나 무상 이전하게 되어 있는데 부가가치세율을 현행의 10%에서 20%로 인상할 경우 증가하는 10%는 세율이 10%인 소득세를 대체할 수 있는가?
- 무상이전에 대한 과세도 10%로 한다면 (소득)＝(소비)＋(무상이전)이므로 소득에 대한 과세를 완전히 대체한 것으로 볼 수 있지 않을까?
- 화폐의 시간가치의 개념을 빌려 이러한 논리를 보완할 수 있는가?

○ 화폐시장경제가 발달하기 전의 사회에서는 부를 축적한 자들은 자산시장에서 물적 자산이나 인적 자산을 빌려 주는 방식으로 교환의 이익을 누렸다. 근대 이후의 사회에서는 자본을 빌려 주는 방식으로 교환의 이익을 배가하고 있다. 오늘날 사회 거의 모든 세력들이 돈을 모으고 그것을 투자하는 양상을 가지게 되었다. 연금기금, 국가재정 및 중앙은행 모두 그와 같은 투자패턴을 보이고 있는 것은 화폐보유의 기회비용 때문이다. 화폐보유의 기회비용은 일반적으로 이자라고 할 수 있는데 자본시장에서 이자를 주고받을 수 있도록 법제화되어 있는 한 투자의 가치는 남아 있게 될 것이다. 만약 자본시장에서 이자를 받지 못하도록 한다면 자본소득이 발생할 수 없으며 이에 따라 자본의 거래가 없어지고 대신 자산의 거래만 있을 것이라는 주장의 타당성에 대해 논해 보자. 이슬람의 법에 의하면 이

자를 받을 수 없도록 되어 있다.

4-1: 소득과세의 구조

○ 소득원천설의 이론에 의하면 과세 대상으로 열거된 소득 간의 통산 그리고 결손금의 이월공제가 허용될 수 없는 것인가?

○ 소득세 납세의무의 귀속(attribution), 소득세부담의 전가(transfer) 및 소득세부담의 귀착(incidence)의 개념을 구분하라. 간접세는 납세의무의 귀속자가 해당 세금을 실질적으로 부담하는 자에게 전가(transfer)하는 세금을 말한다. 직접세는 납세의무의 귀속자가 해당 세금을 실질적으로 부담하는 세금이다. 그러나 경제적으로는 직접세의 경우에도 시장 메커니즘에 의해 거래 상대방에게 세금부담이 귀착(incidence)될 수 있다.

○ 피용자에게 급여를 지급하는 사용자는 세금을 원천 징수한다. 이때 사용자는 원천징수의무를 부담하게 되는데 우리 세법은 이를 납세의무가 아닌 납세협력의무로 규정하고 있다. 원천징수는 경제적으로 보아 인적 용역을 공급하는 자가 세금을 납부하는 대신 공급받는 자가 대리 납부하는 것과 다를 바 없는 것이 된다. 세금의 실질적인 부담은 피용자가 하도록 되어 있지만 사용자도 피용자와의 고용계약협상에서 피용자가 부담할 세금을 고려하여 급여수준을 제시하게 되므로 사용자에게도 조세부담은 귀착하게 된다. 세후소득을 기준으로 임금협상을 하는 사례는 적지 않게 발견된다. 이 경우 소득세는 경제적으로 보아 용역을 제공받는 자가 실제 부담하는 간접세와 다를 바 없는 것이 된다는 주장에 대해 논해 보자.

○ 자본소득과세에 관한 제 이론의 관점에서 이원적 소득세를 평가해 보자.

○ 자본이득에 중과세하게 되면 장기적으로 당해 자산의 기대수익을 떨어뜨리게 되어 자산가격의 하락을 초래한다. 그러나 단기적으로는 봉쇄효과(lock－in effect) 때문에 자산가격이 상승하게 된다. 정부가 자본이득 전액에 대해 과세한다면 자본자산의 보유자는 기간소득으로서 임대료, 이자 및 배당 등의 소득만 기대할 수 있다.

- 정부가 자본이득은 자산의 제공에 대한 대가가 아니며 사회의 가치평가의 변화에 기인하는 것이기 때문에 100% 과세하여야 한다고 주장한다면 자본손실에 대해서는 100% 보전해 주는 것이 타당하지 않는가?

- 소득세법상 1세대 3주택을 가진 자의 주택의 양도소득에 대해서는 60%의 세율로 과세하고 미등기자산의 양도소득에 대해서는 70%의 세율로 과세한다. 그러한 자산의 양도손실은 과세상 어떻게 취급하는가?

○ 자본이득에 대해 경과세하게 되면 당해 자산의 기대수익을 끌어올리게 되어 자산가격의 상승을 초래한다. 그러나 단기적으로는 봉쇄효과가 사라져 자산가격이 하락하게 된다. 자본이득에 대해 현재의 부가가치세율인 10%를 적용하면 자본자산의 매입자에게 해당 세액이 어느 정도 전가될까?

○ 부가가치세 과세방식을 확대하는 방안에 대한 다음의 질문에 답을 해 보자.

- 자본이득에 대해 전단계매입세액공제방식으로 10%의 세율로 과세하고 이자 및 배당에 대해서도 10%로 과세한다면 정부의 자본자산에 대한 실질세율은 20%라는 주장에 대해 논해 보자.

- 부의 무상이전에 대해 전단계세액공제방식의 부가가치세과세방식을 도입한다면 정부의 자본자산에 대한 실질세율은 영구하게 20%가 될 것이라는 주장의 타당성에 대해 논하자.

- 부의 무상이전에 대해 무상이전 시마다 이전 당시의 가액에 대해

10%의 세율로 과세하는 경우와 전단계세액공제방식의 부가가치세과
세방식을 적용하는 경우 실질세율을 비교해 보자.

○ 우리나라의 자본이득에 대한 명목세율은 일반세율과 동일한데 실효
세율은 2%를 전후한 수준에 그친다.
  • 자본이득에 대한 명목세율을 10%로 한다면 세수가 증가할까?
  • 자본이득세를 폐지하고 부가가치세를 거래 징수하도록 하는 방법—
    매입자가 매입가격의 10%를 세무서에 납부하고 매도자는 예전 자신
    이 매입할 당시 납부한 세액의 환급을 청구하여야 할 것이다.—을
    채택한다면 어떻게 될까?

○ 자본자산에 대해 보유과세제도를 도입한다면 자본자산기피 현상을
초래하게 되어 가격을 하락시키는 요인이 된다.
  • 가령 주식자본이득세를 폐지하는 대신 주식보유세를 도입한다면 어
    떤 효과가 나타날까?
  • 기술적으로 보아 어느 동산에나 보유세를 부과할 수 있게 하는 방법
    을 찾을 수 있을까?

○ 자본이득의 원천지에 관한 다음의 질문에 답해 보자.
  • 자본이득의 원천지에 관한 규정을 국내세법에 둘 경우 조세조약을
    적용할 때 상대방국가와의 관계에서 어떤 효력을 가질까?
  • 동산자본이득의 '거주지국'은 매도자의 거주지국이다. 그렇다면 '원천
    지국'은 매수자의 거주지국으로 하여야 하지 많을까? 미국의 내국세
    입법상 규정과 비교해 보자.

4-2: 국제자본소득과세의 구조

○ 엔화스왑예금거래의 사례에서 차익거래 대상을 외환이 아닌 금으로

한 경우를 상정해 보자. 고객 갑이 금에 투자하였지만 가격위험을 회피하기 위해 1년 후 선물매도계약을 체결한다면 갑은 금으로부터 자본이득을 추구하되 단지 안전한 길을 선택한 것으로 볼 수 있다.

- 금을 사면서 그것을 은행에 예치하고 해당 은행과 금선물매도계약을 체결한 경우라면 그 거래에 따른 차익으로 볼 것인가?
- 우리 소득세법상 금 자체의 양도차익은 과세되지 않는다. 선물거래에 의한 이득도 과세되지 않는다. 그런데 금차익거래를 과세할 수 있을까?
- 만약 과세한다면 이자소득으로 과세할 수 있을까?
- 금은 환가가 용이한 물품이기 때문에 만국공통화폐와 같을 것이므로 엔화스왑예금처럼 과세하는 것이 타당한가? 부가가치세법은 금을 화폐가 아닌 상품으로 본다.

○ 자본이득의 원천지를 자본자산의 종류별로 찾아보자. 외국자본이 국내에서 거둔 자본이득을 국내에 원천을 둔 자본이득이라고 표현하자.

○ 매수자의 거주지를 동산 자본이득의 원천지로 할 수는 없는가? 미국의 국내세법은 재고자산이 아닌 동산의 자본이득의 원천지는 매도자의 거주지로 규정하고 있다.

○ 각국의 조세조약에 의하면 자본이득에 대한 과세권은 주로 거주지국에 배분하고 있다.

- 자본자산의 매도자에 대해 자본이득의 일정률을 세금으로 걷는 대신 매도액의 일정률을 세금으로 걷는다면 조세조약의 적용을 받게 될까?
- 자본자산의 거래에 대해 전 단계 세액공제방식의 부가가치세를 도입하면서 세금은 대금을 지급하는 자가 납부하도록 한다면, 대리납부방식을 채택 할 경우 부작용에 대해 고려해 보자.
- 이는 자본이득을 부가가치세 세율로 과세하면서 원천지국에서 과세하도록 하되 매수자의 거주지를 원천지로 보는 제도와 동일한 것이

다. 그렇게 도입된 세금은 시장의 힘에 의해 어느 정도는 가격에 전가될까?

○ 자본소득에 대해서만 현금흐름세를 도입하고 자본이득에 대해서는 전 단계 세액을 공제해 준다면 자본이득에 대한 현금흐름세가 기존의 조세조약상 자본이득에 대한 세금에 해당할까? 기존 조세조약상 자본이득에 대한 과세에 대한 거주지국과세원칙의 적용을 회피하기 위해서는 아예 금융거래에 따른 소득과 자본이득에 대해서 전통적인 소득세를 폐지하고 부가가치세를 부과하는 방법이 타당하지 않을까? 이 경우 자본자산 매수자의 거주지국가에서 원천 징수하는 것은 부가가치세의 소비지과세원칙에 부합한다.

○ 독일이 비거주자의 이자소득에 대해 면세하는 제도를 도입하자 독일인들의 독일 은행의 예금잔고가 갑자기 줄어들면서 이웃 룩셈부르크 주민의 독일은행 예금잔고가 갑자기 늘어나는 현상이 발생하였다. 독일 국세청은 새로 개설된 룩셈부르크인들의 은행계좌를 추적한 결과 실질적인 소유주는 독일인들임을 발견하게 되었다. 이는 자본에 대한 과세에 있어 국내자본과 국제자본의 구분이 무의미할 수 있음을 알 수 있게 하는 것이었다. 그리고 국제적인 자본에 대한 과세를 함에 있어서 소득의 귀속자의 속성에 따라 과세상 차등을 하는 제도가 갖는 근본적인 한계를 일깨워 주었다. 이러한 한계를 원천적으로 극복하는 방법에 대해 생각해 보자.

4-3: 외국인직접투자

○ 기업은 국가 간 경계를 초월하여 경영을 하고자 하는데 각국은 여전히 독자적 조세체계를 가지고 있다. 그것은 국제화를 통한 경영의 효율성 제고에 하나의 시험대가 된다. 국제적 사업구조조정, 관련점 경비배분 및 관계기업 현금통합관리에 대해 이런 관점에서 논해 보자.

○ 이전가격과세제도와 실질귀속원칙의 관계에 대해 논해 보자. 일본은 본격적인 이전가격세제를 도입하기 전까지는 실질소득자과세원칙에 관한 규정에 의해 이전가격과세를 한 바 있다.

○ 우리나라 국제조세조정에관한법률은 국내사업장(외국법인의 국내 고정사업장)에 대해서도 이전가격세제가 적용된다고 규정하고 있다. 그리고 동법상 이전가격세제에 관한 규정은 국외특수관계기업과의 국제거래에 대해 적용되며 이 경우 법인세법상 부당행위계산부인규정은 적용되지 않는다고 규정하고 있다. 국내사업장을 이전가격세제의 적용 대상으로 보는 것은 OECD 모델조세조약 제9조 특수관계기업(associated enterprise)에 관한 규정 중 '기업(enterprise)'의 범주에 '지점'을 포함시키는 입장을 취하는 것으로서 OECD 국가 중에서도 동 개념을 다소 진취적으로 확대 적용하는 것으로 이해된다. 법인세법이 국내사업장의 유보이윤에 대해서도 배당소득과세를 할 수 있도록 하고 있는 점은 지점을 하나의 독립된 법인과 다를 바 없이 보는 관점과 다를 바 없는 것이다. 그런데 국제조세조정에관한법률은 최근 법 개정을 통해 국외특수관계기업의 범주에 외국법인의 국내사업장을 포함시키게 되었다. 외국법인 A의 국내사업장 a와 그와 특수관계에 있는 외국법인 B의 국내사업장 b 사이에는 국제조세조정에관한법률상 이전가격세제를 적용하여야 하는가 아니면 법인세법상 부당행위계산부인규정을 적용하여야 하는가?

○ 지점을 하나의 기업으로 본다면 지점의 자회사 전환은 기업의 조직변경과 다를 바 없는 것이 된다. 예를 들면, 유한회사가 주식회사로 조직변경하는 것과 다를 바 없는 것이다. 우리 법인세법은 청산소득(법인세법 제78조)이나 의제배당(소득세법기본통칙 17-3)의 과세계기로 보지 않는다. 즉 이전 법인이나 그 법인의 주주의 자본이득의 실현계기로 보지 않는다. 지점을 하나의 기업으로 보지 않는다면 지점의 자회사 전환은 외국법인의 분할에 해당한다. 우리 법인세법상 분할의 경우 '계속성'의 요건이

충족되면 분할시키는 법인의 자본이득의 과세계기로 보지 않는다. 외국법
인의 지점이 자회사로 전환할 때 자본이득과세를 하여야 하는가? 내국법
인이 해외 지점을 자회사로 전환할 때 자본이득과세를 하여야 하는가? 현
행 세법의 해석론과 입법론의 관점에서 답을 찾아보자.

○ 이전가격세제는 신기루와 같은 가격을 찾고자 하는 작업을 요청하고
있다. 가격은 협상을 통해 결정되는데 다른 조건은 모두 같고 거래 상대방
만 특수관계가 없는 제3자로 치환하였다면 성사시켰을 가격이 무엇인지를
찾아내야 하기 때문이다. 범용성 있는 물건으로서 그것에 관한 거래가 빈
발하는 경우에는 비교가능가격(comparable price)을 찾기 어렵지 않을 것
이다. 그러나 대부분의 국제거래에서는 그러한 비교가능가격을 찾는다는
것은 거의 불가능에 가깝다. 따라서 이전가격세제는 추상적인 정상가격
(arm's length price)을 찾는 작업이라기보다는 법규로 구체화된 방법을 기
술적으로 좇아가 나타나는 결론을 추종하는 방법이라고 볼 수도 있겠다.
납세자로서는 그러한 방법을 적용하는 데 여러 장애물이 있다. 비교가능기
업을 발견하기 곤란하며 발견하더라도 내부자료를 입수하기 어렵다. 그리
고 시기적으로도 자기가 거래하는 때와 동일한 때의 타 기업의 자료를 입
수하여야 하는데 그 실현가능성은 매우 낮다고 보아야 한다. 이러한 문제
를 해결할 수 있는 방법으로는 어떠한 것들이 있는가?

○ 외국인직접투자자에 대한 조세지원에 관한 다음의 질문에 답해 보자.
• 자본의 수입국은 외국자본이 국내에 진입할 때 단기자본보다는 장기
  자본의 형태로 들어오기를 바란다. 장기안정적인 자금의 공급뿐 아니
  라 고용창출, 기술도입 등과 같은 외부경제효과가 무척 크기 때문이
  다. 정부는 시장이 반영하지 못하는 외부경제효과를 촉진하기 위해
  조세지원과 같은 지원조치를 취한다. 이와 같은 장기우량 외국자본의
  외부경제효과는 우리나라뿐 아니라 다른 나라에서도 공통적으로 나
  타날 것인데 OECD 국가 중 유독 우리나라만 조세지원제도를 가지고
  있는 이유는 무엇인지에 대해 생각해 보자.

- 외국투자펀드에 의한 외국인직접투자도 조세지원을 받을 수 있는 현
  행제도를 고려해 보자. 현행 지원제도를 국내외 자본을 불문하고 고
  용창출효과가 있거나 기술개발의 효과가 있는 투자에 대해 조세지원
  을 하는 방법과 비교해 보자.

○ 단기 외국자본의 외부경제와 불경제를 생각해 보자.
- 단기 외국자본의 외부불경제는 제거하면서 외부경제를 살릴 수 있는
  방법은 있는가?
- ring fencing을 한 세제지원을 통해 단기 외국자본의 외부불경제가
  국내경제에 나타나지 않도록 하면서 외부경제를 살리는 방법이 갖는
  장점과 부작용을 생각해 보자.

○ 유해조세경쟁이라는 국제적인 지탄을 받지 않고 단기외국자본을 국
내에 유입시키는 방법은 있는가? 외국의 사례를 참조할 필요가 있다.

○ 고도기술을 '수반'하는 사업에서 '수반'의 의미에 대한 해석사례를 찾
아보자.

4-4: 포트폴리오투자

○ 포트폴리오투자와 간접투자 및 집합투자의 개념상 차이에 대해 알아
보자.

○ 지분비율 10% 이상의 투자를 외국인직접투자로 분류한다면, 논리적
으로 볼 때 지분비율 10% 미만의 투자는 포트폴리오투자가 될 것이다. 대
체로 지분비율 10% 이상의 투자는 사실상 사업소득과 동일한 성격을 갖
고 있다. 유럽 국가들 사이에서는 배당소득 또는 유가증권양도소득에 대한
과세에 있어 경영참여소득면제의 기준이 주로 10%로 설정되어 있다. EU

Savings Directive와 EC Interest and Royalty Directive는 역내 타국의 개인이나 법인에게 지급하는 이자소득이나 역내 타국의 법인에게 지급하는 사용료 소득에 대해서는 원천지국가에서 과세하지 않는 원칙을 수립하고 있다.

- 유럽 국가들은 사업소득은 원천지에서 과세하고 포트폴리오투자소득은 거주지에서 과세한다는 원칙을 가지고 있는 것일까?
- 배당을 제외한 포트폴리오투자소득은 원천지에서는 지급자의 소득금액을 계산할 때 공제할 수 있으며 이는 원천지국가의 과세기반을 축소하는 효과가 있다. 그럼에도 불구하고 굳이 원천지국가가 거주지국가에 과세권을 양보하는 이유는 무엇인가?
- 만약 유럽 국가가 모두 15%의 단일세율을 가지고 있다면 그러한 제도를 두게 되었을까?
- 거주지국가 과세원칙을 적용하기 위해서는 원천지국가가 해당 소득이 역내 거주자에 귀속하는지 정확하게 판별할 수 있어야 한다. EU 국가들은 이를 위해 어떠한 제도적 장치를 마련하고 있는가?

○ 신탁법제는 영국에서 발달하여 미국, 독일 및 일본 등 각국에서 계수하게 되었다. 과세상 신탁은 실체로 보는 관점과 도관으로 보는 관점이 대립하고 있다. 영국과 미국에서는 신탁은 과세실체로 보지만 일본과 한국에서는 도관으로 본다. 실제 어느 관점에 입각하든 신탁 자체가 세금부담을 떠안게 되어 있지는 않다. 다만, 수익자에게 수익의 이익이 이전되기 전까지 신탁의 이름으로 세금을 부담하게 할 것인가 그럴 경우 기한의 이익을 상실하게 될 것인데 그렇게 하는 것보다는 바로 수익자의 수익으로 과세하는 것이 간단하지 않는가 하는 정도의 기술적인 차이가 있을 뿐이다. 투자펀드는 나라마다 다소 차이가 있지만 크게 보아 신탁, 조합 및 회사 중 하나의 형태로 구성된다. 펀드의 구성, 펀드의 책임한계 및 펀드를 구성하는 투자자 간의 책임의 분배 등 법적인 측면에서 차이가 있기 때문에 투자자는 펀드의 법적인 형태를 고려하여 투자할 펀드를 선택하게 된다. 법

적인 효과에서 각 형태가 갖는 차이에도 불구하고 과세상으로 각 펀드는 집합투자기구로서 조세부담의 실질적 주체로 인정하기 곤란한 경제적 특성을 지니고 있다. 각국의 국내세법은 그러한 펀드의 경제적 실질을 반영하는 방법과 정도가 각각 다르다. 따라서 펀드가 과세실체가 되기도 하도 그렇지 않기도 하다. 국제적인 투자에 나서는 펀드의 경우 진출지국에서 과세실체로 인정받을 수 있는 것인지 그리고 그에 따라 원천납세의무자가 되는 것인지 더 나아가서는 조세조약의 적용 대상이 되는 것인지의 문제가 남게 된다. 이는 펀드의 설립지국에서 과세실체로 인정되는지 여부와는 구분되는 문제로서 사안은 더욱 복잡해지게 된다. 모든 형태의 집합투자기구를 과세실체로 인정하되 투자자에 지급하는 것은 배당으로 보고 100% 배당세액공제를 해 주는 방법과 모든 형태의 집합투자기구를 과세상 도관으로 보고 집합투자기구가 수령하는 금원은 그 형태대로 즉시 투자자에게 배분되는 것으로 간주하는 방법의 장단점을 비교해 보자.

○ 모든 형태의 집합투자기구를 과세실체로 인정하고 투자자에게 지급하는 것은 배당으로 보되 모든 이자소득과 배당소득을 15%의 단일세율로 과세하는 것을 전제로 할 경우 집합투자기구가 소득을 수령할 때 15%의 세율로 과세되면 개인투자자단계에서는 다시 과세하거나 세액공제를 할 필요가 없게 된다. 이원적 소득세제, 단일세율세제 및 현금흐름세제[301]에서 이러한 방식이 어떻게 적용될 수 있는지에 대해 알아보자. 현행의 소득세제에서 금융소득종합과세제도를 사상한다면 위의 방식을 적용할 수 있다. 현행의 법인세제에서 법인이 투자자로 있는 경우 어떻게 과세하는 것

---

301) 이원적 소득세제는 소득을 자본소득과 노동소득으로 양분하고 자본소득은 단일의 낮은 세율로 과세하고 노동소득은 누진세율로 과세하는 제도이다. 단일세율세제는 자본소득과 노동소득의 구분 없이 모든 소득을 단일의 세율로 과세하는 제도이다. 현금흐름세제는 모든 실물거래의 반대에는 현금(또는 현금등가물)의 이동이 수반하게 되는데 조세의 징수는 현금에 대해 하는 것이 효과적이므로 현금의 흐름에 대해 단일세율로 과세하자는 아이디어이다. 이는 직접세를 간접세 방식으로 걷도록 함으로써 직접세와 간접세의 징수방식을 통일한 뒤에 모든 과세 대상에 대해 단일의 세율을 적용하자는 것이다. 앞의 이원적 소득세제 및 단일세율세제가 소득세제에 한정된 것이라면 현금흐름세제는 직접세와 간접세를 포괄하여 하나의 제도를 수립하자는 아이디어이다.

이 타당한가?

○ (앞 문제에서의 과세방식을 전제로) 국내세법상 국내에 투자한 외국펀드에 대해 국내펀드에 대해서와 동일하게 15%의 세율로 과세하는 제도를 도입한다면 조세조약의 남용문제가 어느 정도 치유될 수 있을까?

○ (앞 문제에서의 과세방식을 전제로) 국내에서 설립된 해외투자펀드가 투자한 곳에서 20%의 세율로 원천징수를 당한 경우 투자펀드단계에서 외국납부세액공제한도를 초과한 미공제액이 발생하게 된다. 이것을 개인투자자단계에서 세액공제를 받을 수 있도록 하는 것이 타당할까? 자본수출중립성302)의 관점에서 살펴보자.

4-5: 인수합병

○ 자회사를 모회사의 지점과 같이 취급하는 Organschaft이론에 입각한 연결납세제도를 도입한 국가인 독일의 모회사 A의 두 개의 자회사 B와 C가 우리나라에 투자하여 주식양도차익을 거두게 된 경우를 상정하자. 우리나라 법인세법상 외국법인이 거둔 우리나라 상장주식양도차익에 대한 과세는 지분율이 25%를 넘어서지 않는 한 과세권을 행사하지 않는다. 우리나라 상장법인 D에 대한 지분이 B는 15%, C는 20%인 경우 우리나라 과세당국이 A가 D에 대한 지분을 35%를 보유한 것으로 보아 과세권을 행사할 수 있을까?

○ 구지방세법상 부동산법인의 주식의 51% 이상의 주식을 취득한 경우 부동산을 취득한 것으로 간주하여 취득세를 부과한다. 독일의 모회사 A의

---

302) 자본의 투자자 입장에서 볼 때 국내에 투자하든 국외에 투자하든 세율이 동일하게 제도가 설정되어야 투자자의 경제적 결정에 세제가 중립적이 되며 그 경우 투자의 효율성을 극대화할 수 있다는 이론이다. 자본수출자의 입장에서 보아 세제가 중립적이어야 한다는 의미에서 자본수출중립성이라고 한다.

두 개의 자회사 B와 C가 우리나라의 부동산법인 D의 주식을 각각 50%씩 취득한 경우 한국의 과세당국은 독일의 모회사 A가 한국 법인 D가 보유하는 부동산을 간주 취득한 것으로 과세할 수 있을까?

○ leveraged buyout의 방법은 자기의 고유자본이 없는 투자자가 잠재력은 있지만 일시적인 재정압박을 겪고 있는 기업을 인수하기 위해 타인자본을 동원하여 인수한 후 단기에 기업가치를 제고하여 자본이득을 취하는 방법이다. 이러한 방법을 사용하는 투기자본은 피투자기업의 이월결손금과 자기가 동원한 타인자본비용을 공제할 방안을 찾게 마련이다. 피투자기업의 이월결손금을 활용하기 위해서는 순이익이 많은 기업을 피투자기업과 합병하거나 순이익을 많이 창출하는 사업부문을 인수하는 방법을 활용한다. 아울러 타인자본비용은 자기 자산의 소득금액 또는 피투자기업의 장래 소득금액에서 차감하는 방법을 활용한다. 이때 자본이득을 독점하기 위해 기존의 소액주주를 몰아내는 방법을 병행하기도 한다. 소액주주들은 인수합병 후에 불균등감자를 통해 몰아내는 방법(going private)이 있지만 인수하는 과정에서 시가를 상회하는 가격을 제안하는 공개매수청유(public tender offer)를 통하기도 한다. 이월결손금 또는 타인자본비용을 통한 세금절감액이 이와 같이 시가를 상회하는 가격을 제안할 수 있는 원천 중의 일부가 된다. 우리나라 세법상 이월결손금은 5년간 이월 공제할 수 있도록 되어 있다. 법인세법은 사실상 피합병법인이 합병법인이 되어 이월결손금을 공제하는 것을 방지하기 위한 방안으로 역합병규제에 관한 조항303)을 두고 있다.

- 역합병으로서 규제 대상에 해당하지 않을 경우에는 명의상 합병법인은 실질적인 합병법인으로 인정받아 이월결손금을 자신의 종래의 사업 이외의 사업부문에서의 소득과도 상계할 수 있는가?
- 만약 그것이 가능하다면 여러 사업부문을 영위하고 있는 하나의 기

---

303) 하나은행 역합병 사건 참조.

업이 통상적인 이월결손금을 공제함에 있어 사업부문 간 공제를 제한하지 않고 있는 현행 법인세법규정의 정신에 부합하는 것인데 이는 조세회피의 소지를 가지고 있는 것은 아닌가?

○ 삼각합병(triangular merger)이라 함은 합병법인 A가 피합병법인 B의 주주에게 합병법인의 주식을 교부하지 않고 자신의 모법인 C의 주식을 교부하는 경우를 말한다. 이 경우 모법인 C의 주주와 피합병법인 B의 주주는 모법인과 피합병법인을 사실상 합병하는 것과 같은 효과를 거두게 된다. 합병법인 A와 모법인 C는 경제적으로는 사실상 하나의 법인으로 볼 수 있기 때문이다. 삼각합병에서는 피합병법인을 합병하고자 하는 모법인이 자신과 직접 합병하거나 자신이 직접 피합병법인을 인수하는 것보다는 유리하다는 판단에 기초한 것이다. 조세부담 측면에서 볼 때 삼각합병은 피합병법인의 조세특성을 그대로 활용할 수 있는 기회를 제공하고 있다고 볼 수 있다. 삼각합병에는 합병을 위해 동원되는 C의 자회사 A가 합병법인이 될 수도 있지만 그것이 피합병법인이 되고 B가 합병법인이 될 수도 있다. 또는 신설합병의 경우를 상정할 수도 있다. 전자의 경우를 역삼각합병(reverse triangular merger)이라고 한다. 역합병이나 신설합병의 경우 피합병법인이 된 A의 주주인 C는 B의 주식을 교부받고 B의 주주는 A의 주식을 교부받을 수 있다. 이 경우 C는 삼각합병을 통해 B의 이월결손금을 활용할 수 있게 된다. 여기서 외국법인도 C의 지위에 있을 수 있게 되는데 그 경우 외국투기자본이 국내부실기업을 최대한 저렴한 가격에 매입하여 단기자본이득을 챙길 수 있는 계기가 마련되는 것이다. 위에서 논하는 역삼각합병과 법인세법 제45조 제3항의 규정에 의한 역합병의 개념상 차이에 대해 알아보자.

○ 원천지국가로서 우리나라는 외국법인이 상장 내국법인의 주식을 25% 미만 보유하고 있다가 매도하는 경우에는 그 양도차익에 대해 과세하지 않는다(법인세법시행령 제132조 제8항 제2호). 거주지국가로서 네덜

란드는 자국법인이 국외 특정법인의 주식을 10%[304] 이상 보유하다가 얻는 양도차익에 대해서는 경영참여소득면제제도를 적용하고 있다. 다만, 네덜란드에서 후자의 제도가 적용되기 위해서는 원천지국가에서 일정 세율 이상으로 과세되어야 면제된다.

- 우리나라에서 25% 이상의 지분보유분에 대해 과세하는 논리적 근거는 무엇인가?
- 네덜란드에서 10% 이상의 지분보유분에 대해서는 과세하지 않는 논리적 근거는 무엇인가?

만약 두 국가 모두 10%의 기준을 적용하면서 10% 미만의 지분은 포트폴리오투자 그리고 그 이상의 지분은 외국인직접투자로 인식하고자 한다면 포트폴리오투자소득에 대해서는 거주지주의과세원칙을 적용하고 외국인직접투자소득 또는 그에 준하는 사업소득에 대해서는 원천지주의과세원칙을 적용하려 하기 때문이라는 추론이 가능할 것이다.

5-1: 국제금융거래에 대한 부가가치세

○ 부가가치세를 현금의 공급에 대한 거래라고 가정하자. 현금을 지급하는 자가 자신이 지급한 현금액수를 계산하여 세금을 직접 납부하는 대신 현금을 수령하는 자가 자기가 받은 현금 중 일부를 납부하는 것이 현재의 부가가치세이다. 이 경우 현금수령세가 된다. 만약 현금을 지급하는 자가 스스로 자기가 지급할 현금 중 일부를 떼어 세금으로 납부한다면 대리납부(또는 reverse charge)라고 한다. 이 경우는 현금지급세가 된다. 금융기관이 현금지급을 매출로 보고 현금수령을 매입으로 보아 그 차액에 대해 단일세율을 적용한다면 그것은 직접세로 보아야 할 것인가 아니면 간접세로 보아야 할 것인가?

---

304) 최근 법 개정에 의해 5%로 인하되었다.

○ 재화는 공급지와 소비지를 확연히 구분할 수 있다. 그리고 재화에 대해 소비지과세원칙을 적용할 수 있는 것은 재화가 통관될 때 세관장으로 하여금 세금을 징수할 수 있도록 할 수 있기 때문이다. 용역은 공급지와 소비지가 확연히 구분되지 않는다. 대부분의 용역은 공급과 소비가 동일한 지역에서 이루어진다. 따라서 소비지와 공급지의 구분의 실익이 없다. 다만, 예외적으로 인터넷을 통한 서비스의 제공, 자문용역보고서의 제공 등과 같은 것의 경우 공급지와 소비지가 다르게 된다. 이 경우 소비지과세원칙을 적용하기 위해서는 세관장과 같은 역할을 하는 자가 있어야 한다. 국가 간 인터넷을 통한 서비스의 유통을 검색하고 그에 따라 부가가치세를 부과할 수 있는 방법이 있을까 궁리해 보자.

○ 수출하는 재화에 대해서는 소비지과세원칙에 따라 공급지에서는 영세율을 적용한다. 수출하는 용역에 대해서도 소비지과세원칙을 적용한다면 공급지에서 영세율을 적용하여야 한다. 우리나라의 자문사가 작성한 보고서를 홍콩의 기업에 제공하고 받는 대가에 대해 영세율을 적용할 수 있는가?

○ 금에 대한 부가가치세 과세에 관한 다음의 질문에 답해 보자.
• 금은 재화로서의 성격과 화폐로서의 성격을 고루 가지고 있다. 논리적으로 부가가가치세를 과세하여야 하는가?
• 새로운 5천 원권이 나올 때 그것의 가치가 몇만 원을 호가한다고 하였다. 예를 들어 5천 원권 한 장이 5만 원에 거래된다면 그것은 화폐로서 거래된 것인가 재화로서 거래된 것인가?
• 금이 여러 유통단계를 거치는 과정에서 부가가치세를 제대로 매길 수 없는 속성을 가지고 있다면 최종소비자가 금이나 금제품을 구입할 때 개별소비세를 10% 징수하는 방법으로 대체할 수는 없을까 논의해 보자. 세관에서는 일반여행객이 반입할 때에는 10%의 개별소비세를 부과하고 사업자가 반입할 때에는 반입한 기록만 관할 세무서에 통보하는 방법을 생각해 볼 수 있다.

5-2 국제금융거래에 대한 교육세

○ 일본에도 부가가치세제도가 도입되어 있지만 장부상 [(매출액) - (매입액)]의 금액에 대해 부가가치세율을 곱하여 부가가치세를 납부하도록 하고 있다. 이를 전단계거래금액공제방식이라고 한다. 이 제도는 장부방식에 의한 과세이다. 우리나라는 전단계세액공제방식을 원칙으로 하지만 일부 예외가 있다. 부가가치세법상 간이과세제도에 의하면 매출액에 일정률의 부가가치율을 곱하여 계산한 금액에 세율을 곱하여 부가가치세를 납부하도록 하고 있다. 일본의 과세방식과 다를 바 없는 것이다. 금융업자에 대해 부가가치세제도를 도입하되 과세표준은 [(매출액) - (매입액)]으로 하고 세율을 0.5%로 한다면 그것은 교육세를 부과하는 것과 다를 바 없는 것 아닌가?

○ 교육세와 전단계거래금액 공제방법을 비교해 보자
- 빠친코업자가 부가가치세를 납부하여야 한다면 과세표준은 어떻게 산정하여야 하는가?
- 전단계매입세액공제방식을 채택하고 있지만 세금계산서를 교부하기 곤란한 이와 같은 경우에는 전단계거래금액공제방식을 채택하는 것이 타당하지 않을까?

○ 교육세는 부가가치세처럼 소비지과세원칙이 적용되지 않는다. 이에 따라 국외에 용역을 공급하여 벌어들인 수익에 대해서도 교육세가 부과된다. 국외의 특수관계기업에 용역을 제공하여 벌어들인 수익에 대해 이전가격과세를 하게 된다면 교육세의 부담도 조정될 것이다. 교육세의 부담에 대해서는 이전가격과세에서와 같이 대응조정(corresponding adjustment)이 허용되는가?

5-3: 국제금융거래에 대한 증권거래세

○ 국내사업장이 없는 외국법인이 국내 증권회사를 통하지 않고 직접 주식을 양도한 경우 주식을 양수한 자가 내국법인이라면 증권거래세의 납세의무자가 된다. 이 경우 내국법인은 증권거래세를 거래 징수하여 납부하게 되므로 부가가치세와 비교하면 대리 납부하는 것과 유사하다. 다만, 부가가치세의 대리납부는 납세협력의무에 불과하지만 증권거래세의 경우 납세의무로 되어 있다.

- 위 사례에서 내국법인은 양도소득세를 원천 징수할 의무를 부담하는가?
- 양수하는 자도 국내사업장이 없는 외국법인이라면 증권거래세의 납세의무자는 누구인가?
- 이 경우 양도소득세의 신고납부는 누가 하는가?
- 증권거래세는 양수자가 최종적인 납세의무를 부담하고 양도소득세는 양도자가 최종적인 납세의무를 부담하게 하는 이유에 대해 생각해 보자.

○ 파생거래를 이용하여 증권거래세의 납부가 회피될 가능성은 없는지 생각해 보자.

6-1: 부의 이전에 대한 과세이론

○ 상속세 및 증여세의 내국세수 중 비중의 연도별 추세를 알아보자.

○ 상속세 부담을 완화하기 위한 제도적 장치를 찾아보자.

○ 정부가 국내세법상 stepped up basis에 의해 상실된 자본이득에 대한 과세액과 상속세및증여세의 부과로 인해 얻은 세액을 비교할 수 있을까? 현금이나 금융자산의 상속이나 증여의 경우 stepped up basis제도의 혜택을 볼 수 없다.

○ 국내세법상 증여세와 소득세가 동시에 과세될 수 있는 경우에는 소득세가 과세되도록 되어 있다. 따라서 거주자가 어떤 경제적 이득이 있을 때 그것을 ① 소득세법상 열거된 소득으로 볼 수 있을 때 소득세를 과세받는다. 소득세가 과세되지 않은 것으로서 ② 누군가가 자신으로부터 대가를 받지 않고 행한 작위 또는 부작위 때문에 자신에게 발생한 경제적 이득은 증여(완전 포괄적 개념의 증여)가 된다.

- ①도 아니면서 ②도 아닌 경제적 이득이 존재할 수 있을까?
- 그것을 과세하는 것이 타당할까? 찬성하는 입장과 반대하는 입장이 되어 토론해 보자.

6-2: 부의 이전에 대한 우리나라의 과세체계

○ 국외 소재하는 자산에 대한 상속이나 증여로 인한 세수의 규모를 알아보자.

○ 완전포괄적 증여과세제도에 대한 다음의 질문에 답해 보자.
- 완전포괄적 증여과세제도는 거주자인 개인이 지구상 어느 누구로부터인지 그리고 어느 곳에서 받는지를 불문하고 누군가로부터 경제적 이득을 받을 경우 그것을 과세하겠다는 것인가?
- 비거주자는 국내에서 완전포괄적인 증여 개념의 적용을 받는가?
- 그렇다면 여기서 '국내'의 의미는 자산의 소재지에 관한 것인가, 증여자의 소재지에 관한 것인가?
○ 영국에서의 국제적 부의 무상이전과세에 대해 알아보자.
- 영국의 상속세는 유산과세형인가 취득과세형인지 알아보자.
- 증여세의 과세 대상은 무엇인지도 알아보자.
- 영국에서는 외국인이 17년 이상 영국에 거주하여야 국외 소재 재산에 대해 상속세를 부과한다.

거래이익법(transactional profit method)

- 이전가격세제상 정상가격산정방법의 하나로서 비교 대상 기업의 비교 대상 거래에서 발생하는 순이익률을 조사 대상 기업의 조사 대상 거래에서의 정상 순이익률로 하여 정상가격을 산정하는 방법이다. 여기서 순이익률은 주로 매출액을 분모로 하고 분자는 총이익 또는 영업이익으로 하여 계산한다. 이 방법은 다시 거래순이익률법과 이익분할법 등으로 세분화된다.

거주자(resident)

- 소득세법상으로는 국내에 주소 또는 1년 이상 거소를 둔 자를 말한다. 다른 나라 국내세법은 이와 다른 내용의 규정을 둔 경우가 많다. 조세조약상으로는 해당 국가의 국내세법상 주로 전 세계 소득에 대해 납세의무를 진 자를 거주자로 하게 된다. 국내세법상 거주자의 개념은 개인에 대해 적용되고 법인에 대해서는 내국법인이라는 용어가 사용되지만 간혹 거주자의 개념에 내국법인이 포함되어 표현되기도 한다.

거주지주의(residence approach)

- 거주자에 대해서는 전 세계 소득에 대해 과세하는 과세원칙을 말한다. 전 세계 소득은 국내원천소득과 국외원천소득으로 구분된다. 이 원칙하에서 비거주자에 대해서는 국내원천소득에 대해서만 과세된다. 거주자의 국외원천소득은 그 원천이 있는 국가에서는 비거주자의 국내원천소득이 되어 양국에서 과세를 받게 된다. 이 경우 발생하는 이중과

세는 외국납부세액공제방법으로 조정하게 된다. 거주지주의에 반대되
는 말은 원천지주의이다.

간접기준배분방법(indirect charge method)

- 고정사업장의 소득금액 계산을 위해 비용을 배분함에 있어서 특정 수
  입금액을 창출하기 위해 직접 지출한 것임을 밝힌 항목에 대해서만
  공제를 인정하는 방법을 직접기준배분방법(direct charge method)라고
  하고 그와 같은 직접적인 관련을 찾지 않고 여러 사업장에 공통되는
  기준―예를 들어, 매출액, 자산액, 고용 인원 등―을 기준으로 비용을
  배분하는 방법을 간접기준배분방법(indirect charge method)이라고 한다.

결합주식(stapled stock)

- 두 개의 주식을 stapler로 붙여 하나의 단위로 거래되도록 한 주식을
  말한다. 서로 다른 이종의 주식이 하나의 단위로 거래되도록 하는 방
  법인데 조세상 특별한 효과를 발휘한다.

경영참여소득면제(participation exemption)

- 일정한 비율 이상 되는 지분으로부터의 배당소득 및 주식양도차익에
  대해서는 아예 과세소득에서 배제하는 소득면제제도이다.

고정사업장(permanent establishment)

- 비거주자나 외국법인이 국내에서 사업을 영위하는 사업장을 말한다.
  고정사업장은 고정되어 있어야 하며 그곳에서 사업이 영위되어야 한
  다. 고정사업장에는 물리적인 고정사업장과 기능적인 고정사업장이 있
  다. 전자는 해당 비거주자나 외국법인의 종업원이 실제 사업장을 마련
  하여 해당 비거주자나 외국법인의 사업을 영위하는 것을 말하며, 후자
  는 제3자가 그러한 역할을 해 주는 경우 그것을 말한다.

국부펀드(Sovereign Wealth fund, SWF)

- 정부의 재정자금이나 중앙은행의 보유외환을 재원으로 운영되는 펀드
를 말한다. 국부펀드는 통상 대규모펀드이면서 면세펀드로서의 성격을
지니고 있다. 국부펀드가 국외에 투자할 경우 투자한 나라에서는 비록
해당 국부펀드가 설립지 국가에서 면세되지만 과세하는 것이 통례이다.

과소자본세제(thin capitalization taxation)

- 특수관계가 있는 기업 간의 과다한 차입금 이자를 배당으로 간주, 과
세하는 제도이다. 국내에 진출한 외국기업이 본사에서 자본금은 적게
가져오고 빚을 얻어 이자를 지급하는 방법으로 이익을 줄여 조세를
회피하는 것을 막기 위한 것이다. 현행 국제조세조정에관한법률에 의
하면 내국법인(외국법인의 국내사업장 포함)의 차입금 중 국외지배주
주로부터 차입한 차입금과 국외지배주주의 지급보증에 의하여 제3자
로부터 차입한 금액이 그 국외지배주주가 주식 등으로 출자한 출자지
분의 3배를 초과하는 경우에는 원칙적으로 그 초과분에 대한 지급이
자 및 할인료를 비용으로 인정하지 않는다.

내국세입법(Internal Revenue Code)

- 미국 연방정부의 세수입(revenue)의 원천이 되는 조세의 부과 및 징수
에 관해 규정한 법률이다. 미국 연방법률 제26호로서 우리나라로 말
하면 소득세, 법인세, 증여세 및 상속세 등 다양한 내국세의 부과와
징수에 관해 모두 규정하고 있다.

도관체(conduit entity)

- 'conduit'은 우리말로 통상 도관이라고 번역한다. 따라서 conduit
entity는 도관체로 번역하는 것이 타당할 것이다. 이는 'pass through
entity'를 말하는데 그것은 세법상 과세실체로 인정되지 않는 것을 의

미한다. 이는 세법상 투시(look through)가 제도화되어 있는 기구 (vehicle) 또는 실체(entity)를 말하는 것이다. conduit는 pass through entity가 아닌 경우가 대부분이다. 특정 거래에 있어 어떤 실체가 다른 실체들을 위하여 도관으로서의 역할을 할 때 세법을 어떻게 적용하여야 하는가는 쉬운 문제는 아니다. 본서에서는 pass through entity를 '도관체'로 그리고 conduit를 '도관'으로 통일한다. 도관체가 아닌 것이 도관체와 같은 기능을 할 경우 도관(conduit)으로 볼 수 있는데 그것을 도관회사(conduit company)라 하는 것이다. 그러나 실무나 학계에서는 이를 구분하지 않고 모두 도관 또는 도관체로 말하곤 한다.

동업기업과세제도(partnership taxation)

- 소위 파트너십과세제도라고 하는 것으로서 우리나라에서는 2008년 조세특례제한법으로 도입된 제도이다. 원래는 민사법상 법인격을 가지고 있는 것이기 때문에 납세의무가 있는 실체로 보아야 하지만 과세상으로는 과세실체로 보지 않고 해당 법인에 귀속하는 소득은 그 법인의 구성원에게 바로 귀속시키는 제도이다. 이는 법인에 대한 과세는 늘 경제적 이중과세—법인에게도 과세하고 그 구성원에게도 과세하는 데서 비롯—가 문제 되어 배당세액공제, 수령배당공제 및 지급배당공제의 방법이 사용되는데 동업기업과세제도는 아예 법인에 대한 과세를 하지 않는 방법으로 경제적 이중과세를 조정하는 제도로서의 성격을 가지고 있다. 이는 주로 인적 용역을 제공하는 것을 업으로 하는 인적회사나 단순한 돈의 모임에 불과하고 실질적인 돈의 운영은 별도의 법인이 하는 펀드회사에 적용되게 된다.

매수법(purchase accounting)

- 기업회계기준상 합병을 회계처리 함에 있어 피합병법인의 자산, 부채 및 자본계정상의 금액을 합병법인의 그것들과 병합할 때 각각의 항목의 순 자산가치를 시장가격을 평가하여 매수한 것으로 하고 그것들을

합병법인의 그것들과 병합하는 방법이다. 이는 합병법인의 그것들과 피합병법인의 그것들을 합병 직전 장부가액을 단순하게 합산하는 방법인 지분풀링법에 대칭되는 말이다. 우리나라 기업회계기준에 의하면 원칙적으로 매수법에 의해 회계처리 하여야 하며 일정한 요건을 충족하는 경우에만 지분풀링법이 허용된다. 법인세법은 기업회계기준에 의해 어떤 방법이 결정되든 그것을 수용한다. 지분풀링법에 의하면 합병법인의 입장에서는 합병평가차익이 발생하지 않게 되어 과세상 유리한 입장에 있게 된다. 어느 방법을 채택하든 피합병법인의 이월결손금을 합병법인이 활용할 수 있는 요건은 법인세법에서 별도로 규정하고 있다. 지분풀링법의 적용 및 이월결손금의 활용은 대체로 피합병법인에 대한 지배 그리고 피합병법인이 영위한 사업에 '계속성'을 요건으로 한다.

목적론적 해석방법(purposive interpretation)

- 법제정의 목적이나 법에 내재하는 가치가 무엇인가를 찾아내어 개개의 법조문을 이에 합치되도록 해석하는 방법으로서 문리적 해석방법(literal interpretation)에 대칭하는 말이다.

부당행위계산부인규정(unfair transaction adjustment)

- 법인세법상으로는 법인의 행위 또는 소득금액의 계산이 그 법인과 특수관계에 있는 자와의 거래에 있어서 그 법인의 소득에 대한 조세의 부담을 부당히 감소시키는 경우 그 행위 또는 소득계산을 부당행위계산이라 하고, 이 경우에 그 법인의 행위 또는 소득금액계산에도 불구하고 정부가 인정하는 바에 따라 그 법인의 각 사업 연도의 소득금액을 계산할 수 있는 제도를 부당행위계산부인제도라고 한다. 개인은 사업소득이나 양도소득을 계산할 때 같은 취지의 규정이 적용된다.

부유세(富裕稅)

- 인(person)에 귀속하는 자산의 보유에 대해 부과하는 조세이지만 개별 자산 단위로 과세하지 않고 그 인에 귀속하는 순 자산의 규모에 따라 세부담을 달리하는 조세이다. 북구국가와 몇몇의 서구국가(예, 프랑스 및 스페인 등)에 도입되었지만 서서히 폐지해 가고 있다. 주된 이유로서는 부유세가 자본가들이 자본을 해외로 이전하는 행태를 유발하는데 반하여 이를 규제할 수 있는 실효성 있는 방법을 찾지 못하기 때문이다.

비교가능 제3자 가격방법(comparable uncontrolled price method)

- 국외특수관계자 간의 이전가격거래에 대한 정상가격을 산정함에 있어 비교 가능한 제3자 간 거래가 존재하는 경우 그 거래에서 이루어진 가격을 정상가격으로 보아 간주하는 방법을 의미한다. 국제조세조정에 관한법률에서는 정상가격의 산정방법들을 규정하면서 전통적인 방법들과 새로운 방법들로 구분하고 전자를 우선적으로 고려하도록 하고 있다. 전자에는 비교가능 제3자 가격방법, 재판매가격법 및 원가가산법이 포함되어 있다.

비교과세제도

- 금융소득이 종합 과세될 때의 소득세가 원천징수 시의 소득세보다 적어지지 않도록 하기 위한 것으로 금융소득을 종합 과세할 때의 산출세액과 금융소득이 종합 과세되지 않는다고 가정할 경우의 원천징수세액을 서로 비교하여 큰 금액을 산출세액으로 하는 방식을 말한다.

사전인증제도(advance ruling system)

- 납세자가 과세관청에 구체적인 특정 거래에 대한 세법 적용의 효과에 대한 공적 견해를 구하고 과세관청은 해당 거래 및 납세자에 대해서

만 과세관청을 구속하는 공적 견해를 생산하는 제도이다.

삼각합병(triangular merger)

- 모회사의 자회사가 제3의 회사와 합병하는 형태로 이를 통해 모회사
가 실제로 제3의 회사에 대한 경영권을 획득하고 지배하는 합병이다.
자회사가 제3의 회사와 합병하면서 그 주주에게 모회사의 주식을 교
부하게 된다.

소득원천설

- 소득과세의 대상을 설정함에 있어 소득의 범주에 일정한 원천에서 경
상적, 계속적으로 발생하는 것만을 포함하여야 한다는 주장이다. 이에
따르면 과세 대상이 되는 소득을 발생원천별로 구분하여 법에 열거하
고, 열거되지 않은 소득은 과세하지 않게 된다. 우리나라 현행 소득세
법은 이러한 소득원천설의 입장을 취하고 있다.

수령배당공제(dividend received deduction)

- 법인이 다른 법인으로부터 수령하는 배당에 대해 경제적 이중과세를
배제하기 위한 방법으로 배당을 지급하는 법인에 대한 지분비율에 따
라 배당을 수령하는 법인이 배당액 중 소득에서 공제하는 비율이 달
라지도록 설계한 제도이다. 우리나라 법인세법상 동 제도에 대해 규정
하고 있다. 개인에 대해서는 소득세법상 배당세액공제(dividend tax
credit)제도를 통해 동일한 효과를 거두고 있다. 수령배당공제와 대칭
되는 말로서 지급배당공제(dividend paid deduction)제도가 있다. 이는
배당을 지급하는 법인이 특수한 목적을 위해 설립된 법인이기 때문
사실상 도관체와 같이 취급할 필요성이 있는 경우 실제 해당 법인의
주주에게 배당을 지급하는 한 그 금액에 대해서는 소득으로 과세하지
않는 제도이다. 이러한 제도가 적용되는 대표적인 예로서는 유동화 전
문회사가 있다.

수익적 소유자(beneficial ownership)

- 조세조약상 체약국 간 이자, 배당 및 사용료소득에 대해서는 원천지국가가 거주지국가에 과세권을 일부 또는 전부 양보하는 규정을 두고 있는데 자신의 거주지국가도 아닌 나라의 조세조약을 이용하기 위하여 그 나라의 거주자에게 외양상 소득이 귀속하도록 하는 방법으로 해당 국가가 원천지국가와 체결한 조세조약을 이용하는 행위를 규제하기 위한 목적으로 조세조약상 이자, 배당 및 사용료에 관한 조항들에 해당 소득의 수익적 소유자가 상대방 체약국의 거주자인 경우에 한하여 해당 조항들을 적용한다는 규정을 두고 있다. 이는 조세조약의 남용을 방지하기 위한 가장 대표적인 개념인데 그 구체적 개념에 대한 해석은 각 나라마다 상이하여 납세자의 법적 안정성을 저해하거나 반대로 납세자의 조세회피를 조장하는 결과를 초래한다.

순자산증가설

- 소득원천설에 대칭되는 말로서 일정 기간 특정인(person)에 귀속하는 모든 경제적 이득을 소득으로 보아 과세하자는 주장이다. 이러한 개념이 적용되기 위해서는 각자가 자신의 경제적 지위를 정기적으로 측정할 수 있어야 하며 국가는 각자가 그렇게 성실하게 측정하여 신고하는지를 조사할 수 있는 능력을 실제 구비하여야 한다. 우리나라의 경우 법인에 대해서는 순자산증가설의 입장에서 소득을 포괄적으로 설정하고 과세하고 있다(포괄적 소득의 개념을 정의하고 있는 것은 아니다.). 미국은 개인과 법인 모두에 대해 순 자산 증가설적인 입장에서 과세한다. 미국의 경우 순자산증가설의 논리는 Haig-Simons가 제공하였기 때문에 Haig-Simons의 포괄적 소득개념(comprehensive income concept)이라고 한다. 해당 기간 동안의 순자산의 증가액에 동 기간 동안 소비액을 합한 금액이 된다.

시장의 실패(market failure)

- 가격기능이 제대로 작동하는 시장은 사회후생을 극대화한다는 것이
  시장의 원리이다. 시장이 아무리 제대로 작동한다고 하더라도 시장화
  시킬 수 없는—즉 거래 상대방을 지목하여 그에게 대가를 요구할 수
  없는—효용(utility) 또는 비효용(disutility)이 존재하는데 시장화시킬
  수 없는 효용이 있는 경우를 외부경제(external economy)라고 하고 시
  장화시킬 수 없는 비효용이 있는 경우를 외부불경제(external diseconomy)
  라고 한다. 사회후생을 극대화하기 위해서는 전자의 경우 거래량을 확
  대하고 후자의 경우 거래량을 축소할 필요가 있는데 시장이 그렇게
  하지 못하는 것을 지칭하여 시장의 실패라고 한다.

시뇨리지(seigniorage)

- 기축통화효과 또는 화폐주조차익이라고 하는데 화폐의 생산비용과 그
  것의 액면가액의 차이를 말한다.

압축기장충당금(일시상각충당금)

- 자본적 지출에 충당하기 위하여 받은 국고보조금 등은 자본잉여금으
  로서 과세하지 아니하는 수익이므로, 그 수익에 의한 자본적 지출을
  취득된 자산의 손모에 대하여 손금으로 인정함은 이중적으로 조세를
  배제하는 결과가 되므로 당초에 그 수익을 다만 거래사실을 인지할
  수 있는 상태에 그치도록 최소단위가액으로 계상하는 것이 타당하다
  는 이론에 따라 사실가액을 압축하도록 하는 회계기장방법이다.

원천지주의(source approach)

- 거주자든 비거주자든 국내원천소득에 대해서만 과세하는 원칙이다. 거
  주지주의와 다른 점은 거주자의 국외원천소득에 대해 과세하지 않는
  다는 점이다. 거주지주의에 있어서도 국외원천소득에 대해서는 외국납

부세액공제방법으로 거주지국가의 과세권이 거의 사라지게 되므로 원천지국가와 거주지국가가 세율이 같다면 둘 중 어느 주의를 채택하든 납세자가 부담하는 세액은 동일하게 될 것이다.

외국납부세액공제(credit for foreign taxes)

- 거주지주의를 채택하고 있는 국가에서 거주자나 내국법인의 국외원천소득에 대해 해당 외국에서 납부한 세액을 세액 공제해 주는 방법으로 국제적인 이중과세를 배제하는 제도를 말한다.

위험가중자기자본비율기준

- 은행은 예금을 수취하고 대출을 하는 기능을 담당하는데 예금에 대한 채무는 완전하게 부담하여야 하는데 대출에 대한 채권은 주로 일반 기업들을 대상으로 하기 때문에 대손의 위험이 상대적으로 높다. 예금과 대출 간 이러한 괴리는 은행이 도산할 수 있는 가능성을 높이게 된다. 이러한 괴리를 메워 주는 것은 은행의 자기자본인데 자산 즉 대출과 자본의 비율이 일정 비율 이상 될 경우 과도한 대출로 보아 은행의 신용이 위험하다는 신호를 보내는 기능을 하는 것이 위험가중자기자본비율기준이다. 은행의 자산인 대출을 신용도 즉 위험에 따른 가중치를 두어 계산하여 그것을 분모로 하고 자본을 분자에 두어 비율을 계산하게 되는데 국제결제은행(BIS)의 은행규제감독위원회(바젤위원회)는 1988년 7월 바젤위원회 회원국 은행에 대해 92년 말부터 위험가중자산의 8% 이상을 자기자본으로 보유하도록 의무화하는 '자기자본의 측정과 기준에 관한 국제적 합의(International Convergence of Capital Measurement and Capital Standard)'를 발표한 바 있다. 해당 기준의 구체적 내용은 개정되어 오고 있다.

응능부담의 원칙

- 각종 과세에 있어서 납세자의 부담능력에 맞게 공평한 과세를 해야 한

다는 조세원칙이다. 응능부담(ability－to－pay)의 원칙은 조세평등 내지
는 조세정의를 실현하기 위하여 모든 조세에 요구되는 원칙이지만, 특
히 직접세인 소득세에 있어서 더욱 강하게 요구되는 원칙이다. 응능부
담의 원칙은 수평적 공평과 수직적 공평의 두 가지 개념에 의해 더욱
구체화된다. 수평적 공평은 동일한 부담능력을 가진 사람은 동일한 부
담을 하여야 한다는 것을 말하며 수직적 공평은 더 큰 부담능력을 갖
춘 사람은 보다 많은 부담을 해야 한다는 것을 뜻한다. 특히 수직적 평
등을 달성하기 위해서는 누진세제가 필수적이다.

응익부담의 원칙

－납세자는 공공서비스로부터 받은 편익에 비례하여 조세부담을 하는
　것이 공평하다는 조세원칙이다.

이자율 스왑

－일정 기간 동안 변동금리와 고정금리를 주고받을 것을 약속하는 금융
　거래를 말한다. 고정금리채권과 변동금리채권을 갖고 있는 사람이 서
　로 앞으로의 금리 동향에 대해 서로 다른 예측을 하고 있을 때 거래가
　성립된다. 즉 앞으로 금리가 떨어질 것으로 보는 사람은 고정금리채권
　을, 오를 것으로 보는 사람은 변동금리채권을 갖고 있으려 할 것이다.
　이에 따라 금리 상승을 예상하는 고정금리채 소유자는 변동금리채로
　바꾸면 더 많은 이자를 받게 된다고 생각하고, 금리하락을 예상하는
　변동금리채 소유자는 고정금리채로 바꾸면 현재 받는 이자율은 유지할
　수 있다고 생각하게 돼 금리를 맞바꾸는 거래가 이뤄지게 되는 것이
　다. 다만 이 같은 거래를 할 때 서로 이자율만 교환한다는 것이지 원
　본(만기 때 받을 채권원금)은 각자 그대로 갖고 있는 것이다.

이월결손금

－세금 목적상 기업에 적자가 생길 경우 이를 차기 이후의 이익에서 공

제할 수 있는 제도이다. 우리나라 법인세법상 결손금은 원칙적으로 5년간 이월 공제할 수 있다. 한 해의 영업손실이 미래의 기간으로 이월되고 이월된 금액만큼 차기의 이익으로 상쇄해 나가게 된다.

이원적 소득세제(dual income tax)

- 납세자에게 귀속되는 소득을 근로소득과 자본소득으로 구분하여 과세하는 제도이다. 보통 근로소득에 대해서는 누진적 세율체계를 적용하며, 자본소득에 대해서는 비교적 낮은 수준의 단일세율을 적용하고, 법인소득에 대해서는 자본소득과 동일하거나 유사한 수준의 세율을 적용한다.

이익분할법(profit split method)

- 이전가격세제상 정상가격산정방법의 하나이다. 해당 기업과 관련 법인의 해당 거래에서의 총이윤 또는 총손실을 각자의 기능 또는 기여도에 따라 분배하는 방법을 말한다.

이전가격세제(transfer pricing taxation)

- 이전가격세제는 국내 거주자와 국외 특수관계자와의 거래 즉 이전가격거래에서 이전가격이 정상가격에 미달하거나 초과하는 경우 과세당국이 정상가격을 기준으로 소득을 다시 계산하여 과세할 수 있는 제도를 말한다.

자본수출중립성(capital export neutrality)

- 자본을 수출하는 자의 입장에서 수출하는 자가 소재하는 국가가 일정하다면 국내에서 투자하든지 국외에 투자하든지 동일한 세부담을 하게 한다는 것이다.

자본수입중립성(capital import neutrality)

- 자본을 수입하는 국가에서 볼 때 동 자본이 국내에서 조달된 것이든 국외에서 조달된 것이든 동일하게 과세하는 결과를 가져온다는 개념이다.

장부가액상향조정(stepped up basis)

- 무상이전과세를 함에 있어서 무상이전을 받는 자가 추후 이전받은 자산을 처분할 때 취득원가를 무상이전과세를 받을 당시 과세가격으로 올려 주는 제도를 말한다. 이 경우 무상이전과세는 무상이전 시점의 시가를 기준으로 이루어지기 때문에 문제가 없을 것이지만 무상 이전하는 자가 보유하고 있던 기간 중 자본이득은 영원히 과세되지 않는 결과를 초래한다.

정부의 실패(government failure)

- 시장에 맡겨 두었더니 과소생산, 과대생산으로 최적생산량을 생산하지 못하고, 소득배분에 있어서도 불균형이 지속성과 명확성을 보이는 등의 바람직하지 못한 결과를 초래하자, 이러한 시장실패의 문제를 해결하기 위하여 정부가 직·간접적으로 개입을 하였으나, 원하는 결과를 얻지 못하는 것을 말한다. 즉 시장결점을 보완하기 위한 정부활동이 본래 의도한 결과를 나타내지 못하거나 기존의 상태를 더 악화시키는 경우가 있는데, 우리는 이것을 정부실패라고 부른다.

조세조약

- 소득 및 자본에 관한 조세의 이중과세회피 및 탈세방지를 위한 협약을 말하는 것이며, 실무적으로 조세조약(tax treaty), 조세조약(tax convention), 조세협정(tax agreement), 이중과세협약(double taxation convention), 이중과세방지협약 등으로 부른다. 조세조약은 2개의 국가

간에 체결되는 것이므로 2개국 간 조약, 양자조약(Bilateral Treaty)의
특성을 가지며 서면의 형식으로 되어 있다.

조세특성(tax attribute)

- 경제적으로 보아 기업이 조세채무와 관련되어 해당 기업의 순 자산가
치를 증가시키거나 감소시킬 수 있는 요인으로서 자신에게 귀속하는
사실을 말한다. 이는 기업의 재무제표에 반영되는 경우도 있고 반영되
지 않는 경우도 있다. 일반적으로 기업의 조세특성에는 이월결손금 및
이월세액공제액 등이 있다. 조세특성은 해당 기업이 인수 또는 합병되
어 소멸하게 될 때 인수 또는 합병기업이 그 기업의 조세특성을 승계
받을 수 있는가와 관련하여 문제 된다. 일반적으로 세법은 그러한 어
떤 특정한 법인에게 귀속하는 조세특성은 그 법인이 소멸함으로써 사
리지게 된다는 원칙을 가지고 있다. 이는 어떤 기업이 소멸할 때 국가
로서는 조세채권이 일실되더라도 달리 채권을 확보하기 곤란한 경우
가 많은데 반대로 기업이 자신의 조세채무를 절감할 수 있는 기회를
경제적으로 활용하는 것을 허용한다면 과세기반이 위축되는 결과를
초래할 것이기 때문이다. 그러나 계속성의 요건이 충족되면 조세특성
을 승계받을 수 있다는 예외를 두기도 한다.

조세피난처(tax haven)

- 세금이 면제되거나 현저히 경감되는 국가나 지역을 의미한다. 보통 해
당 국가 등이 자본의 유치 등을 목적으로 세금을 낮추거나 면제한다.
서류상의 회사 등을 설립함으로써 돈세탁을 하거나 조세를 회피 또는
탈루하기 위하여 자주 이용된다.

조세피난처세제(tax haven taxation)

- 자국 투자자가 조세피난처에 소재하는 법인에 일정 비율 이상 지분을
취득한 경우 해당 조세피난처법인이 미배당 유보이윤을 배당한 것으

로 간주하여 투자자의 소득으로 과세함으로써 조세피난처법인을 통한
과세의 이연을 방지하는 제도이다. 우리나라 국제조세조정에 관한 법
률에 규정되어 있다.

주식배당(stock dividend)

− 일반적으로 주주에 대한 이익배당은 현금으로 이루어지나(현금배당)
주식을 새로 발행하여 무상으로 교부하는 방식으로 이루어지기도 하
는데 이를 주식배당이라고 한다. 주식배당은 이익잉여금을 재원으로
하여 이루어진다. 주식배당의 장점으로는 자금의 회사 밖으로의 유출
방지, 기업의 자본구성 제고, 시가 높은 주식의 유통성 확보, 상장에
유리한 여건 조성 등을 들 수 있다. 자본잉여금이나 법령상 이익준비
금을 재원으로 발행하는 무상주는 주식배당으로 보지 않는다. 소득세
법상으로 주식배당은 의제배당으로서 배당소득으로 과세한다. 자본잉
여금이나 법령상 이익준비금을 재원으로 발행하는 무상주에 대해서는
그것을 의제배당으로 보지 않고 그에 따라 과세하지 않는다.

주식예탁증서(depositary receipt)

− 주식에 대한 권리증을 말한다. 즉 주식 현물은 국내에 두고 해당 주식
에 대한 권리만 사고파는 게 주식예탁증서이다. 외국 증시에서 국내기
업 주식을 팔기 위해선 상장을 해야 하는데 이는 복잡한 절차를 거쳐
야 한다. 이를 피하기 위해 상대적으로 절차가 간단한 주식 권리증 형
태로 국내기업 주식을 파는 것이다. 물론 의결권 등 주주로서 행사할
수 있는 권리는 모두 보장된다.

지분풀링법

− 기업합병이 지분풀링으로 인정되면 지분풀링법에 의한 회계처리를 하
게 되는데 이 경우 원칙적으로 당사회사들의 대차대조표가 항목별로
합산된다. 지분풀링법 회계의 조건은 ① 피합병회사의 주주에게 의결

권이 있는 보통주식을 발행하여 합병하여야 하고, ② 각 합병 당사회
사는 상호간에 독립적이어야 하고 다른 회사의 자회사 또는 사업부가
아니어야 하며, ③ 합병 후의 회사는 합병 시 발행한 보통주의 전부
또는 일부를 매입 소각하지 않아야 하고, ④ 합병 후의 회사는 합병
후 2년 내에 합병 당사회사의 주요자산을 매각해 버릴 계획이 없어야
하는 등의 여러 가지가 있다. 구체적인 회계처리내용을 보면 ① 피합
병회사 자산은 장부가액으로 승계되며, ② 피합병회사의 이익잉여금은
합병회사에서 그대로 승계할 수 있고, ③ 합병 후 회사의 자본금이
합병 당사회사들의 자본금합계를 초과하면 그 초과액을 자본잉여금의
합계에서 공제하고 다음 이익잉여금의 합계에서 공제하며, ④ 합병
후 회사의 자본금이 양 회사의 자본금합계액보다 작으면 감자가 이루
어진 것으로 보아 통상의 감자차익과 같이 자본잉여금으로 처리한다.

지점세(branch tax)

- 외국법인의 국내사업장 소득 중 법인세 납부 후 소득을 배당으로 보
  아 과세하는 제도이다. 이는 외국기업이 국내에 진출함에 있어 지점을
  설치한 경우와 현지법인을 설립한 경우에 발생하는 조세부담의 불공
  평을 시정하기 위하여 도입된 제도이다. 우리나라 법인세법상으로는
  조세조약을 체결한 국가 중 일부 국가로부터 진출한 자본에 대해서만
  적용되는 제도이다. 우리나라 법인세법상으로는 실제 해당 국내사업장
  이 국외로 소득을 송금할 때에나 과세하게 되어 있으므로 지점송금세
  (branch remittance tax)라고 할 수 있다.

집합투자기구(collective investment vehicle)

- 다수의 투자자의 자금을 모아 동일한 방식으로 투자하기 위해 모은
  돈을 넣어 두는 법적인 기구를 말한다. 법제상 나라마다 여러 가지 형
  태를 지니게 되며 해당 기구의 법적인 권리나 책임이 다소 다르게 구
  성된다. 그러나 경제적으로 볼 때에는 해당 기구는 단순한 돈의 모임

에 불과하고 그 돈은 자산관리회사(asset management company) 즉 펀드 매니저 또는 펀드 매니저 회사가 관리하게 된다. 그와 같이 해당 기구의 특수한 경제적인 성격 때문에 하나의 과세실체로 볼 것인가 아니면 도관체로 볼 것인가에 관해 각국의 세제상 취급이 달라진다.

크레딧디폴트계약

‑ 신용위험을 전가하는 계약을 말하는데 그러한 신용위험을 시장에서 거래하기도 한다. 실제 동 계약과 관련해서는 신용부여의 대상이 되는 자금의 이전이 없으므로 일종의 파생거래계약이 된다. 한국에서는 2006년 12월에 처음 거래가 시작되었다. 예를 들어 A은행이 연 5%의 이자로 B기업에 100억 원을 대출해 주었을 경우, B기업의 부도를 대비해 A은행은 C금융기관과 크레딧디폴트계약(credit default swap) 거래를 할 수 있다. 이때 A은행은 연 0.8%의 수수료를 C금융기관에 주고 C금융기관은 B기업이 부도를 낼 경우 100억 원을 A은행에 대신 갚아 주기로 계약을 맺는 것이다. 일반적인 보증계약은 주 채권자와 보증인 사이의 편무계약으로서 보증인은 주 채무자로부터 수수료를 받게 되는 데 반하여 크레딧디폴트계약의 경우에는 주 채권자가 스스로 보증의 용역을 제공하는 자에게 수수료를 지급하고 신용위험을 넘기는 방식을 취하게 된다.

통합공식배분방법(global formula approach)

‑ 이전가격세제상 정상가격산정방법의 하나이다. 90년대 미국과 EU 국가 간에 국제적으로 인정받는 정상가격산정방법의 하나로 편입시킬 것인가에 관해 치열한 논쟁이 벌어졌던 방법이다. 주 간 소득금액 배분에 관한 과세원칙의 전통을 살려 미국은 비교가능거래를 찾기 곤란한 국제거래의 현실에서 관계회사 간 소득금액 배분을 위해서 관계회사 간 통합소득을 사전에 설정된 일정한 공식에 따라 배분하는 방식으로 이전가격세제를 단순화하자는 제안을 한 데 대해 EU 국가들은

그러한 방법은 이전가격세제의 본질을 훼손하는 것이라 하여 반대하였다. 실제 EU 국가들은 미국의 공격적인 과세관행 때문에 자국의 과세권이 침해되는 것을 우려하여 동 방법을 OECD이전가격과세지침에 도입하는 것을 적극적으로 반대하였다. 이에 따라 OECD이전가격과세지침은 동 방법이 정상가격원칙(arm's length principle)에 부합하지 않는다는 것을 명시적으로 기술하게 되었다. 그에 대한 보완책으로서 전통적인 정상가격산정방법 이외에 새로운 방법—즉 거래이익법, 거래순이익률법 및 이익분할법—이 OECD이전가격과세지침에 반영되게 되었다.

포이즌 필(poison pill)

- 적대적인 기업의 인수나 합병의 시도에 대한 방어전략의 일종이다. 인수합병의 위험에 처해 있는 기업이 일정 비율 이상의 지분을 매입하는 자가 나타날 경우 그자를 제외한 주주들에게 낮은 가격에 신주를 인수할 수 있는 권리를 자동으로 부여하는 제도를 두는 방식을 택하게 된다. 이는 매수비용을 높게 만들거나 기대이익을 줄임으로써 매수 시도를 차단하는 역할을 한다.

포트폴리오투자(portfolio investment)

- 경영참가목적이 아닌 증권투자를 가리킨다. 이에 반하여 경영참가를 목적으로 하는 투자를 직접투자라고 한다.

포합주식

- 광의의 포합주식이라 함은 합병일 현재 합병회사가 소유하고 있는 피합병회사의 발행주식과 피합병회사가 소유하고 있는 합병회사의 발행주식을 말한다. 하지만 세법에서 말하는 포합주식은 협의의 포합주식으로서 합병회사가 보유하는 피합병회사 주식을 말한다. 포합주식에 대해서는 피합병법인의 청산소득 및 피합병법인의 주주의 의제배당소

득을 계산함에 있어 합병신주나 합병교부금이 증가하면 세금이 증가하는 현행 세법상의 규정을 회피하기 위해 합병법인과 피합병법인의 주주 간에 합병 전에 미리 협의하여 합병법인이 피합병법인의 주식을 매수하는 방법을 사용하는 데 대해 세법이 규제하는 규정을 두고 있다. 상법상으로는 합병법인이 가지고 있던 피합병법인의 주식에 대해 합병신주를 발행하는 것이 금지되지는 않지만 위와 같은 목적으로 발행하지 않는 경우가 나타나는 것이다. 법인세법은 합병 전 2년 이내에 취득한 포합주식에 대해서는 그 포합주식의 가치를 합병대가(즉 합병신주 및 합병교부금)에 가산하도록 하고 있다.

헤지펀드(hedge fund)

– 증권당국의 규제를 받지 않는 집합투자기구를 말한다. 주로 사모형태로 조직되므로 증권당국의 규제를 받지 않게 된다. 따라서 투자자와 펀드매니저의 관계 및 그들과 피투자처와의 관계는 일반 민사법에 의해 규율된다. 헤지펀드라고 하는 것은 이런 형태의 사모펀드는 주로 재력가들의 자금으로 구성되며 이들은 고위험수익자산을 선호하는 경향이 있는데 그런 만큼 위험회피 즉 헤지를 위한 장치를 마련하고 있다는 의미에서 붙여진 이름이다. 그들이 주로 사용하는 위험회피전략은 보유하는 자산(long position)의 일정 비율에 대해 파생거래를 통해 매도지위(short position)를 구성함으로써 자산가치의 하락 위험을 헤징하는 방법을 사용하는 것이다.

환매조건부증권거래(repo거래)

– 특정한 유가증권을 정해진 기간 후에 정해진 가격으로 환매수한다는 조건으로 매도하거나 혹은 환매도할 것을 조건으로 매수하는 계약이다. 현물거래와 선도거래가 결합된 형태의 계약이라고 할 수 있다. 세법상으로는 환매도조건의 매도는 진정한 매매(true sale)로 보지 않는다. 경제적으로 보면 원매수자는 자금을 융통하는 효과가 있으므로 원

매도가격과 미리 정해진 환매수가격과의 차이를 이자로 보아 과세하
게 된다. repo거래 기간 중 해당 유가증권에서 발생하는 과실―즉 주
식이라면 배당―의 귀속자를 누구로 할 것인가에 대해서는 실질과세
원칙에 의한다면 원매도자로 하여야 할 것이다.

bridge loan

- 장기차관 도입 시 자금소요시점과 자금유입시점이 일치하지 않을 경
  우 단기차입 등을 통해 필요자금을 일시적으로 조달하는 것을 브리징
  (bridging)이라고 하며 이를 위해 도입되는 자금을 브릿지 론(bridge
  loan)이라고 한다.

greenfield investment

- 외국인직접투자 중에서 특히 외국인이 새로운 공장을 짓거나 서비스
  를 제공하는 사업장을 만드는 것을 그린필드형 투자라고 하고, 기존
  기업의 주식을 취득해 경영에 참가하는 것을 M&A(인수합병)형 투자
  라고 한다.

imputation

- 배당세액공제나 간접외국납부세액공제와 같이 법인세와 배당소득세의
  부과로 경제적 이중과세가 발생하는 것을 시정하기 위해 마치 해당
  법인이 없었다면 부담했을 세액을 계산해 내기 위한 방법으로 법인이
  부담한 세액을 개인의 소득으로 하여 개인의 세금을 계산하고 법인이
  부담한 세액을 세액 공제하는 방법이다. 법인이 부담한 세액을 모두
  imputation하기도 하고 일부만 imputation하기도 한다. 우리나라 소득
  세법상으로는 법인세율이 14%와 25%로 되어 있는데 15%에 해당하
  는 부분만 imputation한다.

leveraged buyout

- 기업매수를 위한 자금조달방법의 하나로서 매수할 기업의 자산을 담
보로 금융기관으로부터 매수자금을 조달하는 것으로 적은 자기자본으
로 매수를 실행할 수 있다. TOB와는 달리 LBO는 매수회사와 피매수
회사의 관계가 우호적이고 피매수회사의 경영자 등이 매수 측에 가담
하기도 하기 때문에 경영자매수라고도 한다.

ring fencing

- 국내에 진출한 외국자본에 대해 조세지원을 부여하면서 그와 같은 외
국자본은 국내시장에 참여할 수 없도록 하는 것을 말한다. 이 경우 해
당 외국자본은 조세지원을 부여하는 국가의 국내경제에는 아무런 영
향을 주지 않고 단지 해당 외국자본의 거주지국가의 과세기반만 약화
시키는 대신에 조세지원을 부여하는 국가에는 혜택을 주는 결과를 초
래하게 된다. 이는 국가가 제도를 이용하여 일종의 재정(arbitrage)행
위를 하는 것과 같다. 이러한 요소를 갖춘 조세지원제도를 OECD는
유해조세제도라 하여 규제하고 있다.

stock lending

- 주식을 증권회사 또는 증권금융회사로부터 대여받는 것을 말한다. 주
식대차거래에는 증권회사가 고객에게 주식을 빌려 주는 자기대주와
증권금융회사가 증권회사에 대여하는 유통대주가 있다. 주식대차거래
는 결국 고객이 높은 가격에서 주식을 빌려 주식을 매각한 후 향후
이를 낮은 가격에서 매입, 상환함으로써 시세차익을 얻고자 하는 신용
거래의 일종이다.

total return swap(TRS)

- equity swap에서 한 걸음 더 나아간 스왑거래유형이다. 자산 A로부터

향유할 수 있는 수익과 자산 B로부터 얻을 수 있는 수익을 만기일에 서로 맞바꾸는 계약을 말한다. TRS거래는 거래조건에 따라 자금 이동 없이 원하는 수익을 올릴 수 있는 장점이 있다. TRS거래는 거래형태에 따라 다양하게 계약을 맺을 수 있는데, 이의 전형적인 예는 다음과 같다. 현재 주식을 가지고 있지만 향후 3개월 동안 주가가 떨어질 것으로 예상하여 주식 대신 채권을 보유하고 싶은 거래자 甲과 현재 채권을 보유하고 있으나 향후 3개월 동안 금리가 상승하여 채권가격이 하락할 것으로 예상하여 주식을 보유하고 싶어 하는 거래자 乙은 3개월 동안의 주식수익과 채권수익을 서로 맞바꾸는 스왑을 거래함으로써 거래자 甲은 주식 대신 채권을 보유하고, 거래자 乙은 채권 대신 주식을 실질적으로 보유한 것과 같은 효과를 거둘 수 있다.

색 인

ㄱ

간접금융시장 26, 27
간접세 74, 84, 86, 87, 88, 95, 99,
    222, 253, 254, 275, 280, 281,
    282, 283, 284, 286, 287, 288,
    301, 310, 314
간접외국납부세액공제 123, 124, 338
간접투자 39, 67, 68, 202, 203, 207,
    208, 298, 308
간주외국납부세액공제제도 139, 158
거주지주의 66, 70, 80, 81, 93, 174,
    175, 319, 320, 327, 328
경영참여소득면제 66, 120, 121, 138,
    142, 217, 246, 298, 299, 308,
    320
경영참여소득면제제도 121, 223, 314
경제적 동일체이론 221
고정사업장 64, 66, 94, 121, 137, 140,
    142, 143, 144, 145, 150, 152,
    153, 155, 157, 158, 159, 160,
    163, 168, 185, 186, 187, 201,
    223, 245, 258, 259, 263, 306,
    320
공급지과세원칙 261, 263
과세요건명확주의 71, 72
과세요건법정주의 71
과세이연 160, 231, 242, 246, 247
관련점 경비 배부 169, 170
교육세 270, 271, 272, 274, 275, 316
국부펀드 78, 79, 80, 299, 321
국제자본 14, 15, 16, 17, 18, 19, 22,
    23, 28, 50, 51, 53, 55, 57, 61,
    62, 80, 81, 84, 116, 129, 150,
    156, 175, 202, 218, 298, 305
글로벌 트레이딩 49, 154, 155, 296
금융자본 16, 17, 18, 23, 24, 25, 29,
    43, 62, 150, 151, 184, 292, 296
금지금(gold bar) 264

ㄴ

노동소득 88, 91, 97, 98, 310

ㄷ

단일기업과세제도 166
대리납부제도 256, 257, 261, 263
동업기업과세제도 211, 222, 322

ㅁ

매수법 230, 231, 232, 322, 323
명목현금통합관리 171, 172

ㅂ

법인격 부인이론 245
부가가치세그룹(VAT Group)제도 223
부유세 77, 324
불균등(불공정) 합병 236
브레튼 우즈체제 78

ㅅ

산업자본 14, 16, 17, 18, 23, 24, 29,
    42, 43, 62, 66, 150, 167, 168,
    292, 296
삼각합병 63, 243, 244, 247, 313, 325
생애지출세론 88, 89, 90, 91, 98

소득원천설 85, 90, 91, 113, 125, 127,
    301, 325, 326
소득형부가가치세제 77
소비지과세원칙 261, 263, 305, 315,
    316
소비형부가가치세제도 77
순자산증가설 85, 86, 89, 326
신BIS협약 58, 297
실물현금통합관리 171

ㅇ

역외금융시장 51, 53, 180, 296
역합병 238, 239, 251, 312, 313
연결납세제도 222, 223, 224, 227, 246,
    311
외국인직접투자 40, 41, 43, 44, 45, 46,
    47, 55, 56, 61, 62, 63, 64, 65,
    67, 68, 84, 138, 139, 150, 158,
    172, 173, 174, 175, 176, 177,
    178, 185, 188, 192, 194, 201,
    202, 203, 220, 295, 298, 299,
    305, 307, 308, 314, 338
외국인투자촉진법 55, 56, 64, 65, 67,
    68, 189, 191, 193, 194, 195, 196,
    197, 198, 199
외국자본 14, 16, 28, 43, 47, 51, 80,
    116, 132, 133, 134, 139, 156,
    158, 173, 174, 175, 181, 182,
    183, 185, 189, 220, 222, 244,
    304, 307, 308, 339
외국환거래법 55, 56, 64, 65, 67, 68,
    126, 195, 196
외환시장 49, 50, 51, 53, 57, 88, 184,
    297, 298
위험가중자기자본비율기준 58, 328
응능부담의 원칙 281, 328, 329
응익부담의 원칙 281, 329
이원적 소득세론 91, 98
이월과세 160
이전가격과세 140, 161, 162, 163, 164,
    165, 166, 167, 171, 172, 185,
    252, 306, 316

인수 25, 44, 46, 63, 150, 165, 183,
    220, 221, 229, 230, 232, 233,
    234, 240, 242, 243, 244, 245,
    246, 247, 248, 249, 251, 285,
    312, 313, 332, 336

ㅈ

자본소득 14, 16, 17, 88, 89, 90, 91,
    97, 98, 105, 116, 129, 131, 179,
    182, 184, 300, 305, 310, 330
자본이득 22, 23, 33, 35, 61, 62, 75,
    76, 77, 78, 88, 89, 91, 92, 93,
    94, 95, 96, 97, 99, 102, 103,
    104, 105, 107, 110, 112, 113,
    114, 115, 116, 125, 128, 142,
    159, 205, 207, 208, 209, 232,
    233, 245, 247, 254, 255, 256,
    276, 282, 283, 284, 285, 286,
    302, 303, 304, 305, 306, 307,
    312, 317, 331
자산인수 248
장부가액상향조정(stepped up basis) 97,
    282, 331
정상가격원칙 164, 169, 336
조세공평주의 73
조세법령불소급의 원칙 71, 72
조세법률주의 71, 72
조세조약의 남용 141, 217, 311, 326
조세피난처의 이용 218
주식대차(Stock Lending)거래 276
증권거래세 18, 95, 274, 275, 276,
    277, 317
지배권을 공유하는 통합 249
지분풀링법 231, 232, 233, 323, 333
지역본부회사 167
지점세 66, 138, 141, 142, 156, 157,
    160, 334
직접금융시장 26
직접세 74, 84, 86, 87, 88, 280, 287,
    288, 301, 310, 314, 329
직접외국납부세액공제 123

ㅊ

차입을 통한 경영권 인수
　　(leveraged buyout)　234
최적과세론　88, 89, 90, 91
추적과세금지의 원칙　157
출자공동사업자　212

ㅌ

통합공식배분방법　166, 170, 335
투자신탁　203, 204, 207, 209, 210,
　　211, 214, 215, 216, 219
투자펀드　39, 193, 194, 203, 204,
　　205, 206, 207, 208, 209, 213,
　　215, 216, 217, 218, 219, 298,
　　309
투자회사　137, 145, 203, 204, 208,
　　209, 210, 211, 215, 216, 247

ㅍ

포괄적 소득세론　88, 89, 90, 93
포이즌 필(poison pill)　244, 336
포트폴리오투자　40, 41, 43, 45, 46, 61,
　　62, 67, 68, 84, 133, 151, 174,
　　175, 184, 194, 202, 203, 295,
　　296, 298, 308, 314, 336

ㅎ

합병　25, 44, 63, 150, 197, 198, 220,
　　228, 229, 230, 231, 232, 233,
　　234, 235, 236, 237, 238, 239,
　　240, 241, 242, 243, 244, 245,
　　246, 247, 249, 250, 251, 252,
　　276, 312, 313, 322, 323, 325,
　　332, 334, 336
해외직접투자　43, 56, 65
해외투자펀드제도　219
환매조건부증권매매(repo)거래　277

B

BIS 기준　297

E

EC Interest and Royalty Directive
　　134, 309
EC Merger Directive 1990　239
EC Savings Directive 2003　134
EU의 Parent Subsidiary Directive　222

G

greenfield 투자　44, 63, 150, 151

O

OECD모델조세조약　129, 130, 131

R

ring fencing　181, 308, 339

T

Total Return Swap거래　276

U

UN모델조세조약　129, 130

V

VAT Group제도　264

▌약 력

서울대학교 법학사 · 행정학석사
미국 미시간주립대학교 MBA
미국 코넬대학교 LLM
미국 뉴욕대학교 Tax LLM과정 수학
국민대학교 법학박사
제29회 행정고등고시
국세청 · 재정경제부 근무
법무법인 율촌(미국변호사 · 미국회계사)
서울시립대학교 세무학과교수
한국세법학회 · 국제조세협회(연구이사)
기획재정부 세제발전심의회 · 예규심의회 위원
국세청 · 서울세관 과세적부심 위원
한양대학교 법과대학 교수(현재)

▌주요논문 및 저서

「조세조약의 적용에 관한 소고」
「복합파생상품거래에 대한 과세」
「이전가격과 관세과세가격의 조화방안」
「New Anti-Treaty Shopping Measures」
「New Korean Tax Rules for Cross-Border Investments」
「Recent Amendments to the Transfer Pricing Rules and Their Implications」
『금융거래와 조세』(한국재정경제연구소)
『외국인직접투자제도해설』(세경사, 공저)
『외국펀드와 조세회피』(한국학술정보)

외 다수

자본과세론

초판인쇄 | 2008년 12월 15일
초판발행 | 2008년 12월 20일

지은이 | 오 윤
펴낸이 | 채종준
펴낸곳 | 한국학술정보㈜
주 소 | 경기도 파주시 교하읍 문발리 513-5 파주출판문화정보산업단지
전 화 | 031) 908-3181(대표)
팩 스 | 031) 908-3189
홈페이지 | http://www.kstudy.com
E-mail | 출판사업부 publish@kstudy.com

등 록 | 제일사 115호(2000.6.19)
가 격 32,000원

ISBN 978-89-534-9932-4 93360 (Paper Book)
          978-89-534-9933-1 98360 (e-Book)